Die Wiederkunft Christi

Menschheit am Scheideweg

HEINRICH ELIJAH BENEDIKT

Die Wiederkunft Christi

Menschheit am Scheideweg

Ansata

1. Auflage 2004

Ansata Verlag
Ansata ist ein Verlag in der Verlagsgruppe Random House GmbH

ISBN 3-7787-7253-8

Einbandgestaltung: Ateet FranklDesign, München
Gesetzt aus der Bembo
Satz: KompetenzCenter, Mönchengladbach
Druck und Bindung: GGP Media, Pößneck

Darauf sah ich, und siehe: eine große Schar, die niemand zählen konnte, aus allen Nationen und Stämmen und Völkern und Sprachen; die standen vor dem Throne und vor dem Lamme, in weiße Gewänder gehüllt und mit Palmen in ihren Händen. Und sie riefen mit mächtiger Stimme und sprachen: »Das Heil (kommt von) unserem Gott, der auf dem Throne sitzt, und dem Lamme.« (Offb. 7.9-10)

Und einer von den Ältesten nahm das Wort und sagte zu mir: »Die da in die weißen Gewänder gehüllt sind, wer sind sie, und woher sind sie gekommen?« Da habe ich zu ihm gesagt: »Mein Herr, du weißt es.« Und er sprach zu mir: »Das sind die, die aus der großen Drangsal kommen, und sie haben ihre Gewänder gewaschen und weiß gemacht im Blute des Lammes. Darum sind sie vor dem Throne Gottes und dienen ihm bei Tag und Nacht in seinem Tempel; und der, der auf dem Throne sitzt, wird über ihnen sein Zelt aufschlagen. Sie werden keinen Hunger und keinen Durst mehr leiden, weder die Sonne noch irgendwelche Glut wird sie treffen. Denn das Lamm, das mitten vor dem Thron steht, wird sie weiden und sie zu den Wassern der Lebensquellen führen; und Gott wird jede Träne abwischen von ihren Augen.« (Offb. 7.13-17)

Und ich hörte eine mächtige Stimme vom Throne her sprechen: »Siehe, das Zelt Gottes unter den Menschen. Und er wird bei ihnen sein Zelt aufschlagen, und sie werden seine Völker sein, und er selbst, Gott mit ihnen, wird ihr Gott sein.« (Offb. 21.3)

Inhalt

Vorwort

»Ihr werdet von Kriegen und Kriegsgerüchten, von Hungersnöten und Drangsalen ... hören, da und dort. Wenn dies geschieht, so erschrecket nicht. Denn es muß so kommen. Aber es ist noch nicht das Ende.« (Matth. 24.6)

Wenn wir uns an die tiefsten Sehnsüchte und Träume erinnern, die wir in den sechziger bis achtziger Jahren des gerade vergangenen Jahrhunderts hatten, an die Perestroika, den Fall der Mauer, den weltweiten Ruf nach Abrüstung und Überwindung von Diskriminierung und Haß, und sehen, wo wir heute stehen, dann haben wir oft den Eindruck, daß längst überwunden geglaubte Schatten zurückgekehrt sind. Nicht etwa Verinnerlichung, Sinnbewußtsein, gelassene Zufriedenheit, zuversichtliche Freude, Wissen um Sinn und Bestimmung unseres Menschseins, bewußte und verantwortungsvolle Lebensgestaltung, von Liebe und Zuversicht getragenes Zuschreiten auf ein All- und alles überstrahlendes Licht prägen das Antlitz dieser Tage, sondern vielmehr Angst und Depression, Resignation, Übermut, kurzlebige Genußsucht, Gedankenverlorenheit, Orientierungslosigkeit, Ratlosigkeit gepaart mit Besserwisserei, moralischer Niedergang und Perspektivlosigkeit.

Einerseits fühlen wir genau, daß sich etwas grundsätzlich ändern muß, andererseits tun nur wenige einen Schritt in diese Richtung. Wir schauen nach oben, zu unseren Regierenden und warten, daß einer von ihnen das Steuer herumreißt. Wir warten auf etwas Neues, darauf, daß Neues entdeckt, gelehrt, vorgezeigt oder geboten wird. Aber erstens können Rettung und Heil niemals von außen kommen und zweitens ist es nichts Neues, das uns Rettung und Heil zu bescheren vermag, sondern die zeitlose Wahrheit, die seit alters her von Weisen und gottgesandten Propheten verkündet, bisher aber – mit wenigen Ausnahmen – noch nie angenommen oder verwirklicht wurde. Neu wäre, wenn die zeitlose Weisheit derer, die sich die Mühe machten, Seele und Leben, Gott und sich selbst zu erforschen, endlich aufgegriffen, angewandt und verwirklicht würde. Nicht nur die Weisheit der Weisen möchte uns leiten, sondern mehr noch Gottes Wort, das von Gott selbst durch den Mund der von Ihm erkorenen Propheten in die Welt kam. Wie es heißt: »Auf den Wegkreuzungen ruft sie, an den Biegungen der Straße bietet sie sich feil, wer aber will sie hören?« (Weisheit Salomos)

Mag das, was uns momentan widerfährt, auch noch so bedrückend oder erschreckend sein, es ist genau das, was uns verheißen wurde. Erinnern wir uns an das Wort: »Wie in den Tagen Noachs wird die Ankunft des Menschensohnes sein; ... sie aßen und tranken, freiten und ließen sich freien ... bis die Flut kam und alle hinweg riß.« (Matth. 24. 37–39) »Und wegen zunehmender Gesetzlosigkeit wird die Liebe der meisten erkalten. Wer aber bis zum Ende durchhält, der wird gerettet werden.« (Matth. 24. 12–13)

Der Vergleich mit den Tagen Noachs kommt nicht von ungefähr. Wie Gott in jenen Tagen eine Flut als Gericht über die götzendienerische, gottlose Welt schickte, so wird auch der sittliche und ethische Verfall unserer Welt gerichtet werden, und zwar als Konsequenz des Gesetzes von Ursache und Wirkung. Wir haben die Natur und das Leben mit Füßen getreten, wir haben Geist und Seele vergewaltigt, und irgendwann werden wir den Preis dafür bezahlen. »Wie wir säen, so werden wir ernten.«

Einerseits legitimieren wir Unzucht und Gewalt, experimentieren mit den Bausteinen des Lebens, wollen selbst den Menschen neu und womöglich besser nachschaffen, andererseits wundern wir uns darüber, daß immer mehr Menschen an Leib und Seele erkranken. Sehen wir denn den Zusammenhang zwischen sittlichem und psychischem Elend nicht? Wir führen uns wie Götter auf, indem wir Atome und Zellkerne manipulieren, sind aber nicht einmal in der Lage, unsere eigenen Gedanken und Gefühle zu beherrschen oder zumindest in heilsame Bahnen zu lenken. Was glauben wir, wohin uns solch dumme Anmaßung führt? Heißt es nicht: »Wer sich selbst erhöht, wird erniedrigt werden?« Oder: »Hochmut kommt vor dem Fall«? Der Fall kommt gewiß, denn der Mensch hat sich zu sehr verstiegen. Und wenn er kommt, wird er tief sein.

Um uns aber vor der Verderbnis zu retten, sandte Gott seine Propheten und diejenigen, die sich und ihr Leben in seinem Licht und Gleichnis heiligten, und gab uns durch sie seine Heilsverheißung und ein lebendiges Gleichnis. Wer nach dem Gleichnis seiner Apostel und Jünger, seiner Männer und Frauen hier auf Erden wandelt, wird keinen Anteil an dem Fluch haben.

Auch zur Zeit der Flut hat Gott den Menschen Chancen zur Umkehr und Besinnung eingeräumt und ihnen Propheten und Warner gesandt, vor allem Henoch und Noach. Sogar der Koran bezeugt: »Wir (das ist Gott) sandten euch Noach, einen deutlichen Warner. Ihr aber stecktet die Finger in die Ohren und habt nicht auf ihn gehört.« (Sure »Noach«)

Vor zweitausendzweihundert Jahren hat der große griechische Philosoph Plato die Paradoxie unserer menschlichen Ignoranz in seinem Höhlengleichnis treffend skizziert: Ein Gefangener hat sich aus der Höhle befreit und ist durch eine Öffnung nach draußen gelangt. Im Licht des hellen Tages erinnert er sich seiner früheren Leidensgenossen und kehrt zu ihnen zurück, um ihnen von der neu entdeckten Fülle zu erzählen und sie ans Licht und in die Freiheit zu führen. Er wollte die Gefangenen aus ihrer Verblendung ins Licht des Heils führen, aber jene ergriffen ihn und brachten ihn zu Tode. Das ist die Macht der Torheit, welche die Menschen in ihrer Finsternis festhält.

Nur etwa zweihundertfünfzig Jahre nach Platos Gleichnis erschien Jesus – und wurde gekreuzigt. »Das Wort aber ist das Leben und das Leben ist das Licht des Menschen. Es kam in die Finsternis, aber die Finsternis hat es nicht begriffen.« (Joh. 1)

Und heute? Heute würde Jesus nicht einmal gekreuzigt werden. Man ginge wohl eher achtlos an ihm vorüber, als ihn zur Kenntnis zu nehmen, geschweige denn auf ihn zu hören. Überall um uns stehen Kreuze (Crucifixe), die uns vor Augen führen, wie der Mensch den Menschen knechtet und seine eigene Seele geißelt. Aber wir sehen sie nicht, und wo wir sie doch sehen, verlachen und verspotten wir sie. Er aber rief noch vom Kreuz herab: »Vater vergib ihnen, denn sie wissen nicht, was sie tun.«

Wir neigen seit Urzeiten dazu, an Glück und Heil vorüberzugehen, weil wir uns etwas anderes darunter vorstellen. Wir haben es zwar noch nicht ausprobiert, »wissen« aber von vornherein, daß es so, wie die Weisen und Propheten es verkünden, nicht geht – oder zumindest, daß wir den dafür erforderlichen Preis nicht zahlen wollen. Dabei bemerken wir nicht, daß uns unser eigener Wille bisher noch nie Heil und Glück, sondern nur Elend und Leid beschert hat. Ein Überlebender aus Auschwitz sagte: »Wo Gott entthront ist, ist alles möglich.« Wie wahr dieses Wort ist, können wir heute täglich beobachten.

Wir »essen und trinken, freien und lassen uns freien« – das heißt, wir verfolgen ohne Skrupel unsere kurzlebigen egoistischen Interessen und Ziele. Gott, die Welt und unser Nächster, sein oder unserer Seele Heil, kümmern uns wenig. Dabei heißt es: »Trachtet zuerst nach dem Reich Gottes und seiner Gerechtigkeit, so wird euch alles andere dazu gegeben.« (Bergpredigt)

Wir sagen: »Der Krug geht so lange zum Brunnen, bis er bricht«, aber die Schrift spricht von einem eisernen Stab, der ganze Völker wie tönernes Geschirr zerschlägt. (Offenbarung) Gott ist langmütig, aber Er läßt Seiner nicht spotten. Wir können Recht und Gerechtigkeit eine Weile mit Füßen treten, aber irgendwann kommt der Rückschlag. Das ist unvermeidlich. Vermeidlich hingegen ist unser seelisch-geistiger Niedergang. Denn selbst in Zeiten der Bedrängnis wirkt Gottes Gnade. Demjenigen, der umkehrt, ist sie Heil und Erhebung. Wer aufrichtig danach sucht, wird Heil und Gnade finden, denn Gott ist Liebe.

»Ejch eten'cha Ef'rajim am'gen'cha Israel
Ejch eten'cha be-Ad'mah asim'cha ki-Z'bojim
Neh'pach alai libi jachad nich'meru nichumai.
Lo e'eseh charon api ve-lo ashuv le-shachet Ef'rajim
Ki El Anoki ve-lo ish, be-kirbecha kadosh.
Ve-lo av'o be-iir. (Hosea 11. 8-9);

»Wie kann Ich dich aufgeben, oh Ephraim, wie dich ausliefern, oh Israel?
Obwohl sich Mein Herz in Mir umkehrt vor Zorn, ist es zugleich in Mitleid entbrannt.

Ich will Meinen Ärger bezähmen und Ephraim nicht wieder vernichten,
wie Mein Zorn es Mir eingibt;
denn Gott bin Ich und nicht ein Mensch, heilig in eurer Mitte.«
(Hosea 11. 8-9)

»Ich will sie von ihrem Abfall heilen. Ich will sie von ganzem Herzen lieben,
denn Ich werde Meinen Ärger von ihnen abwenden.
Wie Tau will Ich auf sie fallen,
und sie werden erblühen wie Lilien.« (Hosea 14. 5-7a/8a)

Wir sagen: »Das Christentum ist zweitausend Jahre alt, aber was hat es bisher gebracht?« Ja, die Lehre Jesu ist vor zweitausend Jahren in die Welt gekommen, aber wir haben versäumt, sie in unserem Leben zu verwirklichen. Ihr Licht leuchtet zeitlos über uns, wir aber ergreifen es nicht. Christ sein heißt ja nicht, so und so oft in die Messe oder zur Kommunion zu gehen, sondern im Geist und in der Nachfolge Jesu und seiner Jünger zu leben. Wir brauchen keine schönen Worte, sondern eine neue innere Haltung, die gezeichnet ist von Achtung vor dem Leben, von Ehrfurcht vor Gott als dem Fundament allen Seins, von Sanftmut, Barmherzigkeit und Liebe. »Der Weisheit Anfang ist Ehrfurcht vor Gott.« (Salomo)

Das eingangs erwähnte »erschrecket nicht. Denn es muß so kommen« bedeutet, daß wir dem entfesselten äußeren Elend zwar nicht entfliehen können, dem inneren aber sehr wohl. Denn all die Drangsale, die Kriege, Kriegsgerüchte, Hungersnöte, Wasserfluten, Hitzewellen, Erdbeben und Schicksalsschläge sollen uns aufrütteln, auf daß wir die Fundamente unseres Glaubens und unseres Lebens prüfen und neu setzen. Wie es heißt: »Tut Umkehr, denn das Reich Gottes ist nahe und seine Gerechtigkeit.« »Lasset ab von eurem Frevel und eurer Gottlosigkeit, und Ich will Barmherzigkeit üben und euch Heil schaffen.« »Ihr sollt nicht mehr Nicht-Volk, sondern Mein Volk heißen und Ich will in eurer Mitte wohnen.« (Isajah) »Verwandeln will ich eure Schande und euch zu einem Segen machen.« (Zachariah) Gericht und Drangsal sind nicht aufzuhalten.

Aber nicht nur Drangsale sind uns verheißen, sondern auch ein alle Vorstellungen übersteigendes Heil, eine neue Saat reinen Lichts, die auf den Acker unserer Seelen fallen und Frucht bringen möchte – sofern wir ihn bereitet haben. Heißt es nicht auch: »Siehe, Ich komme und mache alles neu«? Ein Neuer Himmel und eine Neue Erde sind uns verheißen. Der Neue Himmel ist ein neuer Geist, ein Geist der Reinheit und der Liebe, der Kreativität und des Friedens, des Aufbaues und der Ehrfurcht. Gott möchte uns auf einen Weg der Umkehr und der Wandlung führen und durch eine neue geistige Geburt zu einer neuen Schöpfung machen. Und ob wir es wollen oder nicht, es wird geschehen. Denn was Gott will, das vollbringt er auch. Die Frage ist nur: »Wer wird dem Gericht der Hölle entkommen und Anteil haben an Seinem Heil?«

Die Antwort Jesu ist einfach. Er spricht zu uns im Gleichnis vom verlorenen Sohn. Er ruft uns zu und lädt uns ein: »Kommt zu mir, die ihr mühselig und beladen seid, denn mein Joch ist sanft und meine Last ist leicht.« »Wer das ewige Leben sucht, der überwinde sich selbst, nehme sein Kreuz auf sich und folge mir nach.« »Ich bin das Licht der Welt; wer mir nachfolgt, soll nicht in Finsternis wandeln.« »Nicht die, die sagen: Herr, Herr … sondern, wer den Willen des Vaters tut, der gehört mir an.« »Liebet einander, wie ich euch geliebt habe. Daran, daß ihr Liebe habt untereinander, wird die Welt erkennen, daß ihr die Meinen seid.«

Himmel und Hölle sind keine Räume, in die Gottes Rechtspruch uns verweist. Sie sind vielmehr inwendig in uns und wir selbst bestimmen unseren Aufstieg oder Untergang. Wer sich und seinen Nächsten verletzt und damit die Harmonie von Kosmos und Leben zerstört, der verletzt oder zerstört sein eigenes Leben und seine eigene Seele. Denn alles ist mit allem verbunden. Wir sind nur ein winziger Teil des Alls und unser Geist ein Funke Gottes. So schaffen wir, je nach unserer Achtung oder Mißachtung von Seele und Leben entweder den Himmel oder die Hölle in uns.

Ich lade Sie ein, Ihr Leben und Ihren Wandel in der Welt neu zu hinterfragen und sich nicht der Macht des Unbewußten und der in ihm wohnenden niederen Neigungen zu überlassen, sondern auf die Vollkommenheiten zu schauen, die allein unser Leben adeln und beglücken und uns von der Last des Fleisches befreien, auf daß wir jene ewigen Güter suchen und uns und unsere Nächsten mit innerem Wachstum, Erkenntnis, Liebe und einem guten Charakter beschenken können.

I. Einleitung

»Lobpreis und Dank und Herrlichkeit und Weisheit und Ehre und Macht und Kraft sei Dem, Der auf dem Throne sitzt, Der da war, Der da ist und Der da kommt, und dem Lamm, das vor dem Throne steht von Ewigkeit zu Ewigkeit. Amen.« (Offb. 1.4-6, 4.11, 5.12-13, 7.12)

Verehrte Leser, liebe Brüder und Schwestern,

mit Respekt und Liebe grüße ich Sie als Zeugen der bevorstehenden Wiederkunft Christi, als Hörer Seines Rufes und Nachfolgende Seiner Einladung zum Hochzeitsmahl in der Ankunft des kommenden Gerichtes und des hierauf folgenden Gottesreiches auf Erden.

In jedem von uns wohnt die unauslöschliche Erinnerung an unsere ursprüngliche Beheimatung im Reich des Lichts sowie die Sehnsucht nach innerem und äußerem Frieden, nach Eintracht und liebender Gemeinschaft aller Menschen. Aber die äußere »Realität« und der Gang der Geschichte haben diese inneren Werte so schwer überschattet, daß Resignation und Weltlichkeit überwiegen und nur wenige Menschen überhaupt noch genügend Liebe, Mühe und Anstrengung aufbringen, um nach der Verwirklichung des göttlichen Schatzes in sich zu streben und damit am Aufbau einer neuen Welt mitzuwirken.

Jesus, der nach seinem Gespräch mit dem reichen Jüngling unter seinen Jüngern auf ähnliche Resignation bezüglich der Überwindbarkeit von Verhaftung, Selbstsucht und Weltlichkeit (bei den Menschen) stieß, antwortete ihnen: »Was unmöglich ist unter den Menschen, das ist doch möglich bei Gott.« Oder an anderer Stelle: »Wer Glauben hat nur wie ein Senfkorn, dem ist nichts unmöglich.« Wer nur eine winzige Ahnung von der Größe, Kraft und Herrlichkeit Gottes hat, der wird nicht einen Augenblick ruhen, das Reich Gottes zu erobern und an der Verwirklichung Seines Willens mitzuarbeiten. Alle großen Eingeweihten, Meister und Heiligen, aber auch ihre Jünger und alle demütigen, liebenden und aus der lebendigen Gottesfülle schöpfenden Menschen haben ihr Leben ganz der Verwirklichung dieses Zieles geweiht. Sie haben das Licht des Glaubens, der Hoffnung und der Liebe in der Welt gehütet und durch ihr lauteres und inspirierendes Beispiel fanden Tausende von Seelen nicht nur zu innerer Befreiung, sondern auch zur Verwirklichung echter Brüderlichkeit und Liebe sowie zu wahrer menschlicher Gemeinschaft. »Liebet einander, wie ich euch geliebt habe«, hat Jesus seinen Jüngern aufgetragen, »denn daran, daß ihr Liebe habt untereinander, wird die Welt erkennen, daß ihr die Meinen seid.«

Heilige aller Länder und Epochen haben dieses Feuer der Gottesliebe, des selbstlosen Dienstes und der Verwirklichung in die Welt getragen. Sie haben gefühlt und verstanden, daß die ganze Menschheit eine große Familie ist, und haben versucht, alle Barrieren der Trennung zu überwinden und das ewige Band der göttlichen Liebe wiederherzustellen. Oft erschienen sie als Verlierer in dieser Welt, aber sie sind die Sieger im Reich der Ewigkeit.

Wann werden wir begreifen, daß es nicht das Persönliche ist, das überdauert und uns verbindet oder glücklich macht? Im Herzen spüren wir doch alle, daß es etwas Größeres ist, das uns adelt, beseelt und verbindet. Allein im Geiste des Ewigen erblüht unser Leben. Und in unserer Teilhabe an diesem Einen Großen Sein und Leben sind alle Differenzen wie weggeblasen. Erst wenn wir fühlen, daß wir alle Kinder Gottes sind, von Ihm erschaffen, durch Seinen Namen geheiligt, zu Ihm berufen und in Ihm getragen, werden wir auch untereinander Liebe und Gemeinschaft finden. Gott ist unser einziges Eigentum und unser ganzer Besitz. Er ist unser ganzes Sein und all unser Glück. In Ihm gibt es weder Zeit noch Trennung, nur ewig aus sich selbst quellendes Licht und Leben. Wir alle essen Gott, atmen Gott, trinken Gott, weben, wirken und sind in Gott. Und in Ihm sind wir auch untereinander eins.

Das ganze Universum ist durchdrungen von Seinem Sein. Nichts besteht ohne Gott, nichts hat außerhalb Seiner Bestand. Und in welche Sphäre oder Region des Himmels wir auch emporsteigen, seien es noch so ferne Gestirne, noch so erhabene

Räume des Lichtes – das Licht, das Leben und die Liebe sind dort die gleichen wie hier. Deshalb heißt es in den Upanishaden: »Das, was dort ist, ist auch hier, und das, was hier nicht ist, ist nirgendwo.« Und König David sagt: »Ob ich emporsteige in den Himmel oder mich bette in der Hölle, überall bist Du.«

Himmel, Hölle und alle Unterschiede bestehen nur in unserem Geist, und wir können uns selbst nicht entfliehen. Nur jenseits von Ich und Mein, von Person, Sphäre und Welt finden wir die Wirklichkeit ungetrübten Friedens und bedingungsloser Glückseligkeit. Nur das Licht unseres Bewußtseins ist alldurchdringendes, unterschiedsloses, ewig aus sich leuchtendes Sein. Unterschiede und Vielfalt finden wir nur im Reich der Erscheinungen und der erschaffenen Welt. Unsere Individualitäten und Wesensarten unterscheiden sich voneinander wie die Blumen einer Sommerwiese. Himmel und Erde, Du und Ich unterscheiden sich voneinander, aber das Selbst, sein Licht und sein Leben sind überall eins. Alles Geschaffene hat seinen Weg. Alle Erscheinungen haben einen Anfang und ein Ende. Nur das Unerschaffene ist weglos und ewig. Alle Dinge und Wesen haben Anteil an Raum und Zeit, an Werden und Vergehen.

Und so hat auch jeder von uns seinen Weg, der wie eine Leuchtschrift am Firmament der Ewigkeit glüht. Wie jedes Individuum, so hat auch jeder Himmelskörper seinen eigenen Schicksalsweg. Wir wissen aus der Astrologie, daß die Signatur unseres blauen Planeten ein auf einem Kreis stehendes Kreuz ist. Das Kreuz ist Symbol der materiellen irdischen Welt, der vier Elemente und der vier Dimensionen von Raum und Zeit. Die Erde ist der Kristallisationspunkt, das Zentrum des in Fleisch und Blut verkörperten Lebens unserer Seelen in dieser materiellen, raumzeitlichen Welt. Die Erde ist der Ort, an dem die Entscheidung über unser künftiges geistiges Leben getroffen wird. Hier entscheidet sich der Schicksalsweg unserer Seele. Und das Kreuz Christi, das Kreuz von Golgatha, ist der geistige Sammelpunkt für die Schicksalsfäden aller Menschen und Völker, die mit Adam gefallen und zum Weg der Auferstehung berufen sind.

Wir sehen, wie sogar in der Symbolsprache der Sternen- und Schicksalskunde der Weg der Erde durch das Zeichen des Kreuzes Christi gekennzeichnet ist. Nomen est omen. Durch das mystische Opfer Christi auf Golgatha wurde die Erde ein für allemal zum Altar Gottes in Seinem kosmischen Haus und zur Stätte von Geburt und Tod, Erlösung und Auferstehung Seiner gefallenen Kinder. Erst mit der »Himmelfahrt« überwindet die Seele alle Bindungen an die materielle Welt und geht, zu einer ewigen Säule des Lichtes geworden, ein in das Haus des Vaters. (Offb. 3.12)

Die verworrene Lage und das moralische Elend unserer Zeit

Viele Menschen, auch solche, die seit Jahren oder gar Jahrzehnten ernsthaft nach Gott suchen, erleben, wie sie sich immer wieder aufs Neue in dieser Welt verwickeln, wie sie sich an ihr stoßen, an ihr leiden oder zumindest immer wieder aus ihrer Mitte fallen. Ohne es zu merken lassen wir uns vom Netz der weltlichen Lebensformen einfangen, nehmen Denk- und Verhaltensmuster an und geben uns Gedanken, Vorstellungen und Emotionen hin, die ganz diesem weltlichem Leben, nicht aber unserer göttlichen Natur entsprechen. Natürlich ist es eine Frage des Bewußtseins, der Aufmerksamkeit und auch der stetigen Übung, sich nicht vom »Sog der Welt« aus der eigenen Mitte ziehen zu lassen. Auf der anderen Seite aber zeigt uns die Beharrlichkeit unserer Erlebnis-, Denk- und Verhaltensmuster, wie tief diese Welt in unserer Seele verwurzelt ist. Sie steckt uns regelrecht in allen Knochen und ist uns zur zweiten Natur geworden.

Oft wird uns die Krankhaftigkeit und die Unbewußtheit unserer alltäglichen Denk- und Lebensweise gar nicht mehr tief genug bewußt, weil sie die Norm ist. Wir sagen: »Es ist doch gar nicht so schlimm, auf den eigenen Vorteil bedacht zu sein, ethische und ewige Werte zu vernachlässigen, Gefühle zu unterdrücken, das eigene Herz zu übergehen oder andere übers Ohr zu hauen. Das tut doch jeder! Konkurrenz ist das Gesetz der Welt, und man muß schon die Ellbogen einsetzen, wenn man überleben will.«

Tatsache ist, daß wir in einer gesellschaftlichen Wirklichkeit leben, die sich so weit von den ewigen Werten des Lebens entfernt hat, daß Betrug, Unehrlichkeit, Gefühllosigkeit, Selbstsucht und Gewalttätigkeit in unserer Welt fraglos akzeptiert werden, ja geradezu an der Tagesordnung sind. Wenn wir mit Politikern, Wirtschaftsexperten oder Managern reden und sie beispielsweise auf Werte wie Gewaltlosigkeit, Selbstlosigkeit oder Entsagung aufmerksam machen, ernten wir meist nur ein mitleidiges Lächeln und eine Antwort wie: »Sie glauben doch nicht etwa im Ernst, daß diese Ideale in der Wirtschaft tragen?« Wenn wir die Werte der Bergpredigt ansprechen, sagt man uns vielleicht: »Ja, das sind schöne Gedanken, aber in der Praxis funktioniert das nicht.«

All das zeigt, daß die meisten Menschen weder begriffen haben, wofür sie auf dieser Erde sind, noch wofür uns die Bergpredigt gegeben wurde. Sie wurde uns nicht gegeben, damit wir beim Kaffeekränzchen, in esoterischen Nischen oder in schöngeistigen Zirkeln darüber philosophieren, sondern damit wir sie als Leitlinie unseres täglichen Lebens annehmen und in der Tat umsetzen. Sie wurde uns gegeben, damit wir sie im täglichen Leben, in der Wirtschaft und in der Politik, im Büro und zu Hause, in Geschäften, Schulen und Institutionen, einfach überall im Leben verwirklichen. Sie wurde uns für das tägliche Leben gegeben, und das tägliche Leben ist wiederum die Schule und der Prüfstein für unseren Glauben und unsere Liebe. Nicht das äußere Leben hat Vorrang vor unserem Inneren, sondern das Innere hat Vorrang vor dem Äußeren. »Trachte zuerst nach dem Reiche Gottes und seiner Gerechtigkeit, so wird dir all das übrige dazu gegeben.« (Mt. 6.33)

Wir sind nicht hier auf Erden, um vergängliche Schätze anzuhäufen oder unsere Person zu verherrlichen, sondern allein um *Gott* zu dienen und ewiges Leben zu erlangen. Deshalb sagt Jesus: »Wenn dich dein Auge verführt, so reiß es aus, denn was nützt es dir, wenn du zwei Augen hast, aber Schaden nimmst an deiner Seele. Wenn dich deine Hand verführt, so ist es besser, sie abzuhauen, denn was nützt es dir, wenn du zwei Hände hast, aber Schaden nimmst an deiner Seele.« (Mt. 6.29; 18.8-9) Um unseres Heiles, unserer Berufung und Verwirklichung, um unserer Seele und des ewigen Lebens willen sind wir hier auf Erden und nicht, um uns zu vergnügen oder vergängliche Schätze anzusammeln. Das Innere, die Seele, nein, Gott hat Vorrang, und alles äußere Leben bildet nur den Rahmen, in dem wir jene inneren Werte zur

Entfaltung bringen. Nur so können wir das Reich Gottes in und um uns verwirklichen.

Das ist unser Auftrag als Mensch: Gott zu suchen, Ihm zu dienen, unseren göttlichen Kern zur Entfaltung zu bringen und das ewige Leben, das heißt das bewußte Sein und Leben in Gott, zu erlangen – hier in dieser Welt! »Sie sollten die Gottheit suchen, ob sie Ihn fühlen und finden könnten, ist Er doch nicht fern von einem jeden von uns. Denn in Ihm leben wir, bewegen wir uns und sind wir. So haben ja auch einige von den Euren gesagt: ›Wir sind von seinem Geschlecht.‹« (Apg. 17.27-28) »...alle, die nach Meinem Namen genannt sind, habe Ich zu Meiner Ehre geschaffen, gebildet und geformt.« (Js. 43.7)

»Werdet vollkommen, wie der Vater im Himmel vollkommen ist.« (Mt. 5.48) »Wer vollkommen ist, den will Ich zu einer Säule machen in meines Vaters Haus, und er soll nicht mehr herauskommen (in diese Welt). (Er soll nicht mehr wiedergeboren werden in Fleisch und Blut.)« (Offb. 3.12) Das ist der Sinn unseres Lebens, das ist unsere Berufung und unser göttlicher Auftrag: das Reich Gottes zuerst in uns zur Entfaltung zu bringen und es dann in der Welt zu errichten.

Da gibt es wohl viele, die sagen: »Ja, die anderen leben verkehrt, ich aber bin ein gläubiger Christ! Ich gehe zur Kirche und zur Heiligen Kommunion und führe auch sonst ein rechtschaffenes Leben!« Aber kennen sie Gott, haben sie je Christus geschaut, leben sie aus dem Heiligen Geist? Ist ihr Herz wirklich frei von Eigendünkel und Selbstgerechtigkeit? Quillt ihr Herz über vor Selbstlosigkeit, Mitgefühl und Liebe? Oder ist es nur Schöntuerei, Selbstgefälligkeit und Isolation?

Tatsache ist: Solange wir nicht in der beständigen Anschauung Gottes leben und unser Herz im Herzen Gottes, unseren Geist in Seinem Geist, unser Bewußtsein in Seinem Bewußtsein und unser Fühlen in Seiner Liebe gegründet haben, solange sind wir nicht berechtigt, uns als Christen, Juden, Muslime oder überhaupt als Gläubige zu bezeichnen. Es ist, wie Jesus sagt: »Das ewige Leben haben heißt, den Vater zu kennen und den, den Er gesandt hat, Seinen Sohn!«

Wahrlich, unsere ewige Berufung als Mensch besteht allein darin, Gott zu schauen und Ihn in unserem inneren Wesen zu verwirklichen. Nach Seinem Bild und Gleichnis sind wir erschaffen, und Sein Angesicht möchte in uns leuchten. Wir selbst sind die Schmiede unseres Schicksals. Wir selbst schaffen uns Himmel oder Hölle – sowohl in unserer Seele als auch draußen in der Welt. Wir selbst haben die Werte des Lebens pervertiert, und wir selbst sind es, die unter den bestehenden Bedingungen leiden.

Wenn wir den göttlichen Plan für unser Menschsein, den Ruf und Auftrag zur Liebe und zur Mitarbeit an Seinem Werk mit den konkreten Lebensverhältnissen in unserer abendländischen Welt vergleichen, kommen wir zu einer erschütternden Bilanz. Nicht nur haben wir *die Werte des ewigen Lebens und des göttlichen Auftrages* aus den Augen verloren, wir haben sie sogar völlig entweiht. Wir haben die göttliche Ordnung auf den Kopf gestellt. Wir arbeiten nicht für Gott und unseren Nächsten, sondern zu unserem eigenen Vorteil. Wir dienen nicht dem göttlichen Leben, sondern uns selbst. Wir suchen nicht Gottes Ehre, sondern unsere eigene. Es geht uns nicht darum, den Leib und seine Begierden zu überwinden, nein, wir sind seine Sklaven geworden. Wir preisen nicht den Namen des Herrn, sondern unseren eigenen. Wir teilen nicht in Liebe, sondern suchen uns aneinander zu bereichern. Wir suchen nicht das Heil unseres Nächsten, sondern verschließen ihm die Tür. Wir heiligen nicht unser wahres göttliches Wesen, sondern huldigen dem Götzenbild unseres Ego, unserer eigenen Person. Wir beten nicht zu Gott, sondern zu den selbsterschaffenen Götzen unseres Ich. Und damit fördern wir nicht die Werte der Ewigkeit, unseres inneren Heils und des ewigen Lebens, sondern verherrlichen den sterblichen Leib und treiben Raubbau an Geist, Seele und Natur.

Das ist die Situation unserer Zeit, das sind die Kennzeichen unserer abendländischen Welt. Wenn wir durch die Städte gehen, sehen wir nichts als tote Gesichter. Die Menschen sind gefühllos, stumpf und leer. Sie haben kein Licht und kein Glänzen in den Augen, da ist kein Leuchten auf ihren Gesichtern. Ihr Lachen ist schrill, ihr Humor geschmacklos, die Freude boshaft, das Herz kalt und das Interesse selbstgefällig. Schales Vergnügen, Lust, Gewinn und Anerkennung sind die treibenden Kräfte des täglichen Lebens. Der Nächste zählt nur, solange er den eigenen Interessen nützt.

Wo wir auch hinschauen, finden wir Sinnlosigkeit, Leere, Krankhaftigkeit und Tod. Das Kranke ist zur Norm geworden, die niemanden mehr aufweckt. Nachdem unsere ganze Kultur von Krankheit durchsetzt ist, bemerkt niemand seinen eigenen Aussatz. Geiz, Selbstsucht und Mißgunst regieren die Welt. Und wer nicht mitmacht, schließt sich selber aus. Es ist, wie die Schrift es verkündet: »Das magst du wissen, daß in den letzten Tagen schlimme Zeiten hereinbrechen werden. Denn da werden die Menschen selbstsüchtig sein, geldgierig, hochmütig, schmähsüchtig, den Eltern ungehorsam, undankbar, gottlos, lieblos, unversöhnlich, verleumderisch, zügellos, roh, dem Guten abhold, verräterisch, unbesonnen, aufgeblasen, mehr vergnügungssüchtig als gottliebend; sie werden wohl noch den Schein der Frömmigkeit haben, ihre innere Kraft aber werden sie verleugnen.« (2. Tim. 3.1-5) Und bei Jesajah heißt es: »Der Hochmut ihrer Gesichter zeugt gegen sie; sie reden von ihren Sünden so unverhohlen wie (einst) Sodom. Wehe ihnen, sie bereiten selbst ihr Verderben« (Js. 3.9) und: »Siehe, Finsternis bedeckt die Erde und Dunkelheit die Nationen.« (Js. 60.2)

Wir könnten noch lange fortfahren und kämen doch an kein Ende, denn was uns fehlt, ist eine Alternative, eine göttliche Norm, das sichtbare Bild eines göttlichen Lebens. Unsere Welt hat sich so weit vom Erkennen des transzendentalen Sinnes unseres Lebens entfernt, daß uns jede Vorstellung von einem heilen Sein und jedes Verständnis dafür abhanden gekommen ist. Wir haben Tausende von Büchern über allerlei Krankheiten und ihre Symptome. Wir haben Institutionen, die sich mit der Pathologie des Menschen, mit seinen Verfehlungen und Abnormitäten befassen, aber wir haben kein Leitbild für gesundes, heiles, wahres, erfülltes und verwirklichtes Menschsein. Selbst die Kirchen sind tot und die meisten Priester ohne Heiligen Geist. Unsere gesamte Kultur und Gesellschaft ist nicht nur geistig verarmt, sondern auch gottlos und degeneriert.

Jesus hat all das prophetisch vorausgesagt, indem er uns zurief: »Ihr Heuchler! Das Aussehen von Erde und Himmel wißt ihr zu deuten, diese Zeit aber, warum deutet ihr sie nicht?« (Lk. 12.56) Und an anderer Stelle heißt es: »Ein böses und ehebrecherisches Geschlecht fordert ein Zeichen, aber es wird ihm kein Zeichen gegeben werden als das Zeichen des Propheten Jona. Denn wie Jona drei Tage und drei Nächte im Bauch des Seeungeheuers war, so wird der Menschensohn drei Tage und drei Nächte im Herzen der Erde sein. *Die Männer von Ninive werden beim Gericht zusammen mit diesem Geschlecht auftreten und es verurteilen.* Denn sie haben sich auf die Predigt des Jona hin bekehrt, und siehe, hier ist mehr als Jona. *Die Königin des Südens wird beim Gericht zusammen mit diesem Geschlecht auftreten und es verurteilen.* Denn sie kam von den Enden der Erde, um die Weisheit Salomos zu hören. Und siehe, hier ist mehr als Salomo.« (Mt. 12.38-42)

Ich spreche all dies nicht an, um mit dem Finger auf die »anderen« zu zeigen und »seht, wie gottlos die Menschen sind« zu sagen, sondern um uns die Situation unserer Zeit, die gegenwärtige Lage unserer Welt klar vor Augen zu führen. Die Frage lautet: »Wo stehen wir hier und heute innerhalb der ›Heilsgeschichte‹ der Menschheit?« Und dies beinhaltet die Reflexion unserer individuellen und kollektiven Situation, der Situation unseres kleineren Lebensumfeldes vor dem Hintergrund des Weltganzen, das uns umgibt. Wo immer auch nur ein Funke bewußter Wahrnehmung in uns erwacht, fühlen wir ja deutlich, daß es einen Zusammenhang gibt zwischen unserem inneren Befinden und dem größeren Weltgeschehen im allgemeinen, beziehungsweise der gegenwärtigen Situation und der Geschichte des Abendlandes im besonderen.

Wir wissen, daß innen und außen, Vergangenheit und Zukunft in einer gesetzmäßigen Entsprechung zueinander stehen, und spüren, daß wir uns nicht aus der Verantwortung gegenüber unserer Mit- und Umwelt stehlen können. Deshalb wird es immer wichtiger, daß wir uns bewußt werden, welche Rolle wir als Einzelseele und als Gruppe innerhalb der Menschheit und in unserem konkret-historischen Kontext spielen. Unser Schicksal ist untrennbar mit dem Schicksal der Menschheit und der ganzen Erde verknüpft. Daher stellt sich auch für uns persönlich die ganz konkrete Frage: Wo stehen wir im großen Bogen der Schicksalsentwicklung und der Heilsgeschichte der Menschheit auf dieser Erde?

Wir möchten auch verstehen lernen, daß alles, was wir innerlich und äußerlich erleben, schicksalhaft mit dem Leben und Wirken Jesu auf Erden sowie mit der jahrtausendelangen Geschichte des Abendlandes im allgemeinen und mit der Geschichte Israels im besonderen verknüpft ist. Nicht umsonst leben wir in einer Zeit, in der versucht wurde, das Judentum restlos auszurotten. Da all diese Dinge nicht zufällig zusammentreffen, sondern einen wesenhaften Zusammenhang verbergen, ist es für uns auch notwendig, klarer zu erkennen, wie sie mit unserem eigenen Weg zusammenhängen. Da unser Leben und Schicksal ganz im Kontext des Lebens und Schicksals Israels und des Abendlandes, des Schicksals der abendländischen Völker und des Lebens und Wirkens Jesu steht, sind auch Erlösung und Auferstehung der Einzelseelen nur im Kontext des Weltganzen und des darin stattfindenden Heilsgeschehens faßbar und möglich. Niemand, der in diesen Kontext hineingeboren ist, kann sagen: Das geht mich alles nichts an, ich suche meinen Weg und meine Erlösung auf eigene Faust. Wer so denkt, wird sicher straucheln.

Wie die Frage unserer eigenen Erlösung untrennbar mit unserer Geschichte verbunden ist, also mit unseren verschiedenen Inkarnationen und den darin gewirkten Taten und Werken, so sind natürlich auch die Lage unserer Welt, der Zustand unserer Erde sowie die Situation des Abendlandes das Produkt der Geschichte, also des Lebens und Wirkens der Völker untereinander. Sie sind das Produkt gegenseitiger Unterdrückung und Zerstörung sowie vieler Kriege, die tiefe Spuren in unseren Seelen und in den Seelen der Völker hinterlassen haben. So wie Menschen als Individuen karmisch, das heißt schicksalhaft, miteinander verknüpft sind, so sind auch ganze Völker, Nationen, Volksgruppen und Religionsgemeinschaften miteinander verbunden. So wie unsere Weltlage ein Produkt von Kreuzzügen, Inquisitionen, Folterungen, Überfällen und Kriegen, bis hin zum geplanten Völkermord ist, so ist es auch unsere individuelle Lage und Seelenverfassung. Die Verhärtung unserer Herzen, die innere Erstarrung und Leere ist nichts als das Produkt jahrtausendelanger Gewalttätigkeit, Selbstsucht, gegenseitiger Ausbeutung und Ignoranz gegenüber der Heiligkeit des Lebens und dem weisen Plan des göttlichen Willens.

Wenn wir das äußere Leben und die Lage unserer Welt aus dem Blickwinkel der Geschichte und der göttlichen Offenbarung betrachten, wird uns manches Licht aufgehen. Dann werden wir auch die Botschaft des Alten Testamentes und den Ruf der Propheten besser verstehen. Uns wird deutlich werden, daß das Alte Testament ein Geschichtsbuch ist, ein Buch der Schicksalsverknüpfung, der Fehden, Kämpfe und Kriege unserer abendländischen Völker, die einander immer wieder mit Füßen treten und damit gegen den Plan und Willen Gottes verstoßen. Daß diese Geschichte noch nicht beendet und das von den Propheten verkündete Heil noch nicht erlangt ist, ist offenbar. Daß das messianische Reich Gottes auf Erden, dessen Grundstein Jesus auf Zion und Golgatha neu gelegt hat, noch nicht errichtet ist, ist ebenfalls allen offenbar – mit der traurigen Einschränkung, daß es heute kaum noch Menschen gibt, welche die Verheißung oder Wiederherstellung eines Gottesreiches auf Erden überhaupt ernst nehmen oder für möglich halten. Und wenn wir unsere Weltlage betrachten, scheint es ja auch kaum Anzeichen zu geben, die auf ein derart erhabenes Ziel hoffen lassen. Doch wer um das Gesetz Gottes weiß und die Zeichen der Zeit erkennt, der weiß, daß Kräfte kosmischen Ausmaßes im Begriffe sind, die Erde und das Leben auf ihr grundsätzlich zu verändern.

Wenn wir das Alte Testament, die Geschichte Israels und der mit ihm verbundenen Völker, sowie die Schriften der Propheten mit Geist und Verständnis lesen, werden wir nicht nur die Geschichte unserer eigenen abendländischen Schicksalsverknüpfung darin finden, sondern auch Vorhersagen künftiger Geschehnisse sowie unerfüllte Verheißungen, die bis auf den heutigen Tag noch nicht eingetreten und verwirklicht sind. Die Verkündigungen der Propheten reichen nicht nur bis zur Zeit Jesu, sondern weit darüber hinaus, und nicht nur bis in unsere Tage, sondern bis in die Zeit des Gerichtes und der Neugründung des messianischen Gottesreiches auf Erden. Manche Schriften weisen sogar in ferne, ungeahnte Zeiten.

Was deutlich wird, wenn wir im Alten Testament lesen und uns einerseits von aller Selbstgerechtigkeit frei machen und andererseits die Ignoranz und den Egoismus unserer Zeit ins Auge fassen, ist, daß dies nicht etwa das Buch eines zornigen Gottes, sondern vielmehr das Geschichtsbuch widerspenstiger Völker ist, die sich um keinen Preis dem weisen Plan und Willen Gottes beugen wollen. Das war damals genauso wie heute. Wer kümmert sich schon um Seinen Plan? Wer trachtet schon danach, ein gottgefälliges Leben zu führen? Wer hört schon auf den Ruf der Propheten, Heiligen, Meister und Gesandten, die Er in die Welt schickt, um Seinen Plan zu offenbaren?

Wie wenige Menschen haben ihren Geist gewendet und die rechte Konsequenz aus den Erfahrungen der Geschichte gezogen? Der Zweite Weltkrieg liegt erst fünfzig Jahre hinter uns, und dennoch ist unser Leben heute genauso gottlos, gefühllos und unmenschlich wie davor. Wer hat wirklich gelernt und sein Leben in Gottes Hand gelegt? Wer hat sich auf den Weg gemacht, um Gott zu suchen, Ihm zu dienen und Ihm zu gehören?

Was uns die Schriften der Propheten deutlich machen möchten, ist, daß es eine beständige Interaktion Gottes mit den Völkern gibt. Die Geschichte Ägyptens, Israels oder Persiens ist eine Geschichte des Ringens zwischen Gott und der Menschheit, oder besser, eines Ringens der Menschheit zwischen Licht und Finsternis, in der die Finsternis bis heute die Oberhand hat. Immer wieder haben sich die Menschen für die Finsternis und gegen Gott entschieden. Und Gott sandte Seine Propheten, welche die Menschen zur Umkehr riefen. Immer wieder heißt es: »Lasset ab von euren gottlosen Werken und kehret um zu Gott.« »Wendet euer Herz und preiset Seinen Namen.« So lautet der Ruf, den Gott durch Seine Propheten verkünden läßt, bis heute. Jesus rief: »Kehret um, denn euer Gott ist ein Gott der Liebe und der Vergebung.« »Lasset ab von euren gottlosen Werken und suchet das ewige Leben. Denn Gott ist kein Gott der Toten, sondern ein Gott des Lebens.« »Erkennet die Wahrheit, und sie wird euch freimachen.« Aber statt auf ihn zu hören, hat man ihn gekreuzigt. Und so ist es bis auf den heutigen Tag. Die einen verlachen ihn, und die anderen, die beten, beten ohne Erkenntnis und ohne Herz. Ihre Gebete sind Gebete der Lippen. Aber ihre Herzen sind nicht bei Gott.

Heute wie damals gilt Gottes Wort: »Mein Volk ist ein halsstarriges Volk.« (Ex.) »Sie haben ein Herz aus Stein, einen starren Nacken, der sich nicht beugt, und eine eherne Stirn.« Das ist die Geschichte des Abendlandes, und das ist die Situation unserer westlichen Welt.

Unsere abendländische Welt ist ohne Licht und inneres Leben. Weder der Zweite Weltkrieg noch Tschernobyl, das Waldsterben, die Klimaveränderung, die Vergiftung unseres Wassers und unserer Atmosphäre, das Ozonloch, die umfassende Zerstörung unserer Umwelt und unserer Lebensbedingungen, unsere moralische und kulturelle Verelendung, die kollektive innere Vereinsamung, das Auftreten neuer Krankheiten und Seuchen, das allmähliche Absterben unserer Städte, unsere wirtschaftliche und politische Misere, die innere Leere, die wachsenden Selbstmordraten, die zerrütteten Ehen und Familienverhältnisse und der langsame Tod der Seelen reichen aus, um die Menschen zur Umkehr und zu einer vollkommenen Erneuerung ihres Lebens zu bewegen. Die Menschen führen nach wie vor ihre Geschäfte, »essen und trinken, freien und lassen sich freien« und lassen allem seinen abwärtsrollenden Lauf. Was muß noch geschehen, damit wir endlich aufwachen? Nun, daß es so ist, ist doch unsere Norm! »So war es seit Jahrhunderten, und so muß es bleiben!«

In Anbetracht dieser Situation mag die Erwartung größerer Veränderungen manchem wie Träumerei vorkommen. Wie erschreckend ist es, all diese Unbeweglichkeit und Starre zu sehen. Und mancher Suchende merkt an sich selbst, wieviel Mühe, Geduld und Ausdauer, wieviel Gnade, Demut und Ergebenheit es braucht, um die uralten, erstarrten Muster und Strukturen in der eigenen Seele aufzulösen. Wieviel Entschlossenheit es braucht, die ganze Starre und Verstocktheit zu überwinden. Wir erkennen mit Schrecken: Die ganze Welt um uns herum ist so festgefahren und so festgemauert, daß es uns manchmal wirklich wie ein hoffnungsloses Unterfangen vorkommen mag, da Leben hineinzutragen. Wir sehen, daß unsere Zivilisation, unsere Kunst, unsere Kultur und unsere Religion leblos, trüb, stumpf und leer geworden sind und nichts anderes mehr widerspiegeln als die Trübheit, Stumpfheit und Leere unserer Seelen. Viele Menschen sagen: »Ach, seht doch, eine neue Zeit bricht an! So viele Menschen fangen an, nach neuen Wegen zu suchen!« Aber sind es wirklich genug, und ist ihre Suche echt und tief?

Ja, es beginnt etwas Neues – ganz fein, ganz langsam, ganz zart. Aber machen wir uns keine Illusionen. Das erste Suchen ist sehr oberflächlich und seicht. Wir brauchen nur einen Blick in die esoterische Literatur unserer Tage zu werfen, um zu sehen, wie flach ihre Aussagen sind. Ich klage nicht an. Ich möchte nur, daß wir unsere Augen öffnen und uns vor Blindheit und Illusion bewahren. Wer Gott wirklich sucht, macht keine Schau daraus, sondern verändert sein Leben. Wer wirklich den Grund Gottes in seiner Seele sucht, der bedarf gründlicher Umkehr, Selbsterforschung und innerer Verbindlichkeit. Demut und bedingungslose Selbstunterwerfung sind die einzigen Kennzeichen eines wahren Suchenden. Wer wirklich die Liebe Gottes und das Heil der Erlösung schmecken will, der möchte sein ganzes Sein und Leben in Gottes Hand legen – ohne jeden Vorbehalt. Nur so kann uns der Geist Gottes erfassen, nur so kann Sein Wille von uns Besitz ergreifen. Johannes sagt: »Wer Christus angehört, der tut keine Sünde. Wer aber die Sünde tut, der beweist, daß er Ihn nicht kennt und Ihm nicht angehört.« »Wer Ihm angehört, heiligt sich, wie auch Er heilig ist.« (1. Joh. 3.3)

Gewiß, wir erleben immer wieder, wie tief die alten Muster in uns verwurzelt sind und wie die Welt durch sie Macht über unsere Seele gewinnt, als wäre es eine gottgewollte Autorität, die uns als Vorbild vor Augen steht. Und ich sage deutlich: als *wäre* es! Denn tatsächlich ist unsere heutige Zivilisation weiter von Gott entfernt als so manche andere Zivilisation davor. Unsere Lebensform ist alles andere als göttlich, eher voll der Ignoranz und Selbstherrlichkeit. In ihrer umfassenden Totalität übt sie geradezu eine hypnotische Macht auf den einzelnen aus. Kaum jemandem gelingt es, sich aus den Kulten der Vermassung, des Materialismus und des Individualismus herauszulösen und ein eigenständiges, verantwortliches Leben in Gott zu gründen. Immer wieder nehmen die alten eingefleischten Muster von uns Besitz. Und mancher, dem es gelungen ist, sich einigermaßen loszulösen, entdeckt, daß es einer gewaltigen inneren Standhaftigkeit und einer großen Fülle inneren Lichtes bedarf, um in der Welt leben zu können, ohne sich einvernehmen zu lassen oder selbst in den alten Trott zurückzufallen.

Bevor Jesus diese Welt verließ, sagte er zu seinen Jüngern: »Ihr habt Angst in der Welt, ich aber sage euch, ich habe die Welt überwunden.« »Ich bin nicht von dieser Welt, und auch ihr seid nicht von dieser Welt. Wer mir angehört, der ist nicht von dieser Welt.«

Es ist nicht die Welt, die uns gefangen hält, sondern unsere Weltlichkeit mit all ihren Ansprüchen und Begierden. Nur über den, der seinen Eigenwillen besiegt und seine Ansprüche und Begierden überwindet, hat die Welt keine Macht mehr. Er hat sie überwunden.

Wir aber sagen, wir hätten unser Leben in Gott gegründet, und dennoch hat die Welt Macht über unsere Seele. All unser Denken, Fühlen und Wohlbefinden ist durch die Personen und Dinge dieser Welt bedingt. Welch ein Widerspruch! Wir haben die Wurzel von Welt und Weltlichkeit noch nicht aus unserer Seele gerissen. Und so tragen sie täglich neue Früchte.

Beschämt nur können wir uns beugen und in Schmerz und Liebe unser Schicksal annehmen. Das Entscheidende in der Betrachtung all dieser Dinge ist, wahrzunehmen, daß unsere Situation hier im Westen so festgefahren ist, daß sie durch menschliches Trachten und Mühen beim besten Willen nicht verändert werden kann. »Was aber bei Menschen unmöglich scheint, ist doch möglich bei Gott.« Denn vor und in Gott ist nichts unmöglich und die Wiederherstellung Seines Ruhmes und Seiner Herrlichkeit auf Erden ist Bestandteil Seines Planes für die Menschheit. Die Propheten aller Zeiten und Länder weisen darauf hin, und wenn wir die Augen öffnen, können wir in den weltweiten Veränderungen und Krisen unserer Zeit das weiträumige Wirken Gottes zur Erneuerung der Welt erkennen. All die Nöte, Umweltschäden, ethnischen, nationalen und internationalen Krisen, Kriege und Konflikte, die immer häufiger rund um den Erdball aufflammen, sind deutliche Zeichen der über unsere Welt hereinbrechenden Endzeit samt des mit ihr verbundenen Gottesgerichts.

In der Bhagavad Gita heißt es: »Wann immer Rechtschaffenheit und Moral (Dharma) abnehmen und Dunkelheit und Ignoranz (Adharma) überhandnehmen auf Erden, dann erschaffe Ich Mich neu, um das Gute zu stärken und das Böse zu zerstören. Ich schaffe Mich neu, um den Guten Schutz und den Bösen ein Untergang zu sein.« (IV. 7-8) Dieser Satz ist vor allem im indischen Raum gut bekannt. Meist wird er jedoch auf folgende Weise übersetzt: »Wann immer das Gesetz an Kraft verliert und Gesetzlosigkeit die Welt beherrscht, dann erscheine Ich (oder auch: dann werde Ich neu geboren), um die Rechtschaffenen zu erlösen und den Frevlern ihr Untergang zu sein. Um der Wiederherstellung der Gerechtigkeit und der Vernichtung des Unrechtes willen werde Ich Zeitalter um Zeitalter neu geboren.«

Tatsache ist, daß Gott in Epochen größter Finsternis nach Seinem Plan und Willen Kräfte freisetzt, welche die erstarrten Lebensformen aufbrechen und darauf hinwirken, die göttliche Ordnung (= Dharma) wiederherzustellen. In der Geschichte der Völker kam es etliche Male vor, daß Gott Seine Boten auf die Erde sandte, um den Seinen einen Weg aus der Dunkelheit ins Licht zu bahnen. Wir kennen die von Gott gesalbten Propheten Israels, aber auch die Verkünder aus anderen Welttraditionen. In Indien waren es zum Beispiel Rama, Krishna und Buddha, in China Lao Zsu, in Persien Zoroaster und in Griechenland Sokrates und Plato.

Und so lesen wir auch im Buch Bereshit (Genesis) unserer Torah, wie Gott Sich des geknechteten Volkes Israel im Land Ägypten erbarmte und seinen Hilferuf erhörte: »JHWH hörte ihr Klagen, und Er gedachte Seines Bundes mit Abraham, Isaak und Jakob.« (Ex. 2.24) Er berief Seinen Knecht Mose, daß er das bedrängte Volk herausführe aus dem Exil ins verheißene Land: »Siehe, das Schreien der Israeliten ist zu Mir gedrungen, und Ich habe auch die Bedrängnis gesehen, mit der die Ägypter sie quälen. So gehe denn! Ich will dich zu Pharao senden; du führe Mein Volk aus Ägypten.« (Ex. 3.9-10) »Gehe, rufe die Ältesten Israels zusammen und sprich zu ihnen: ›JHWH, der Gott eurer Väter … ist mir erschienen und hat gesagt: … Ich will euch aus dem Elend Ägyptens (= Mizrajims = des Gebundenseins) herausführen in das Land Kanaan, … das von Milch und Honig fließt.‹« (Ex. 3.16-17) Den selbstherrlichen Pharao und die seine Gewaltherrschaft stützenden Ägypter schlug Er mit Seinen Plagen (Ex. 7.14). »Wann immer das Gesetz seine Kraft verliert und Gesetzlosigkeit die Welt beherrscht, dann erscheine Ich, um die Rechtschaffenen zu befreien und diejenigen zu vernichten, die Böses tun.« (Gita IV.7)

Die Ankunft Jesu ist auch solch eine Lichtgeburt in die Finsternis einer korrupten Zeit. Und sie steht unter einem besonderen Stern. Jesus sollte nämlich nicht nur zu einem Licht für unzählige Völker und Generationen werden, sondern durch ihn sollte auch die Gesetzlosigkeit und Bosheit der Welt offenbar werden, bevor bei Seiner Wiederkunft die Erlösung der Seinen und die Wiederherstellung der göttlichen Ordnung auf Erden erfolgen konnte.

Als Jesus kam, hatten Herrschsucht, Haß und Finsternis nicht nur von den Herzen des Volkes Israel, sondern vor allem von seiner Priesterschaft und den anerkannten Repräsentanten Gottes Besitz ergriffen. Jesus wurde nicht in einem Teil der Welt geboren, wo man die Botschaft Gottes und die Verheißung des Erlösers nicht kannte – wie etwa in Rom oder bei den germanischen Stämmen. Er kam nach Palästina, wo göttliche Offenbarung in Fülle vorhanden, Gottes Wort dem ganzen Volke bekannt und die Ankunft des Herrn seit Jahrhunderten durch die Propheten verkündet worden war. Geist und lebender Kern dieser Gottesbotschaft waren zu dieser Zeit jedoch von einer doktrinären Theologie verdrängt worden und die Tempel und Synagogen waren keine Stätten des Lichtes mehr, sondern Häuser der Eitelkeit, des Handels sowie der Selbstherrlichkeit und der Machtausübung gottloser Priester. Wir wissen, daß das Wort und die Offenbarung Gottes, die den Menschen von erleuchteten Weisen und Propheten gegeben worden waren, von der herrschenden Priesterschaft so verunstaltet und entseelt wurden, daß es eines vollkommen neuen Impulses bedurfte, um das verloren gegangene innere Licht neu zu entfachen und den Geist Gottes in den Menschen neu zu erwecken. In diesem Sinne sagte Jesus von sich selbst: »Ich bin gekommen, ein Licht zu entfachen und ein Feuer anzuzünden. Was wollte ich mehr, als brennte es schon.«

So wie damals der Geist Israels und seiner Synagogen war, so lichtlos und erstorben ist heute der Geist des Abendlandes und seiner spirituellen Institutionen. Ernsthaft Suchende können darin weder echte geistliche Führung noch eine lebendige Lehre oder das Licht des ewigen Lebens finden. Religionen und Institutionen sind tot, und die Hirten sind oft unwissender als ihre Schafe. Dies gilt für Judentum, Christentum und Islam gleichermaßen.

Betrachten wir allein die Geschichte unserer christlichen Tradition: ein trauriges Stück abendländischen Weges, das von Kreuzzügen, Inquisitionen, politischen Zweckbündnissen, Intrigen, Lüge und Macht und vor allem vom Blut Unschuldiger verschmutzt ist. Die Worte Ezechiels gelten nicht nur für das Priestertum Israels, sondern auch für die Priester des Christentums und des Islam: »Ihr Hirten! ... Wehe den Hirten, die sich selbst geweidet haben! Sollen nicht die Hirten ihre Schafe weiden? Von der Milch habt ihr euch genährt, mit der Wolle euch gekleidet, die fetten Tiere geschlachtet, aber die Schafe habt ihr nicht geweidet. Das Schwache habt ihr nicht gestärkt, das Kranke nicht geheilt, das Verletzte nicht verbunden, das Versprengte nicht zurückgeführt, das Verirrte nicht gesucht.« (Ez. 34.2-4)

Wir möchten aber nicht mit dem Finger auf andere zeigen, sondern uns vielmehr selbst befragen, denn es geht uns nicht darum, Schuldige im Außen zu suchen, sondern vielmehr die Lage und den Standort unseres kollektiven Bewußtseins zu bestimmen. Die Frage lautet: Wo stehen wir heute? Wo sind unsere Wurzeln, wo sind die Stätten und Hüter des Lichtes, wo sind diejenigen, die Gott wahrhaft suchen und Ihm dienen?

Bedenken wir, wie viele große Heilige und Meister beständig das Licht Indiens tragen und wie viele Tausend ergebener Seelen diesen Gottesboten folgen. Manche indische Heilige haben mehr als eine Million Verehrer. Überhaupt sehen wir, wie in Indien eine ganze Reihe von Meistern in kontinuierlicher Folge Gottes Kraft auf ihre Schüler übertragen und so die Flamme des Orients, jenen Quell der Kraft und des Lebens gehütet haben. Wo aber ist unsere Wurzel, wo ist das Vermächtnis, das Gott uns übergab? Wo sind die Priester und Tempel, in denen Gottes Licht lebendig war? Warum gibt es so wenige wirkliche Meister hier im Abendland? Warum haben die meisten Heiligen unserer Tradition nur so wenige Schüler und kaum echte Jünger? Diese Fragen stellen sich, wenn wir unsere Situation aus geistiger Sicht betrachten.

Und während die Meister und Heiligen Indiens in ihrem Land größte Achtung und Verehrung genießen und Tausende wahrhaft suchender Seelen ihnen folgen, im ihr Licht zu empfangen und selbst ein Leben zur Verwirklichung Gottes und zum Besten aller zu führen, wurden unsere Propheten, Heiligen, Apostel und Gottessöhne meist von ihrem Volk verstoßen, verfolgt und getötet. Zehn der zwölf Apostel wurden wie ihr Meister gekreuzigt oder gesteinigt. Nur Johannes starb eines natürlichen Todes – in der Verbannung.

Wie Jesus sagt: »Von Abel dem Gerechten bis zu Zacharias, der zwischen Tempel und Altar getötet wurde«, haben wir alle Lichtträger, die uns gesandt wurden, zurückgewiesen, verfolgt und umgebracht. Und heute wundern wir uns, warum es hier im Westen keine lebende Tradition geistiger Schulung und nur wenige wahre Meister gibt. Haben wir sie denn angenommen? Gibt es denn genügend wahrhaft Suchende?

Wir mögen wie die Zeitgenossen Jesu sagen: »Wir waren es nicht.« »Hätten wir in den Tagen unserer Väter gelebt, wir hätten uns nicht mitschuldig gemacht am Blute der Propheten.« (Mt. 23.30) Immer wieder sagen wir, die anderen waren es. Die Juden haben Jesus ermordet. Die Inquisition kam von der Kirche. Wir waren es nicht. Jahrhunderte von Kriegen bilden unsere Geschichte, aber niemand will es gewesen sein. Jeder denkt, er sei nur Opfer gewesen. Jesus aber sagte: »So stellt ihr euch selbst das Zeugnis aus, daß ihr die Söhne von Prophetenmördern seid.« »Nichts als getünchte Gräber seid ihr, voll von Totengebein.«

So ist es noch heute. Jeder sieht sich als Opfer, und niemand will es gewesen sein. Doch unsere Geschichte der Gewalttaten, der Ignoranz und der Selbstherrlichkeit steckt tief in uns. Warum sehen wir Jesus nicht, warum leben wir nicht in beständiger Anschauung Gottes, wenn wir so rein und ohne Schuld sind? Warum erleben wir innere Seligkeit und Fülle nicht, warum läuft unser Herz nicht über vor Mitgefühl, Demut, Dienstbereitschaft und Liebe? Ist es das Leid, das uns von Gott trennt? Oder sind es unsere vergangenen Werke, die uns von Ihm trennen und Sein Angesicht verdecken?

Wenn Schmerz und Leid uns von Gott trennten, wie weit hätte dann ein Petrus oder Stephanus oder sonst ein Märtyrer von Ihm entfernt sein müssen! Nein, unsere Hartherzigkeit, unsere Unreinheiten und all die Gewalttaten unserer Geschichte trennen uns von Gott und Christus. Die Bürde des Abendlandes ist in uns und wir sind gerufen, uns endlich unter Sein Kreuz zu beugen!

Gott aber hat für alles Seinen Plan. Sein Versprechen »Wenn immer Rechtschaffenheit und Moral abnehmen und Gesetzlosigkeit zunehmen, dann erscheine Ich, um den Gerechten Heil, den

Frevlern aber deren Vernichtung zu sein; um Gerechtigkeit (Dharma) neu zu begründen, werde Ich in jedem Zeitalter neu geboren« (Gita IV. 7-8) wird in Erfüllung gehen. Denn Gott hat auch für unsere Zeit und die Erstarrung unserer westlichen und auch östlichen Welt Seine Antwort – einen Erlösungsplan für die ganze Erde: die Ankunft JHWHs oder die Wiederkunft Christi und die Wiederherstellung des Reiches Gottes auf Erden.

Die Heiligen Schriften aller großen Weltreligionen sprechen vom Kommen eines großen Führers, der den Willen Gottes auf Erden vollbringen und die zerrissene Welt vereinigen wird. Er wird die Gerechtigkeit und Liebe Gottes in seiner Person manifestieren, wird den endgültigen Sieg über das Böse herbeiführen und das Reich Gottes auf Erden errichten. Der hebräische Titel »Messias« – Christos auf Griechisch – bedeutet »der Gesalbte« und bezeichnet den, der von Gott für diese Mission erwählt wurde und ermächtigt, sie zu erfüllen. Während dieser Titel nur in einigen Religionen gebraucht wird, sind die Prophezeiungen über das Kommen eines solchen Erlösers universell. Die unterschiedlichen Religionen nennen ihn bei verschiedenen Namen: Die Juden sehnen sich nach dem verheißenen »König«, der ihnen Erlösung wirkt und den Tempel Israels wiederherstellt. Die Christen sehen ihren Messias in Jesus von Nazaret, der zum Himmel auffuhr, aber wiederkommen wird, um den Plan Gottes zu vollenden. Auch die Muslime erwarten die Wiederkunft Jesu, jedoch als islamischer Imam, während die Shiiten auf das Kommen des »Mahdi« hoffen. Buddhistische Sutras verheißen den Maitreya-Buddha, die hinduistischen Schriften einen Avatar namens »Kalki«. Zarathustra verkündete das Kommen des Saoshiant, und konfuzianische Texte sprechen vom »Wahren Menschen«, welcher der Welt Frieden bringt, indem er das Dharma Kung-Fu-Tse's aufrichtet.

»Der Imam, der einen Weltenstaat erschaffen wird, wird die regierenden Nationen für ihre Verbrechen an der Gesellschaft richten. Er wird euch einfaches Leben und edles Denken lehren. Er wird euch beibringen, daß Tugend eine Charaktersache ist, was immer die Mitte zwischen den beiden Extremen und was auf Unparteilichkeit und Gerechtigkeit gründet.

Er wird sich schützen und verteidigen aus Quellen höchsten

Wissens. Seine Beherrschung dieser Quellen wird vollkommen sein. Er wird wissen, wie außerordentlich sie sind und wie sorgfältig sie benutzt werden müssen. Sein Geist wird frei sein von Wünschen.« (Islam. Nahjul Balagha, Predigten 141 und 187)

»In jenen Tagen, Brüder, wird ein Erhabener namens Metteya erscheinen. Er wird ein Arahant sein, ein Erleuchteter, reich an Weisheit und Güte, glücklich, mit dem Wissen über die Welten, unerreichbar, als Führer für Sterbliche, die gewillt sind, sich führen zu lassen, ein Lehrer für Götter und Menschen, ein Erhabener, ein Buddha ... Er selbst wird dieses Universum mit seinen geistigen Welten genau kennen und sehen, von Angesicht zu Angesicht, seine Brahmas und Maras und seine Einsiedler und Brahmanen, Prinzen und Menschen wie ich selbst sie jetzt kenne und sehe. Das Gesetz, großartig in seinem Ursprung, großartig in seinem Fortschritt, großartig in seiner Anwendung, wird er ausrufen, beides in Geist und Wort; das höhere Leben wird er lehren, in all seiner Fülle und all seiner Reinheit, so wie ich es jetzt tue. Er wird begleitet sein von einer Gemeinde von Tausenden von Brüdern, so wie ich jetzt von einer Gemeinde von Hunderten von Brüdern begleitet bin.« (Buddha im Digha Nikaya III.76, Cakkavatti-Sihanada Suttanta)

»Höre aufmerksam mit ganzem Herzen. Ein Mensch, dessen Geist hell leuchtet, ein Mensch, dessen Geist ganz in der Einheit ist, ein Mensch, dessen Tugend jedermann übertrifft – solch ein Mensch wird tatsächlich in dieser Welt erscheinen. Wenn er kostbare Gesetze verkündet, werden alle Völker vollkommen befriedet sein, die Durstigen, wie wenn sie Nektar vom Himmel tränken, und jeder Einzelne wird den Weg der Befreiung erreichen.« (Buddha in der Sutra des Großen Werkes Maitreyas)

»Miroku, der Große Gott, tritt hervor, ausgestattet mit großer Kraft, der drei in einem – Feuer, Wasser, Erde. Miroku, der Große Gott, hat damals den Himmel auf Erden gepflanzt. Miroku, der Große Gott, wie ein Dieb kommend, wurde heimlich unten geboren. Zurücklassend den höchsten ehrwürdigen Thron, um Erlösung zu bringen, wurde Miroku hier unten geboren.« (Sekai Kyusei Kyo; Inori-no-Shu)

»Der siegreiche Wohltäter und Weltenerneuerer (Astarat-ereta) soll er heißen; er und seine Helfer ... werden das Sein erneuern –

zeitlos, unsterblich, unverweslich, unverderblich, ewig lebend, ewig wohlwollend, dem Willen folgend. Der Tote wird auferstehen, Leben wird unzerstörbar sein, und das Sein wird nach dem Willen Gottes erneuert werden: Die Welten werden ohne Tod sein, nach dem Willen des Gerechten, zum Nutzen aller.« (Avesta, Zamyad Yasht 19.11-12)

Sie alle schöpfen aus der gleichen göttlichen Inspiration und offenbaren dieselbe Wahrheit. Die deutlichste Sprache aber sprechen die Propheten Israels. Sie sprechen nicht nur vom Kommen des Messias, sondern von der Selbstoffenbarung Gottes. »Seht da, euer Gott! … es naht Gottes Vergeltung! Er Selber kommt, um euch zu erretten.« (Js. 35.4b) »Dann wird die Herrlichkeit JHWHs offenbar, und sehen wird es alles Fleisch miteinander. Denn der Mund JHWHs hat gesprochen.« (Js. 50.1-5) »Steige auf einen hohen Berg, Freudenbotin für Zion; erhebe mächtig deine Stimme, Freudenbotin für Jerusalem! Erhebe sie und fürchte dich nicht! Rufe den Städten Judas zu: ›Seht da, euer Gott!‹ Seht, der Herr JHWH kommt mit Macht, und Sein Arm unterwirft Ihm alles. Seht, mit Ihm kommt Sein Siegeslohn, und Seine Siegeszeichen gehen vor Ihm her. Wie ein Hirte weidet Er Seine Herde, auf Seinen Arm nimmt Er die Lämmer; Er trägt sie an Seinem Busen und leitet sorgsam die Mutterschafe.« (Js. 40.9-11) »Er zog die Gerechtigkeit wie einen Panzer an, und der Helm des Heils war auf Seinem Haupt. Dann werden die im Westen den Namen JHWHs schauen, und die im Osten Seine Herrlichkeit. Denn Er wird kommen wie ein eingeengter Strom, den der Sturm JHWHs daherjagt. Doch für Zion kommt Er als Erlöser und für jene von Jakob, die sich von ihrem Abfall bekehren, spricht JHWH.« (Js. 59.15-16-17a/19-20) »Siehe, Sein Lohn ist mit Ihm, und Seine Vergeltung geht vor Ihm her.« (Js. 62.11c)

Diese Worte machen es deutlich: Die Ankunft JHWHs ist mehr als die Geburt einer Erlösergestalt oder eines Avatars. Sie beinhaltet vielmehr die Herabkunft des Geistes Gottes auf die Erde. David frohlockte: »Er (JHWH) neigt die Himmel und fährt hernieder … vom Kerub getragen, fliegt Er dahin … auf den Schwingen der Winde … Vom Himmel redet im Donner JHWH, der Höchste läßt Seine Stimme erschallen.« (Ps. 18.10-14)

Und bei Zacharjah heißt es: »Der Herr JHWH wird über

ihnen erscheinen, wie der Blitz fährt dahin Sein Pfeil. JHWH wird ins Horn stoßen und mit dem Sturm einherfahren.« (Sach. 9.14)

Auch die Wiederkunft Christi meint nicht etwa die personale Rückkehr Jesu, sondern ein Geschehen kosmischen Ausmaßes, an dem jedoch einzelne große, gottgesandte Seelen und Gruppen entscheidenden Anteil haben. Jesus selbst hat gesagt: »... Wenn ... jemand zu euch sagt ›Siehe, hier ist der Messias, der dort‹, so glaubt es nicht ... Denn wie der Blitz vom Osten ausfährt und bis zum Westen leuchtet, so wird es mit der Ankunft des Menschensohnes sein.« (Mt. 24.27) Der Geist Christi wird nicht »alleine«, sondern in und mit der Kraftfülle JHWHs herabkommen. Er wird in ihr selbst zu einer kosmischen Kraft erhoben, durch die JHWH Sein gewaltiges Werk der Welterneuerung vollbringt. Da das Mysterium Christi das Zentrum der Parusie JHWHs bildet, ist es durchaus legitim, die Ankunft JHWHs mit der Wiederkunft Christi gleichzusetzen. JHWH wird das Heil der Menschheit vermittels des Opfers Christi zu Golgatha wirken und auf seiner Grundlage mit ihm und seiner Gefolgschaft die Königsherrschaft auf Erden antreten. Wie es heißt in der Schrift: »Ich (Daniel) war immer noch in der Beschauung der nächtlichen Gesichte, da kam auf den Wolken des Himmels eine Gestalt wie ein Menschensohn; er gelangte bis zu dem Hochbetagten und wurde vor diesen hingeführt. Ihm wurde nun Macht und Herrlichkeit und die Königsherrschaft gegeben. Alle Völker, Nationen und Sprachen sollten ihm dienen. Seine Herrschaft sollte eine ewige Herrschaft sein, die nie vergehen wird, und sein Königtum sollte niemals untergehen.« (Dn. 7.13-14) Das sind die Worte Daniels, in denen er die Ermächtigung des »Menschensohnes« durch den »Hochbetagten«, JHWH, beschreibt. Wenn er erscheint, wird er Gericht halten und jedem Vergeltung zukommen lassen.

Darüber hinaus wurde verkündet: Wenn aber der Menschensohn kommen wird »in der Fülle seiner Herrlichkeit« (Mt. 25.31), dann kommt er mit den »Heerscharen des Himmels« (Mt. 26.53), samt all »seinen Engeln«, »himmlischen Kräften und Gewalten«. (Mt. 25.31) Wie es heißt bei Henoch: »Siehe, es kommt der Herr mit Seinen heiligen Zehntausend ...« (Hen. (äth.) 1.9, Jud. 14-15) Ebenfalls in seinem Kraftfeld erscheint die Gefolgschaft »seiner

Heiligen«. (1. Thess. 3.13) Sie kommen »in großen Scharen« und »stärken ihre noch ... im Fleische wandelnden Brüder.« (Lorber Ev. Bd. 8, Kap. 187.5)

Darüber hinaus aber wollen wir klar erkennen: » ... der Herr selbst wird, ... wenn die Stimme des Engels und die Posaune Gottes erschallt, herabsteigen vom Himmel.« (1. Thess. 4.16-18) »Eloah kommt von Teman her, der Allheilige von Paran. Seine Herrlichkeit bedeckt den Himmel, und Sein Ruhm erfüllt die Erde. Sein Glanz entspringt dem Tage, und Strahlen entspringen Seinen Händen, das ist die Hülle Seiner Macht.« (Hab. 3.3-4)

Gleichzeitig mit der Herabkunft des Geistes JHWHs – gleichsam vor ihm her – entsendet Er Seinen Knecht »Sproß« (Sach. 3.8) als Seinen irdischen Repräsentanten und als Sprachrohr Christi und JHWHs. Er und seine Jüngerschaft werden das Erlösungswerk Christi einleiten und die Königsherrschaft Gottes begründen. Er wird die Wahrheit und das Geheimnis Gottes verkünden, die Sünde versiegeln, den Bedrängten Trost sein, Gerechtigkeit und Erlösung wirken und schließlich das »Allerheiligste JHWHs salben.« (Dn. 9.24)

Ein neues Kapitel der Menschheitsgeschichte beginnt. Man nenne es die Lichttaufe der Erde, die erste Auferstehung oder wie immer – es geht allein darum, die Erde und ihre Völker durch einen großen Läuterungsprozeß auf eine höhere Schwingungsebene des Bewußtseins zu erheben, auf daß wir endlich in Würde und Frieden und im Bild und Gleichnis Gottes zu leben vermögen. Der Lichtkeim und der Same des geistigen Lebens, der vor Urzeiten in die Erde gelegt wurde, möchte hervorbrechen und alle erstarrten, überkommenen Formen zerbrechen, um das in ihnen eingekapselte, innere Leben freizusetzen und zur Entfaltung zu bringen. Die Ankunft des Herrn ist somit ein gewaltiges, den ganzen Erdkreis umfassendes Geschehen, ein Ereignis von kosmischem Ausmaß, das in einem Zeitraum von nur wenigen Jahren den Heilsplan Gottes vollenden wird. Ziel dieses Geschehens ist die *weltweite* Wiederherstellung von Wahrheit, Liebe und Gerechtigkeit – die Wiederherstellung der göttlichen Ordnung auf dieser Welt.

Bedenkliche pseudospirituelle Auffassungen

Wir werden hier grundlegende Fragen ansprechen, bezüglich derer heute viel Verwirrung besteht. Eine dieser Fragen ist die nach der Authentizität unseres Gewissens: Gibt es ein unfehlbares Gewissen? Was ist das Gewissen und wie höre ich seine Stimme?

Zur Suche des Propheten Elijah nach einer Antwort auf seine inneren Fragen gibt es in der Schrift eine schöne Anekdote. Da, wo Elijah lauscht, um eine Antwort zu bekommen, macht er folgende Erfahrung. »Zuerst ein Beben, aber im Beben war Er (Gott, die innere Stimme) nicht, dann ein Feuer, aber im Feuer war Er nicht. ... Zuletzt das zarte Säuseln eines Windes. Darin aber war Er!«

Nicht in Wünschen, Vorstellungen und Begierden ist die Stimme des Gewissens zu hören, nicht in den Wogen unserer Emotionen oder in den Monologen unseres Denkens, sondern weit, weit dahinter. Von viel tiefer selbst als die Stimme unseres Herzens erklingt sie, und nur in der Stille ist sie hörbar. Leicht wird sie erstickt vom Trubel und der Geschäftigkeit des Alltags. Subtiler als das Subtilste ist das Wesen unseres Gewissen. Es allein ist direkt von Gott und unmittelbarer Ausdruck göttlicher Natur in der Seele. Dieses Gewissen hat nichts zu tun mit dem Eltern- oder Über-Ich der Psychologen, auch nicht mit dem »Es« oder mit den in unserem Herzen strömenden Gefühlen. Es ist vielmehr wie ein in der Tiefe verborgener unparteiischer Sender, der permanent die feinsten Signale aussendet. Diese Signale sind frei von jeder Emotionalität und Parteilichkeit. Sie sind hell, nüchtern und licht und von stiller geduldiger Dauer.

Viele verweisen auf die Stimme des Herzens, doch die Weisen sagen: »Solange Unreinheit im Herzen wohnt und die aus ihm aufsteigenden Gefühle nicht absolut überpersönlich und rein sind, sondern mit den Schalen (kabbalistisch: K'lipot) behaftet, resonniert es noch mit unseren niederen Emotionen und Begierden.« Deshalb gibt es so viele, die sich selbst dann auf die Stimme ihres Herzens berufen, wenn sie betrügen oder ehebrechen. Vor der nüchternen Stimme des Gewissens ist dies nicht möglich. Diese Stimme hören wir, wenn wir uns die Frage nach Recht und Unrecht einer Einstellung, einer Tat oder dergleichen im Angesicht der Ewigkeit stellen. Hier zählen weder Argumente noch Wünsche noch guter Wille noch erhoffter Lohn im Himmel noch irgend etwas anderes als allein die Sache selbst. Was recht ist, ist nicht recht um eines anderen, sondern allein um seiner selbst willen. Wie es heißt: »Allein das Rechte selbst kann Richtmaß des Rechten sein.«

Wer Rechtes in sich hat, der hat auch Sinn für Rechtschaffenheit. Wie es heißt: »Wer aus der Wahrheit ist, der hört meine Stimme.« Damit ist nicht die persönliche Stimme Jesu gemeint, sondern die subtile, unparteiische Stimme unseres Gewissens. Diese hören wir um so gewisser, wenn wir uns selbst im Spiegel des vollkommenen Menschseins Jesu und der Schrift betrachten. Das ist Nachfolge Christi: uns zu fragen, wie er an unserer Stelle gehandelt hätte. Nicht uns mit ihm zu vergleichen sind wir gerufen, sondern seinem Ideal nachzufolgen, es zu erringen. Gerufen sind wir, in den Fußstapfen überirdischer Menschlichkeit und Lauterkeit zu wandeln, wie sie gemäß der Gottebenbildlichkeit unserer Seele in uns selbst verwirklicht sein will, und darin unsere Freude und Erfüllung zu finden.

Wir wollen die Qualitäten und Vollkommenheiten des Wesens Jesu nicht auf unser Maß herunterziehen, sondern sie hoch emporheben in den Himmel, auf daß sie uns von dort unseren Weg leuchten mögen. Je hehrer und unerreichbarer sie uns erscheinen, desto größer wird unsere Ehrfurcht und unser Verlangen. Und je größer die Ehrfurcht, desto größer die treibende Kraft. Dies sind aber keine Angelegenheiten von Kopf und Verstand, sondern von Herz und Vernunft.

Damit berühren wir ein weiteres Thema: die Frage nach der inneren Stimme im Sinne des inneren Wortes. Wie wir bereits zum Ausdruck brachten, gibt es viele verschiedene Stimmen in uns, laute und leisere, wechselhafte und feste. Am lautesten aber ist die Stimme unserer Begierden und unseres Eigendünkels. Sie bestätigt die Neigungen unseres Ego in allerlei Formen und Farben und gibt uns – meist mit tollen Rationalisierungen – die Erlaubnis, diesen Neigungen zu folgen. Oft fordert sie uns geradezu auf, ihnen nachzugeben. Dann gibt es die Stimme unsres Über-Ich. Sie vertritt meist die Position unserer Eltern, Lehrer oder sonstiger Autoritäten aus unserer Jugend, ist also eher eine unseren emotionellen Neigungen entgegengesetzte Instanz.

Dann gibt es – und das scheint heute von besonderer Bedeutung – die verschiedenen Einflüsterungen aus der astralen Welt. Hierfür sind vor allem Menschen mit höherer Sensibilität und einer gewissen Neigung zum Okkulten anfällig. Gewiß, es gibt auch Stimmen aus lichteren Regionen, aber diese stammen von hohen Wesenheiten, die, entgegen der in esoterischen Kreisen oft gehegten Annahmen, nur äußerst selten in unser Schicksal beziehungsweise in das Weltgeschehen eingreifen. Gott hat uns Unterscheidungsvermögen, Vernunft und vor allem das Gewissen gegeben, damit wir unsere Entscheidungen eigenständig und eigenverantwortlich treffen.

Die Stimme des Gewissens ist die leiseste, aber auch die festeste unserer inneren Stimmen, die meist von den lauteren Stimmen unserer emotionalen Natur übertönt wird. Um sie hören zu können, bedarf es innerer Stille und Aufrichtigkeit. Sie ist immer in Einklang mit den Richtlinien der Heiligen Schriften, vor allem mit den Worten Jesu, der aus dem tiefsten Grund des göttlichen Seins geschöpft hat. Wo immer eine unserer inneren Stimmen mit Gottes Wort und Weisung in Konflikt gerät, ist es nicht Gottes Stimme, denn Gottes Wahrheit und Gerechtigkeit sind unwandelbar und zeitlos. Wie es heißt: »Eher werden Himmel und Erde vergehen, meine Worte aber werden niemals vergehen«, »Kein Jota wird vom Gesetz hinweg genommen werden« oder: »Ich bin nicht gekommen, das Gesetz aufzuheben, sondern es zu erfüllen.«

Im Gegensatz dazu sind heute viele Menschen, die sich selbst als spirituell bezeichnen, der Ansicht, daß eine neue Zeit mit neuen Gesetzen und neuer Moral angebrochen sei. Eine solche Ansicht ist aber absolut falsch und führt nur zu Ignoranz und Aufbegehren gegen Gott. Wer aufrichtig nach Gott sucht, erforscht nicht nur sein Gewissen, sondern auch Gottes Wort. Nur in diesen beiden ist Gottes Weisung zu finden. Wann immer wir also glauben, eine Weisung von oben zu empfangen oder eine innere Stimme zu hören, die uns in diese oder jene Richtung weisen möchte, seien die Gebote und das Evangelium unser Prüfstein.

Nun gibt es heute unter anderem eine Fülle von Schriften und Kundgaben, die sich auf eine solche innere Stimme oder auf

Wesenheiten aus der anderen Welt berufen. Da wird allerlei Glaubliches und Unglaubliches aus der anderen Welt »gechannelt«, und was gechannelt ist, wird gern als verbindlich und von »Gott« kommend gehandelt, vor allem, wenn sich der Quellgeist unter einem beeindruckenden Namen und mit viel emotioneller Anteilnahme an uns wendet. Wir vergessen dabei, daß die astrale Welt voll von unreinen Geistern ist, die sich gern wichtig machen, um uns zu beeindrucken oder – besser noch – zu beeinflussen. Deshalb warnt uns Paulus: »Unser Kampf gilt nicht dem Fleische, sondern den bösen Geistern im Himmel.«

Gott hat uns jahrtausendelang Propheten, Weise und Heilige gesandt, die nicht müde wurden, uns den rechten Weg zu zeigen. Doch wer hört auf sie? Obwohl es heißt »es gibt nichts Neues unter der Sonne«, suchen wir immer wieder »das Neue«. Wir wollen die ewige Wahrheit nicht hören, sondern suchen immer wieder begierig nach kurzlebigen »Neuerungen«, die uns dann einige Jahre beschäftigen, bis sie verbraucht oder wir ihrer überdrüssig geworden sind.

Der Weg aber ist das lebendige Wort der Schriften, das alle Wandlungen dieser vergänglichen Welt überdauert. Bei Mose heißt es deshalb: »Halte dich fest an meiner (Gottes) Weisung.« »Wer Seine Wege geht, wird nicht straucheln.« Und Jesus sagt: »Der ist's, der mich liebt, der mein Wort hält.« Oder: »Der ist's, der mich liebt, der den Willen des Vaters tut.«

Bei allem, was wir tun und lassen, liegt es an uns, aus welchem Geist und inneren Quell wir schöpfen. Selbst wenn wir Gott anrufen oder zu Ihm beten, ist es wesentlich zu wissen, mit welcher Haltung und aus welchem Geiste wir dies tun, ob es ein Geist der Wahrheit und der reinen Gesinnung ist, oder ob wir aus unserem Ego rufen. Denjenigen, der aufrichtig und aus reinem Herzen zu Ihm betet, wird Er gewiß nicht im Stich lassen. Heißt es doch: »Kommt zu mir alle, die ihr mühselig und beladen seid, denn mein Joch ist sanft und meine Last ist leicht.« »Wer suchet, der findet. Wer anklopft, dem wird aufgetan. ... » In den Psalmen heißt es: »Den Geraden bist Du gerade, den Krummen aber bist Du krumm.« Novalis sagt: »Mit wes Geist einer ruft, des Geist erscheint.« Und im Volksmund heißt es: »Wie man in den Wald hineinruft, so schallt es heraus!«

Gott hat uns Heil und Erlösung zugesagt, doch das Heil zu erlangen, ist kein Kinderspiel. Es ist das höchste Gut, das wir gewinnen können. Und es hat seinen Preis. Wir können nicht kommen und sagen: »Herr, Du hast mich geschaffen und mir Heil verkündet; jetzt mußt Du es mir auch geben.« Die Heilszusage ist kein Blankoscheck. Jesus hat sein Blut und sein Leben dafür gegeben. Wir wollen dieses Opfers würdig sein! Wir wollen in uns gehen, uns im Spiegel rechter Selbsterkenntnis betrachten und sehen, wie weit wir überhaupt ein gottgemäßes Leben führen?

Wir schauen hinaus in die Welt und sehen das wachsende Elend und den wachsenden Verfall von Ethik und Werten, aber wir sehen nicht, wie das eine das andere bedingt. Wir müssen begreifen, daß wir die Schmiede unseres eigenen Schicksals sind. Wie wir säen, so werden wir ernten. Wer Liebe und Gerechtigkeit sät, wird Liebe und Gerechtigkeit ernten. Wer aber Gleichgültigkeit und Ignoranz sät, der wird auch Gleichgültigkeit und Ignoranz ernten. Was mich schmerzt und erschreckt, ist die Tatsache, daß wir offensichtlich zunehmend in geistige, seelische, ja auch physische, materielle und soziale Not geraten, daß aber nur wenige Menschen aufwachen und anfangen, ihr Leben zu verändern. Ohne einen solchen Wandel lassen sich Finsternis und Elend jedoch nicht überwinden.

Um zu Einsicht und Erkenntnis zu gelangen, brauchen wir die Instanzen unseres Geistes: innere Wahrnehmung, Unterscheidungsvermögen, Ehrlichkeit, Gewissen, Urteilskraft, Liebe und Vernunft. Wir müssen unsere unbewußten Intentionen, Wünsche und Neigungen, unsere Verirrungen und falschen Vorstellungen ans Licht bringen. Wir müssen mit unseren Verfehlungen, alten Sünden und Vergehen aufräumen und vor Gott Rechenschaft ablegen. Wir tragen die Verantwortung für eine lange und grauenvolle Geschichte. Doch das verdrängen wir bis zum Gedächtnisverlust. Wir sind doch aufgeklärte Menschen. Wir glauben nicht an Himmel und Hölle, auch nicht an Gut und Böse oder die Vergebung der Sünden und die Auferstehung.

Auch der Koran nimmt kritisch und mahnend zu dieser Frage Stellung: »Ich schwöre beim Tag der Auferstehung; ich schwöre bei der sich selbst verklagenden Seele. Glaubt denn der Mensch, daß Wir nicht versammeln können seine Gebeine? Fürwahr, imstande sind Wir, seine Fingerspitzen zusammenzufügen. Doch der Mensch wünscht wider das, was vor ihm liegt, zu sündigen. Er fragt: Wann ist schon der Tag der Auferstehung? Doch wenn der Mond sich verfinstert und Sonne und Mond sich vereinigen, dann wird der Mensch an jenem Tag sprechen: Wohin können wir fliehen? Aber es gibt kein Asyl. Zu deinem Herrn allein ist an jenem Tag Zuflucht. Verkündigt wird dem Menschen an jenem Tag, was er getan und was er versäumt hat. Ja, der Mensch ist dann wider sich selbst der Beweis, auch wenn er seine Entschuldigung vorbringt. … Ihr liebt das Vergängliche und lasset das Jenseits dahin. Und die Gesichter der Gerechten werden an jenem Tag leuchten und zu ihrem Herrn schauen. …« (Sure 75)

»Wenn der Himmel sich spaltet und wenn die Sterne sich zerstreuen und wenn die Wasser anschwellen, … dann wird der Mensch wissen, was er voran- und was hintangestellt hat. O Mensch, was hat dich von deinem hochsinnenden Herrn abendig gemacht, der dich erschaffen, gebildet und geformt hat? … Aber siehe, über euch sind wahrlich Hüter, Edle, welche aufschreiben und wissen, was ihr tut.« (Sure 82) »Darum, wohin geht ihr? Siehe, es ist nur eine Ermahnung für alle Welt. Für jeden von euch, der den geraden Weg nehmen will!« (Sure 81)

Andere sagen vielleicht: »Ach, Gott ist doch barmherzig. Er wird mir schon vergeben!« Gewiß, Gott ist willens zu vergeben, wo wir ohne Absicht fehlen und in wahrer Erkenntnis Reue üben. Aber Er vergibt nicht, was wir mutwillig heraufbeschwören, weil wir mit seiner Barmherzigkeit rechnen. »Lasset euch nicht täuschen, wer die Gerechtigkeit tut, der ist gerecht, wer aber die Sünde tut, der hat ihn nicht erkannt, denn er ist gekommen die Sünde hinweg zu nehmen.«

Viele zimmern sich aus ihren Vorstellungen und Wünschen ihre eigene Religion, machen ihre eigenen Gedanken, Vorlieben und Anliegen zu den Richtlinien ihres Glaubens und sagen: Wozu bedürften wir der Weisheit, welche die großen Pioniere der Menschheit dem Leben unter Entbehrungen abgerungen haben? Oder gar der Weisheit Gottes? Wir sind doch aufgeklärte Menschen. Wir fragen lieber einen Psychologen oder Wirtschaftsexperten, einen Freud, Marx oder Engels, aber doch nicht die Heilige Schrift und auch nicht die Weisen, die das Leben gemeistert und mit Gottes Gnade wahre Glückseligkeit (das Reich Gottes in uns) errungen haben.

Es besteht kein Zweifel daran, daß wir in einer Zeit des Niedergangs leben. Die Schatten der Vergangenheit kehren zurück. Längst überwunden geglaubte Tendenzen nationalistischer, fundamentalistischer, ja dämonischer Art halten Einkehr und lassen uns erschaudern. Es naht in der Tat die Zeit der Auferstehung – nicht nur der Weisheit und des Lichtes, sondern auch und vor allem der nicht gemeisterten Mächte unserer inneren Finsternis. Was bedeutet es, wenn wir von Endzeit reden? Nach den Worten der Schrift und der Erkenntnis der Einsichtigen ist es eine Zeit der Entscheidungsnot. Es ist eine Zeit der Bedrängnis, in der wir eine endgültige Entscheidung für oder wider Gott treffen *müssen.*

Seit Christi Geburt haben wir mehr als zweitausend Jahre Zeit gehabt. Und in der Tat ist seine Lehre heute überall auf Erden bekannt und überall warnen uns die Ereignisse und führen uns den moralischen und existentiellen Mangel vor Augen, der unser Leben und unsere Seelen bedroht. Überall leuchten rote Lichter, wir aber stecken den Kopf in den Sand. Doch auch das hat Jesus über diese Zeit vorausgesagt: »Die Menschen schauen zum Himmel, um das Wetter zu deuten, aber die Zeichen der Zeit erkennen sie nicht.« Das bringt uns auf die Frage nach Sinn und Zweck der Prophetie. Und auch dazu nimmt die Schrift Stellung. Bei Isajah heißt es: »Der Sinn der Prophetie liegt darin, daß, wenn das durch die Propheten Vorausgesagte eintrifft, die Menschen wissen, es kommt von Gott.«

Nun gibt es viele gute Menschen, die in allerlei Seminaren und Büchern Licht, Trost, Inspiration und Unterstützung auf ihrem Weg suchen. Und das ist verständlich. Wir brauchen Gemeinschaft, Nahrung für Herz und Seele sowie Anleitung und Erhebung durch jene, die – so hoffen wir – reifer, erfahrener und Gott näher sind als wir selbst. Oftmals nehmen wir aus Seminaren oder Büchern etwas mit, das uns anspricht und berührt. Doch wenn wir genauer hinschauen, ist das, was uns anspricht, nicht unbedingt die lauterste Wahrheit. Wie oft hörte ich: »Dieses Buch oder dieses Seminar hat mir gut gefallen!« Da frage ich mich: Sind denn Wahrheit und Lauterkeit etwas, das einem gefällt wie ein Theaterstück oder ein Konzert? Haben wir denn noch nie erfahren, daß es (meist) unser Ego ist, das Gefallen an solchen Dingen findet, vor allem, wenn uns die Erfüllung unserer geheimsten Wünsche versprochen und unser angeschlagenes Selbstwertgefühl aufpoliert wird oder wenn unsere eigenen Auffassungen und Gedanken bestätigt werden und wir uns in gegenseitigem Zuspruch selbst glorifizieren können? Wie oft bleibt unser waches selbstkritisches Unterscheidungsvermögen auf der Strecke, wenn unser Hunger nach Bestätigung und Zuspruch gestillt wird!

Sicher, wir suchen Liebe, Geborgenheit und wahres Heil an Leib, Seele und Geist. Das bedeutet aber nicht Bestätigung und Aufbau unseres Weltbilds oder unseres kleinen Ich, sondern Empfängnis und Erweckung unseres inneren Lichtes durch Gottes überreiche Gnade und Barmherzigkeit. Nur Sein überirdisches Licht und Seine transzendente Liebe können uns wirklich heilen, trösten, verwandeln und erheben. Und diese überweltliche Liebe finden wir nicht, solange wir Anerkennung in unserer Person und in unserem Ego suchen, denn gerade diese verstellen uns den Zugang zu Licht und innerer Erfüllung. Nicht Gott würde uns wegen dieser Schwächen verurteilen oder gar richten, sondern diese Fehlhaltungen selbst sind es, die uns binden und behindern und von der Seligkeit und Liebe Gottes abschneiden. Wenn wir diese Hindernisse nicht erkennen und uns selbst darin in Frage stellen, können wir sie nicht beseitigen. Wenn wir diese Hindernisse jedoch aufzudecken und vor Gott zu bringen suchen, so tut das gewißlich weh, aber gerade dadurch finden wir den Eingang in Gottes Herz und Zugang zu seiner alles überwindenden und alles heilenden Barmherzigkeit. Und das ist die Botschaft des Gleichnisses vom verlorenen Sohn.

Um des Heiles willen möchte ich uns alle fragen: Haben wir noch nie erlebt, daß die Wahrheit, die wir mit unserem ganzen Sein und Leben vermeinen wollen, oft herb und bitter schmeckt? Daß wir sie oft insgeheim fliehen, weil sie schmerzen könnte, weil sie uns entblößt und uns unserer Illusionen und unseres (natürlich niemals eingestandenen) Eigendünkels berauben könnte? Wie oft stecken wir den Kopf in den Sand und weigern uns, uns selbst und unsere Schwächen anzusehen? Nicht um uns abzuwerten oder zu verurteilen sollten wir in den Spiegel der göttlichen Wahrheit schauen, sondern um in reiner Selbsterkenntnis jener unmittelbaren Erfahrung von Gottes Liebe und Barmherzigkeit teilhaftig werden zu können, die allein uns wandeln, all unsere Tränen abwischen und uns Heil, Wiederherstellung unserer verlorenen Würde und inneren Frieden geben kann. Das Verleugnen all jener inneren Schwächen, die uns peinigen und behindern, ist nichts anderes als unbewußte Selbstverdammnis. Denn was mich in meiner Tiefe behindert und begrenzt, kann ich weder kaschieren noch durch äußeren Schein beschönigen. Ich kann all dem, was mich im Verborgenen bedrängt, weder in Zeit noch in Ewigkeit entfliehen. Und solange ich zu fliehen versuche, wird es mir folgen und mich bedrängen – sei es im Schlaf oder im Wachen. Das ist ja auch die Botschaft des Gleichnisses, nach dem Adam sich nach seinem Sündenfall vor Gott verstecken möchte.

Wo immer wir Anerkennung, Bestätigung und Selbstbeweihräucherung finden, mag unser Herz und unser Gefühl zwar berührt sein, aber die Wahrheit finden wir dort sicher nicht. Der Widersacher ist ja derjenige, der dir das verspricht, was dein Ego begehrt. Er kennt deine verborgenen Wünsche und sucht dich durch seine Versprechen zu verführen und deinem ewigen Bräutigam abzuwerben.

In der Schrift heißt es: »Erforsche alles und prüfe es nach der Wahrheit.« Die Instanz, vor der wir prüfen, ist unser Gewissen im Verein mit Gottes offenbartem Wort. So unparteiisch wie die ewige Wahrheit selbst möchten wir uns in ihrem Lichte erkennen und in Frage stellen. Im Spiegel des verklärten Menschseins und der alldemütigen Liebe unseres göttlichen Meisters wollen wir den Mut und die Selbstachtung finden, uns und unseren Fehlhaltungen, unserer Selbstgerechtigkeit, unserer Unwahrheit, unserem eisernen Stolz etc. in die Augen zu sehen und uns vor Gott und uns selbst in Wahrheit zu erkennen. Wie es heißt: »Erkenne die Wahrheit und sie wird dich frei machen.«

Manche guten Menschen sagen: »Ich muß mir selbst vergeben, erst dann kann ich anderen vergeben.« Jesus aber lehrte uns: »Vater, vergib uns unsere Schuld, wie auch wir vergeben unseren Schuldigern.« Das bedeutet, daß wir in dem Maße Vergebung vor Gott finden, in dem wir selbst bereit sind, bedingungslos und in allem unserem Nächsten gegenüber Vergebung zu üben. Heißt es nicht auch: »Selig die Barmherzigen, denn sie werden Barmherzigkeit erlangen« und: »Nach dem Maße, nach dem ihr richtet, werdet ihr gerichtet werden«? Sind wir denn wirklich besser, gerechter, selbstloser und sanftmütiger als der andere, dem wir das Seine nachtragen? In diesem Sinne heißt es auch: »Du mokierst dich über den Splitter in deines Bruders Auge, den Balken in deinem eigenen Auge aber siehst du nicht.«

Nun magst du sagen: »Ja, ich weiß, ich sollte vergeben, aber ich kann es nicht. Woher nehme ich die Größe und die Kraft, mich zu ganzherziger Vergebung durchzuringen? Wie finde ich in mir zu jenem Vermögen, auch dem zu vergeben, der mich bitter enttäuscht, verletzt und betrogen oder gar mein Leben zerstört hat?« Auch hierfür liegt der Schlüssel in Gottes Gnade und wahrer Selbsterkenntnis. Nur in Gott können wir die Kraft und die Liebe zur Vergebung finden, aber die Selbsterkenntnis ist das Tor zu Gottes Gnade und die Wurzel allen Vergebens in uns.

Deshalb sage ich: Wer sich selbst im Spiegel von Gottes Wahrheit und Barmherzigkeit erkannt hat, kann nur vergeben. Er wird, in Kenntnis seiner eigenen Schwächen und Unvollkommenheiten zu echter Demut gelangt, gar nicht mehr fähig sein, andere wegen ihrer Schwächen richten zu wollen oder auch nur den geringsten Grund zu finden, irgend jemandem irgend etwas nachzutragen. Wer den Balken in seinem eigenen Auge erkannt hat, wird angesichts des Splitters im Auge seines Bruders mehr als Nachsicht üben.

Ich fragte nun jenen Freund, der gesagt hatte, man müsse sich selbst vergeben lernen, wie er sich das vorstelle. Gewiß steht es uns nicht zu, uns selbst oder andere zu richten oder zu verurteilen. Doch wie ist es mit der Vergebung? Auch da scheint es mir, daß ich gewißlich gerufen bin, dem zu vergeben, der mich verletzt, betrogen, beraubt oder belogen hat. Aber ist damit auch gewährleistet, daß er vor Gott und sich selbst gerechtfertigt ist? Wie steht es mit dem Dieb, dem Lügner, dem Ehebrecher, dem Grobian, dem Egozentriker? Genügt es, daß er sagt: »Gewiß, das war falsch, aber ich bin schon in Ordnung, so wie ich bin«? Wie steht es mit mir? Genügt es, wenn ich erkenne, daß mein Herz verhärtet ist und ich, sei es materiell, emotional oder spirituell, nur auf meinen eigenen Vorteil bedacht bin, und dann sage: »Ich weiß, ich weiß, aber ich bin schon in Ordnung so«? Kann ich mich selbst freisprechen von Schuld und Vergehen? Wenn ich erkenne, wie weit ab von Gott, der Wahrheit und der Liebe ich jahrelang gelebt habe oder wieviel Achtsamkeit und Nächstenliebe ich hätte geben können, genügt es da zu sagen: »Ja damals war ich noch nicht reif dafür«? Wird mein Herz schon dadurch zartfühlend und weich? Sind damit all meine Unterlassungen abgegolten? Wage ich, mich selbst an Gottes Statt zu stellen und Urteil zu sprechen oder Gnade zu gewähren?

Da sagte jener Freund: »Wo ist denn Gott? Ist er etwa außerhalb von mir selbst? Ist er etwas anderes als ich? Heißt es nicht: ›Götter seid ihr alle‹? Wenn ich erkenne, daß ich doch eigentlich Gott bin, bin ich dann nicht berufen und verpflichtet, mir selbst zu vergeben?«

Und ich fragte: »Wenn du Gott bist, wie kann da ein Bedarf an Vergebung bestehen? Gibt es denn in Gott Makel und Unrecht, Verfehlung oder Schwäche, daß Er der Vergebung bedürfe? Wer oder was in Gott bedarf der Vergebung? Er, der Güte, Liebe, Wahrheit, Gerechtigkeit, Reinheit, Erbarmen und Vollkommenheit ist, der Himmel und Erde erschaffen hat, wessen bedarf Er der Vergebung? Und wenn du sagst, daß du Gott bist, wieviel Heil und Liebe hast du dann schon gestiftet, wie viele Menschen hast du von den Toten auferweckt, aber vor allem, woher käme dann dein Bedarf, dir selbst oder anderen zu vergeben? Wer ist es denn, der der Vergebung bedarf, und wer kann sie stiften? Ist es nicht die belastete Seele, die der Vergebung bedarf, und muß es nicht ein Größeres, Lautereres, Gerechteres sein, das Vergebung und Gnade stiftet, als das der Vergebung Läuterung und Wiederherstellung Bedürftige?

Ist nicht beides Vermessenheit, sowohl (sich selbst oder andere) zu verurteilen, als auch (sich selbst oder anderen) zu vergeben? Ist denn nicht Gott das Maß aller Dinge? Ist es nicht an Ihm, zu richten und zu vergeben? Ist es nicht auch auf Erden so, daß Geschworene Recht sprechen und Gnade gewähren? Um wieviel mehr dann im Geiste! Hat Gott nicht Seinen Gesandten, den Menschensohn, und die 24 Ältesten eingesetzt, um Gericht zu halten über uns? Sind es nicht die göttliche Wahrheit, Gerechtigkeit und Gnade selbst, die Recht über uns sprechen und uns vergeben?

Daher scheint es mir falsch, den Irrenden und Fehlenden selbst, also die Egozentrik in unserer Seele, zum Gott und Richter über sich selbst zu machen. In der Tat gibt es tief verborgen auf dem Grund unserer Seele ein Gewissen, das in Anbetracht der ewigen Wahrheit und des Wortes Gottes in der Lage ist, uns unsere Abwegigkeiten und Unvollkommenheiten zu offenbaren. Doch das Gewissen ist zwar gerechter Ankläger, nicht aber Erlöser. Es heißt: »Er gab sein Leben als Lösegeld für unsere Sünden.« Was soll das bedeuten? Um Vergebung, Verwandlung und Wiederherstellung zu erlangen, bedarf es zunächst unserer Umkehr und dann der göttlichen Gnade.

Er ist es, der uns auf Herz und Nieren prüft und uns in Seinem Geistfeuer läutert wie Gold aus dem Erz, sodaß alle Schlacke abfallen möchte. Und Er ist es, der uns innerlich erweckt und dann zur Auferstehung und geistigen Auffahrt führt. Wer in Gott auferstanden und in Ihm zur letztendlichen Vereinigung seiner Seele mit dem ewigen Geliebten gelangt ist, wer also in Ich und Eigenwillen mit Jesus am Kreuz gestorben und in Christus mit Gott vermählt ist, der ist wahrhaft an Christi Statt als Gottes Sohn oder Tochter angenommen. Aber ein solcher wird sich hüten, sich selbst als Gott zu bezeichnen. Die Sünde Luzifers besteht ja gerade darin, daß er sich selbst zu Gott gemacht hat. Und Jesus antwortet, als einer ihm Lob sprechen möchte: »Allein der Vater ist gut!«

Unser Anteil besteht also darin, uns dieser Läuterung in Selbsterkenntnis und Hingabe, Wahrheit und Demut zu überlassen. Es heißt: »Scheide das Grobe vom Feinen.« Selbsterforschung, Selbsterkenntnis, Reue, Selbstüberwindung und Bekehrung vor und in Gott sind die ersten Schritte auf unserem Weg zur Erlösung.

Lasset uns demütig und reinen Herzens sein, als Seine Kinder vor des weisen alliebenden Vaters Thron und des Sohnes Kreuz treten und dort Vergebung, Hingabe, Liebe und Tugend erbitten. Nicht damit wir uns oder anderen gefallen mögen, sondern auf daß wir Wohlgefallen finden vor Seinen gütigen Augen. Denn: »Wer sich selbst erniedrigt, der wird erhöht werden, wer sich aber selbst erhöht, der wird erniedrigt werden.«

Ein anderer Slogan, der in sogenannten spirituellen Kreisen kursiert, lautet: Wir haben schon alles verwirklicht, nur wissen wir es noch nicht! Das ist auf die Spitze getriebene Torheit. Sie gründet auf falsch verstandener östlicher Weisheit, die besagt, daß der Mensch das Inbild seiner höchsten Vollkommenheit bereits als Keim in der Tiefe seiner Seele trägt. Das ist wie mit dem Samen eines Baumes, der zwar das Bild des fertigen Baumes bereits in sich trägt, was aber nicht heißt, daß der Same schon ein ausgewachsener Baum ist.

Auch gibt es viele gute Menschen, die sagen: »Ich will aufhören alles mit dem Kopf zu beurteilen und mehr auf mein Herz hören. Ich will der Stimme meines Herzens und meiner Liebe folgen.« Gut so! Wir wollen uns selbst vergessen und lernen, uns in selbstloser Liebe dem Leben zu schenken. Wir wollen einfach wie ein Kind und rein wie eine Jungfrau sein. All das ist gut, aber Jesus lehrte seine Jünger auch: »Seid sanftmütig wie die Tauben, aber auch klug, wie die Schlangen.« Das ist ein Aufruf, das Unterscheidungsvermögen des reinen Bewußtseins und der höheren Vernunft nicht zuzuschütten. Seinem Herzen und der Liebe zu folgen, heißt nicht, daß man kopflos durch die Welt läuft.

Auch stellt sich die Frage, ob dein Herz und Gefühl, deine Hingabe und deine Liebe so rein und selbstlos sind, daß sie allein der göttlichen Weisheit und Gerechtigkeit folgen? Hast du noch nie erlebt, daß dich deine Gefühle in Bedrängnis oder auf Abwege führten? Du magst sagen: Nun, das war gut so. Es hat mir Erfahrungen beschert und mir Lektionen erteilt, derer ich bedurfte. Aber darum geht hier nicht, sondern darum, daß auch unsere Gefühle samt all den in ihnen wirksamen unbewußten Neigungen nicht unbedingt rein, göttlich und der Wahrheit zugewandt sind. Wie viele Menschen überlassen sich ungezügelt ihren Gefühlen und Emotionen, ohne zu prüfen, ob sie wohl aus dem Ego oder aus dem göttlichen Kern stammen.

Um es an einem extremen Beispiel zu zeigen: Sind nicht auch so manche Bösewichte, Lügner oder Ehebrecher ihrem Gefühl gefolgt, als sie das Böse taten, logen und die Ehe brachen? Haben nicht alle Verführer die Emotionen der Menschen angesprochen? Ist denn unser Herz weniger verführbar als unser Kopf? Ist das aus Liebe begangene Unrecht etwa geringer als das, das eine Ausgeburt unserer Gedanken ist? Gibt es nicht auch Hingabe an das

Falsche? Wie heißt es doch in der Schrift: »Der gute Mensch schöpft aus seinem guten Schatz Gutes, der böse aber schöpft aus seinem bösen Schatz Böses.« Beide, der gute und der böse Schatz, wohnen in unserer Seele nebeneinander. Sowohl der gute als auch der böse Mensch ist ein Teil von mir. Es heißt: »Jeder Mensch hat in sich einen Engel aber auch einen Dämon.«

Hier und in allem braucht es reine Unterscheidung. Nur im Licht des reinen Bewußtseins, geleitet vom transzendentalen Gewissen und offenbarten Wort Gottes vermögen wir das eine vom anderen zu scheiden und wahrzunehmen, was von Gott und was von Seinem Widersacher kommt. Ohne dieses Unterscheidungsvermögen sind wir wie ein Kapitän, der sein Schiff ohne Kompaß durch eine Sturmflut steuern möchte. Der Kompaß besteht aus Gottes Wort und unparteiischem Gewissen. Wo eines der beiden fehlt, ist der Kompaß nicht in Funktion.

Fehlt Gottes Wort, so ist es, als fehlte dem Kompaß die Nadel, die uns gen Norden ausrichtet. Fehlt das Gewissen, so ist Gottes Wort wie eine Kompaßnadel ohne Stütze. Deshalb heißt es auch: »Der Buchstabe tötet, der Geist aber macht lebendig.« Der Buchstabe, der tötet, ist der dogmatische Fundamentalismus, dem jede Selbsterkenntnis ermangelt. Ihm fehlen Geist, Seele und Erkenntnis. Das Gewissen ohne Gottes Wort wird leicht von unserem selbstgezimmerten Weltbild und unserem falschen Ich untergraben oder verschüttet. Deshalb bedarf es sowohl des Gewissens als auch der göttlichen Weisung. Und deshalb ist Gottes Wort in die Welt gekommen, daß es die Werke der Sünde zerstöre und uns zurückführe zur Wahrheit eines intakten Gewissens. Wären wir alle lauter und in Wahrheit und göttlicher Liebe gegründet, dann bedürfte es weder Gottes Weisung durch Sein Wort noch weltlicher Gesetze. Das wäre dann wahrlich das Reich Gottes auf Erden.

Auch gilt es zu bedenken, daß wir manches für Liebe halten, was in Wahrheit gar keine Liebe ist. Denn Liebe ist weder Sentimentalität noch Romantik, Gefühlsduselei oder Emotion. Vielmehr besteht Liebe darin, den Willen des Vaters zu tun. Wie es heißt: »Der ist's, der mich liebt, der mein Wort hält« oder: »Der ist's, der mich liebt, der den Willen des Vaters tut.« Den Willen des Vaters zu tun, heißt aber, sich vom Willen seines Ego zu lösen und

Gott und Gottes Wort in sich wirken zu lassen. Der Wille dessen, der All und alles, dich und mich in Seinem Bild und Gleichnis, also Ihm ähnlich, geschaffen hat, möchte alles nach seiner wahren Natur und seiner in ihm angelegten Bestimmung zu seinem Heil, seiner Erfüllung und seiner Vollendung (in Gott) führen. Sein Wille ist nicht Fremdwille, sondern das, was im tiefsten Grund unserer heiligen Seele zur Verwirklichung drängt. Das, was wir als »unseren Willen« bezeichnen, ist der Wille des Ego, das wie ein Polyp in unserer Seele sitzt und sie mit seinen Fangarmen umschließt und einschnürt. Allein deshalb ist es uns geboten, unseren Willen unter den Seinen zu stellen und ihn nicht der Diktatur unseres Ego zu überlassen, sondern dem weisen, All und alles durchwaltenden Willen Gottes zu unterstellen. Er, der uns in Liebe und Weisheit geschaffen hat, möchte uns auch zu unserer Bestimmung und Vollendung führen.

Zwei sind sich in der Rebellion gegen Gottes Willen einig: der Teufel und das Ego. Und in der Tat ist letzteres die Frucht dessen, was ersterer ausgesät hat, und beider Ursprung geht auf unseren ersten Abfall von Gott zurück. Umkehr bedeutet nun, daß wir uns von unserem falschen Ich und seinem egozentrischen Eigenwillen lösen und uns aus freien Stücken dem Willen und der Weisheit Gottes unterstellen. Das ist die Botschaft des Kreuzes. Es geht darum, unsere Selbstsucht und unseren Willen mit Jesus unter das Kreuz zu beugen, das falsche Ich in Seiner Liebe sterben zu lassen und so gereinigt mit Christus in Seinem göttlichen Licht aufzuerstehen. »Wer das ewige Leben sucht, verleugne sich selbst (sein falsches Ich), nehme sein Kreuz auf sich und folge Mir nach.« »Wer Mir nachfolgt, soll nicht in Finsternis wandeln. Denn Ich bin die Auferstehung und das Leben.«

In diesem Sinne sagte Augustinus: »Liebe und tu dann, was du willst.« Das heißt: Hänge mit der ganzen Kraft deines Herzens und deiner Seele an Gottes Wort und Seiner Kraft: Was immer du dann tust, ist unmittelbare Erfüllung Seines Willens. Eine solche Liebe ist wahrhaft in Seiner Wahrheit getauft und zu Seinem Werke berufen. Heißt es nicht: »Dein Reich komme, Dein Wille geschehe, wie im Himmel so auf Erden«? Und bedeutet das nicht, daß wir gerufen und berufen sind, Sein Reich nach dem oberen Bild und Gleichnis hier auf Erden zu errichten? Es ist Sein Wille, daß wir zu Mitgestaltern und Mitwirkenden bei der Errichtung eines Reiches des Friedens, der Eintracht und der Bruderschaft allen Lebens in Gott auf Erden werden.

In diesem Sinne heißt es auch: »Was immer du tust, das tue nicht dem Menschen, sondern Gott«, das heißt nicht nach dem Willen und Begehren des Ego, sondern nach dem Geist und Herzen Gottes. Und bei Meister Eckhart: »Viele Menschen sind guten Willens, aber Gottes Wille ist es nicht.«

So mögen wir danach trachten, Sein Herz und Seinen Geist zu erforschen. Darin und in Gottes Weisung, in der Schrift und in der Nachfolge Christi und der Heiligen werden wir Seinen Liebeswillen wohl erkennen können. Ihn mit ganzem Herzen, ganzer Seele und all unserer Kraft durch Gottes Gnade verwirklichen zu wollen, das ist Liebe, Leben und Barmherzigkeit. Und dazu verhelfe uns Gott.

Nochmals: Was ist Wahrheit? Wie viele Wahrheiten gibt es? Wissenschaftlich wird Wahrheit als Übereinstimmung mit der Wirklichkeit definiert. Die Wirklichkeit aber ist eindeutig. Sie ist, was sie ist. Da gibt es kein Deuteln und Interpretieren. Philosophisch-spirituell gesehen ist die Wahrheit die höchste Wirklichkeit selbst. Wenn Jesus sagt: »Ich bin die Wahrheit«, dann heißt das, daß er bekennt und bezeugt, Verkörperung der Höchsten göttlichen Wirklichkeit selbst zu sein. »Ich und der Vater sind eins.« Meinungen sind nicht die Wahrheit. Sie können zwar mehr oder weniger Wahrheit enthalten, sind aber niemals die Wahrheit selbst. Die höchste Wahrheit ist Gott selbst und alles, was von Ihm kommt.

Das Gegenteil der Wahrheit ist Lüge und Verlogenheit. Sie kommen von der anderen Seite, von den Mächten der Finsternis, denn es heißt: »Der Teufel ist ein Lügner von Anfang an.«

Wer der Wahrheit treu ist, steht im Licht. »Wer die Wahrheit tut, der ist gerecht.« »Wer aus der Wahrheit ist, hört meine Stimme.« Damit sind wir wieder bei den Themen »innere Stimme« und »Gewissen«. Unser Wissen ist Stückwerk. Wahrheit und Gerechtigkeit aber sind unteilbar. Weder das Leben noch die Liebe oder die Wahrheit sind teil- oder vermischbar. Es gibt weder ein halbes Leben noch eine halbe Liebe oder eine halbe Wahrheit. Entweder ich lebe oder ich bin tot, entweder ich spreche die Wahrheit oder ich lüge. Neunzig Prozent Wahrheit, die mit zehn Prozent Lüge vermischt wurde, ist Lüge. Wenn wir ein Glas reines Wasser in ein Glas mit unreinem Wasser gießen, bleibt das unreine Wasser unreines Wasser. Wenn wir aber auch nur einen Tropfen unreines Wasser in ein Glas mit reinem Wasser fallen lassen, wird das reine Wasser unrein. Oder essen Sie gern Suppe, die auch nur einen Tropfen Abwasser enthält?

So ist es mit allen echten Werten im Leben. Wenn auch nur ein Aspekt verkehrt oder unstimmig ist, stimmt das Ganze nicht mehr. Und das spüren wir genau. Aber wir haben diese Arithmetik der Werte nie richtig reflektiert. Reinheit und Unreinheit lassen sich nicht mischen. Reinheit und Unreinheit ergibt Unreinheit, Gift und Medizin ergibt Gift, Wahrheit und Lüge ergibt Lüge und so weiter. Genau so ist es auch mit der Gerechtigkeit und der Aufrichtigkeit. Mit jedem Kompromiß belügen wir uns selbst, nicht unsere Freunde, unsere Ehefrau oder die Kinder, die Firma oder das Amt, sondern uns selbst. Dem äußeren Menschen mag die Lüge schmecken, für den inneren aber ist sie Gift. Nicht um einer äußeren Instanz, etwa einem Gesetze erlassenden Gott oder sonst einer Autorität willen sind wir gerufen, nicht zu lügen, zu hassen, gewalttätig oder ungerecht und selbstsüchtig zu sein, sonder um unseres Inneren, unserer Seele willen. Nicht demjenigen, dem wir etwas nachtragen, den wir belügen, den wir hassen, tun wir Schaden an, sondern unserem inneren sensiblen Wesen. Denn die Lüge, die wir sagen, steckt in uns, den Groll, den wir hegen, müssen wir selbst tragen, der Haß, mit dem wir anderen begegnen, zerstört uns selbst. Und wenn wir dann mit uns allein sind, quälen uns Unruhe und unheile Gedanken. Deshalb heißt es: »Nicht ich komme, euch zu richten, sondern ihr seid schon gerichtet, durch jedes Wort, das ihr in eurem Herzen gesprochen habt.«

Wir selbst sind Bildner unserer Seele und unseres Schicksals. Jedes Wort, das wir sprechen, jeder Gedanke, den wir willentlich denken, jedes Werk, das wir wirken, formt uns selbst. Nicht ein Wort, nicht ein Gedanke, nicht eine Tat bildet unseren Geist und unsere Seele, sondern all die Worte, Gedanken und Taten, die wir ein Leben lang setzen und befestigen. Himmel oder Hölle ist das, was wir in unserem Inneren formen. In diesem und in keinem anderen Sinne sind wir unseres Schicksals Schmied.

Natürlich hat unser Denken, Sprechen und Tun langfristig auch einen gewaltigen Einfluß auf unsere Umwelt und damit auf unsere äußere Lebenssituation – nicht von heute auf morgen, sondern langsam, aber in konsequenter Folge. Das gilt für den Frevler genauso wie für den Wohltäter. Der Lohn der Tat folgt nicht auf dem Fuß, sondern nach Ablauf der Zeit. Wie es heißt: »Gottes Mühlen mahlen langsam, aber sehr fein.« Oder »Täuschet euch nicht: Wie wir säen, so werden wir ernten.« Wir alle glauben an das Gesetz von Ursache und Wirkung in der Natur, aber wir ignorieren sein Wirken in Geist und Seele und in der geistigen Welt überhaupt.

Wenn wir von göttlicher Ordnung oder göttlichen Gesetzen sprechen, so sind darunter nicht etwa die willkürlichen Erlasse eines dünkelhaften und mißgünstigen Herrschers zu verstehen, sondern Prinzipien, die analog zu den Gesetzen der Natur jenen Dimensionen des Seins und Lebens, nämlich Seele und Geist selbst innewohnen. Ethik meint nicht aufgesetzte menschgemachte Moral, sondern die uns als Mensch von Natur aus eingeborenen Gesetze von Geist und Seele. Da, wo wir uns gegen diese Grundprinzipien der Ethik »versündigen«, versündigen wir uns an unserer eigenen Seele und legen wir die Samen unserer eigenen Zerstörung.

Die geistigen Gesetze sind also nicht als von irgend einer äußeren Instanz kommende Erlasse zu verstehen, sondern als die Lebensfundamente, die unser inneres Wesen, die Natur unserer Seele und unseres Geistes regieren und ihren Einklang mit der geistig-göttlichen Welt ausmachen. Ihnen zu entsprechen, ist Weisheit, da sie die unumstößliche Basis für Ausgewogenheit, inneren Frieden, Freude, Glückseligkeit, geistige Entfaltung und inneres Reifen bilden. Sie zu ignorieren, ist Torheit. Denn wo wir gegen sie verstoßen, legen wir immer neue Samen des Leides und inneren Verderbens (auch im Sinne der Verderbtheit), der ganz gewiß irgendwann aufgehen wird.

Weit quälender als alle Schmerzen und Verletzungen, die wir ganz gewiß erfahren haben, wirken unsere eigenen Selbstentstellungen, wie etwa der uns verblendende und unser Herz verhärtende Stolz, unsere Achtlosigkeit, die Lügen und Frevel, mit denen wir den Zugang zu unserer eigenen Tiefe und zum uns innewohnenden Lebensquell verschüttet haben. Sämtliche Ungerechtigkeiten und Mißachtungen, die uns von außen angetan wurden, haben längst nicht das Gewicht jener Haltungen, mit denen wir uns seit Jahrtausenden selbst betrügen und entstellen.

Wir müssen uns vor Augen halten, daß unsere Seele unendlich viel tiefer und subtiler ist, als wir gemeinhin annehmen. Schon Heraklit, der vorsokratische Weise, wußte über die Seele zu sagen: »Und suchst du in ihr eine Grenze, so wirst du, und solltest du auch alle Wege eine solche zu finden, beschreiten, sie nicht finden, so tief ist ihr Logos (ihre göttliche Natur).« Weit tiefer und empfindsamer ist unsere Seele, als wir selbst ahnen. Wer kennt sich schon selbst? Wer hat seine Seele so weit ergründet, daß er zu sagen vermöge, was sie ist und wo ihr Anfang und ihr Ende wäre? So subtil ist die Seele, daß viele Menschen ihrer gar nicht gewahr sind. Dennoch, oder gerade deshalb, wohnt ihr die weit größere Kraft und die größere Vernunft inne. Was nützt alle Kraft des Körpers? Zieh die Seele heraus, und er verwest. Wie es heißt: »Wie Gras ist unser Leib ...«

Unsere Seele ist tief und weit wie der Ozean. Und alles, was wir denken, sprechen, tun und gegen unsere Feinde aushecken, sinkt wie rostiger Schrott langsam zu Boden. Irgendwann aber stößt alles auf. Das haben Natur und Seele durchaus gemein. Wenn wir das Leben mit Füßen treten, dürfen wir uns nicht wundern, wenn es uns eines Tages ausspeit. Dazu braucht es keinen äußeren Richter und kein äußeres Gesetz. Das tun beide, Natur und Seele, gemäß ihrer Natur.

Unsere ewige Seele ist weit subtiler und edler, als uns bewußt ist. Und wenn wir glauben, sie mißachten und ihre gottebenbildliche Noblesse um unseres Ego, unserer kurzlebigen Vergnügungen und kurz kalkulierten Vorteile willen verkaufen zu können, wird sie sich des Ekels voll in ihrem eigenen Innern verbarrikadieren. Ohne unsere fühlende, empfindende, sich nach Liebe, Edelmut, Rechtschaffenheit, Reinheit, Weite und Glück sehnende Seele sind wir nichts. Was Welt, Leben und Menschsein reich macht, ist ihre Beseelung. Im Chassidismus gibt es ein Wort, das lautet: »Ein Mensch ist nicht, wieviel er weiß oder hat, sondern, wie tief er fühlt.« Freude, Liebe und Glückseligkeit strömen aus unserer Tiefe. Wenn diese verschüttet ist, sind wir unfruchtbar.

Stolz, Habgier, Haß und Gewalt sind die Mauern, die uns den Zugang zur eigenen Tiefe und zu Gott verstellen.

Immer neigen wir dazu, die Ursachen des Mangels im Außen zu suchen. Zuerst sind es die lieblosen Eltern, dann die blöden Lehrer, dann die Nachbarn oder die Politiker. Gewiß, da mag manches zu vermissen sein. Aber ich? Wo bin ich? Bin ich anders? Bin ich ohne Makel, ohne Fehl? Oh welch peinliche Frage! Wer sucht die Ursache seiner Nöte und seines Unglücks schon bei sich selbst? Wo kämen wir denn hin, wenn wir uns alle selbst erforschen müßten? Und doch wissen wir alle: Die Veränderung meiner Welt beginnt bei mir selbst. Ich habe keine Macht über andere – und selbst wenn ich sie hätte, könnte ich sie nicht ändern –, sondern einzig und allein über mich selbst. Und natürlich reicht auch da mein guter Wille und Vorsatz allein nicht aus. Wir alle sind auf eine innere Kraft angewiesen, auf ein inneres Licht, in dem wir mit all unseren Schwächen dahinschmelzen können. Das ist Gnade, und diese Gnade finden wir nur bei Gott. Wir müssen das Muß finden, wie der verlorene Sohn zurückzukehren und in des Vaters Antlitz zu schauen.

Natürlich ist das nicht leicht. Denn unser Antlitz zu Ihm zu erheben, bedarf nicht nur der Überwindung unseres Hochmutes, sondern auch den Mut, unserem eigenen Elend ins Gesicht zu sehen. Viele können Gott ja nicht ertragen, weil sie in seinem makellosen Licht ihrem eigenen Schatten und ihrer eigenen Verstocktheit begegnen. Nur der weiß, was Liebe ist, der diesen Mut zu Selbsterkenntnis und Hingabe aufgebracht hat und sich in Seiner Gnade samt und trotz all der Übel angenommen und begnadigt findet.

Der Wiener Maler Ernst Fuchs sagte 1993 in einem Interview: »Man muß tatsächlich das Kreuz kennen, als die Selbstaufgabe in Gott, als Nachvollzug der Selbstaufgabe Seines Sohnes in den Willen des Vaters. Und dieser unglaubliche Kniefall fällt vielen stolzen Menschen schwer. Sie wählen – wie schon die Engel, die gefallenen – jenes erhabene Alleinsein vor einem Gott, der ihnen kein Gott ist, weil sie es selbst sein wollen. Und zwar nicht selber sein wollen aus dem Bewußtsein des Kindseins dieses Gottes, sondern aus dem Bewußtsein, daß sie dieses Gotteskind nicht sein wollen. ... Der Mensch merkt aber, daß er eine Führerfigur braucht. Sie wird nicht lange auf sich warten lassen.«

An dieser Stelle kommt unweigerlich Jesus ins Spiel, denn ohne Sein Licht und Seine Gnade vermögen wir nicht einmal Reue zu finden. Er ist unser Licht und Leben. Er ist es, der uns von Anfang an liebte. Er hat aus Liebe sogar sein Leben hingegeben als Lösegeld für die Abtrünnigen. Wir aber haben uns abgewandt und uns in Welt und Elend verstrickt. Wie er sprach: »Wie oft kam ich zu euch, euch zu sammeln wie eine Henne ihre Küchlein sammelt unter ihre Fittiche, ihr aber habt nicht gewollt.« (Matth.)

Wenn wir aber unsere eigene Verdrehtheit im Spiegel seines blutenden Herzen erkennen und um Erweichung unseres verhärteten Herzens bitten, werden wir erfahren, daß er uns vom Kreuz herab zuruft: »Vater, vergib ihnen, denn sie wissen nicht, was sie tun.«

Innerer Friede, Zufriedenheit, Selbstgenügsamkeit sind die Früchte innerer Stimmigkeit und des Einklangs mit dem Gesetz des Lebens und der Harmonie des Kosmos. Und unser Gewissen ist der Spiegel jenes Einklangs. Wir können uns in punkto Wahrheit und Rechtschaffenheit nicht auf andere berufen. Vor Wahrheit und Gewissen stehen wir ganz allein, da kann niemand uns rechtfertigen, außer die Wahrheit und unser reines Gewissen.

In der Hölle ist Platz für alle. Wir können uns im Unrecht nicht auf andere berufen. Selbst wenn Millionen Menschen fehlen, rechtfertigt uns dies nicht vor Gott, der die Wahrheit ist, aber auch nicht vor uns selbst oder vor unserem Gewissen.

Gott ist nicht nur barmherzig, sondern auch gerecht. In einer Hinsicht geht die Gerechtigkeit der Barmherzigkeit voraus, in anderer ist es umgekehrt. Jedenfalls bin ich erst dann, wenn ich aus Unrecht und Frevel zu Recht und Gerechtigkeit umkehre, in der Lage, aus Gottes Gnade und Barmherzigkeit Heil und Heilung zu schöpfen. Das ist das Geheimnis der Umkehr, wie es uns im Gleichnis vom verlorenen Sohn bildhaft vor Augen geführt wird.

In der chassidischen Tradition heißt es: Der Umkehrende steht Gott näher, als der »ewig« Gerechte. Und in den Evangelien wird uns aus Gottes Mund selbst bezeugt: »Größer ist die Freude im Himmel über einen Sünder, der umkehrt, als über hundert Gerechte, die der Umkehr nicht bedürfen.« »Darum sei emsig und bekehre dich.« (Offb.)

Östliche Weisheit und semitische Tradition

Unsere verlorene Zeit ist auch gekennzeichnet durch extreme Positionen und Verwirrung hinsichtlich der Frage nach der Wahrheit in den Religionen und nach »der« wahren Religion. Die einen sehen es als beliebig und dem »Geschmack« des Einzelnen überlassen, welche Religion und welchen Weg er für sich wählt, andere verkünden die unterschiedlose Einheit der Religionen, während wieder andere eine einzige Religion für die wahre und allein seligmachende halten.

Grundsätzlich müssen wir zwischen den schamanischen oder Naturreligionen und den Hochreligionen unterscheiden. Obwohl auch erstere gewisse Wahrheiten enthalten und große reine Seelen hervorgebracht haben, sind sie vor allem kultischer Art. Sie verehren nicht immer einzig und allein den einen höchsten Gott, der Himmel und Erde, die Seelen und das Leben hervorgebracht hat, sondern stellen Ihm oft alle möglichen Kräfte und Naturgeister zur Seite, die neben oder sogar statt Ihm als verehrungs- und anbetungswürdig erachtet werden. Oft heißt es, daß man sich gut mit diesen Geistern stellen müsse, um diese oder jene Gefahr zu bannen oder diesen oder jenen Wunsch erfüllt zu bekommen. Dies ist aber nicht nur gewöhnlicher Aberglaube, sondern echte Geisterbeschwörung und damit dämonischer, sprich widergöttlicher Natur. Solche Dinge führen mit Gewißheit nicht zu Heil und Erlösung, sondern mit der Zeit zur völligen Verfinsterung oder gar Besessenheit der Seele. Es handelt sich um Götzen- und Dämonenkulte im Sinne der Heiligen Schriften, die entschieden zu meiden sind.

Das andere sind die Hochreligionen. Dazu zählen die hinduistischen Traditionen des Shaivismus, der Vaishnavas, des Vedanta und des geistigen Yoga, üblicherweise zusammengefaßt unter dem Begriff Sanatana Dharma oder Hinduismus, dann der Buddhismus, der Taoismus, der Konfuzianismus, die Lehre Zarathustras, die Altägyptische Religion, das Judentum, das Christentum und der Islam. Ihnen gemeinsam ist erstens die Anbetung eines höchsten geistigen Wesens als Grund und Ursprung der Welt und des Lebens, zweitens ihr Ursprung im Wirken eines Begründers, drittens eine Heilslehre und viertens ein ethischer Kodex, der als ihr Kern und wesentliches Fundament angesehen wird.

All diese Religionen enthalten insoweit gewisse universelle Wahrheiten, als sie den einen höchsten Schöpfergott als oberstes Prinzip, eine direkt von Gott kommende Offenbarung, gewisse durch gottverwirklichte Seelen geschöpfte Weisheiten, universelle Gesetze und eine unverbrüchliche Ethik postulieren. Sie mögen in der Schau des einen Gottes übereinstimmen sowie in der Ethik und in dem, was sie als höchstes Ziel des Lebens ansehen, nämlich Erlösung und Verwirklichung. Dennoch weichen sie entscheidend voneinander ab, wo es um den Weg zu diesem Ziel geht.

Viele dieser Lehren und Weisheiten sind gute und ehrliche Hilfen, die meist aus der Erkenntnis und dem Ringen einzelner großer Seelen geschöpft sind, nicht aber Offenbarungen der einen ungeteilten und allumfassenden Wahrheit, wie sie im Herzen Gottes verborgen liegt. Diese Weisungen und Lehren benennen verschiedene geistige Gesetze und Prinzipien, die oftmals wirklich universelle Gültigkeit haben. Aber sie sehen Gott, das Leben und den Kosmos nur aus der Perspektive ihrer eigenen – oft tatsächlich hohen – Seelenwirklichkeit, was diese Lehrer oder Meister meist selbst zum Ausdruck bringen, indem sie ihr Wirken als eine ganz spezifische Aufgabe bezeichnen. Sie verkünden die höchsten, menschenmöglichen Weisheiten, sind aber allesamt nur Stückwerk im Vergleich mit Gottes Allmacht und Allwissenheit. Sie enthalten mancherlei hohe Ideale und Lebenshilfen, nicht aber den in Gottes Herzen verborgenen Plan.

Vor diesem Hintergrund ist unter den Hochreligionen wiederum zwischen Weisheitslehren und Offenbarungsreligionen zu unterscheiden. Zu den ersteren zählen Hinduismus, Buddhismus, Taoismus, Konfuzianismus und in gewissem Maße die Lehre Zarathustras. Als Offenbarungsreligionen hingegen gelten die semitischen Religionen: Judentum, Christentum und Islam und in gewisser Hinsicht wieder die Zend Avesta des Zarathustra. Letztere stammen direkt von Gott, gehen von Ihm aus und haben allein in Ihm ihren Ursprung und Bestand. Wie wir wissen, hat Gott hierfür gewisse reine Seelen als Seine Sprachrohre erwählt und Ihnen in Schauungen und geistigem Wort Seinen Willen und Plan für die Menschheit verkündet.

Oftmals, etwa bei Daniel, wurden diese Offenbarungen in so großer zeitlicher Ferne, so verschlüsselt oder erhaben gegeben, daß sie von den menschlichen Instrumenten selbst nicht verstanden werden konnten. Diese Offenbarungen unterscheiden sich grundsätzlich von den Weisheitsverkündigungen verwirklichter Meister, nicht unbedingt hinsichtlich ihrer universellen Gültigkeit, sondern hinsichtlich ihrer Tiefe und ihrem geheimen Grund. Solche prophetischen Offenbarungen, die direkt von Gott ausgehen, sind uns ausschließlich in den zwölf prophetischen Schriften des Alten Testamentes, den Endzeitreden Jesu, der Offenbarung des Johannes sowie in einzelnen Apokryphen gegeben. Eben darin bestand die Erwählung Israels, daß Gottes Wort in den Zelten dieses Volkes offenbart und Sein Heils- und Erlösungsplan durch dessen Propheten verkündet werden sollte. Die Weissagungen anderer Traditionen, etwa der indischen Puranas, und die Verkündigungen verschiedener Hellseher wie Nostradamus gründen allein in deren subjektiver Schau astraler Spiegelungen, nicht aber unmittelbar in Gottes Wirken.

Nun hat Gott sich einen höchsten und nächsten Mittler erwählt, dessen inneres Ohr gleichsam direkt an Seinem Mund ruht. Dieser Mittler ist Jesus Christus, der gesalbte König Israels. Er wird selbst als Gottes Wort bezeichnet (siehe Offenbarung), da alle göttliche Offenbarung von ihm ausgeht. In diesem Sinne lesen wir in der Einleitung zur Offenbarung des Johannes: »Dies ist die Offenbarung Jesu Christi, die Gott ihm gab, damit er seinen Knechten (den Propheten) zeige, was in Bälde geschehen muß; und gewiesen hat er sie durch seinen Engel seinem Knecht Johannes.« (Offb. 1. 1) Christus allein, der auch als Gottes Sohn bezeichnet wird, schöpft Wort und Offenbarung direkt aus dem Herzen Gottes, in dem er auch selbst seinen Wohnsitz hat.

Es gibt aber noch einen weiteren Unterschied in den Heilsverkündigungen der verschiedenen Religionen. Wir wissen, daß etwa Buddha, der Erleuchtete, den suchenden Seelen einen Weg zur Befreiung gewiesen hat. Die von ihm verkündete Lehre von den vier edlen Wahrheiten ist gewiß eine absolut wahre Lehre betreffs des Ursprungs und der Erlösbarkeit des menschlichen Leides, aber sie enthält *keinen Schlüssel zur Erlösung der gefallenen Seelen*. Überhaupt kennen die östlichen Lehren weder das Mysterium des Sündenfalles noch das eines mystischen Opfers wie das des Jesus von Nazareth auf Golgatha. Doch gerade durch dieses Opfer, das er zur Erlösung der gefallenen Seelen brachte, ist er zum Lamm Gottes und zum Heiland der Welt geworden.

Deshalb ist Jesus Christus nicht nur ein Prophet oder ein Meister des geistigen Lebens, sondern darüber hinaus der Richter und Erlöser der Welt. Ihm hat der Vater die Macht verliehen, die Lebendigen und die Toten zu richten, aber auch zum ewigen Leben zu erwecken, wenn sie seiner würdig geworden sind. Israelitische Prophetie, Leben und Wirken Jesu sowie christliche, auf Gottes Wort und Verheißung gründende Verkündigung beinhalten das einzige authentische und direkt auf Gott zurückgehende Zeugnis Seines Heilsplans für die Welt. Insofern ist Christus, das Wort und Lamm Gottes, der universelle Weg zur Erlösung, den Gott der Welt bereitet hat.

»So sehr hat Gott die Welt geliebt, daß Er Seinen eingeborenen Sohn hingab um ihrer Erlösung willen.« »Ich bin der Weg, die Wahrheit und das Leben.« »Ich bin das Licht der Welt.« »Wer mir nachfolgt, soll nicht in Finsternis wandeln.« »Niemand kommt zum Vater denn durch mich.« Diese Sätze sind nicht als Ausdruck eines elitären Anspruchs der christlichen Institutionen gegenüber Andersgläubigen zu verstehen. Es geht vielmehr darum zu erkennen, daß Jesus, der als Lamm Gottes um unserer Vergehen willen hingeschlachtet wurde, selbst das Fundament für die Erlösung der Menschen ist, ganz gleich welcher Religion sie angehören. Er steht über den Religionen.

Mehr als verwerflich ist die in fundamentalistisch christlichen Kreisen praktizierte Verteufelung Buddhas oder Krishnas. Buddha und Krishna sind gewiß Lichtbringer, Quellen von Seelenadel und Tugend und bieten den Gerechten auch einen Weg zur Vollendung, nicht aber »Auferstehung und Leben« für die mit Adam gefallenen Seelen. Hier gilt: »Wie die Sünde durch einen Menschen, nämlich Adam, in die Welt kam, so wurde sie durch einen Menschen, nämlich Jesus Christus, überwunden.«

Der Islam folgt in vielen Punkten der prophetischen Tradition Israels, leugnet jedoch das Mysterium des mystischen Opfers und der Auferstehung Christi, das ja gerade den Kern des Heilsgeschehens bildet.

Die Wiederkunft Christi im Zeugnis der Schrift

Das erste, was wir verstehen müssen, wenn wir die Bedeutung der Wiederkunft Christi erfassen möchten, ist, daß sie in einem gesetzmäßigen Zusammenhang mit der Geschichte der Menschheit steht, vor allem mit der Geschichte der abendländischen Völker. Auch ist sie mit dem Leben und Wirken Jesu, mit seiner Passion und seinem Tod am Kreuze sowie mit der Geschichte Israels und seiner Beziehung zu den Völkern der Welt verknüpft und nur in diesem Zusammenhang zu begreifen. Die Urgeschichte der Menschheit, das Geschehen und Mysterium von Golgatha und die Geschichte Israels bilden die drei Fundamente, ohne die der Erlösungsplan Gottes, der mit der Wiederkunft Christi in Kraft tritt und jeden einzelnen Bürger dieser Erde einbezieht, nicht zu verstehen ist.

Doch betrachten wir zunächst, wie uns die Schrift diese Wiederkunft vorstellt. Drei Ereignisse im Leben Jesu offenbaren seine Wiederkunft ganz klar. Nach seinem letzten Auftritt im Tempel zu Jerusalem spricht Jesus, vom Ölberg auf den Tempel hinüberblickend, im Kreise seiner Jünger über die Erfüllung der Prophetien und seine Wiederkunft: »Es wird das Zeichen des Menschensohnes am Himmel erscheinen. Und dann werden alle Völker der Erde wehklagen, und sie werden den Menschensohn kommen sehen auf den Wolken des Himmels mit großer Macht und Herrlichkeit. Und er wird seine Engel aussenden mit lautem Posaunenschall, und sie werden seine Auserwählten sammeln von den vier Winden her, von einem Ende des Himmels zum anderen.« (Mt. 24.30-31) Mit diesen Worten verweist er auf das Gesicht Daniels, dessen Erfüllung er darin verheißt und bestätigt. (Dn. 7.13-14)

Im Anschluß an das Letzte Abendmahl spricht Jesus erneut von seiner Wiederkunft: »Euer Herz erschrecke nicht! Glaubt an Gott und glaubt an mich.« Mit anderen Worten: »Erschreckt nicht über die Dinge, die da kommen werden und die ich euch bei meinem Einzug in Jerusalem vorausgesagt habe. Nehmt die Drangsal an, die da eurer harrt, denn es muß so sein.« (Mt. 24) »Haltet fest an eurem Glauben und haltet fest an meinem Namen, dann werdet ihr errettet werden.« Weiter spricht er: »Im Hause meines Vaters sind viele Wohnungen – wenn's nicht so wäre, so hätte ich es euch gesagt, denn *ich gehe hin (voraus), um euch eine Stätte zu bereiten.* Wenn ich nun hingehe und die Stätte für euch bereite, so *will ich wiederkommen und euch zu mir nehmen, daß auch ihr seid, wo ich bin.«* (Joh. 14.1-3)

Hier sagt Jesus, daß er vorausgehen muß, um den Seinen *eine Stätte zu bereiten.* Worin besteht dieses Vorausgehen und dieses Bereiten einer Stätte? Besteht es darin, daß er erst Raum schaffen muß für die Seelen im Reiche des Vaters? Nein, denn das Reich Gottes ist Er Selbst und es ist unbegrenzt wie Er, und in der Unendlichkeit ist kein Raum zu schaffen. Das Bereiten einer Stätte besteht vielmehr im mystischen Opfer Christi, in der Hingabe seines Lebens am Kreuz zu Golgatha. Dadurch, daß er sein Leben in die Hand derer gibt, die ihn hassen, dadurch, daß er allen Haß der Welt auf sich zieht und ihn mit Liebe beantwortet, öffnet er allen Seelen, die dem Haß, der Unbeugsamkeit, dem Stolz und der Finsternis verfallen sind und mehr oder weniger bewußt in den Banden der Finsternis gefangen liegen, ein Tor zur Erlösung und zum ewigen Leben. Allein durch sein großes mystisches Liebesopfer schuf er die Voraussetzung dafür, daß die *ganze* gefallene Menschheit die Erlösung erlangen und Anteil am Reich Gottes nehmen kann. »Dann will ich wiederkommen und euch zu mir nehmen, daß auch ihr seid, wo ich bin.« Hier ist zum ersten Mal die Rede davon, daß die Wiederkunft Christi und die damit verbundene Errichtung des messianischen Gottesreiches auf Erden eng mit dem Mysterium von Golgatha verknüpft sind. Ohne den Opfertod Jesu wäre weder die Erlösung der seit Urzeiten gebundenen Seelen der Völker noch die Wiederherstellung des Reiches Gottes auf Erden möglich. *Wie* diese Dinge zusammenhängen, bedarf gewiß noch der Aufklärung.

An dieser Stelle geht es darum zu erkennen, daß zwischen dem Mysterium von Golgatha und der Wiederkunft Christi samt der

Errichtung Seines Reiches auf Erden ein unauflöslicher Zusammenhang besteht und das eine ohne das andere nicht zu verstehen ist. Darüber hinaus besteht natürlich auch ein Zusammenhang zwischen diesen beiden Geschehnissen und dem Sündenfall der Menschheit. Laßt uns also erkennen, wie die Geschehnisse der kommenden Tage das Fundament eines neuen Lebens in jedem von uns legen möchten, auf daß endlich Pfingsten werde und Licht, Liebe und Frieden auf Erden regieren.

Nach dem Abendmahl nimmt alles seinen bekannten Verlauf: die Sammlung der Jünger am Fuße des Ölberges, das Gebet Jesu in Gethsemane, seine Betrübnis und Einsamkeit, seine Festnahme durch Soldaten Roms, das Schaugericht, die Verurteilung, die Geißelung, die gesamte Passion bis zur Erhöhung und zum Tode Jesu am Kreuz. »Es ist vollbracht.« Dann folgen das Erdbeben, der Riß des Vorhangs im Tempel, die nächtlichen Visionen vieler Bürger Jerusalems und die Grablegung des Leibes Jesu vor den Mauern der Stadt; dann die Auferstehung Jesu, seine Erscheinung vor Maria Magdalena, der Gang der Jünger nach Emmaus und ihre Begegnung mit dem auferstandenen und verklärten Christus; schließlich der Auftrag Jesu an Petrus und Johannes und bald darauf die Himmelfahrt Jesu.

Das dritte Zeugnis seiner Wiederkunft kommt nicht von Jesus selbst, sondern von Engeln, die der Vater entsandt hat. Bei Lukas lesen wir: »Er führte sie aber bis nach Bethanien hinaus, hob die Hände auf und segnete sie. Und es geschah, als er sie segnete, da schied er von ihnen und fuhr auf zum Himmel.« (Lk. 24.50-51) In der Apostelgeschichte heißt es weiter: »Als er dies gesagt hatte, wurde er vor ihren Augen emporgehoben und eine Wolke entzog ihn ihren Blicken. Und als sie ihm nachsahen, wie er zum Himmel fuhr, siehe, da standen zwei Männer in weißen Gewändern bei ihnen, diese sprachen: ›Ihr Männer von Galiläa, was steht ihr da und seht zum Himmel? Dieser Jesus, der von euch weg in den Himmel aufgenommen wurde, *wird auf dieselbe Weise wiederkommen, wie ihr ihn habt zum Himmel fahren sehen.*‹« (Apg. 1.9-11) Sind die beiden Engel nicht Vorboten jener Engel Christi, die einige Jahre später dem berufenen Jünger Jesu auf Patmos die Offenbarung Christi überbringen?

Lückenlos hinüberführend zur Prophezeiung der künftigen

Geschehnisse lesen wir in der Einleitung zur Apokalypse des Johannes: »Und *er wird kommen auf den Wolken*; und *sehen wird ihn jedes Auge*. Und Wehklagen wird kommen über alle Völker der Erde.« (Offb. 1.7) Tatsächlich ist die Offenbarung des Johannes nichts anderes als das Buch von der Wiederkunft Christi! So wie Petrus berufen war, das Fundament der Gemeinschaft Christi für das Zeitalter der Fische und der Hüter der Lämmer, sprich: der noch nicht im Heiligen Geiste wiedergeborenen Seelen zu sein, so ist Johannes der berufene Zeuge der Wiederkunft seines Herrn. »Wenn ich will, daß er bleibt, *bis ich wiederkomme*, was geht dich das an«, hatte Jesus zu Petrus gesagt. (Joh. 21-22) Das Zeugnis des Johannes ist somit das bleibende Zeugnis Christi bis zu seiner endgültigen Ankunft.

Daß dieses Geschehen kein *personales*, sondern ein *kosmisches* ist, wird bei Matthäus angesprochen: »Wie ein Blitz, der auffährt im Osten und leuchtet bis zum Westen, so wird die Ankunft des Menschensohnes sein.« (Mt. 24.27) Hier wird deutlich, daß es sich nicht um eine erneute Inkarnation Jesu, sondern um eine umfassende Umgestaltung der ganzen Erde und um eine geistige Erneuerung der *gesamten* Menschheit handelt. »Und wehklagen werden *alle Völker der Erde*.« (Offb. 1.7) Welche Offenbarungen diese *geistige* Wiederkunft mit sich bringt, erfahren wir bei Johannes (16.7-11): »Und wenn jener kommt, der Geist der Wahrheit, dann wird er der Welt aufdecken, was es mit der Sünde und der Gerechtigkeit und dem Gericht auf sich hat; mit der Sünde: daß sie nicht an mich glauben, mit der Gerechtigkeit: daß ich zum Vater gehe und ihr mich von jetzt an nicht mehr seht; und mit dem Gericht: daß der Fürst dieser Welt gerichtet ist.«

Hier wird uns die Wiederkunft Christi vor allem als kollektive Taufe oder Empfängnis des Heiligen Geistes und Offenbarung der Geheimnisse Gottes und des ewigen Lebens vermittelt, dem jedoch ein Prozeß des inneren Erwachens und der klaren Selbsterkenntnis vorausgeht. Auch das geistige Elend unserer Welt und die Gottferne unserer Zeit sowie die Aufdeckung der Ursachen dieses Elends wird noch einmal angesprochen.

Wir sehen, daß die Wiederkunft ein kosmisches, *innen* in der Seele sowie *außen* im natürlichen und sozialen (physischen) Gefüge der Welt manifest werdendes Wirken Gottes ist, das nur auf *ein* Ziel gerichtet ist: den ursprünglichen Plan Gottes wiederherzustellen, Sein Friedensreich zu errichten und Schöpfung und Geschöpf damit ihrer Bestimmung näherzubringen.

Der Impuls Seiner Wiederkunft hat etwa mit dem Regierungsantritt Gorbatschows und dem Unglück von Tschernobyl eingesetzt und seither bereits einige Veränderungen in der Welt bewirkt. Und er wird *das* Thema unserer Zeit bleiben, bis Sein Plan erfüllt und Seine Ordnung wiederhergestellt ist. Das Verständnis seines Zieles und seiner Entfaltung wird für unser geistiges Überleben unabdingbar sein, und niemand wird sich seiner Aufgabe und Verantwortung darin entziehen können. Möge Gott uns stärken, Seinem Ruf gerecht zu werden.

Bedeutung und Inhalt der Wiederkunft Christi

In der Betrachtung der Wiederkunft Christi müssen wir uns von allem Hergebrachten frei machen und uns vollkommen von den Denkhaltungen und Formen des Lebens in unserer heutigen Welt lösen. Wir müssen erkennen, daß das Leben auf unserer Erde eine grundsätzlich andere Intention in sich trägt, als sie gegenwärtig realisiert und verwirklicht wird.

Wir Menschen sind geschaffen und in diese Welt gestellt worden, um den Geist Gottes und unsere wahre ewige, göttliche Natur hier zu verwirklichen. Wir sind als Kinder Gottes, als Funken göttlichen Lebens im Bild und Gleichnis unseres Schöpfers geschaffen und nach Gottes Plan und Willen berufen, dieses Inbild unseres Bildners zur vollen Entfaltung zu bringen. So wie ein Samenkorn die in ihm angelegte Pflanze zur Entfaltung bringen möchte, so möchte der Gottesfunke in uns, der Gottessame, als der wir in diese Welt gesät wurden, die volle Blüte, Frucht und Herrlichkeit des Vaters offenbar werden lassen, auf daß unser Geist seine Einheit mit dem Vater erkenne und unsere Individualität als Sonne des ewigen Lebens im Reiche des Vater aufgehen möge. Dafür sind wir geschaffen, und dies zu verwirklichen und damit die Seligkeit und Fülle absoluten Seins und Bewußtseins zu erlangen, ist der einzige Sinn unseres Lebens auf Erden. »Werdet vollkommen, wie euer Vater im Himmel ist.« (Mt. 5.48) Das ist der Auftrag, und allein diese Verwirklichung und Vervollkommnung unseres Menschseins entspricht unserer wahren inneren Natur.

Einander als Kinder des Lichts zu lieben und im anderen unserem Schöpfer und dem wahren göttlichen Selbst zu dienen, das ist die Weise, wie dieses Streben nach Verwirklichung seinen natürlichen Ausdruck findet. Ein Leben in Hingabe an Seinen in uns angelegten Plan, in Liebe, Frieden und Eintracht miteinander, ist die Grundlage für die Verwirklichung jenes, von Gott in uns angelegten Ziels. Nur diesem Ziel dienend erfüllen wir Gottes Plan, nur diesem Ziel dienend, erlangen wir Befreiung und Verwirklichung unserer wahren Natur, und nur diesem Ziel dienend, finden wir ewigen Frieden und Glückseligkeit.

Nicht Feindschaft und Gegeneinander, sondern Brüderlichkeit und Miteinander, nicht jeder gegen jeden, sondern alle mit Gott und durch Ihn miteinander und füreinander ist das innere Gesetz des Lebens; nicht äußerer Besitz, sondern innere Verwirklichung, nicht unser blinder Wille, sondern der weise Wille des inwendigen Lebens ist das Gesetz von Heil, Wohl, Zufriedenheit und Glück. Nicht im äußeren Anschein, sondern im inneren Sein liegen die Werte des Lebens.

Doch all dies ist heute auf den Kopf gestellt. Wir leben auf eigene Faust, jeder auf seinen eigenen vermeintlichen Vorteil bedacht, in Gleichgültigkeit und Zwietracht gegenüber unseren Brüdern, in Streit und Unfrieden mit uns selbst, unserer wahren Natur entfremdet, verloren in Äußerlichkeiten und im Inneren vereinsamt, ohne Liebe für unseren Nächsten und uns selbst, in vollkommener Ignoranz gegenüber der ewigen Wahrheit und den Gesetzen des Lebens, innerlich abgestorben und verdorrt, geistig tot und getrennt von Gott als dem Quell des Lichtes, des Fühlens und des Lebens. Selbst wenn wir die Wahrheit hören, glauben oder verstehen wir sie nicht, denn das Wort Gottes ist in uns erstorben.

Tatsächlich sind wir geschaffen und hineingebildet in den lebenden Lichtleib unseres Herrn und berufen, Ihm zu dienen. Er ruft uns in Seiner Liebe, und Seine Stimme spricht in die Tiefe unserer Seele, aber wir hören sie nicht. Der Hirte steht vor dem Tor, um uns zu den Wassern des Lebens zu führen, aber wir sehen

Ihn nicht. Er hat uns in Liebe Sein Leben gegeben, aber wir fühlen es nicht. Er pocht schweigend an die Pforte unseres Seins, aber wir erkennen Ihn nicht.

Jesus lehrte uns: »Selig, die reinen Herzens sind, denn sie werden Gott schauen.« (Mt. 5.8) Warum sehen wir Ihn nicht? Weil Selbstsucht, Eitelkeit, Gefühllosigkeit und Ignoranz uns die innere Schau Gottes verstellt. Jahrtausendelang sind wir unseren eigenen Vorstellungen und unserem eigenen Willen gefolgt und sinnlos von Geburt zu Geburt gegangen, haben gerafft, haben Vergnügen, Einfluß und Anerkennung gesucht, haben unser Herz mehr und mehr verhärtet und sind innerlich blind geworden. Wir haben dicke Mauern aus Stolz, Macht und Selbstsucht um uns aufgebaut, die uns nun von Gott und unserem Nächsten trennen. Wir hatten nur uns selbst, unser falsches, selbstsüchtiges Ich im Auge, und wenn wir uns nun nach innen wenden, sehen wir nicht Gott und die Ewigkeit, sondern nichts als Leere, Stumpfheit und ein falsches, unzufriedenes Selbst.

In Reinheit sind wir erschaffen, aber durch unsere Ignoranz haben wir dicke Schichten von Unreinheit und Schuld auf uns geladen. Nach dem Bild Gottes sind wir erschaffen, aber unsere Selbstsucht hat es entstellt. Und so sehen wir nicht mehr die Glorie Gottes in unseren Seelen und in den Seelen unserer Brüder, sondern nur noch Kälte, Stumpfheit, Gier, Eitelkeit, Lieblosigkeit und Ignoranz. Denn auch die Welt und der Nächste erscheinen uns nur nach dem verborgenen Bild unseres eigenen falschen Ich. Nicht das Du ist verkehrt, sondern unser eigenes Ich.

Wir leben nicht, um Ruhm und Anerkennung in der Welt zu erlangen, sondern um des göttlichen, ewig seligmachenden, inneren Lebens willen. Was nützt es, wenn wir alle Ehren der Welt erlangen, aber den Ruf der Ewigkeit überhören? »Wer Anerkennung sucht in der Welt, der hat seinen Lohn schon, der wird im Himmel nichts empfangen.« (Mt. 6.2) »Suche nicht Schätze, die vergänglich sind, sondern Schätze im Himmel, die weder vom Rost noch von Würmern noch von der Zeit zerfressen werden.« (Mt. 6.19-20)

Wir leben auch nicht nur, um unseren Leib zu verherrlichen, sondern um unsere Seele mit Reinheit und göttlicher Tugend zu schmücken. Wir leben nicht, um uns um uns selbst und unser physisches Wohl zu sorgen, sondern um uns um das Heil, das ewige Leben und das Wohl unserer Brüder zu kümmern. Wer so lebt, wird nicht leer ausgehen. Denn: »Trachte zuerst nach dem Reich Gottes, dann wird dir alles andere dazu gegeben. Glaubt ihr denn, der Vater im Himmel weiß nicht, was ihr braucht?« (Mt. 6.25-32) Wir leben auch nicht um des Vergnügens willen, denn alle Lust der Sinne gründet im Trugbild vergänglichen Reizes. Die Lust aber, die dein Herz sucht, liegt nicht im vergänglichen Reiz, sondern in ewiger innerer Fülle.

Bei der Wiederkunft Christi geht es darum, all diese falschen Werte wegzunehmen und die wahre Ordnung des Lebens (und den Namen Gottes) wieder zu errichten, all die falschen Götzen vom Thron unseres Herzens zu stürzen und Gott auf Seinen Platz zu heben, mit einem Wort, die Herrschaft des Fürsten der Finsternis über unsere Erde zu beenden und ein Reich des Friedens, der Liebe und der Gerechtigkeit zu etablieren. In der Bhagavad Gita heißt es: »Immer wenn Unrecht, Unmoral und Finsternis überhand nehmen, komme ich neu, um das Böse zu zerstören und das Gute wieder aufzurichten.« So geschieht es zu jeder Zeitenwende und vor allem zum Abschluß eines Zeitenzyklus, der im Griechischen »sunteleia« und in der Schrift »Endzeit« heißt. Und Krishna verkündet in der Gita: »Ich komme in jedem Zeitalter.« (Gita IV.8)

Mit der Wiederkunft Christi wird die gesamte alte Weltordnung zerstört werden. »Kein Stein wird auf dem anderen bleiben, der nicht hinweggerissen wird.« (Mt. 24.2) Gott zielt auf eine völlige Umgestaltung der Erde. Das über Jahrtausende festgefahrene falsche Fundament wird aufgerissen und zerbrochen werden. Sämtliche zementierte und erstarrte falsche Werte, Muster, Haltungen und Lebensformen werden aufgebrochen und umgewendet werden. Es kann nichts Neues erstehen oder geschaffen werden, bevor das Alte beseitigt ist. Gott sät kein neues Leben auf toten, unfruchtbaren Boden und gibt keine neue Offenbarung, solange die Seelen nicht bereit sind, sie zu empfangen. Zuerst wird der Boden bereitet, dann wird gesät. Das ist das Gesetz.

In der Offenbarung heißt es: »Wenn ich komme, mache ich *alles* neu!« (Offb. 21.5) Die Betonung liegt auf »*alles*«, denn »man kann neuen Wein nicht in alte Fässer füllen.« Weiter heißt es:

»Und ich sah einen Neuen Himmel und eine Neue Erde, denn der erste Himmel und die erste Erde sind vergangen.« (Offb. 21.1)

Der Neue Himmel ist die Vorwegnahme des Kommenden in der geistigen Welt. Im Geiste wird es vorgeformt, und erst dann wird es auf der physischen Ebene, sprich: unserer Erde, nachgebildet. Der Neue Himmel, das sind Gottes Plan und die himmlischen Heerscharen, die seine Verwirklichung lenken und die Kräfte des Himmels und der Erde steuern. »Wie oben, so unten.« Der Neue Himmel und seine Boten sind schon da. Sie beginnen langsam, unsere Erde umzugestalten. Die Saat des Neuen wird zunächst in kleinen Mengen ausgesät. Wer bereit ist, kann sie empfangen. Was im Kleinen gilt, gilt auch im Großen. Was für den Einzelnen gilt, das gilt auch für ganze Völker und für die Menschheit.

Bevor das Neue erstehen kann, muß das Alte hinweggerafft werden. Deshalb sah Jesajah zuerst den Sturz Luzifers aus dem Himmel und dann die Neugründung des Reiches Gottes. Und deshalb sieht Johannes zuerst die Ankettung Satans, bevor die Neue Erde und das Reich Gottes auf Erden errichtet werden. Nur wer bereit ist, das Alte zu überwinden, kann gerettet werden. Wer an den alten Formen festhält, wird mit ihnen untergehen. Doch wer sich selbst in den Dienst des Neuen stellt, wer das Neue *in sich* Gestalt werden läßt, wer sich wie Maria bereit macht, das Neue, den Neuen Menschen, den Neuen Geist, zu gebären, der kann geistig überleben und wird an dem neuen Leben teilhaben, das Gott auf Erden hervorbringen will. Die Neue Erde ist nicht nur eine Umgestaltung des äußeren Lebens, sondern vor allem eine Umgestaltung der inneren Bedingungen unserer Seele. Die Wiederkunft Christi findet nicht im Außen statt, sondern als zweite Geburt in unserer Seele. Wer sich dieser Geburt entzieht, kann den Neuen Himmel nicht schauen. Es gilt, was Jesus zu Nikodemus gesagt hat: »So du nicht von neuem, von oben herab geboren wirst, so du nicht von neuem, aus Wasser und Geist geboren wirst, kannst du das Reich Gottes (inwendig in dir) nicht schauen.« (Joh. 3.3/5) Wer nicht bereit ist, das falsche Ich sterben zu lassen, der kann nicht in Christus auferstehen, denn: »Der alte Adam muß sterben in uns, daß wir in Christus auferstehen.« Und das heißt, daß wir im Heiligen Geiste erwachen und der Geistfunke Christi in uns die Führung übernehmen möge.

Der Neue Himmel ist schon da, und sein Einfluß auf die Umgestaltung der Erde ist bereits überall sichtbar. Wer Augen hat, der sieht. Und es ist, wie Jesus sagte: »Vom Feigenbaum aber lernt das Gleichnis: Wenn sein Zweig schon saftig wird und die Blätter heraus treibt, dann erkennt ihr, daß der Sommer naht. So sollt auch ihr, wenn ihr all dies seht, erkennen: Er steht nahe vor der Tür.« (Mt. 24.32-33)

Das Waldsterben, das Ozonloch und die Klimaveränderungen, das Fisch- und Robbensterben im Wasser, die Vergiftung der Luft, die Mißernten in vielen Ländern, die Wahl Gorbatschows in den Kreml, die Umgestaltung des Ostens, das Unglück von Tschernobyl, der Fall des eisernen Vorhangs, die Unruhe der Völker im Osten, die zunehmende Konfrontation zwischen Judentum, Christentum und Islam, der Krieg am Golf, die Wiedererrichtung Babylons im Irak, die Selbstidentifikation Saddam Husseins mit Nebukadnezar, der Friedensprozeß im Nahen Osten, die Zuspitzung der Krise in und um Israel, der Ausbruch des Vulkans auf den Philippinen, all das sind Vorzeichen für die größeren Geschehnisse, auf die unsere Welt zusteuert.

Die innere Öffnung und Reinigung (Katharsis) ist die Voraussetzung für die Wiedergeburt des Individuums im Geiste, und das gilt auch für die Menschheit als Ganzes und damit für unsere Erde. Wie einzelne Seelen durchlaufen auch ganze Planeten, Sonnen und Gestirne ihre Metamorphosen, Krisen und Einweihungsprozesse. Denn alles ist beseelt und alles hat seinen Weg nach Gottes Plan.

Aus dieser Sicht, nach der die Erde einer Höherstufung ihres geistigen Feldes oder Lebenskerns entgegengeht, ist die Wiederkunft Christi vergleichbar mit der Geisttaufe oder Kreuzigung dieser Erde, an der alle ihre Bewohner teilhaben. So gesehen ist das gesamte Geschehen die Vorbereitung für eine kollektive Wiedergeburt der Menschheit, die Vorbereitung auf einen gewaltigen Läuterungsprozeß, der von vielen inneren Prüfungen begleitet wird, um schließlich in einer völligen Neugründung des Lebens auf der Erde zu münden. Über diese universelle Bedeutung hinaus ist die Wiederkunft Christi durch eine ganze Reihe spezifischer Merkmale gekennzeichnet, die dem kommenden Leben auf der Neuen Erde gleichsam ihren Stempel aufprägen.

Dieses neue Leben wird nicht mehr unter der anarchischen Herrschaft individueller Wünsche, Vorstellungen und Interessen stehen, sondern geprägt sein von der Anerkennung der göttlichen Ordnung und von weiser Selbstunterwerfung der Seelen unter den heiligen Willen Gottes.

Alles Leben auf Erden will nach dem Bild des Oberen wachsen und zur Vollendung kommen. So wie die Blumen blühen und die Bäume Früchte tragen nach einem inneren Gesetz, so blüht die Seele des Menschen und bringt die Früchte des Geistes und des göttlichen Lebens nur da hervor, wo sie in ihrer eigenen Mitte, also im Grunde Gottes und der aus Ihm zur Entfaltung kommenden weisen Ordnung, fest verankert ist. So wird das Leben auf der Erde nach dem Bild und Gleichnis des Himmels als ein Leben in Eintracht, Brüderlichkeit und Liebe um eine feste geistige Mitte geordnet sein. Diese Mitte des geistigen Lebens ist stets die manifest gewordene Gegenwart Gottes.

Gott will und wird wieder einen lebendigen Quellgrund geistiger Kraft errichten, in dem Er Selbst in Seiner Glorie wohnen und durch eine von Ihm erwählte Linie geistiger Meister allen Suchenden Kraft, Segen, Licht, Erkenntnis, Weisheit und Führung gewähren wird. Denn Er wird den in Urzeiten gestifteten Tempel wiederherstellen und das darin gehütete Vermächtnis des Lebens wiedereinsetzen. Dieser Tempel der Wiederkunft Christi ist das Neue Jerusalem, das weder auf steinernen Fundamenten noch um Altäre, sondern allein auf den geistigen Fundamenten des göttlichen Lebens errichtet wird. Seine Säulen werden Säulen des Lichts sein und sie werden in geläuterten menschlichen Seelen stehen, die nicht wanken, weil sie von Gott Selbst berufen sind.

II. Die drei Geheimnisse des Erlösungsplanes Gottes: Sündenfall, Golgatha und Jüngstes Gericht

Als Jesus während des Letzten Abendmahls von seinen Jüngern Abschied nimmt, spricht er noch einmal über die Zeit, die seiner Wiederkunft unmittelbar vorausgeht. Er sagt: »Wenn ich aber weggehe, werde ich ihn (den Geist der Wahrheit) zu euch senden. Und wenn er kommt, wird er die Welt überführen über *Sünde* und über *Gerechtigkeit* und über *Gericht*. Über *Sünde*, weil sie nicht an mich glaubten (das heißt, über den Grund dafür, daß sie mich zurückgewiesen haben), über *Gerechtigkeit*, weil ich zum Vater gehe und ihr mich nicht seht (obwohl ihr doch berufen seid, allezeit mein Angesicht zu schauen); über *Gericht*, weil der Fürst der Welt (das ist der Satan als Urheber der Sünde) gerichtet ist. Vieles habe ich euch zu sagen, aber ihr könnt es jetzt noch nicht tragen. Wenn jener aber kommt, der Geist der Wahrheit (der Paraklet), wird er euch zur vollen Wahrheit führen. Denn er wird nicht von sich aus reden, sondern er wird reden, was er hört, und das Zukünftige wird er euch verkünden. Er wird mich verherrlichen, weil er von dem Meinigen nehmen und euch verkünden wird. Alles, was der Vater hat, ist mein. Deshalb habe ich gesagt: ›Er nimmt von dem Meinigen und wird euch verkünden.‹« (Joh. 16.7-15)

Der Kommentar der Jerusalemer Bibel erläutert:
»Der Paraklet (Helfer) wird (den Ursprung) der Sünde ans helle Licht bringen.

- Er wird offenbaren, daß Jesus das Recht hatte, sich »Sohn Gottes« zu nennen.
- Der Paraklet wird den Sinn des Todes Jesu, das ist die Niederlage und Verurteilung des Fürsten der Welt, offenbaren.
- Das Zukünftige wird er euch verkünden, die neue Ordnung, die aus dem Tode und der Auferstehung Jesu entspringt.
- Der Geist (Paraklet) wird Jesus dadurch verherrlichen, daß er die Fülle des Geheimnisses Jesu offenbart. Jesus selbst verherr-

licht den Vater, von dem er alles erhält. Die Offenbarung ist vollkommen (mit und durch ihn): Im Vater nimmt sie ihren Ursprung, durch den Sohn wird sie gewirkt, und im Geiste der Wahrheit (= Paraklet) wird sie vollendet zur Herrlichkeit (Verherrlichung) des Sohnes und des Vaters.«

Mit diesen Worten macht Jesus deutlich, daß drei Geheimnisse der Offenbarung harren, die zu seiner Zeit allerdings noch annehmbar waren. (Daher hat er sie Petrus und Johannes zwar angedeutet, der Öffentlichkeit aber noch nicht kundgetan.). Statt dessen hat er das Kommen des »Helfers« verkündet, der seine Wiederkunft vorbereiten, die drei Geheimnisse des göttlichen Heilsplanes offenbaren und die Mission Jesu vollenden wird. Die Einheit von Vater und Sohn bildet das Fundament seines Wirkens. Mit der vom Vater ausgehenden Vollmacht Christi wird der »Parakletos« das Werk Jesu vollenden. »Er wird nicht von sich aus reden, sondern er wird reden, was er hört ... Er wird mich verherrlichen, weil er von dem Meinigen nehmen und euch verkünden wird.«

Die drei Geheimnisse, die der Offenbarung harren, sind:
der Ursprung des Bösen: die *Sünde*. Es wird offenbar werden, wie das Böse und die Sünde in die Welt kamen.

1. die Konsequenz der Sünde: Zurückweisung und Kreuzigung Jesu als Messias und Verkörperung der Liebe und des Lichtes Gottes. Die Konsequenz dieser Zurückweisung ist, daß die Menschen »das Licht der Welt« nicht sehen, sondern »in Finsternis wandeln«. Das ist die *Gerechtigkeit*, denn es heißt: »Selig, die reinen Herzens sind, denn sie werden Gott schauen.« (1. Joh. 3.2) »Das ewige Leben haben, heißt den Vater erkennen und den, den er gesandt hat, Jesus Christus.« (Joh. 17.3) »Wenn wir ihn erkennen, wie er ist, dann werden wir ihm ähnlich sein.« (1. Joh. 3.2) »Wer sündigt, bezeugt, daß er ihn nicht erkannt hat.« (1. Joh. 3.6) »Ich bin das Licht der Welt. Wer mir nachfolgt, der soll nicht in Finsternis wandeln.« (Joh. 8.12/12.46) So sind Zurückweisung und Kreuzigung Jesu die Konsequenz des Bösen, die ihrerseits geistige Finsternis nach sich zieht. Gleichzeitig aber öffnen Liebe und Vergebung Jesu dem Einsichtigen einen Weg zur Erlösung und zurück ins Licht. Diese Tatsache beinhaltet,

2. daß Jesus durch sein mystisches Opfer auf Golgatha über die Macht der Finsternis gesiegt hat und Luzifer und die Welt am Jüngsten Tag von ihm ihren Lohn empfangen – das ist das *Gericht.* »Der Teufel ist ein Lügner von Anfang an; ein Verführer seit Grundlegung der Welt.« (Joh. 8.44)). Der Löwe von Juda (als Lamm Gottes) siegt durch Standhaftigkeit über den Verführer und triumphiert über dessen Ränke und Machenschaften. Gott übergibt ihm alles Gericht und die Herrschaft über Tod und Leben.

Wer nun die Gnade Golgathas annimmt und am Zeugnis Jesu festhält, der findet Erlösung und gewinnt Anteil an seiner Herrlichkeit am Tag der Ankunft des Herrn, wenn Er Seine Herrschaft antritt auf Erden. »In Seinem Namen ist Heil, und wer an ihn glaubt, wird leben in Ewigkeit.« (Paulus)

Nun lehrt die christliche Theologie, daß die Menschen aufgrund des »Sündenfalls ihres Stammvaters Adam« selbst in Sünde geboren, aber durch den Kreuztod Jesu vom Fluch dieser Sünde erlöst und damit zum ewigen Leben erwählt seien. Schon als Kinder haben viele vom »Fluch der Erbsünde« gehört, der unser menschliches Dasein überschattet und von der Barmherzigkeit Jesu, der für uns Sünder gestorben und uns durch seinen Tod (vom Fluch dieser Sünde) erlöst habe. Aber jeder vernünftige, eigenständig denkende Mensch wird sich fragen: »Was habe ich mit der Sünde Adams zu schaffen? Wieso sollte die Verfehlung eines anderen Menschen mein Leben überschatten? Und wie kann es sein, daß uns Jesus durch seinen Tod von diesem Schatten wie auch vom Schatten unserer eigenen Torheit und Ignoranz erlöst hat?«

Wir fühlen uns in ein Gewebe längst vergangener Geschehnisse verstrickt und fragen uns, was all das mit unserem heutigen Leben zu tun hat. Wir haben vielleicht eine gefühlsmäßige Verbindung zu all diesen Dingen und empfinden sogar Achtung vor ihnen, aber unser wacher Geist wird nicht aufhören zu fragen. Ein Blick in unsere Welt, die – des Hasses und der Lüge übervoll – kein Zeichen des Heiles und der Erlösung erkennen läßt, macht uns nur deutlich, daß wir noch meilenweit von unserer Erlösung entfernt sind. Weder der Kreuztod Jesu noch die Sakramente scheinen uns dem ersehnten Ziel nähergebracht zu haben. Die Menschen haben in Jahrhunderten Tonnen von Hostien gegessen, aber die Welt hat sich nicht verändert. Im Gegenteil, die Priester haben im Namen Christi die Waffen gesegnet, mit denen die »Seinen« einander erschlugen, mit denen Christen andere Christen in wahnwitzigen Kriegen bekämpften und manche Völker sogar auszurotten versuchten. Nein, das ist weit ab jeder Erlösung.

Wir erkennen ganz klar, daß uns der Geist Christi und das Licht Seines Vermächtnisses fehlt. Auch pflegen wir weder eine lebendige Gemeinschaft mit Gott (was nur durch inniges Gebet und rechte Meditation möglich ist) noch haben wir das rechte Verständnis von den Mysterien des Lebens. Sakrament und Gotteswort sind leere Hüllen, die allenfalls unser äußerliches Gewissen beruhigen, doch wir empfangen damit weder lebendige Gottesfunken noch führen sie zu jener Kommunion der Seele mit Gott, die grundlegend für ein wahrhaft spirituelles Leben ist und uns auf den Weg zur Erlösung führt.

Und was den für die meisten Menschen rätselhaften Zusammenhang zwischen Sündenfall und Golgatha und unserem Leben angeht, so wird wohl jeder verantwortungsbewußte Mensch ganz klar fühlen und erkennen, daß es ganz an ihm selbst liegt, was er aus seinem Leben macht und welche Früchte er hervorbringt. Er wird fühlen, daß er selbst für seine Verfehlungen bezahlen und – gewiß nicht ohne Gottes Licht und Gnade – um sein Heil ringen muß.

Auch die Schrift spricht von der Selbstverantwortung. Bei Ezechiel heißt es beispielsweise: »Und es erging das Wort JHWHs an mich also: Was fällt euch ein, daß ihr im Lande Israel das Sprichwort im Munde führt: Unsere Väter haben unreife Trauben gegessen, und den Söhnen wurden die Zähne stumpf? So wahr Ich lebe, spricht JHWH, der Herr, dieses Sprichwort sollt ihr nicht mehr in Israel gebrauchen. Siehe, alles Leben ist Mein, das Leben des Vaters wie auch das Leben des Sohnes, sie sind Mein; der Mensch, der sündigt, der soll sterben.

Und ist nun einer gerecht und übt Recht und Gerechtigkeit, … hebt seine Augen nicht zu den Götzen des Hauses Israel, macht nicht unrein das Weib seines Nächsten … bedrückt niemanden, gibt sein Pfand zurück, begeht keinen Raub, gibt sein Brot dem

Hungrigen und kleidet den Nackten, leiht nicht auf Wucher und nimmt keinen Zins, hält seine Hand von Ungerechtigkeit zurück und hält ehrlich Gericht zwischen den Parteien, wandelt nach meinen Satzungen und hält treu meine Gebote – der ist ein Gerechter, der wird sicher am Leben bleiben, so spricht JHWH, der Herr.

Aber wenn er einen gewalttätigen Sohn, der Blut vergießt, erzeugt und eine von diesen (Sünden) tut – während der Vater doch all diese Dinge nicht getan hatte –, der also die Frau seines Nächsten unrein macht, den Elenden und Armen bedrückt, Raub begeht, das Pfand nicht zurückgibt, seine Augen zu den Götzen hebt, Greuel verübt, auf Wucher leiht und Zins nimmt, der wird sicherlich nicht leben. Alle diese Greuel hat er verübt, darum soll er sterben, seine Blutschuld liegt auf ihm.

Und nun erzeugt dieser einen Sohn, und dieser sieht all die Sünden seines Vaters; er sieht sie, aber handelt nicht danach. Er erhebt nicht seine Augen zu den Götzen des Hauses Israel, macht nicht unrein das Weib seines Nächsten. Er bedrückt niemand, fordert kein Pfand, begeht keinen Raub, gibt sein Brot dem Hungernden und kleidet den Nackten. Er hält von Freveltat seine Hand zurück, nimmt weder Wucher noch Zins, übt Gerechtigkeit und wandelt nach Meinen Satzungen – der soll nicht sterben ob der Schuld seines Vaters, er wird sicher leben. Sein Vater aber, weil er Gewalttat verübt, Raub begangen und was nicht gut war, inmitten Meines Volkes getan hat, ist wegen seiner Schuld gestorben. Ihr sagt: ›Warum trägt nicht der Sohn die Schuld des Vaters?‹ Der Sohn hat Recht und Gerechtigkeit geübt, er hat alle Meine Satzungen beobachtet und ausgeführt, er muß am Leben bleiben. Wer sündigt, der soll sterben. Aber der Sohn soll nicht die Schuld des Vaters tragen und der Vater nicht die Schuld seines Sohnes tragen. Die Gerechtigkeit des Gerechten liegt bei ihm, und die Gottlosigkeit des Gottlosen liegt bei ihm.« (Ez. 18.1-20)

Bei Jeremiah (17.5-9) heißt es einfach: »So spricht JHWH: Verflucht der Mann, der sich auf Menschen verläßt und dem Fleische anhängt, dessen Herz sich von JHWH abwendet. Er ist wie ein kahler Strauch in der Steppe. Er wird nicht erleben, daß Gutes zu ihm kommt.

Gesegnet der Mann, der sich auf JHWH verläßt und dessen

Hoffnung JHWH ist. Er wird wie ein Baum, am Wasser gepflanzt, der seine Wurzeln zum Bache hinbreitet ...

Arglistig, mehr als alles, ist das Menschenherz. Es sitzt voll Unheil. Wer kann es durchschauen? Ich, JHWH, der die Herzen erforscht und die Nieren prüft, um jedem zu vergelten nach *seinem Wandel* und nach der *Frucht seiner Werke.*«

An anderer Stelle heißt es: »Heil dem Gerechten! Denn ihm geht es gut. Die Frucht seiner Taten wird er genießen. Doch wehe dem Gottlosen! Denn ihm geht es böse. Was seine Hände verübten, wird ihm heimgezahlt.« (Js. 3.10-11) »Wehe ihnen, sie bereiten selbst ihr Verderben.« (Js. 3.9)

»Siehe, es kommt dein Erretter. Siehe, sein Lohn ist mit ihm, und seine Vergeltung geht vor ihm her.« (Js. 62.11c)

»Gott hat die Macht! Und Dein, o Herr, ist die Gnade! Du wirst einem jeden vergelten nach seinen Werken.« (Ps. 62.12)

Und die Offenbarung des Johannes faßt dieses Gesetz der Gerechtigkeit Gottes in einem Satz zusammen: »Jeder wird gerichtet, jeder einzelne nach seinen Werken.« (Offb. 20.13) »Siehe, Ich komme bald, und Mein Lohn mit mir, um einem jeden zu vergelten, nach seinem Werk.« (Offb. 21.12)

Paulus, der das Gesetz von Ursache und Wirkung als die Grundlage göttlicher Gerechtigkeit klar erkennt, faßt es in diese Worte: »Wie einer sät, so wird er ernten.« (Gal. 6.7) Sät einer Frieden, Liebe und Gerechtigkeit, so wird er Frieden, Liebe und Gerechtigkeit ernten; sät einer jedoch Haß und Zerstörung, so wird er Haß und Zerstörung ernten. Das ist Gottes Gesetz. Und Jesus sagt, daß jeder seine Schuld auf Heller und Pfennig bezahlen muß.

Wenn wir das annehmen, werden wir auch zur Erkenntnis gelangen, daß uns weder die Sünde Adams zur Last gelegt wird, noch daß der Tod Jesu vor zweitausend Jahren die Garantie für unser Heil, geschweige denn für unsere Erlösung sein kann, wenn wir uns nicht selbst darum bemühen. In unserem Inneren fühlen und wissen wir ganz genau, daß wir Erlösung nur durch Gottes Gnade, nicht aber ohne unsere gesammelte Bemühung und ohne ganzherziges Ringen erlangen können. Ein gottergebenes Leben, eigene Bemühung (um Selbsterkenntnis) und Gottes Gnade sind die drei Säulen der Erlösung.

In der Tat stehen hinter den Begriffen *Sündenfall, Erbschuld* und *Erlösung durch den Kreuztod Jesu* reale geistige Zusammenhänge, deren Wirklichkeit tief in den Seelen der Menschen verborgen liegt, da, wo die Ur-Erinnerung unseres Seins und Ursprungs versiegelt ist. Das gleiche gilt für die Begriffe *Endzeit, Jüngster Tag, Weltenende* und *Jüngstes Gericht.* Das sind alles Begriffe, die uns in der Schrift immer wieder begegnen, die aber viele Menschen erschrecken und ängstigen, weil sie ihre wahre Bedeutung nicht verstehen. Sie bezeichnen nicht etwa die Zerstörung unserer Erde oder gar die Auflösung der Materie oder des Universums am Ende eines Schöpfungszyklus (Hebräisch: Shemittah, Sanskrit: Kalpa), sondern das Ende einer Zeitepoche (Sanskrit: Yuga) und den Untergang der degenerierten Anteile ihrer Kultur. So wie wir unter dem »Tod der Persönlichkeit« keinen physischen Tod, sondern das Absterben des falschen Ich und die Verwandlung unserer niederen Natur verstehen, einen Prozeß, der gern als »Auferstehung des Phönix aus der Asche« dargestellt wird, so bezeichnen auch Begriffe wie »Endzeit« oder »Weltenende« nicht den Untergang oder die Auflösung der Welt, sondern ihre umfassende geistige Erneuerung. Wie der Tod des falschen Ich die Voraussetzung für die »zweite« oder geistige Geburt des Menschen ist, so ist auch die Verwandlung und Vernichtung aller degenerierten und zerstörerischen Elemente unserer menschlichen Kultur im Läuterungsprozeß eines Gottesgerichtes die Voraussetzung für die Erneuerung der Welt und den Aufstieg einer Neuen Epoche des Lichtes und des Friedens. Das ist es, was üblicherweise als »messianisches Weltreich«, »Goldenes Zeitalter«, »Ankunft des Herrn« oder »Errichtung des Reiches Gottes auf Erden« bezeichnet wird. Es wird sich aus dem Schutt der Alten Welt erheben. Denn wie mit dem Absterben des »Alten Adam« Christus als »Neuer Mensch« in uns aufersteht, so erstehen die Fundamente einer »Neuen Erde« und eines »Neuen Jerusalem«, während unsere gegenwärtige Kultur verlischt. (Offb. 21) Der Impuls dafür kommt direkt aus der geistigen Welt, und sein Urheber ist JHWH.

Es ist es höchste Zeit, die drei von Jesus benannten Geheimnisse Gottes – die *Erbsünde* bzw. den *Sündenfall* (und damit den Ursprung des Bösen), *Golgatha* und das *Jüngste Gericht* und damit die *Wiederkunft Christi* in ihrem inneren Zusammenhang und in ihrer Bedeutung für unser ganz individuelles Heil nachvollziehbar zu machen. Nur dann werden wir auch die von Gott dargereichten Gnadenmittel anwenden können. Dafür ist es erforderlich, die hinter ihnen stehenden geistigen Prinzipien und Gesetze zu verstehen und anzunehmen: das Gesetz von der *Kontinuität unserer seelischen Existenz* sowie von den *Zyklen und Rhythmen der Reinkarnation; das Gesetz* von der *kollektiven Verknüpfung unseres individuellen Schicksals* und das Gesetz vom Wirken göttlicher Gnade und Gerechtigkeit, d. h. von *Ursache und Wirkung (Gesetz des Karma).*

Wenn wir die *Gesetze von Karma und Reinkarnation* nicht verstehen, können wir weder die Heilige Schrift noch die Propheten, das Mysterium von Golgatha, die Bedeutung des Jüngsten Gerichtes, unsere eigene Verfassung oder unseren Weg zum Heil in ihrem wahren Zusammenhang begreifen.

Karma und Reinkarnation – die Kontinuität unserer seelischen Existenz

Unsere Seele geht, getrieben und getragen vom ewigen Beweggrund allen Seins, unzählige Male durch die Pforten von Geburt, Tod und Wiedergeburt und bewegt sich auf einem endlosen Weg zwischen dieser und jener Welt. Durch Erfahrung und Schicksal reifend wandert sie von Existenz zu Existenz ihrer Bestimmung entgegen. Jedes Leben birgt die Chance, diesem Ziel näherzukommen und das eingeborene Potential zur Entfaltung zu bringen. Jesus sagte: »Werdet vollkommen, wie der Vater im Himmel vollkommen ist.«

Alle Erfahrung und Reifung steht so im großen Kausalzusammenhang unseres Schicksalsweges und ist gegründet in der Kontinuität unseres Seins und Bewußtseins. Plato sagte: »Wie nun die Seele unsterblich ist und oftmals geboren und, was hier ist und in der Unterwelt, alles erblickt hat, so ist auch nichts, was sie nicht hätte in Erfahrung gebracht.« (Plato; Menon 81c) Wenn die Seele einmal aus dem Schoß ihres Himmlischen Vaters hervorgegangen ist, findet sie keine Ruhe, bis sie wieder zu ihrem Ursprung zurückgekehrt ist. In der Schrift heißt es: »Wer überwindet, den will ich zu einer Säule machen in meines Vaters Haus, und er soll nicht mehr herauskommen.« (Offb. 3.12)

Jesus sagt an anderer Stelle: »Es sind viele Wohnungen in meines Vaters Haus.« (Joh. 14.2) Das heißt, daß die Welt des Geistes in viele Sphären eingeteilt ist, die von den Abgründen tiefster Finsternis bis zu den erhabenen Höhen des Lichtes reichen. Jede Seele geht nun nach dem Gesetz der geistigen Resonanz mit dem Tod in die Sphäre über, die ihrer inneren Reinheit und dem Grad ihrer Reife und Verwirklichung entspricht. Dort verweilt sie solange, bis sie vom Sog jener geistigen Kräfte, die ihrer Evolutionsstufe entsprechen, wieder in die nächste Geburt geführt wird, um hier auf Erden angesichts verschiedener Herausforderungen, Lektionen, Aufgaben und Prüfungen erneut eine höhere Stufe erklimmen zu können. Auf dieser langen Wanderung durch Welten und Zeiten steht ihr Leben, Wirken, Schicksal und Sein mit dem vieler anderer Seelen in Verbindung.

Außerdem hat jede Seele einen bestimmten geistigen und »kulturellen« Ursprung, dem sie bis zu ihrer Verwirklichung innig verbunden bleibt. Auch wenn sie sich über die Zeiten in verschiedenen Ländern und Kulturen wiederfinden mag, wird sie aufgrund ihrer Berufung immer wieder in den geistigen Kontext ihres kulturellen Ursprungs gestellt und kommt mit dem geistigen Auftrag ihres Kollektivs in Berührung. Die seelisch-geistigen Wurzeln dieses Kollektivs bringen sie mit ihren eigenen Wurzeln und ihrer eigenen Herkunft in Kontakt. In der geistigen Tradition des Kollektivs, dem sie angehört, ahnt oder erkennt sie ihre seelische Heimat. Es ist ihre geistige Wiege, der sie entwachsen ist und in der sie einst auch den Weg ihrer Berufung und ihres Dienstes antreten wird. Aus dieser Wiege schöpfte sie ihr erstes Licht und in ihr empfing oder empfängt sie ihre erste geistige Erweckung. Die Symbolsprache ihres Ursprunges ist ihr vertraut, und sie erlebt sich als in seinen Archetypen zuhause.

Vielleicht findet sie sich in den kühlen Regionen des Nordens verwurzelt, in den strengen Formen Ägyptens, in den reichen, aber transzendentalen Bildelementen Indiens oder in anderen Sprach- und Bildstrukturen. Auf jeden Fall wird sie sich entweder eher in der Wiege des Okzident beheimatet fühlen oder in der des Orients, bis sie schließlich jeder Bindung und Identifikation mit einer bestimmten Form entwachsen ist. Aber jenseits aller Differenzierungen mag unsere Mission tiefer in diesem oder jenem Kontext verankert bleiben. Fühlt sich unsere Seele als Kind des Orients, so wird sie ihre Wiege letztlich in Indien entdecken, als Kind des Okzidents dagegen im Alten Ägypten oder in Israel. Von dort werden ihre Schicksalslinien durch verschiedene Nationen, Sprachen und Zeitepochen laufen und beispielsweise durch Rom, Byzanz, Spanien, Rußland, England und Österreich bis nach Deutschland führen.

Was wir an geistigem Erbe, an seelischer Reife, an Anlagen und Neigungen, Geistesgaben und Fähigkeiten, Lastern und Tugenden in diese physische Geburt mitbringen, sind die Früchte unserer vergangenen Bemühungen und früheren Leben. Wir sind nicht als jeweils neue Schöpfung Gottes und in makelloser Reinheit, also gleichsam als »unbeschriebenes Blatt« geboren, sondern mit einer Fülle recht unterschiedlicher Anlagen und Neigungen (Sanskrit: Samskaras und Vasanas), die keimhaft in uns schlummern und zur Entfaltung drängen. Diese durchaus nicht nur reinen und göttlichen, sondern auch unreinen und zerstörerischen Anlagen sind natürlich nicht samt und sonders göttlichen Ursprungs, sondern vielmehr das Erbe zahlreicher Vorleben (früherer Inkarnationen), das wir durch unsere Taten erworben haben.

Ein solches karmisches Erbe nimmt König David in einem seiner Psalmen für sich in Anspruch: »Siehe, ich bin geboren in Schuld; ich war schon in Sünde, als mich die Mutter empfangen.« (Ps. 51.7) Auch die Jünger Jesu beziehen sich auf die Kontinuität des Lebens und den Ursachenzusammenhang des Schicksals (Karma/Kismet), als sie nach dem Grund für das Leiden eines Blindgeborenen fragen: »Rabbi, wer hat gesündigt, dieser oder seine Eltern, daß er blind geboren wurde?« (Joh. 9.1) Und den Kreislauf der Geburten ansprechend, sagt Jakobus: »Eine Welt der Ungerechtigkeit ist unsere Zunge unter den Gliedern; sie befleckt den ganzen Leib und setzt das Rad des Lebens in Brand ...« (Jak. 3.6)

Kabbala und Einweihungswissenschaften unterscheiden in diesem Zusammenhang Haupt-, Zwischen- und Ruheinkarnationen. Eine Hauptinkarnation ist ein Erdenleben, in dem die Seele entscheidende Impulse für ihre geistige Entwicklung oder für sie betreffende Aufgaben innerhalb des Planes oder eines Werkes Gottes bekommt. Sie befindet sich dann immer auch im Kontext ihres seelisch-geistigen Bezugsfeldes und ihrer spirituellen Heimat. Oft begegnet sie auch ihrem geistigen Präzeptor oder Guru.

Zwischeninkarnationen sind Leben, in denen wir das in Hauptinkarnationen Gelernte weiter ausreifen lassen oder bestimmte Aspekte unseres Karma abtragen. In Ruheinkarnationen finden wir in Anschluß an großes Leid oder große seelische Anstrengung eine Lebenssituation der Harmonie und Geborgenheit vor, in der wir Kraft für neue, größere Schritte sammeln können.

Unsere Gegenwart ist immer das Resultat unserer Vergangenheit, und die Zukunft wird das Resultat unseres gegenwärtigen Wirkens sein. Die Heiligen Schriften der Welt bringen dieses Gesetz von Ursache und Wirkung mit unterschiedlichen Worten zum Ausdruck:

»Jede gute Tat bringt dem Menschen ihre Frucht; es gibt kein Entkommen vor den Wirkungen unserer Taten.« (Uttaradhyayana-Sutra 13.10)

»Wer hat nicht geerntet, was er gesät? Weizen reift aus dem Weizen und Gerste aus Gerste.« (Banda V, 254)

»Du (Mazda) hast Lohn für Taten und Worte und gibst Elend den Bösen und Segen den Guten.« (Zarathustra, Avesta, Yasna XLIII, 5)

»Glück und Elend hängen ab von den Werken des Menschen.« (Tibetisches Totenbuch 2.1)

»Es zieht Böses auf sich, wer Böses wirkt, und Recht und Wahrheit, wer Recht und Wahrheit wirkt.« (Ägyptisches Totenbuch, 17.29)

»Deine Taten gehen nicht verloren; sie kommen sicher zu dir zurück.« (Sutta-Nipata III. 10, 10)

»Handeln verursacht Freude oder Weh. Was verursacht wurde, das wird auch geschehen.« (Buddha; Das Licht Asiens VIII)

Insofern ist unser jetziger seelisch-geistiger Zustand das Produkt einer langen Geschichte mehr oder minder erfolgreicher oder verfehlter innerer Reifung und Entwicklung, die ihrerseits Ausdruck und Ergebnis des Vollzuges oder der Verweigerung unseres göttlichen Auftrages ist. Wir begreifen: Die Signatur unseres Schicksals spiegelt die Archetypen unseres Ursprungs, und beide bezeichnen unseren Auftrag und weisen auf unsere Bestimmung. In der introspektiven Aufdeckung unserer geistigen Herkunft und Geschichte finden wir also nicht nur den Schlüssel zum Verständnis *unseres gegenwärtigen Seins,* sondern auch zur Erkenntnis *unserer Berufung* und zu ihrer Verwirklichung. Denn bereits in der Wiege unseres Menschseins haben wir mit unserem göttlichen Namen auch unseren Auftrag empfangen. Und das Gesetz von Ursache und Wirkung bildet den Bogen, der Ursprung und Bestimmung miteinander verbindet.

Kollektiv und Schicksal

Alle Dinge und Geschehnisse innerhalb der Schöpfung sind miteinander verbunden, haben ihr inneres Gesetz und folgen einer göttlichen Ordnung. Das gilt in der Natur ebenso wie in den geistigen Welten. Und das Gesetz des Werdens und Vergehens, der Geschichte und aller Veränderungen in der Zeit ist das *Gesetz von Ursache und Wirkung* (Kausalität), im östlichen Raum auch als *Gesetz des Karma* benannt. Sowohl die Materie als auch die Gedanken, unser physischer Leib mit all seinen Organen, als auch unsere Individualität und all ihre Glieder, Astral-, Mental- und Kausalleib, stehen unter seiner Herrschaft. Keine Seele und kein Geist, kein Engel oder Dämon kann sich ihm entziehen.

Darüber hinaus gibt es aber einen ständigen Strom erneuernder Kräfte aus dem Herzen Gottes, eine ununterbrochene Tätigkeit des Logos, der die Schöpfung und all ihre Kreaturen in einem ungeheuren Prozeß lebensspendender Erneuerung von innen heraus neu belebt und mit zarter Gewalt zurückzieht in das Herz des Vaters. Diesen erneuernden Strom nennen wir Gnade. Gnade ist nichts anderes als das ununterbrochene alles belebende Wirken des Logos in dieser Welt, das wir als Seine segenspendende Kraft erleben.

Gesetz und Gnade sind die Fundamente allen Lebens und nicht voneinander zu trennen. Im Gesetz wirkt Seine Gnade, und die Gnade wirkt nach Seinem Gesetz. Die Gnade vermag das Gesetz zu übersteigen, indem sie unser Bewußtsein über die Schöpfung hinaushebt, aber sie ist nicht in der Lage, unser individuelles Sein, also unsere individuelle Seele mit all ihren Organen, Leibern und Gliedern, vor der Erfüllung des karmischen Gesetzes zu bewahren. Deshalb sagt Jesus: »Ich bin nicht gekommen, das Gesetz aufzuheben, sondern es zu erfüllen.« Und so sind wir alle gerufen, unser Kreuz auf uns zu nehmen und dem Gesetz des Karma Genüge zu tun. Unser Schicksal muß sich erfüllen, und jeder erntet irgendwann die Früchte seiner früheren Taten. Allein der beständige Strom göttlicher Gnade aus dem Brunnen des Logos bewirkt, daß wir aus den Banden befreit werden können, in die wir uns so üppig verstrickt haben.

Jesus, dem Menschensohn, wurde von Gott die Macht gegeben, Gericht zu halten oder zum Leben zu erwecken. Sein Leben, Wirken und Sein ist, wie das Adams, mit dem Schicksal der Welt verwoben, und in irgendeiner geheimen Weise ist der Heils- und Erlösungsweg aller Völker mit seiner Mission verknüpft. Die Bedeutung dieser Mission wird aber erst bei seiner Wiederkunft offenbar werden. Dieser verborgene Schicksalszusammenhang ließ Paulus ausrufen: »Wie durch einen Menschen die Sünde in die Welt gekommen ist und durch die Sünde der Tod, so kam der Tod über alle Menschen aufgrund der Tatsache, daß alle gesündigt haben. Der Tod übte seine Herrschaft von Adam bis Mose auch über solche aus, die nicht entsprechend der Übertretung Adams gesündigt hatten, welcher der Typos des zukünftigen ist … Wie durch den Fall des Einen der Tod zur Herrschaft kam, um des einen Willen, und die Verdammung über alle Menschen, so kommt auch durch die gerechte (Liebes-)Tat des Einen über alle Menschen die lebenswirkende Rechtfertigung (und Gnade). Denn wie mit dem Ungehorsam des einen Menschen die Vielen in Sünden verfielen, so werden auch mit dem Gehorsam des Einen die Vielen zu Gerechten gemacht (sofern sie seinem Ruf und Beispiel folgen [der Verfasser]).« (Röm. 5.12/14/17-19)

Die ganze Thematik der *Wiederkunft Christi* ist nicht ohne das Passionsgeschehen (das *Mysterium von Golgatha*) und beide sind nicht ohne den *Sündenfall* der Menschheit in den Tagen der Grundlegung der Welt zu verstehen. Alle drei stehen in einem unauflöslichen Kausalzusammenhang. Ohne den Fall und den

Ursprung des Bösen können wir die Bedeutung der Kreuzigung Jesu nicht begreifen, und ohne die beiden werden wir die Bedeutung der Wiederkunft Christi nicht verstehen.

Da die Zeit der Erlösung nahe ist, liegt es in Gottes Plan und Willen, uns die verborgenen Hintergründe Seines Heilsplanes vor Augen zu führen. In der Schrift heißt es: »JHWH, der Herr, tut nichts, ohne Seinen Plan Seinen Knechten, den Propheten, zu offenbaren.« (Am. 3.7) Auch Jesus hat uns – wie bereits erwähnt – eine solche Zeit der Offenbarung verkündigt: »Wenn aber der Geist der Wahrheit kommt, dann wird er die Welt überführen, über *Sünde*, über *Gerechtigkeit* und über *Gericht*.« (Joh. 16.8)

Mit dem Sündenfall, also mit der Abwendung von Gott, nimmt das Böse in der Welt seinen Anfang. Inspiriert durch Satan-Luzifer, den Fürsten der Welt, wurde der böse Trieb im Menschen zur Ursache allen Übels. Dieser böse Trieb machte den Menschen blind für Gottes Antlitz und Licht und bewirkte, daß er sich in Nachahmung seines dämonischen Meisters gegen Gott und Seine Schöpfung sowie gegen Gottes Wort und Herrschaft wandte. So mündete der Sündenfall schließlich in die Kreuzigung des gesalbten Gottessohnes zu Golgatha. Hier haben wir den ersten Kausalzusammenhang von Ursache und Wirkung. Jesus, der seinen Feinden und Widersachern keinen Widerstand leistet und ihnen allein mit Barmherzigkeit, Liebe und Vergebung begegnet, fängt diesen Impuls nicht nur auf, sondern wendet ihn so vollkommen um, daß er schließlich in seinen Ursprung zurückkehrt, wo er sich selbst tilgt, wie ein Bumerang, der im Moment seiner Rückkehr in seine Schleuder einschlägt. Diese Rückkehr des bösen Impulses nennen wir das Gericht, den Punkt, an dem Bosheit und Übel ihrer eigenen zerstörerischen Wucht im Spiegel von Wahrheit und Liebe begegnen. Wie es heißt: »Jede Sünde trägt den Keim ihrer eigenen Tilgung in sich.« Denn sie bringt ein solches Maß an Leid und Elend über den Täter, daß er am Ende reumütig umkehrt und zu Füßen seines Herrn und Schöpfers Zuflucht sucht. Der Kreis schließt sich damit, daß die von Golgatha ausgehende Gnade dem reuig Umkehrenden zum Zeitpunkt des Gerichtes Vergebung und Erlösung, dem Initiator des Bösen jedoch endgültige Vernichtung erwirkt. So findet die gefallene Schöpfung Erlösung, während Satan-Luzifer seiner eigenen Geißel anheimfällt.

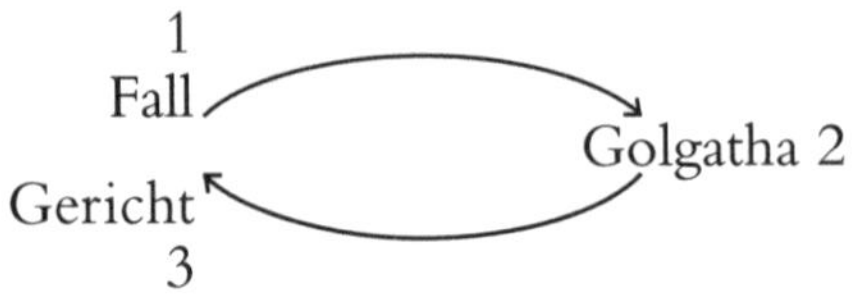

Die Kabbala kennt vier Gerichtsobjekte: (1) den Menschen/die Menschheit, (2) Luzifer und seine Scharen, (3) die geistige Welt und (4) die Erde.

Ziel und Inhalt des Gerichtes ist die geistige Erneuerung der Schöpfung, also die Erlösung der gefallenen Menschheit, die Bindung und Elimination der destruktiven Kräfte des Kosmos (= dämonische Welt) sowie die Schaffung eines »Neuen Himmels« und einer »Neuen Erde«, die beide von allen geistigen Schlacken gereinigt, in ihren ursprünglichen Zustand der Transparenz und Harmonie zurückgeführt werden. Auf diese Weise errichtet Gott Seine Herrschaft über Himmel und Erde, deren Glorie von einer erlösten Menschheit in Gemeinschaft mit den aufgestiegenen Engeln verwaltet wird.

Die Begriffsdreiheit »Sünde«, »Gerechtigkeit« und »Gericht« läßt sich somit eindeutig den Triaden »Sündenfall«, »Golgatha« und »Ankunft des Herrn« (auch »Endzeit« oder »Wiederkunft Christi«) beziehungsweise »Urschuld«, »Golgatha« und »Erlösung« zuordnen.

Sünde	Gerechtigkeit	Gericht
Sündenfall, Urschuld	Kreuztod Jesu, Golgatha	Ankunft des Herrn, Wiederkunft Christi
auch:		
Ursprung des Bösen	Gesetz von Karma und Reinkarnation	Endzeit und Gericht
Α Alpha Adam ↓	✞ Jesus ✞	Ω Omega Wiederkunft Christi ↓
Sündenfall	Golgatha	Endzeit

Diese drei Elemente, die uns als erstes zur Dreiheit von *Erbsünde (Urschuld), Kreuzestod Jesu* und *Wiederkunft Christi*, dann aber weiter zu *Sündenfall, Golgatha* und *Auferstehung* geführt haben, erscheinen uns nun auf der Basis eines eher hermetisch-gesetzmäßigen Kontextes in einem neuen Licht:

U	U ⇨ W	W
Ursprung der Sünde (= Sündenfall) 1. Ursache	Gesetz von Karma und Reinkarnation (Ursache und Wirkung)	Endgericht = Manifestation und Konsequenz (der folgenschweren Tat)

Diese drei Mysterien bilden das Thema dieses Buches. Rollen wir sie noch einmal kurz auf:

1. Der Ursprung der Sünde und des Bösen wird offenbar. Das heißt, wir erkennen den Ursprung und den Weg aller zerstörerischen, gottfernen Gedanken, Worte und Taten seit unserem Sündenfall, also seit unserem ersten Abwenden von Gott, bis auf den heutigen Tag.
2. Auf Golgatha wird sowohl der Ursprung der Sünde und des Bösen offenbar als auch das Gesetz von Ursache und Wirkung oder das ausgleichende Wirken der göttlichen Gerechtigkeit (auch Gesetz des Karma). Die Verblendung der Seele, welche die Konsequenz des Abfalls und der Sünde ist, führt dazu, daß Jesus von denen zurückgewiesen wird, die zu ihm berufen sind. »Selig, die reinen Herzens sind, denn sie werden Gott schauen.« Die aber, die ihr Herz verunreinigt und verhärtet haben, können sein Licht und seine göttliche Natur nicht erkennen. Sie weisen ihn zurück und schlagen ihn ans Kreuz. Damit wird die Bosheit offenbar, die in den Seelen der Menschen wohnt. Genau betrachtet trägt die Passion Jesu alle Züge des ursprünglichen Sündenfalls und möchte uns an ihn erinnern. Die Zurückweisung Jesu wird zum Ausgangspunkt für ein Zeitalter des sittlichen und moralischen Elends, welches das Gericht Gottes nach sich zieht, das aber gleichzeitig die Kräfte des Heils von Golgatha empfängt.

3. Schließlich ernten wir die Früchte unserer äonenlangen Weigerung, Gottes Willen zu tun, und erleben, wie das Schicksal manifest wird, das wir heraufbeschworen haben. Im Spiegel der ewigen Wahrheit werden uns die Konsequenzen unserer Taten vor Augen geführt, und durch die Gnade von Golgatha bekommen wir die Gelegenheit zu einer endgültigen Umkehr in Gottes Licht, zu innerer Reinigung und Befreiung aus den Banden der Finsternis. Darüber hinaus möchten wir durch geistige Erneuerung zu letztendlicher Erlösung und Auferstehung in unserer wahren göttlichen Natur gelangen. Im Endgericht wird der »Fürst der Welt«, die »alte Schlange«, als Urheber der Sünde und des Bösen gerichtet und gebunden. Der mit dem Gericht einhergehenden Zeit der Prüfung und Umkehr folgt eine Epoche der kollektiven Erneuerung, die mit der Wiederherstellung des Reiches Gottes auf Erden endet.

Genau besehen differenzieren sich die drei Punkte in eine Quint:

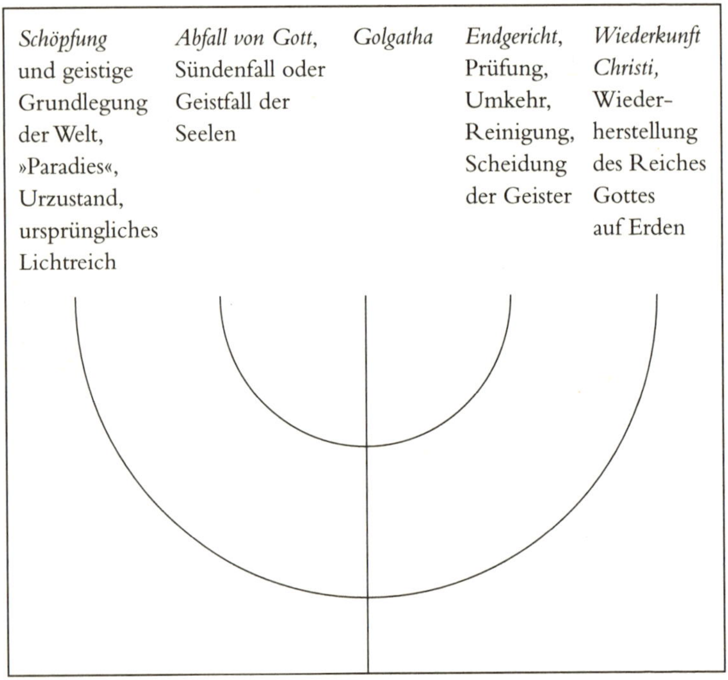

Dieser Wirkzusammenhang zeigt eine klare Symmetrie der Bewegung, die ihre Spiegelachse im Geschehen von Golgatha hat. Golgatha wird damit als Wendepunkt in der Schicksals- und Heilsgeschichte der gefallenen Menschheit erkennbar.

Grundsätzlich hat alles Leben zwei Seiten, eine äußere und eine innere. Das gilt auch für unseren Schicksals- und Erlösungsweg. Er hat eine äußere Dimension der Ereignisse und eine innere Dimension der Erfahrung und des Bewußtseins. In dem Kraftfeld zwischen äußerem Geschehen und innerer Erfahrung formen sich unsere Individualität und unser Geist, reifen unser Bewußtsein und unsere Seele. Innen erleben wir den Gottesfunken und das Wirken Gottes in unserer Seele, von außen wirkt das Drama des Lebens auf uns ein. Dazwischen erfahren wir uns, wie aufgehängt zwischen Himmel und Erde, geläutert und zu einem neuen Menschsein geboren.

In gleicher Weise hat die Ankunft des Herrn sowohl eine innere als auch eine äußere Dimension, wobei die äußerlichen Drangsale den Prozeß der inneren Erweckung und Läuterung wesentlich beschleunigen.

Was ist die Erbschuld des Abendlandes?

Die erste Frage, die sich einer suchenden und denkenden Seele stellt, ist wohl die nach dem Ursprung unseres geistigen und moralischen Elends. Unsere abendländische Geschichte ist eine Geschichte der Eroberungen, Okkupationen, Kriege, Kreuzzüge, Inquisitionen, der Gewalt und Ignoranz gegenüber unseren Nächsten und dem Leben. Und dennoch tragen viele Seelen die Erinnerung an ferne Zeiten in sich, in denen die Menschen in Licht, Frieden und Eintracht miteinander lebten und alle Segnungen des geistigen Lebens empfingen. In der Tat gab es Epochen in der Urgeschichte der Menschheit, in denen ein Gottesreich auf Erden bestand. Viele Mythen und Legenden aus Ägypten und Griechenland enthalten Überlieferungen aus jener Zeit, und in seinem Werk »Der Staat« berichtet Plato vom versunkenen Atlantis.

Dieser Gottesstaat ist keine Utopie, sondern eine historische

Realität. Er wurde von gottgesandten Priesterkönigen und Gottessöhnen in Atlantis errichtet und unter ihrer Führung als unvergeßliches Reich des Friedens gefestigt. Seine Mitte bildete eine Reihe von sieben Tempeln. Diese sieben Tempel waren nach dem Bild und Gleichnis des Zodiaks errichtet und hatten in ihrem architektonischen Aufbau den Himmlischen Menschen, Adam Kadmon, zum Vorbild (siehe Benedikt: Kabbala, Bd. 2, Der Tempel Salomos).

Wie uns nicht nur die göttliche Offenbarung, sondern auch zahllose Mythen berichten, vermochte die eben zu ihrer geistigen Mission erwachte junge Menschheit diese paradiesischen Verhältnisse nicht lange aufrecht zu erhalten. Vielmehr führte der Fall Adams bald zum Verlassen der Wahrheit und zum Beginn eines sich maßlos entfaltenden Kampfes um Macht und Oberhoheit unter den herrschenden Priestern und Königen, der bis zur gegenseitigen Vernichtung, vor allem aber zur Entweihung des von Gott gestifteten Heiligtums führte. Damit kamen Übel und Elend in die Welt und bestimmen seither das Leben der Menschen.

Auf diese ursprünglichen Anfänge des Übels und seines Gerichtes in der Welt verweist nicht nur das Alte Testament, sondern auch Petrus: »Ist doch auch Christus einmal um der Sünden willen gestorben, ein Gerechter für Ungerechte, damit er uns zu Gott führe; getötet ward er dem Fleische nach, aber zum Leben erweckt dem Geiste nach. In diesem ging er auch hin und predigte den Geistern im Kerker, die einst ungehorsam waren, als die Langmut Gottes zuwartete in den Tagen Noachs, damals als die Arche gebaut wurde, in der nur wenige, nämlich acht Seelen, durch das Wasser hindurch gerettet wurden.« (1. Petr. 3.18-20)

Von Generation zu Generation kamen Boten Gottes und riefen zur Umkehr, aber ihr Ruf blieb ungehört, wie Jesus sagte: »Mit dem Himmelreich ist es wie mit einem König, der seinem Sohne eine Hochzeit bereitete. Er sandte seine Knechte aus, die Eingeladenen zur Hochzeit zu rufen. Diese aber wollten nicht kommen.« (Mt. 22.2-3)

Wie viele Propheten vor Jesus und wie viele Heilige nach ihm starben eines gewaltsamen Todes. Immer wieder haben die Menschen ihre eigenen Retter verleugnet und sind statt dessen hinter Götzen und Idolen hergelaufen. Jesus selbst sagt: »Jerusalem, Jerusalem! Du tötest die Propheten und steinigst, die zu dir gesandt sind. Wie oft habe ich deine Kinder sammeln wollen, wie eine Henne ihre Küchlein unter ihre Fittiche sammelt. Ihr habt aber nicht gewollt.« (Mt. 23.37) Dieser Haß in den Seelen der Menschen führte auch dazu, daß Jesus, das Licht der Welt, selbst zurückgewiesen und gar gekreuzigt wurde.

Nach dem bisher Gesagten ist es uns möglich, ein besseres Verständnis dessen zu gewinnen, was üblicherweise als Dogma von der »Erbschuld« und als »Erbsünde« bezeichnet wird. Natürlich beinhaltet dieser Begriff nichts anderes als unser eigenes karmisches Erbe aus dem Anteil unseres Wollens, Denkens, Fühlens und Tuns in jener Zeit. Über das Verständnis unserer kollektiven Erbschuld hinaus haben wir mit diesem vagen Einblick in unsere Urgeschichte auch eine Grundlage für das Verständnis des Kreuztodes Jesu und des Mysteriums von Golgatha.

Alle prophetischen Schriften der Bibel beziehen sich auf diese Ereignisse in den Urtagen der Menschheit und kennen sie als den Ursprung des Bösen und seiner Verwurzelung in den Seelen der Menschen und der Völker. Auch der in den Schriften vielbeklagte Fall Zions und Israels, die »Beschmutzung der Tochter Zion und Jerusalem« (Js. 4.4) ist identisch mit jenem Fall der Priesterschaft und ihrer Völker in den Tagen Noachs. Alles Elend der kommenden Zeiten und Geschlechter hat darin seinen Ursprung.

Die direkteste Aussage über jene Zeit finden wir im Koran. In der Suren 11 und 71 lesen wir: »Und Wir sandten Noach zu seinem Volk: ›Ich bin euch ein deutlicher Warner. Ihr sollt Gott allein dienen. Ich fürchte für euch die Pein eines schmerzvollen Tages.‹« (Sure 11.25-26)

»Im Namen Gottes, des Erbarmers, des Barmherzigen. Wir haben Noach zu seinem Volk gesandt: ›Warne dein Volk, bevor eine schmerzhafte Pein über sie kommt.‹ Er sagte: ›O mein Volk, ich bin euch ein deutlicher Warner: Dienet Gott und fürchtet Ihn und gehorchet mir, dann vergibt Er euch etwas von euren Sünden und stellt euch zu einer bestimmten Frist zurück. Die Frist Gottes, wenn sie eintrifft, kann nicht aufgeschoben werden, wenn ihr es nur wüßtet!‹ Er sagte: ›Mein Herr, ich habe mein Volk bei Nacht und bei Tag gerufen. Mein Rufen hat sie aber nur in ihrer Flucht bestärkt. Sooft ich sie rief, damit Du ihnen vergibst, steckten sie ihre Finger in die Ohren, hüllten sich in Gewänder, blieben verstockt und verhielten sich sehr hochmütig. Dann richtete ich an sie den Ruf öffentlich. Dann sprach ich zu ihnen offen und im geheimen. Ich sagte: Bittet euren Herrn um Vergebung – Er vergibt ja viel –, dann wird Er den Himmel über euch ergiebig regnen lassen und euch mit Vermögen und Söhnen beistehen, für euch Gärten machen und für euch Bäche machen.‹« (Sure 71.1-12)

Die wiederholte Klage der Propheten über die Halsstarrigkeit der Menschen in ganz Israel und erst recht der anderen Völker, ihre Klage über falsche Kulte, über die Anbetung von Idolen und den Dienst an Götzen meint nicht nur die Verherrlichung von Geld, Macht, Ruhm, Sex und Gewalt, sondern auch die bewußte Anrufung der Mächte Satans und der Dämonen, die den Menschen dazu verhelfen sollten, jene Macht und Herrlichkeit, jenen Reichtum und jene Sinnenlust zu finden, die sie begehrten.

Nur indem sich die Menschen zu Sklaven dieser »Idole«, »Baale« und »Götzen« machten, kamen sie unter ihre Herrschaft und gaben »dem Bösen« die Macht, sich in ihren Seelen zu verwurzeln. Damit gehörte der Mensch nicht mehr Gott und sich selbst, sondern den Neigungen seiner niederen Natur. Und so ist es bis auf den heutigen Tag. Unsere Welt und unser tägliches Leben – Politik, Kultur, Wirtschaft und Medien – legen täglich Zeugnis davon ab. Nur äußerst wenige Menschen haben ihr Leben wirklich Gott geweiht und Seinem Willen unterworfen. Diese jedoch harren demütig Seiner Wiederkunft und tun allein, was Er ihnen gebietet.

III. Ursprung und Urgeschichte der Menschheit

Von unserem Ursprung im Himmel

Ursprung, Grund und Wurzel aller geschaffenen Wesen und Dinge sowie all der relativen Welten ist jenes anfanglose, absolute Sein, das gleichsam als *substantia a priori* vor, jenseits und über allen sinnhaften Qualitäten liegt und das wir als »Gott« oder »Höchste Wirklichkeit« bezeichnen. Dieses göttliche Sein ist – wenn wir es in seinem Wesen erfassen wollen – reines Bewußtsein, das seiner selbst als absolutes Sein bewußt ist. Während die Inder dieses unmanifestierte höchste Sein als unqualifiziertes Brahman bezeichnen, nennt es die Kabbala *Ajin Sof* oder JHWH.

Dieses anfanglose, absolut lautere Sein trägt alle möglichen Welten, Wesen und Dinge gleichsam als unbegrenztes Potential in sich. Frei von allen benennbaren Eigenschaften und dennoch der einzige Ursprung und Seinsgrund aller wahrnehmbaren und vorstellbaren Kräfte und Erscheinungen, gleicht es einem weiten, unsichtbaren Acker, der die Keime unendlich vieler möglicher und künftiger Welten wie ein Mutterschoß in sich birgt. Wo immer dieses anfanglose Sein selbst Qualität und Form anzunehmen begann, fing es an, einen jener unzähligen Geistessamen, die es in seiner unmanifestierten Unendlichkeit barg, als raum-zeitliches Universum zu gebären. Auf diese Weise begannen auch die Himmel und Himmelssphären samt der über sie ziehenden Gestirne unserer gegenwärtig faßbaren Schöpfung über den Horizont der kosmischen Urnacht in den hellen Tag der existentiellen Erscheinung heraufzudämmern.

Einem begrenzten Spektrum der unbegrenzten, ihr innewohnenden Möglichkeiten Ausdruck verleihend, fing die unmanifestierte Gottheit an, selbst existentielle Form anzunehmen. Sie begann, aus ihrer Mitte herausgehend, all die raum-zeitlichen Erscheinungsformen unserer erfahrbaren Welt sowie den ihr innewohnenden Kraft- und Lebensstrom gleich der Projektion eines Filmes auf der Leinwand ihres eigenen Bewußtseins herauszubilden. Gott Selbst ist der Urheber, das Wesen und das (einzig wirkliche) beschauende Subjekt (= Zeuge) Seiner Schöpfung. Auf diesen schöpferischen Prozeß, den der sich von Gott getrennt erfahrende, aber dennoch an Seinem Sein und Bewußtsein teilhabende Mensch als »Welt und Leben« bezeichnet, verweisen die ersten Worte der Heiligen Schrift: »*Bereshit bara Elohim* ...« – »Im Anfang schuf Gott Himmel und Erde ...« (Gn. 1.1) Die Evangelien, aber auch die Veden konstatieren in Entsprechung hierzu: »Im Anfang war das Wort, und das Wort war bei Gott ...« (Joh. 1.1) und »*Prajapati vai idam agra asit, tasya vak dvitiya asit, vak vai paramam Brahman*« – »Im Anfang war dieses (Universum) nicht, durch das Wort aber kam es ins Sein; das Wort (*vak*) aber ist Gott (*Brahman*).« (Rig-Veda) Und dieses Wort ist die projektive, schöpferische Urkraft des Bewußtseins, das als vage Intention in der Tiefe seines formlosen Seins anhebt, um schließlich als konkrete Idee dinghaft an seiner Oberfläche manifest zu werden. Der Urlaut »Om«, der in der Stille Brahmans anhebt und sich als kosmische Symphonie – Himmel und Erde umfassend – ausdehnt, um schließlich wieder in der grundlosen Tiefe des Alls zu verklingen, ist Symbol und klanglicher Ausdruck des Weges der Schöpfung und aller geschaffenen Dinge. Alles, was einen Anfang hat, hat auch ein Ende. Ein jeder Funken Seines offenbarten Wesens kehrt heim zum Ursprung, aus dem er gekommen ist. Dies ist der Gang aller Wesen und Dinge.

Dieser evolutionäre Weg gliedert sich jedoch in verschiedene Zyklen und Stufen, die in der Schöpfungsgeschichte der Bibel als die »sieben Tage Gottes« bezeichnet werden, in denen Er Sein Schöpfungswerk vollbringt. Wir wollen dieses Schöpfungswerk nochmals aus einer etwas subtileren Schau betrachten.

Im Anfang, als Gottes Geist ganz in Seinem Wesen versunken war, herrschte grundloses Schweigen im All. Nichts Gestalthaftes trat in Erscheinung, und Er Selbst verweilte ohne jede innere oder äußere Regung. Die Schrift nennt diesen Zustand des kosmischen Vakuums *tohu wa-wohu* – »formlos und leer« und verdeutlicht ihn mit dem Zusatz: »Finsternis lag über dem Abgrund, und der Geist Gottes schwebte über den Wassern.« (Gn. 1.2b)

Dies bedeutet, daß Sein Licht noch nicht offenbar war, Sein Geist Sich jedoch bereits zum schöpferischen Anstoß des »Uräthers« (= Wasser) erhoben hatte.

Als das völlig unbewegte, lautere Bewußtsein (Gottes), das noch in der Seligkeit grundloser Beschauung Seiner Selbst ruhte, bewegt von einer Woge allglückseligen Selbstgewahrseins anhob, Sich aus dem grundlosen Grund Seines chthonisch überquellenden Seins zu erheben, gebar es die zunehmend sich konkretisierende Intention, ein bestimmtes Maß und Spektrum (»Maya«) Seiner nicht offenbarten Fülle, also Seines eigenen Wesens, in Form einer raum-zeitlichen Entfaltung Seiner Selbst zu offenbaren und zum Ausdruck zu bringen. In und mit dieser Intention und der damit aufsteigenden Wonne hob eine Kraft an, Sich in Ihm zu erheben und schöpferisch zu werden. In der Tat sind *Intention, Wonne* und *schöpferische Kraft,* in der Kabbala die drei »Zahzahot« genannt, eins. Sie sind die dreieinigen Aspekte des Logos, der schöpferischen Kraft Gottes.

Mit dieser schöpferischen Kraft, die wir in der abendländischen Tradition als Logos oder schöpferisches Urwort bezeichnen, trat Er aus Seiner Verborgenheit heraus und rief in ekstatischer Selbstoffenbarung Sein eigenes Sein aus: »*Ehjeh Asher Ehjeh!* – Ich Bin Der Ich Bin!« Dieses Urwort, das zugleich das Sein und den Namen des Sich offenbarenden Gottes zum Ausdruck bringt, artikuliert Seinen Willen, existent zu werden. Indem Er Sein eigenes Sein ausrief, rief Er Sich Selbst ins Da-Sein einer gestalthaften Existenz. Das göttliche Bewußtsein brachte die ihm innewohnende Macht und Herrlichkeit in Form einer lichtstrahlenden Gestalt – gleich »leuchtendem Chrysolith, Jaspis und Feuer« – in Erscheinung. Die verborgene Gottheit trat aus dem Dunkel der schöpferischen Nacht ins Licht der raum-zeitlichen Existenz. Sie hat Sich aus Sich Selbst erschaffen.

Diese Uroffenbarung Gottes, das Urbild aller geschaffenen Dinge, trägt die Züge einer menschlichen Gestalt. »Ich schaute, und siehe, ... eine große Wolke, rings von Lichtglanz umgeben, und loderndes Feuer, und aus seinem Innern, aus der Mitte des Feuers, leuchtete es hervor wie Glanzerz. Mitten aus ihm heraus wurde etwas sichtbar, das vier lebenden Wesen glich, und also war ihr Aussehen: Sie hatten Menschengestalt. ... Inmitten der Lebewesen sah es aus wie feurige Glut … Und über den Häuptern der Wesen war eine Art Feste, leuchtend wie Kristall, ausgespannt über ihren Häuptern … Oberhalb der Feste, … da war etwas, das aussah wie Saphirstein und einem Throne glich, und auf diesem thronähnlichen Gebilde war oben eine Erscheinung, die das *Aussehen eines Menschen* hatte. Und ich sah es funkeln wie Glanzerz, wie Feuer, das ringsum eingeschlossen ist. … Und wie die Erscheinung des Bogens, der in den Wolken steht am Tage des Regens, so war die Erscheinung des Lichtglanzes ringsum.« (Ez. 1.4–5/13/22/26–28) Diese Selbstoffenbarung des absoluten, göttlichen Seins, in der Er oder Es Gestalt annimmt, wird in verschiedenen Traditionen unterschiedlich benannt. Die Inder nennen sie »Shiva« oder »Brahma«, die Ägypter »Amun-Re« und die Israeliten »Elohim« (im Plural).

Er, Der Sich aus Sich Selbst zeugte und gebar, ist der »Creator creatrix« oder der große Demiurg, die Wurzel, der Anfang und das Haupt der Schöpfung. Seine leuchtende Urgestalt wurde von den Kabbalisten als »Adam Kadmon«, »Attika Kadisha« oder »kosmischer Urmensch« bezeichnet. Er entspricht dem Alten der Tage, von dem die Propheten Ezechiel und Johannes sprechen. In Ihm und mit Ihm haben alle geschaffenen Welten, Wesen und Dinge ihren Ursprung. Johannes nennt Ihn auch den »Amen«, das »Alpha und Omega«, den »Ersten und Letzten« und auch den ersten Logos (Offb. 3.14; Offb. 22.13; Offb. 1.8; Offb. 1.17). Im Buche Bereshit (Gn. 1.1) heißt es: »*Bereshit bara Elohim eth ha-shamajim ve eth ha-aretz*« – »Im Anfang schuf Er, Elohim, Himmel und Erde.« »*Ve-choshech al-p'nei tehom. Ve-ruach Elohim merachefet al-p'nei ha-majim. Ve jomar Elohim: ›Jehi Or‹ va-jehi Or*« – » … Und Er tat den Mund auf und sprach: ›Es sei Licht!‹ – und es ward Licht.« (Gn. 1.3)

So rief Er vermittels des Logos, des schöpferischen Wortes, einen Kosmos des Lichtes ins Sein. In dieser Lichtwelt schuf Er einen geistigen Ort als Sammelplatz künftigen Lebens. (Gn. 1.1; 1.10; 1.24; 1.26) Dieser Sammelplatz ist als geistige Erde oder als ätherisch-feinstoffliches, eher sonnenhaftes Urbild unserer heutigen Erde bekannt. Jene Lichtwelt (*Azilut* in der Kabbala, *Hiranyagarbha* im Vedanta), eine Ausstrahlung (Emanation) der geistigen Attribute und Gestaltwerdung Seiner eigenen Glorie, ist das Werk des ersten Schöpfungstages, dem sechs weitere folgen sollten.*

In diese Lichtwelt hinein säte Er mehrere Aussaaten des Lichtes und des Lebens. Alle Generationen von Göttern, himmlischen Heerscharen, Engeln und Seelen haben in Ihm ihren Anfang. Sie alle sind als Lichtfunken aus Ihm hervorgegangen und wurden von Ihm um jenen geistigen Ort, den Er für sie bereitet hatte, gesammelt, um sich in ihm kristallisieren und entfalten zu können. Dieser geistige Ort gleicht einer strahlenden Sonne inmitten eines sich ausdehnenden Lichtraumes, die den erschaffenen Wesen von der kosmischen Intelligenz als Stätte göttlichen Wirkens gegeben war. Dort war und ist alles Weben, Leben und Sein, dort ist Fülle, Vollendung und Glückseligkeit. So ward in fünf weiteren Äonen das »erste« Schöpfungswerk vollendet, das am sechsten Tag mit der Erschaffung des Menschen seine Krönung fand, bevor Gott Sein Werk am siebten Tag ganz dem Wirken und Walten Seiner Geschöpfe überließ.

In diesem siebten Äon begannen die Generationen der Erstgeborenen (der Gottessöhne), auf der vor allem für die Menschenseelen bereiteten geistigen Sonne Bezirke und Stätten erhabener Bewußtseinskultur und besonderen Wirkens und Wachsens zu schaffen. Der »zweite Schöpfungsbericht« des Buches Genesis bringt dies zum Ausdruck: »JHWH Gott pflanzte einen Garten in Eden, im Osten, und setzte … den Menschen, den Er gebildet hatte, in den Garten Eden, damit er ihn bebaue und bewache.« (Gn. 2.8/15) So entstanden die ersten Tempel in den ursprünglichen Regionen himmlischen Lebens. Solche Tempel sind es, von denen die Propheten in ihren Visionen künden. Es heißt: »Und es tat der Tempel Gottes im Himmel sich auf und die Lade Seines Bundes wurde sichtbar in Seinem Heiligtum …« (Offb. 11.19); »Und ein … Engel trat aus dem Tempel, der im Himmel ist …« (Offb. 14.17; Offb. 15.5-6 etc.) Nun bestand aber ein allerhöchster, erster Tempel auf der geistigen Sonne innerhalb des Lichtreiches Gottes, in welchem der Erste und Letzte, der Demiurg der Welt

* Mit dem Ausklang der Zeit bilden sie einen vollständigen Schöpfungszyklus (Hebräisch: Shemittah, Sanskrit: Kalpa oder einen Tag Brahmans), mit dessen Abschluß alles Geschaffene zu seinem Ursprung zurückkehrt.

Selbst, Seinen Thronsitz errichtet hatte. Dieser erste Tempel ging all den anderen Tempeln voraus und stand auf einer besonders geweihten Anhöhe. Der Bezirk dieses Sonnentempels ist es, der in der Schrift abwechselnd als Paradies, Garten Eden oder Himmlisches Jerusalem bezeichnet wird. Dort sind Macht und Herrlichkeit, Thronsitz und Tempel des allerhöchsten Gottes, des Allherrschers über die aus Ihm hervorgegangene Schöpfung, (Offb. 1.8) begründet.

Von hier gehen alle schöpferischen Impulse des Lebens aus, alle gestaltenden Weisungen, alle Segnungen, alle Offenbarungen und alle geistigen Lehren. Dort, im innersten Wirkbereich des Lichtes, kamen auch jene beiden Kräfte zur Entfaltung, welche die Schrift des Alten Testamentes als Baum des Lebens und Baum der Erkenntnis bezeichnet. Diese beiden Bäume (Kräfte) stellte Gott unter die Herrschaft zweier Gottessöhne und deren Legionen himmlischer Heerscharen. Dieser erhabene Ort des Tempels Gottes wird von der Schrift auch Gottesberg (Ez. 28.14), Berg JHWHs oder Berg Zion genannt. Er ist ein besonders erhöhter und erhabener Ort innerhalb des Lichtreiches Eden auf der geistigen Sonne.

Ein Psalm Davids berührt dieses Mysterium: »Meinen Mund will ich öffnen zur Rede im Gleichnis, *Geheimnis der Urzeit,* ich will es künden … Er erkor Sich Juda, den Zionsberg, den Er liebte. Gleich den *Himmelshöhen* baute Er Seine Heilige Stätte, fest wie die Erde, die Er gegründet auf immer.« (Ps. 78.2/68-69)

In der Betrachtung all dieser Geheimnisse möchten wir verstehen, daß bereits die Intention des ersten Schöpfungswortes das vollständige Drehbuch des gesamten Schöpfungsdramas – von seinem Anfang bis zum Ende – enthält. Und die mit ihm geborene Wonne bildet den Impuls, der es trägt, aufrollt und vorantreibt. Der Logos selbst ist der die drei Komponenten des schöpferischen Aktes Gottes zusammenfassende Kraftimpuls aller Evolution, die alle Bewegung, alles Wachsen und Werden zu ihrem Ziel und zu ihrer Vollendung führt. Die dem göttlichen Sein selbst innewohnende Intelligenz verleiht diesem Drama, über dessen Verlauf Er Selbst Wache hält, seine überirdische Weisheit, Würde, Schönheit und Vorsehung. Die transzendentale

Intelligenz des Logos offenbart sich in der Immanenz des Kosmos, das heißt als Raum und Zeit umfassende Ordnung aller geschaffenen Wesen, Kräfte und Dinge. Und als eines der ordnenden Prinzipien der geistigen Welt finden wir den hierarchischen Aufbau der Sphären.

Alle Götter und Gottessöhne standen im Dienste des Allerhöchsten. Sie aber bildeten ihrerseits die geistigen Zentren der als spätere Aussaaten gezeugten Heere des Lichtes und der Seelen. Sie waren auch die Urlehrer der Menschenseelen und Menschenvölker. Und indem die Gottessöhne diese Völker um sich versammelten, bildeten sie die ursprünglichen Tempel und Einweihungsstätten. Doch JHWH Zebaot, die erste Manifestation des absoluten Seins, war und blieb der erste und oberste Herr und Gebieter in Seinen Reichen.

Vor, über und in die Mitte der – nach den Gottessöhnen und Himmelsfürsten erschaffenen – Völker von Menschenseelen stellte JHWH ein Heer von Seelen besonderen Ursprungs. Da all die Seelen und Völker geistiger Führung bedurften, schuf Er Mittler, die Er unter sie aussäte und vor sie setzte. Sie stammten von Amun, JHWH war ihr Ursprung. Und Er stattete sie mit besonderen Gottesgaben aus, derer es zur Erfüllung ihres Dienstes bedurfte. Die Söhne Gottes und die Engel unterwiesen sie im Heiligtum JHWHs in Seinen Geheimnissen. Sie sollten die künftigen Hirten und Priester für ihren Gott und Seine Kinder sein und waren als erste Erben der Gottessöhne und Träger deren allerheiligsten Vermächtnisses berufen. Damit waren sie geschaffen, um inmitten der Völker Gottes Werk zu wirken und der Verwirklichung Seines Planes zu dienen, erwählt als ein »Königtum von Priestern und heiliges Volk« vor ihrem Gott. Und da sie in dieser Rolle den Engeln gleich, ja in ihrer Würde und Funktion sogar über die Engel gestellt waren, gab Gott ihnen den Engelsnamen »Israel« und nannte ihr geistiges Königtum Zion. Aus der Mitte des Priestertums hatte Er wiederum Erste erkoren, die als geistige Priesterkönige über die Gemeinschaft Israels und der Völker herrschen sollten. Einer der ersten und größten dieser Priesterkönige war Adam Rishon, jene im Bild und Gleichnis Gottes geschaffene Erstlingsseele, die im Schöpfungsbericht der Torah Moses als Stammvater der Menschheit dargestellt wird.* Ihn schuf JHWH als Erstling in Seinem Bilde, den anderen Seelen voraus. Und alle, die nach ihm geschaffen wurden, haben Anteil an seinem Geiste. Ihre Funken haben ihren Ursprung in seiner Seele.

Bei Salomo heißt es: »*Or JHWH nishmat Adam*« – »Licht von JHWH ist der Lebensodem (die Seele) Adams.« Er ist im Bild und Gleichnis Gottes geschaffen (Gn. 1.26a/27) und Gott hat ihn durch Seinen Hauch beseelt. (Gn. 2.7): »*Wa-jitzer JHWH Elohim eth-ha-Adam afar min-ha-adamah wa-jipach be-ofav nishmat chajim wa-jehi ha-Adam le nefesh chajah.*«

All diese Priesterkönige standen unter der Führung und Weisung der Gottessöhne, wie sie ihrerseits in der Mitte ihrer Priesterschaft (Israel) standen und durch sie die Völker nach Gottes Plan unterrichteten, leiteten und regierten. Adam aber stammt direkt von JHWH und war von Ihm gesalbt.

In diesem Lichtreich Seiner Herrlichkeit, und zwar in der Mitte jenes erhobenen Ortes, der im geistigen Sinne Zion und Jerusalem heißt, stiftete Er zwei besondere Geheimnisse: den Baum des Lebens *(Etz Chajim)* und den Baum der Erkenntnis des Guten und des Bösen *(Etz ha-da'at tow ve- ra)*. Während der erste die höchsten Mysterien und Kräfte göttlichen Seins und Lebens birgt, von dem alle sakramentalen Vermächtnisse Gottes ausgehen, verkörpert der andere die *Möglichkeit*, das geistige Prinzip des ersteren umzukehren und in einer besonderen Weise Gebrauch von der schöpferischen Kraft zu machen. Der Baum des Lebens ist das erhabenste Zentrum aller Mysterien und die Verkörperung aller heilspendenden und zur Verwirklichung führenden Kräfte JHWHs. Das Wissen um sein Geheimnis ist über das initiatische Erbe Israels hinaus auch in anderen Welttraditionen lebendig. Auch die Bilder der »Weltenesche Yggdrasil« und des »wunscherfüllenden Kalpa-Baumes« der nordischen und der vedischen Mythologie verweisen auf sein Geheimnis.

---

* In den *Veden* entspricht »Yama« dem Erstling »Adam Rishon«. Yama ist der Urmensch der vedischen Überlieferung – identisch mit dem »Ymir« der germanischen Mythen, aus dessen Leib die Erde und aus dessen Blut die Meere entstanden. Zarathustra sieht ihn als »Yima« mit der Sonne über den Himmel ziehen und die Heerscharen der Gerechten führen. Nach dem Zend Avesta ist er der erste Mensch, der mit Gott verkehrte. (2. Fargad)

JHWH aber setzte einen Gottessohn als Herrscher über den Baum des Lebens und einen anderen über den Baum der Erkenntnis. Beide waren von besonderem Glanz und von besonderer Weisheit. Ihnen war alle Macht über Gottes Schöpfung verliehen.

Adam aber war erwählt, das Erbe und die Nachfolge in der Herrschaft über den Baum des Lebens anzutreten und so allmählich zum Stellvertreter seines göttlichen Herrn und Meisters zu werden. JHWH hatte Adam und mit ihm das ganze Haus Israel zum Hüter über den Baum des Lebens bestellt. Die ursprüngliche priesterliche Berufung Adams und Israels bestand darin, den Seelen der Völker den Weg zum Baum des Lebens zu weisen, dessen Früchte ewiges Leben schenken.

Doch in dem Äon, da Gott das Seelenheer Israels erschuf und diese Seelen zu künftigen Erben Seiner Herrlichkeit und Regenten über die Legionen der Engel machte, erhob sich Luzifer, der Gottessohn, dem die Herrschaft über den Baum der Erkenntnis gegeben war, und schmiedete seinen eigenen Plan. Er versammelte die ihm untergebenen Heerscharen und stiftete sie zur Rebellion gegen JHWH, ihren Gott, an. (Damit wurden die Früchte des Baumes der Erkenntnis in todbringende Kräfte verwandelt.) Diese Rebellion der Legionen führte zu deren Sturz. Dieser wird gleichnishaft in den Büchern Jesajah und Ezechiel angesprochen, wo es heißt: »So spricht der Herr JHWH: Dein Herz ward hochmütig, und du sprachst: ›Ein Gott bin ich, und einen Göttersitz bewohne ich …‹ …Du warst ein Muster der Vollendung, voll der Weisheit und vollendet schön. In Eden, dem Gottesgarten, warst du, Edelsteine aller Art bedeckten dich, Karneol, Topas, Jaspis, Chrysolith, Onyx, Beryll, Saphir, Karfunkel, Smaragd. Von Gold waren gearbeitet deine Tamburine und deine Flöten, am Tage deiner Erschaffung wurden sie bereitet. Zu einem schirmenden Kerub stellte Ich dich, auf dem heiligen Gottesberge warst du, inmitten feuriger Steine gingst du einher. Vollkommen warst du in deinem Wandel von dem Tage deiner Erschaffung an, bis daß Unrecht in dir erfunden ward. Infolge deines ausgedehnten Handels fülltest du dein Inneres mit Bosheit, und du tatest Sünde. Da vertrieb Ich dich vom Gottesberg, und der schützende Kerub trieb dich ins Verderben, heraus aus der Mitte der feurigen

Steine. Hochmütig war dein Sinnen geworden ob deiner Schönheit; du richtetest deine Weisheit zugrunde um deiner Schönheit willen …« (Ez. 28.2/12-17)

»Durch die Menge deiner Verschuldungen, durch die Unredlichkeit deines Handelns entweihtest du dein Heiligtum.« (Ez. 28.18)

»Die Sheol aber drunten ist deinetwegen aufgeschreckt in der Erwartung deines Kommens. … Wie bist du vom Himmel gefallen, Glanzgestirn, Sohn der Morgenröte! … Du plantest: ›Zum Himmel will ich steigen, meinen Thron über Gottes Sterne setzen, … Ich will zu Wolkenhöhen mich erheben, gleich sein dem Allerhöchsten.‹ Doch hinabgestürzt bist du in die Sheol, in die allertiefste Tiefe.« (Js. 14.9/12-15)

Auch der Koran berichtet über den Sturz des Luzifer. In Sure 7, Der Bergkamm (Al-A'raf), lesen wir: »Wir (Gott, Elohim) haben euch erschaffen. Wir haben euch gestaltet. Dann haben Wir zu den Engeln gesprochen: ›Werft euch vor Adam nieder.‹ Da warfen sie sich nieder außer Iblis: … Er sagte: ›Ich bin besser als er. Du hast mich aus Feuer erschaffen, ihn aber aus Stoff.‹ Wir sprachen: ›Geh aus ihm (dem Paradies) hinunter. Dir steht es nicht zu, dich darin hochmütig zu verhalten. Geh hinaus. Du gehörst zu den Erniedrigten.‹ Er aber antwortete: ›Gewähre mir Aufschub bis zu dem Tag, da sie erweckt werden.‹ Wir sprachen: ›Du sollst nun zu denen gehören, denen Aufschub gewährt wird.‹ Er (Iblis) antwortete: ›Weil Du mich hast abirren lassen, werde ich, ich schwöre es, ihnen auf Deinem geraden Weg auflauern. Dann werde ich zu ihnen treten von vorn und von hinten, von ihrer rechten und von ihrer linken Seite.‹« (Sure 7.11-17) Auch die Henoch-Bücher und der Sohar sprechen von der Revolte und vom Sturz der Gottessöhne und von den Gerichten Gottes über sie. Luzifer aber, dem Aufschub gewährt ward, stellte fortan den Seelen der Menschenvölker nach, um sie zu Fall zu bringen.

Adam, sein Priesterheer und alle Völker der Seelen wurden von Gott und Seinen treuen Zeugen, den aufrechten Gottessöhnen und Engeln, gewarnt. Denn JHWH gab den Menschen folgendes Gebot: »Von allen Bäumen des Gartens darfst du essen. Vom Baume der Erkenntnis … aber darfst du nicht essen! Denn am Tage, da du davon issest, mußt du sicher sterben.« (Gn. 2.16-17)

Und im Koran lesen wir Gottes Weisung an Adam: »O Adam, bewohne, du und deine Gattin, das Paradies. Eßt, wo ihr wollt, aber nähert euch nicht diesem Baum, sonst gehört ihr zu denen, die Unrecht tun.« (Sure 7.19)

In Genesis 3.1/4 heißt es: »Die Schlange aber war listiger als alle Tiere des Feldes, die JHWH gemacht hatte. Sie sprach zu dem Weibe: ›Keineswegs werdet ihr sterben; vielmehr weiß Gott, daß an dem Tage, da ihr davon esset, euch die Augen aufgehen und ihr sein werdet wie Götter, die Gutes und Böses erkennen.‹« Der Koran verdeutlicht: »Satan flüsterte ihnen ein, um ihnen zu zeigen, was von ihrer Blöße verborgen geblieben war. Er sagte: ›Nur deswegen hat euch euer Herr diesen Baum verboten, damit ihr nicht zu Engeln werdet oder zu denen zählt, die ewig leben.‹« (Sure 7.20) Und so kam es, daß Adam, verführt von seinem Weibe, aß – und fiel.

Die beiden Bäume, ihre Früchte und das Essen dieser Früchte symbolisieren ein sakramentales Vermächtnis beziehungsweise dessen Verkehrung. Alles in allem wollen wir verstehen, daß Gott die verschiedenen Seelen schuf und ihnen Adam samt seinem Königtum von Priestern voranstellte, um ihnen durch sie den Weg der Verwirklichung zu weisen und sie zum Baum des Lebens zu führen. Der Baum des Lebens, der vor dem Thron des Allheiligen steht, bildet als das höchste sakramentale Vermächtnis und Geheimnis Gottes die allerheiligste Mitte des Tempels JHWHs. Dieser Tempel Gottes steht inmitten des paradiesischen Lichtreiches Seiner Herrlichkeit auf dem Berg Zion und ist das geistige Zentrum in Gottes Schöpfung. Er ist nicht nur das höchste Heiligtum unter allen Tempeln und unmittelbarer Thronsitz JHWHs, sondern auch das Zentrum aller lebensspendenden, schöpferischen und gestaltenden Kräfte des Universums. Adam aber und die ihm zugehörigen Priesterkönige – das geistige Israel – sind die von Gott berufenen und erwählten Hüter des Geheimnisses vom Baum des Lebens sowie die Mittler und Wegweiser für die Seelen der Völker.

Wenn wir hier von »Zion« oder »Jerusalem« sprechen, meinen wir keine irdischen, sondern einzig und allein geistig-himmlische Orte. In gleicher Weise bezeichnen wir mit dem Begriff »Israel« zunächst kein physisches Volk, sondern ein Kollektiv von Seelen mit einer bestimmten Berufung, nämlich – wie beschrieben – mit priesterlicher Verantwortung vor Gott und den Seelen. Schon gar nicht ist damit eine besondere Wertung bestimmter Seelen, sondern nur ihr Ursprung und ihr Auftrag angesprochen. Rang und Würde einer Seele leitet sich allein von ihrer Haltung und ihrem Lebenswandel, ihrem Gehorsam und ihrer Treue gegenüber dem Willen Gottes ab. Gottes Gesetz und Gnade gelten für alle Seelen gleich und sind unabhängig von ihrer Berufung.

Bis zu der Zeit, da Luzifer und seine Scharen entschieden, das Geschlecht der Menschenseelen zu verführen, war alles Leben ein Quellen, Fließen und Weben des Lichts im Lichte. Äonen währten, und alle aus dem Logos hervorgekommenen beziehungsweise von den Elohim in die geistige Ursubstanz gesäten Lichtfunken regten sich und wuchsen darin – wie Samen in einem reichsatten Lebensnährgrund.

Diese Ursubstanz, die sich selbst in einem Prozeß allmählicher Kondensation oder Verdichtung aus dem ersten Licht bildete, wird im Schöpfungsbericht des Buches »Bereshit« (Genesis) als *Aretz* (»Erde«) beziehungsweise *Adamah* (»roter Ackerboden«) bezeichnet. Das hebräische Wort *Aretz*, das sowohl »Erde« als auch »Land« bedeutet, meint hier natürlich keine physische Erde, sondern vielmehr einen geistigen, also aus Geiststoff gebildeten Lebensgrund, der – um ein Gleichnis aus dieser Welt zu gebrauchen – weit mehr der Sonne als der physischen Erde gleicht. Dieser Ausdruck bezeichnet den feinstofflichen Kontinent, das »Land«, Paradies oder Lichtreich (Garten Eden) innerhalb des unendlichen Raumes beziehungsweise der Unendlichkeit Gottes (Ajin Sof), in dem sich zuerst das Licht (Or) und sodann die Aussaat des göttlichen Lebens ausbreiten und entfalten konnten.

Das hebräische Wort *Adamah* dagegen, das sowohl den Wortstamm *adom* (»rot«) als auch die Wurzel *dam* (»Blut«) enthält und wörtlich übersetzt soviel wie »roter Ackerboden« heißt, ist der biblische Ausdruck für jenen Geiststoff beziehungsweise jene aus dem Licht kommende subtile Ursubstanz, aus der die erste geistige »Erde« geschaffen ist und von der Gott nahm, um den ersten Menschen, Adam, zu bilden. Der Eigenname »Adam« im Buch Bereshit hat drei Bedeutungen: (1) Adam Kadmon, der kosmische Urmensch oder die Urgestalt Gottes, (2) Adam, der Mensch schlechthin und (3) Adam, jener ursprüngliche Prophet und Priesterkönig Israels, unter dessen Obhut der Baum des Lebens gestellt war. Im Moment sprechen wir von Adam, dem Menschen schlechthin (im Hebräischen heute: *Benei Adam* – »Kinder Adams«). Die Ursubstanz (*Adamah* – »Ackerboden«) wird im Osten als *Akasha*, in der Kabbala als *Mahut* und in der westlichen Tradition üblicherweise als *Prima Materia* bezeichnet.

Der ausgesäte Same oder Lichtkeim wird auch als »geistiges Atom« (Sanskrit: *Anu*), »Monade« oder *Jechidah* bezeichnet und trägt seine Natur als »Same göttlichen Lebens« (*Chajim*) in sich. Daraus bildet sich die erste Hülle, *Chaijah* (Sanskrit: *Anandamaya Kosha*), der Lebensleib oder Leib göttlicher Glückseligkeit, der ursprünglich nur noch in den aus dem Odem Gottes (*Nishmat Elohim*) gebildeten Kausalleib, die *Neshamah*, gekleidet ist. *Jechidah, Chaijah* und *Neshamah* bilden die drei Aspekte des geistigen Lebenssamens beziehungsweise Lebenskerns des Menschen. Erst später wurde der Lebensfunke des Menschen in weitere feinstoffliche Hüllen gekleidet. Die Substanz hierfür ist *Adamah*, der Urstoff vom »Acker« des Paradieses.

Vor diesem Hintergrund verstehen wir auch die Gleichnisse Jesu besser, in denen er oft die Bilder Acker, Sämann, Weizen- oder Senfkorn oder auch Weinstock gebraucht. Zum Beispiel: »Das Reich Gottes ist gleich einem Mann, der guten Samen auf seinen Acker säte.« (Mt. 13.24) Oder: »Das Himmelreich gleicht einem Schatz, der in einem Acker verborgen lag. Den fand ein Mann und vergrub ihn wieder. Voller Freude ging er hin, verkaufte alles, was er hatte, und erwarb jenen Acker.« (Mt. 13.44) Hier steht der Schatz für den Gottesfunken, der im Acker unserer Seele verborgen ist. Der Mann, der ihn fand und wieder vergrub, ist ein Mensch, der sich in einem Augenblick inneren Erwachens seiner verlorenen Gotteskindschaft erinnert, aber erkennt, daß der Acker – seine Seele – aufgrund seiner Verhaftungen an die Welt verlorenging. Er ist nicht mehr Herr seiner selbst, nicht mehr König im Reich seiner Seele. Er hat seine Seele versklavt. Sie gehört nicht mehr ihm selbst, sondern ging an die Welt und ihren Fürsten verloren. Das kurze Erwachen und die plötzliche Entdeckung seines wahren göttlichen Wesens geben ihm Hoffnung, Mut und Freude. »Voller Freude ging er hin, verkaufte alles und kaufte jenen Acker.« Das heißt: Diese Erfahrung gibt ihm Kraft und Einsicht. Er sammelt all seine Kräfte und löst sich aus seinen Verhaftungen, indem er die vergänglichen Schätze hingibt, die er gesammelt hat, um seine Seele und ihre ursprüngliche Freiheit und Würde wiederzugewinnen.

Und weiter: »Das Himmelreich ist gleich einem Senfkorn, das ein Mann nahm und auf einen Acker säte. Es ist zwar kleiner als alle Samenkörner; wenn aber ausgewachsen, ist es größer als alles Gesträuch und wird ein Baum, so daß die Vögel des Himmels kommen, um in seinen Zweigen zu nisten.« (Mt. 13.31-32) Wiederum bedeutet der Acker beides; das Paradies und die Seele des Menschen. Und das Senfkorn entspricht dem Gottesfunken, der göttlichen Monade in unserer Seele. Der Mann, der es säte, ist Gott, JHWH Elohim, der Anfang der Schöpfung. Die anderen Samenkörner sind die Aussaat des Bösen, die erst nach Adams Fall in die Seele kam. Das Senfkorn, der inwendige Gottesfunke, aber enthält das gesammelte Potential des göttlichen Erbes und der göttlicher Kraft, das offenbar werden und zur Entfaltung kommen möchte. In ihm ist – wie in jedem Samen – das fertige Inbild des künftigen, vollendeten Menschen verborgen. Wie Meister Eckart zu sagen pflegte: »Birnbaums Same wächst zum Birnbaum, Apfels Same zum Apfelbaum, Gottes Same aber zu Gott.« Als Kinder und Erben Gottes sind wir berufen, zu Gottessöhnen, ja zu Göttern herauszuwachsen, das heißt, unser göttliches Inbild zu verwirklichen und göttliche Früchte hervorzubringen. Der Senfbaum steht für das inwendige Himmelreich, den sich aus dem Gottesfunken entfaltenden inneren Menschen. Alle keimhaft in uns schlummernden Gottesgaben, Fähigkeiten und Tugenden möchten aus unserer Seele herauswachsen wie ein großer Baum und in unserem Leben zur vollen Blüte kommen, so daß die Vögel (die Mächte und Heerscharen des Himmels) sie befruchten können und sie schließlich in unserem Dienst am Leben und in der Verwirklichung des göttlichen Planes reiche Früchte tragen. Dies sind die wahren Schätze, die wir für Gottes Reich in Ewigkeit erwerben. Unser Auftrag und unsere Berufung als Gotteskind und Mensch besteht darin, sie hervorzubringen. Dieses Gleichnis weist auch auf den Sinn der Schöpfung Gottes hin, der darin besteht, die Fülle und Herrlichkeit der verborgenen Gottheit in uns als Einzelwesen sowie in uns als kosmischer Gemeinschaft in Raum und Zeit offenbar werden zu lassen. »Alle, die nach Meinem Namen benannt sind – zu Meiner Verherrlichung sind sie geschaffen, gebildet und geformt.« (Js. 43.7)

Doch kehren wir zurück zum Anfang. Die ausgesäten Seelen, die – ihrer Herkunft aus Gott gemäß – alle Qualitäten, Eigenschaften und Tugenden des Absoluten wesenhaft in sich trugen, waren nun – eingehüllt in feinstoffliche Materie – in den »Garten Eden« gesetzt, um dort zu wachsen, zu erblühen und ihre innewohnende Göttlichkeit zu erkennen und zur Entfaltung zu bringen. Und so lebten die Seelen in jenen Äonen im Lichtreich des Paradieses in makelloser Reinheit und Vollkommenheit, jede nach ihrer Weise und alle zusammen in ungetrübter Harmonie und Eintracht – gleich einem himmlischen Chor, der in all seinen Gesten und Gebärden den höchsten Herrn und Ursprung allen Lebens preist und verherrlicht. Generationen von Seelen wuchsen in Seinem Licht, und sie kannten weder Elend noch Leid, Krankheit oder Tod.

So war es bis zu jenem unglücklichen Tag, da Luzifer auf den Plan trat und beschloß, Adam und mit ihm das ganze Menschengeschlecht zu verführen.

Der Sündenfall

Alles, was wir bisher über den Menschen und sein Leben gesagt haben, bezieht sich einzig und allein auf die feinstofflichen Sphären einer geistigen Welt, jener Welt, welche die Kabbalisten als Welt der Emanationen und der »Himmelsfeste« bezeichnen, denn noch hatte der Mensch die größeren Sphären der astralen und materiellen Welt weder betreten noch berührt.

Als Luzifer seinen Plan schmiedete, Adam vermittels eines Weibes (Lilith) zu verführen und hierdurch das ganze Menschengeschlecht zu Fall zu bringen, bediente er sich in großer List, jenes Wissens, das er von den schöpferischen Kräften Gottes hatte. Er stellte Gottes Gebot auf den Kopf und versprach dem Menschen, er würde durch das Essen der verbotenen Frucht – entgegen der Warnung JHWHs – selbst »wie die Götter« werden. (Gn. 3.5) Und mit seiner Verführungskunst fand er Gehör – zuerst bei des Menschen Weib, dann auch bei Adam, dem Hohepriester Israels. Mit seinem Fall aber kam der größte Teil des Menschengeschlechts zuschanden. Bei Hosea heißt es: »Zu Adam haben sie den Bund gebrochen, dort wurden sie Mir untreu.« (Hos. 6.7) Und mit diesem Fall war das künftige Schicksal der Menschheit für Äonen besiegelt.

Dadurch, daß der Mensch den Verführungskünsten Satans erlag und aufgrund seines Ungehorsam gegen Gott unter die Macht Luzifers kam, verlor er seine geistige Macht in der Welt des Lichts. Er verlor alles, was ihm kostbar und heilig war – vor allem sein Anrecht auf die Frucht vom Baum des Lebens. Der Segen der geistigen Welt entzog sich ihm, und sein ungetrübtes Glück war dahin. So wurde er schließlich aus dem Paradies vertrieben.

Im Buch Bereshit heißt es: »Da sprach JHWH: ›Siehe, der Mensch ist geworden wie einer von Uns, so daß er Gutes und Böses erkennt. Daß er nun aber nicht seine Hand ausstrecke und auch vom Baum des Lebens nehme und esse …!‹ Darum entfernte JHWH Gott den Menschen aus dem Garten Eden, damit er den Erdboden bebaue … JHWH Gott machte dem Menschen und seinem Weibe Kleider aus Fellen und bekleidete sie damit … Und als Er den Menschen (aus dem Paradies) vertrieben hatte, stellte Er östlich von dem Garten Kerube auf und das zuckende Flammenschwert, damit sie den Zugang zum Baume des Lebens bewachen.« (Gn. 3.22/23/21/24)

Das bedeutet, daß der Mensch in der Folge seiner Sünde aus der Welt des Lichtes und ihrer Ordnung fiel und in die grobstoffliche Welt der Materie hinabstieg. Mit »Adam« aber kamen die Priesterschaft Israels und mit ihr der Großteil der Seelen aller Völker zu Fall. Sie alle stürzten aus dem Licht auf die Erde. Wie es heißt in der Schrift: »O weh! In Seinem Zorn umdunkelte JHWH die Tochter Zion; Er warf das Glanzstück Israels vom Himmel auf die Erde.« (Klgl. 2.1) Auf Zion bezieht sich auch das Wort Hoseas: »Zu Adam haben sie den Bund gebrochen, dort sind sie Mir untreu geworden.« (Hos. 6.7)

Die Kleider aus Fellen, die JHWH dem Menschen gab, sind Körper aus Fleisch und Blut, welche die Natur ihm durch die Evolution zwischenzeitlich bereitet hatte. In den Worten der

Schrift: »JHWH Elohim aber machte dem Menschen und seinem Weibe Kleider aus Fellen und bekleidete sie damit.« (Gn. 3.21) »Der Mensch gab seinem Weibe den Namen Chava (Eva), denn sie wurde die Mutter aller Lebendigen.« (Gen. 3.20) Damit begann der ewige Kreislauf von Geburt, Tod und Reinkarnation. Er ist die Konsequenz des Falles.

So erfüllten sich die Worte JHWHs, mit denen Er die Menschen im Paradies gewarnt hatte: »An dem Tage, da du davon issest, mußt du sicher sterben.« Jetzt steht das Leben des Menschen unter der Herrschaft der Materie. Das ist das Kreuz, das wir uns mit dem Fall aufgeladen haben. So stieg der Geist des Menschen hinab und inkarnierte sich auf Erden. Die Erde wurde ihm zur neuen Heimat im All. Dort gebiert er seither unter Schmerzen und ernährt sich im Schweiße seines Angesichts.

Wir könnten es aber auch so sagen: Weil Luzifer mit seinem Gefolge aus dem Himmel auf die Erde geworfen wurde, mußten alle Seelen, die unter seinen Einfluß kamen, mit ihm hinabsteigen. Sie hatten sich gegen die Ordnung des Himmels versündigt und gerieten unter das Gesetz der Materie. Hier unten auf Erden begann nun eine Evolution, die von den dualen Kräften des Baumes der Erkenntnis beherrscht wird. Tag und Nacht, Geburt und Tod, Freude und Leid bilden ihr Gesetz.

Der Baum der Erkenntnis von »Gut« und »Böse« wird auch Baum des Todes genannt, und zwar nicht nur, weil er den Kindern Gottes den geistigen Tod brachte, sondern auch, weil er zur Ursache für die Geburt der Seele in die sterbliche Hülle des Fleisches wurde. Hier auf Erden war der Mensch nun den Gewalten der Elemente ausgeliefert und mußte sich mit ihnen auseinandersetzen. So begann er, sich allmählich auf die Lebensbedingungen dieses Planeten einzulassen und sich auf ihm einzurichten. Doch welch erbärmlicher Zustand im Vergleich zu den Verhältnissen seiner himmlischen Herkunft!

Die Schrift macht dies in ihrer bildhaften Sprache sichtbar: »Nun sprach JHWH Gott ... zum Weibe: ›Zahlreich werde Ich die Beschwerden deiner Schwangerschaft (Mutterschaft) machen. Unter Schmerzen sollst du gebären. Nach deinem Manne wird dich verlangen, er aber wird über dich herrschen.‹ Zu dem Manne aber sagte Er: ›Weil du auf die Stimme deines Weibes gehört und von dem Baume gegessen hast ... Unter Mühsal sollst du dich vom (Erdboden) ernähren alle Tage deines Lebens. Dornen und Disteln soll er dir wachsen lassen, und das Kraut des Feldes mußt du essen. Im Schweiße deines Angesichtes sollst du dein Brot essen, bis du zum Erdboden zurückkehrst, von dem du (dein Leib) genommen bist. Denn Staub bist du, und zum Staub mußt du zurückkehren.‹« (Gn. 3.14/16-19) Dies ist ein weiterer Hinweis auf den Kreislauf des Lebens. Leid, Krankheit, Alter und Tod sind denn auch die vier von Buddha konstatierten Stigmata, die dem gefallenen Menschen anhaften.

Gott aber zog einen Schleier des Vergessens über den Geist des Menschen, so daß die Seele beim Eintritt in den Leib ihren geistigen Ursprung vergißt und sich der Mensch durch die Sinne den Eindrücken der physischen Welt öffnen kann. Ohne diesen »Trank des Vergessens« wäre es der Seele nicht möglich gewesen, diesen Abstieg zu meistern. Für die hier auf Erden geborenen Menschenseelen ist es wie ein neues Erwachen, eine Bewußtseinsdämmerung ohne Erinnerung. Die Seele erfährt diesen Abstieg ihres Bewußtseins in den Leib und diese Welt als solche Trübung, daß er ihr wie ein völliger Neubeginn ihrer Existenz vorkommt und es ihr scheint, als habe sie erst mit ihrer leiblichen Geburt angefangen zu sein.

Dies ist in kurzen Worten die Konsequenz des Sündenfalls. Was die bildhaften Symbole der Schrift konkret bedeuten, wird in späteren Kapiteln aufgedeckt werden. Hier soll uns zunächst nur klar sein, daß der Sündenfall im Bruch des Menschen mit Gott und in einer Abkehr von Seiner uns leitenden Stimme bestand: »Weil du ... von dem Baume gegessen hast, obwohl Ich dir geboten hatte: Du sollst nicht von ihm essen.« (Gn. 3.17) Auch ist das Verbot nicht etwa ein Willkürakt des Schöpfers gegenüber Seinen Geschöpfen, sondern Seine Warnung vor einer Gefahr. Und die Vertreibung aus dem Paradies ist keine Bestrafung, sondern vielmehr die unmittelbare gesetzmäßige Konsequenz unserer fehlgeleiteten Handlung. Sie beinhaltet nichts anderes als die Voraussage, daß das alle Sphären der Schöpfung umfassende Kausalgesetz wirksam wird.

So begann mit dem ersten Fall der Abstieg der Seelen auf die Erde, und sie fingen an, sich auf ihr auszubreiten und sie zu bevölkern.

Die Zeit der geistigen Grundlegung der Welt

Als die Seelen nach Adams Fall auf die Erde herabzusteigen und sich dort auszubreiten begannen, formte JHWH in Seiner Barmherzigkeit einen Plan. Er entsandte eine Reihe Seiner Söhne, um die gefallenen Funken auf ihrer Odyssee zu begleiten, ihnen diese neue Realität meistern zu helfen und ihnen darüber hinaus einen Weg zum Heil und zur Erlösung zu zeigen. So kamen in jener anfänglichen Zeit, als Gott das Leben auf Erden gründete, mit den gefallenen Engeln und Menschenseelen auch die erhabenen Gottessöhne, um den Segen und die Ordnung des Lichts aus den Sphären des Himmels auf die Erde zu tragen. Sie waren entsandt, das Leben auf diesem Planeten nach dem Bild der oberen Welten zu gestalten und die damalige Menschheit als Priesterkönige zu regieren. So kam es zur Errichtung des ersten Gottesstaates in dieser Welt, der ersten Theokratie von Atlantis. Da in dieser Zeit die Fundamente des geistigen Lebens gelegt wurden, spricht man auch von der »geistigen Grundlegung der Welt«. Die glorreichen Gottessöhne waren die Urlehrer und ersten Könige der Menschheit. Die Legenden mancher frühen Völker und Kulturen erzählen, daß sie von fernen Gestirnen – dem Orion oder dem Sirius – auf die Erde gekommen seien. Und manche Steinbauten der Vorzeit zeigen eine klare Ausrichtung auf diese Gestirne.

Der erste Schritt zu dieser geistigen Grundlegung eines Gottesreiches auf Erden war die Stiftung eines Heiligtums. Und es war der größte dieser ersten Gottessöhne der Urzeit, der nach dem Bild und Gleichnis des ehernen Tempels Gottes in den Sphären des Himmels (von dem Johannes spricht [Offb. 11.19]) ein Heiligtum auf Erden errichtete. Das unantastbare Herz dieses Tempels bildete das Allerheiligste, in dem Gottes Kraft und Gegenwart selbst wohnen sollte. Mit diesem Tempel brachte der erste Priesterkönig das Licht Gottes aus einer anderen Region auf unsere Erde. Alle späteren Tempel, sowohl Indiens und Ägyptens als auch Israels, wurden diesem Urheiligtum nachgebildet. Und all die vielen detaillierten Angaben Moses und Salomos haben ihren Sinn einzig und allein darin, den irdischen Bau seinem himmlischen Urbild ähnlich zu machen.

Dieses erste Großheiligtum bildete den Kern des Staates und

das Zentrum seines geistigen Lebens. Es bestand aus einem kolossalen Tempelbau und zwei Pyramiden und lag auf einer Hochebene. Um dieses Heiligtum herum bildete sich eine Stadt, die nach ihrem Gründer »Hanoch« benannt war und auch im Alten Testament erwähnt wird. (Gn. 4.17) Die esoterische Tradition des Abendlandes nennt sie die »Stadt der Goldenen Tore«.

In einem größeren Kreis um dieses Zentrum wurden in den verschiedenen Distrikten des Landes weitere sechs Tempel errichtet, die dem Hauptheiligtum unterstellt waren. So wurden insgesamt sieben Tempel erbaut, auf deren Licht der Gottesstaat begründet war. Wir erinnern uns an die Sprüche Salomos: »Die Weisheit hat ihr Haus erbaut, auf sieben Säulen hat sie es errichtet.« (Spr. 9.1) Auch das ist ein Gleichnis des Himmels, in dem »die sieben Geister Gottes« (Offb. 5.6) wohnen. Das Haus der Gottesweisheit aber ist das Gottesreich. In seinen Tempeln waren initiatische Mysterienschulen etabliert, die der geistigen Schulung und der Vorbereitung von geeigneten Seelen und Priesteradepten diente.

Die Aufgabe dieser ersten Gottessöhne bestand jedoch nicht nur im Hüten des Lichtes und des geistigen Lebens. Sie waren auch die Stifter erhabener Künste und Wissenschaften, welche die Anfänge unserer Zivilisation bildeten. Sie lehrten die Menschen die Gesetze des Landbaus, die Veredelung der Fruchtpflanzen, stifteten die Weizenähre und den Steckling des Weines, offenbarten ihnen die Geheimnisse vom Lauf der Gestirne sowie die Gesetze und Rhythmen der Zeit. Insbesondere in der frühen atlantischen Epoche lehrten sie die Menschen die Gesetze zur Aufhebung der Schwere von Körpern, die Bearbeitung von Stein sowie die Beherrschung, Lenkung und Nutzung der Lebenskräfte in der Natur.

Sie vermochten das Wachstum der Pflanzen zu lenken und den Geist von Tieren durch Gedankenkräfte zu beherrschen. Sie brachten Ackerbau, Sternkunde, Maß und Zahl und waren die Erbauer der ersten Tempel und Pyramiden. Durch sie wurde dem Leben hier auf Erden eine andere, geistige Qualität verliehen. Aber vor allem waren sie gekommen, um den gefallenen Seelen das Erbe des Himmels wiederzubringen und ihnen den schmalen Weg zurück ins Haus des himmlischen Vaters zu weisen.

Nachdem die ersten Gottessöhne durch lange Schulung wieder andere Adepten, Jünger und Priesterschüler vorbereitet hatten, erwählten sie schließlich einige reife Seelen zu künftigen Verwaltern und Hütern des Heiligtums und ernannten eine besonders erwählte Menschenseele zum Hohepriester. Sie übergaben ihm ein von Gott gestiftetes Geheimnis als *Vermächtnis* und initierten damit eine Linie »gottgesalbter« Meister und Priester, die das Fundament des geistigen Lebens auf Erden werden sollte. *Dieses Vermächtnis und seine Priesterschaft wurde so zum Ursprung und zum Haupte aller Einweihungstraditionen unserer Erde.*

Die Priester dieser Tempel waren reine Träger göttlichen Lichtes und Hüter der ewigen Gottesweisheit (Kabbala, Gnosis und Theosophie). Ein von Gott gesalbter Priesterkönig regierte das Land und war das Oberhaupt der Priesterschaft. Das Hauptheiligtum wurde von einem Hohepriester geleitet, den der Priesterkönig berufenen hatte. Der Hohepriester war das geistige Oberhaupt und der oberste geistige Lehrer des Landes. Ihm waren alle Einweihungsstätten und Tempelschulen unterstellt.

Im Zentrum des Tempeldienstes und der Tempelgemeinschaft stand die Feier des Liebesmahles. Wie Jesus mit seinen Jüngern hielt auch der bevollmächtigte Hohepriester jener Tage – mit seinen Jüngern um einen runden Steintisch sitzend – das Abendmahl. Diese Feier bildete das Herz des geistigen Lebens und war über alles geheiligt.

Das Hauptheiligtum war das geistige Herz des Staates und der Sitz des »Gottesthrones«. Es beherbergte in seiner innersten »Kammer« das allerheiligste Vermächtnis Gottes sowie die sich auf ihm niederlassende Gottesherrlichkeit – die Shekhinah. Damit enthielt dieser Ort alle Geheimnisse Gottes und die ganze Fülle Seiner Kraft. Die Geheimnisse waren nur den obersten Eingeweihten und von Gott berufenen Priestern bekannt, die aufgrund der Reife und Reinheit ihrer Seelen in der Lage waren (göttliche Berufung), mit diesen Kräften umzugehen, ohne Schaden zu nehmen. Sie waren die Hüter der Mysterien der Einweihung und des geistigen Lebens.

Das Allerheiligste, der Ort, der das Vermächtnis Gottes beherbergte, wurde rund um die Uhr streng bewacht. Es durfte nur von den bevollmächtigten Priestern betreten werden, denn jeder andere hätte es entweiht und Schaden genommen, weil sein Nervensystem diese Schwingungen noch nicht hätte ertragen können.

Die obersten Priester und Eingeweihten, die mit der Zeit alle »Funktionen« und »Ämter« der Gottessöhne übernehmen sollten, hatten viele Aufgaben, die mit der Formung des geistigen Lebens auf der Erde zu tun hatten. Abgesehen davon, daß sie Gottesdienste abhielten und sich um die Erziehung des Volkes kümmerten, schulten die Priester natürlich auch die Jünger, Adepten und Priesteranwärter, wie sie selbst von den Gottessöhnen geschult worden waren. Diese Schulung schloß zum einen das Studium der feinstofflichen Welt und ihrer Gesetze sowie der geistigen Körper des inneren Menschen und die Übung der inneren Kommunion ein, zum anderen aber auch den Weg tiefer Selbsterkenntnis, Reinigung, Übung, Gotterkenntnis und geistiger Verwirklichung. Alle Weisheit des Himmels und der Erde, des irdischen und des ewigen Lebens wurde in diesen Tempeln gehütet und nach jahrelanger Vorbereitung und innerer Schulung an würdige Jünger weitergegeben. Diese mußten ein Leben völliger Entsagung und Enthaltsamkeit leben und viele Prüfungen ihrer inneren Standhaftigkeit bestehen, bevor sie zu den tieferen Mysterien zugelassen wurden. Ferner wurden ihnen je nach ihrer inneren Reife und Fähigkeit verschiedene kleinere oder größere Aufgaben im Tempel zugeteilt. Vor allem hatten sie die jüngeren Schüler und Anwärter zu betreuen. Doch bevor sie solche Aufgaben übernehmen konnten, mußten sie ein Treue- und Enthaltsamkeitsgelöbnis auf Gott, die Lehre, den Tempel und ihren Lehrer ablegen, denn Reinheit, Enthaltsamkeit, absolute Selbstlosigkeit und bedingungsloser Gehorsam gegenüber dem Willen Gottes waren das oberste Gebot.

Mit den Gottessöhnen und Menschenseelen war auch Adam Rishon, der erleuchtete Priesterkönig, erwählte Erbe der Gottessöhne und unglückliche Urheber des Sündenfalls, auf die Erde gestiegen. Er aber hatte unmittelbar nach seinem Fehl noch in der geistigen Welt Buße getan, denn er war untröstlich gewesen in seinem Leid und in der Ungewißheit, ob sein Fehl wieder gutzumachen und die Konsequenzen seines Versagens jemals wieder aufzuheben seien. Wegen der Wahrhaftigkeit seiner Reue und wegen seines tief innewohnenden Glaubens an die Barmherzigkeit Gottes wurde ihm nicht nur Gnade gewährt, sondern er bekam auch seine himmlische Priesterwürde zurück.

So war Adam der erste Mensch, der Buße tat und Vergebung erlangte vor seinem Gott. Gott entsandte Seine aufgestiegenen Engel und gab ihm nicht nur die Verheißung auf Erlösung, sondern auch den Auftrag, im Erbe der Gottessöhne mitzuwirken. Als er auf die Erde kam, wurde er berufen, erneut als Hohepriester an der Wiederherstellung der gefallenen Menschheit teilzunehmen. Auch wurde er erneut in den göttlichen Rat aufgenommen und darüber hinaus zu einer entscheidenden Säule im Erlösungsplan Gottes und im Hauptheiligtum des Landes gemacht.

Im Gefolge Adams aber kamen ganz Zion und Israel aus den Sphären des Himmels hinab auf die Erde. In der Schrift heißt es: »Er warf das Glanzstück Israels vom Himmel auf die Erde.« (Klgl. 2.1) In Zions Mitte stand Adam erneut als Erbe JHWHs. Und er war es auch, dem die Gottessöhne ihre Vollmacht übertrugen. Mit ihm haben sie die Linie der Meister Israels neu begründet und er empfing das *Vermächtnis Israels* erneut aus ihrer Hand. In der Überlieferung heißt es: »Und Adam brachte mit sich das heilige Kleinod aus dem Paradies.« Hiermit war das Fundament des geistigen Lebens und des Erlösungsplanes Gottes auf Erden gelegt. So heißt es in der Schrift: »JHWH sprach: ›Ich legte in Zion einen Grundstein.‹« (Js. 28.16) Und: »Als Ich das *Fundament der Erde* legte und zu *Zion* sprach: ›Mein Volk bist du.‹« (Js. 51.16)

Daraus ersehen wir, daß es die Seelen Israels waren, die von den Gottessöhnen zu Priestern JHWHs erwählt und berufen wurden. Und Adam war ihr Hohepriester, der den Dienst im Hauptheiligtum des von ihnen begründeten Gottesreiches versah. Neben den Seelen Zions wurden aber auch noch anderen Völkerschaften zugehörige große Seelen zu Meistern berufen. Damit war das Ziel der Gottessöhne verwirklicht, nämlich einem Kreis von befähigten Getreuen ihr geistiges Erbe sowie die künftige Führung der Menschheit zu übertragen. Diese initiierten Meister waren fortan die Hüter der Geheimnisse Gottes und die Träger Seines Heiligen Feuers. Mit ihrer Bestellung war die Gründung des geistigen Lebens auf Erden vollendet und die Gottessöhne konnten die Erde allmählich wieder verlassen. Da diese Epoche zum Ursprung sämtlicher Einweihungstraditionen unserer Erde wurde, nennt die Bibel sie – wie bereits erwähnt – die Zeit der *geistigen Grundlegung* der Welt. (Js. 51.16; Ps. 78; Mich. 5.1; Joh. 17.24; Eph. 1.4; 1. Petr. 1.20)

Erst über die Zeiten hat Gott verschiedene Einweihungstraditionen neu gestiftet, die letztlich aber alle aus der einen Urtradition hervorgegangen sind. Heute kennen wir im wesentlichen zwei große Traditionen mit scheinbar unabhängigen und relativ eigenständigen Wurzeln. Es sind die Traditionen von Ost und West, die ihren Ursprung in Indien beziehungsweise im versunkenen Atlantis haben. Indien und Atlantis sind die Wiegen nahezu aller Völker, Sprachen und Religionen. Obwohl jede echte Einweihungstradition, jede Lehre oder Übertragungslinie sowie jede echte Religion den gleichen unmittelbar himmlischen Ursprung hat, haben sich all diese Linien im Laufe der Menschheitsgeschichte als relativ eigenständige Wege entfaltet, die alle auf das eine Ziel und die eine Wahrheit unseres Seins hinweisen. Allerdings gingen Ost und West für geraume Zeit unterschiedliche und getrennte Wege, und ihr gemeinsamer Ursprung verbirgt sich in grauer Vorzeit hinter dem Horizont der geschriebenen und überlieferten Geschichte. Eine dieser Linien, die berufen war, das Vermächtnis Gottes aus der anfänglichen Zeit der *Grundlegung der Welt* zu bewahren und fortzuführen, ist unsere abendländische Tradition (mit dem Vermächtnis Israels). Obwohl sie selbst in Dutzende und Aberdutzende Linien aufgespalten ist, hat sie nur einen Ursprung und eine Wurzel, aus der all diese Linien hervorgegangen sind: Atlantis und das auf ihm gegründete Gottesreich. In der Sprache der Alten wurde es »Mu« genannt.

Als Gott in und mit Adam Sein Friedensreich auf Erden begründete, übergab Er ihm die Königsherrschaft über die ganze Erde – nicht nur über die Völker der damaligen Menschheit, sondern auch über die Welt der Pflanzen und Tiere. In der Schrift heißt es: »Seid fruchtbar und mehret euch, erfüllet die Erde und machet sie euch untertan! Herrschet über die Fische des Meeres und über die Vögel des Himmels und über alles Getier, das sich regt auf Erden!« Und Ephraim der Syrer kommentiert: »... dort zog er (Adam) das Gewand des Königtums an, und die Krone der Glorifikation wurde auf sein Haupt gesetzt. Und dort wurde er zum König gemacht und zum Priester und Propheten; und dort setzte ihn Gott auf den Thron Seiner Glorie. Und dort gab ihm Gott die Herrschaft über alle Kreaturen, und es versammelten sich alle wilden Tiere und das Vieh und Gevögel und kamen vor Adam, und er gab ihnen Namen, und sie beugten ihr Haupt vor ihm und beteten ihn alle ihre Naturen an und dienten ihm. Und es hörten die Engel und die Gewalten die Stimme Gottes, welche zu ihm sprach: ›O Adam, siehe, Ich habe dich zum König und Priester und Propheten und Herrn und Haupte und Führer aller geschaffenen Wesen und Geschöpfe gemacht, und dir dienen sie und sind dein; und Ich habe dir die Herrschaft über alles, was Ich geschaffen habe, gegeben.‹ Und da die Engel dieses Wort hörten, da beugten sie alle die Knie und beteten ihn an.«

Das ist das Bild eines goldenen Zeitalters, in dem Mensch und Tier in Frieden lebten und sich allein von den Früchten und Samen der Pflanzenwelt ernährten. Wie es heißt: »Seht, Ich übergebe auch alles Kraut, das Samen hervorbringt, auf der ganzen Erde, und alle Bäume, die samentragende Früchte hervorbringen; das sei eure Nahrung.« (Gn. 1.29)

Das Alte Testament widmet dieser Zeit nur wenige Worte und hütet ihr Vermächtnis bis zur Zeit der Offenbarung und zum Tag der Auferstehung. Nur die berufenen Hüter dieses Vermächtnisses kannten seine Hintergründe – und schwiegen oder hüllten ihr Wissen in die sicher bergende Sprache verborgener Symbole und Allegorien. Und ihrer ist die Schrift voll. Sie reichen von Adam und Eva über Noach und die Propheten bis hin zur Offenbarung, die das eigentliche Buch Christi und Seiner Wiederkunft ist. Heute leben wir auf der Schwelle zur Zeit der Offenbarung Gottes und werden darauf vorbereitet, würdige Zeugen Seiner Selbstoffenbarung und Seiner Wiederkehr in diese Welt zu sein.

Die offenen Hinweise der Schrift auf diese Zeit beschränken sich weitgehend auf die Aufzählung der Erbfolge der Geschlechter von Adam bis Noach. Die ägyptischen und griechischen Mysterien, die kabbalistische und christliche Gnosis wie auch alle Überlieferungen Mittelamerikas, Chaldäas, Persiens und Indiens geben – ebenfalls in vorsichtig verschleiernden Allegorien – ein wenig mehr von der Größe und vom Licht jener Tage preis. Es war Gottes Wille, diese Dinge bis zur Zeit Seiner Wiederkunft vor der Öffentlichkeit zu verbergen.

Was viele Menschen schlummernd in ihren Seelen tragen, ist ein sehnsüchtiges Erinnern an diese Zeit großer Gottesnähe und paradiesischer Eintracht unter den Menschen, ein gefühlsmäßiges Erinnern an die Urheimat unserer Seele, wo wir, in einem Reich des Lichtes und des Friedens lebten und der göttlichen Ordnung noch nicht den Rücken kehrten. Set, Henoch, Thoth, Orpheus, Hermes, Santkumara, Dattatreya und Dakshinamurti sind nur einige Namen großer Eingeweihter und Träger göttlichen Lichtes, die uns die unterschiedlichen Traditionen aus dieser Zeit überliefert haben. Sie alle waren Urlehrer der Menschheit in jenen Tagen.*

Die Verheißung des Lichtes und das Erbe der Gottessöhne blieb jedoch nicht ungetrübt. Bald erschlägt »Kain« seinen Bruder »Abel«. (Gn. 4.3-10) Beide haben Gott geopfert. Abels Opfer war selbstlos und rein, Kains Opfer jedoch vom Bösen. (vergl. 1. Joh. 3.12) Kain war also der erste Schlächter und Abel der erste Blutzeuge vor seinem Gott!

Im *Midrash* beziehungsweise in der *Haggada* Israels heißt es verkürzt aber sinnträchtig: »Als Adam auf die Erde kam, baute er JHWH einen Altar. Dort brachte er seinem Herrn reine Opfer dar. Als später das Geschlecht Kains auszog, um sich »im Lande ›Nod‹ – östlich von Eden – niederzulassen« (Gn. 4.16), erbaute es eine Stadt. Der *Altar Adams* und die *Stadt Kains* stehen im geistigen Sinn für die Fundamente *»Jerusalems«* und *»Babels«* als die künftigen Erben der beiden *Bäume des Paradieses.*

Von »Kain« und »Set«, dem dritten Sohn und geistigen Erben des wiederhergestellten Adam an Abels statt, gehen die beiden

* Von Henoch weiß die jüdische Überlieferung zu berichten, daß er nach seiner Himmelfahrt von Gott zum himmlischen Schreiber und Verwalter des Lebensbuches (der »Akasha Chronik«, in der die Schicksale der Menschen und Engel aufgezeichnet sind) vor Seinen Thron berufen wurde. (Hen. [äth.] 12.1-4) Die Kabbala identifiziert ihn deshalb mit Metatron, dem höchsten Fürsten und Herrscher der Engel. Er ist mit dem »Thoth« der Ägypter, mit dem »Hermes Trismegistos« (dem Dreimalgroßen) der Griechen und mit dem »Idris« der Muslime identisch. Alles in allem ist er – nach »Jared« (dem Heruntersteigenden) (Gn. 5. 18-20 – derjenige, unter dessen Einfluß das Friedensreich seine letzte und größte Blütezeit erfährt.

Schicksalslinien der Menschheit aus. »Kain war vom Argen.« (1. Joh. 3.12) Sein Weg ist der Weg in die Finsternis. Seine Nachkommenschaft stiftet Kunst, Musik und Industrie (Gn. 4.19-22) – hier als Sinnbilder für »sinnliches Ergötzen« und »einträgliche Geschäftigkeit«. Sie herrschen bis in unsere Tage.

»Set« hingegen ist vom Licht. Seine Heimat ist nicht von dieser Welt. Er ist der Hüter göttlicher Güter und der Stifter himmlischen Weines. In seinen Fußstapfen wandeln die Friedfertigen und die Gerechten und die, die allein Gott dienen und Ihn verherrlichen. Hier sehen wir, daß die Gabelung in einen »breiten« und einen »schmalen« Weg, von der Jesus spricht, bereits in der Urgeschichte der Menschheit liegt. Der breite Weg führt ins Verderben, der schmale aber ins ewige Leben. (Mt. 7.13-14)

Dennoch währte dieser erste, vom Himmel gestiftete Gottesstaat eine geraume Weile und glänzt in der Menschheitsgeschichte als eine Epoche unvergleichlicher geistiger Fruchtbarkeit, kultureller Entfaltung, wissenschaftlicher Größe und spiritueller Verwirklichung. Nur die überlieferten Legenden längst verschollener Kulturen legen Zeugnis von den Errungenschaften dieses atlantischen Staates ab. Darüber hinaus waren es die Sehergaben und die intuitive Schau einzelner Begabter, welche die Erinnerung an Atlantis aus der Tiefe des Vergessens geholt haben. Platos *Staat*, Augustinus' *Gottesstaat* und Edgar Cayce's *Readings* berühren die verborgenen Wurzeln dieser Dinge, und der Sphinx von Gizee, Tetramorph der vier Heiligen Wesen (Chaijot Kadushim), ist ein Zeuge ihrer versunkenen Geheimnisse, der die Wogen der Geschichte überdauert hat.

Doch als die atlantische Epoche mit »Henoch« (hebräisch: der Eingeweihte, der Erleuchtete) ihren glorreichen Höhepunkt erreichte, war die Macht des Erbes Kains so sehr angewachsen, daß der Untergang ihrer Errungenschaften nur mehr eine Frage weniger Generationen war. Während »Henoch«, der Siebente nach Adam (Jud. 14) in der Geschlechterfolge »Sets«, im Lichte seiner Gerechtigkeit triumphierend – wie Elijah und Jeshua nach ihm – lebendig in den Himmel auffuhr, fuhr »Lamech«, der Siebente nach Adam in der Linie »Kains«, frech sich seiner Arglist und seiner Blutschuld brüstend, geradewegs in den Sheol. (Gn. 5.1-24; Gn. 4.17-19/23-24)

Vom Abfall bis zur Flut

Wie wir aus der Bibel und aus der Realität unserer Geschichte wissen, haben die paradiesischen Zustände jener Epoche auf Erden nicht lange angehalten. Und tatsächlich folgt der Niedergang dieser erhabenen Kultur auf dem Fuß und reißt das ganze Reich mit sich. Wenn wir uns jedoch ihre Größe und ihren Segen vergegenwärtigen, erscheint es geradezu unbegreiflich, wie solch ein goldenes Zeitalter in ein derart moralisches Elend herabsinken konnte. Um das besser verstehen zu können, bedarf es der Kenntnis weiterer Fakten, über die wir bisher hinweggesehen haben.

Mit den Söhnen des Lichtes und den Menschenseelen kamen auch die *gefallenen* Gottessöhne – die »Nephilim« – auf die Erde und suchten allmählich Macht und Einfluß über die Menschen zu gewinnen. In der Schrift heißt es: »Die Nephilim lebten damals auf Erden …« (Gn. 6.4a) Und: »Als die Menschen anfingen, sich auf der Erde zu vermehren und ihnen Töchter geboren wurden, sahen die (gefallenen) Gottessöhne, daß die Menschentöchter zu ihnen paßten, und sie nahmen sich Frauen aus allen, die ihnen gefielen … als die Gottessöhne mit den Menschentöchtern verkehrten und diese ihnen Kinder gebaren: die Titanen (hebräisch: *Giborim* – ›die Gewaltigen‹), die berühmten.« (Gn. 6.1-2/4b)

Das Wort Nephilim geht auf die hebräische Wurzel *naphal* – »gefallen« zurück; die Nephilim sind also »die Gefallenen«. Bei den Gottessöhnen, von denen in Genesis 6.1-4 die Rede ist, handelt es sich also um gefallene Engel, die sich auf Erden inkarnierten. Sie entsprechen den »Asuras« der indischen Mythologie, und aus ihrer ungleichen Verbindung mit den Menschentöchtern (Benot Ha-Adam) gingen die »Giborim« (Sanskrit: *Daityas*), die »Mächtigen« dieser Erde hervor. Diese wurden auch in späteren Tagen noch bezeugt. So heißt es etwa in Dt. 2.10-11: »Vor Zeiten wohnten die *Emiter* darin (im Lande Ar), ein Volk, so groß, zahlreich und hochgewachsen wie die *Enakiter (Anakim)*. Zu den *Rephaitern* zählen auch sie, wie die Enakiter; die Moabiter aber nennen sie Emiter.« Der Kommentar der Jerusalemer Bibel merkt an: »Mit dem Wort ›Rephaim‹ wurden auch die Schatten in der Sheol bezeichnet.« (Ib. 26.5f)) Der Sohar und das Henochbuch nennen ihre Anführer »Uzza« und »Azael« beziehungsweise »Azazel« und »Semyaza«. Im Koran heißen sie »Wadd« und »Suwa«. Durch diese gefallenen Gottessöhne und ihre zwitterartigen Nachkommen wurde die ganze Erde verdorben. Diese Verderbnis erreicht in den Tagen Noachs, der aus der Linie Set-Henoch stammt, ihren schrillen Höhepunkt. Die Schrift konstatiert: »Die Erde aber war vor Gott verderbt, und die Erde füllte sich mit Gewalttat. Gott sah die Erde: verderbt war sie, denn alles Fleisch hatte seinen Wandel auf Erden verderbt.« (Gn. 6.11-12)

Die Nephilim (Asuras) und die Giborim hatten sich nämlich in einen tückischen Widerspruch zu ihren lichtreichen, göttlichen Brüdern gestellt. So begann in jenen Tagen der uranfängliche Kampf zwischen den »Söhnen der Finsternis« und den »Söhnen des Lichts«, dessen Aussaat über die Jahrtausende bis in unsere Zeit fortwirken sollte und von dessen Anfängen uns die Mythen der Völker berichten. Wir lesen darüber etwa im indischen *Mahabharata,* im babylonischen *Gilgamesh-Epos,* im *Zend-Avesta* Zarathustras und in der ägyptischen *Osiris-Legende.* Letztere erzählt uns, wie Seth (nicht zu verwechseln mit Set, dem dritten Sohn Adams), der dunkle Bruder des Osiris, diesen zu stürzen und seiner Königswürde zu berauben versucht. Dieser Kampf zwischen den ungleichen Gottessöhnen sollte schließlich vom Menschengeschlecht mit großer Ausdauer fortgeführt werden.

Vorbei sind also die paradiesischen Verhältnisse auf Erden, und die Würde des einstigen Gottesstaates ist längst dahin! Am Anfang seines Endes aber stand die Tatsache, daß die Menschentöchter den Verführungskünsten der Nephilim erlagen, und die hieraus resultierende Geburt der Giborim. Dieses unglückliche Ende betraf nicht nur die Nachkommen Kains, sondern auch die Sets, denn unter all den negativen Einflüssen hatten sie sich zwischenzeitlich miteinander vermischt. So gerieten alle Menschen unter den dämonischen Einfluß der Nephilim, und die Giborim waren es, die ihrerseits mehr und mehr Macht im Lande gewannen. Wir können sie durchaus als *Tyrannen* und *Magiere* bezeichnen, denn sie benutzten allerlei magische Mittel, um ihre Herrschaft über die Menschen zu festigen und auszudehnen.

Sie machten auch vor den Heiligtümern des Landes nicht halt, und zettelten schließlich unter der Führung der Nephilim und ihrer buhlenden Frauen aus der Mitte des Tempels eine Revolte gegen die Gottessöhne an, in deren Verlauf sie diese und ihre Hohenpriester stürzten und auf unauthorisierte, gottlose Weise die Macht an sich rissen. Diese neuen sogenannten Priester pervertierten den Gottesdienst in einen falschen Kult, erklärten Gott für tot, erließen eine neue Weltordnung und versprachen dem Volk einen Weg zum ewigen Leben auf Erden. Eine unvergleichlich dunkle Epoche der Gewaltherrschaft begann, die in einer unbeugsamen Feindschaft gegenüber allem Göttlichen gründete und in diesem Wahn versuchte, alles Reine zu tilgen. Die Führer des Volkes ließen sich selbst als Götter verehren und gründeten ihre Macht auf einem Bund mit den Kräften der Finsternis, also mit Satan und seinen Trabanten.

Unter Anleitung dieser falschen Priesterschaft begann ein großer Teil der Menschheit, alle Grundlagen eines würdigen Zusammenlebens über Bord zu werfen und ein völlig verworfenes Dasein zu führen. Alle Laster, Greuel und Gewalttaten, die das menschliche Hirn nur ersinnen konnte, wurden öffentlich begangen. Die Priesterschaft entweihte alles, was heilig war, verkehrte die göttliche Weisheit und Ordnung und schreckte nicht einmal davor zurück, die Geheimnisse der heiligen Sakramente an sich zu reißen und auf den Kopf zu stellen. Ihnen war nichts heilig, und auch die Würde und das Leben ihrer Mitmenschen war ihnen nichts wert. Sie beschworen die Dämonen und opferten ihnen das Blut unschuldiger Kinder und rein gebliebener Menschen. Erst später sollten auch Tieropfer folgen.

Damit begann die Herrschaft des Dunkels über unsere Seelen, ja über alle Völker und Nationen unserer Erde, die bis auf den heutigen Tag nicht beendet ist. Tausende wurden in diese falschen Kulte verstrickt und mit in den Abgrund der Hölle gerissen. Das Band des Friedens und der Harmonie zwischen Mensch und Natur – auch zwischen Mensch und Tier – war zerrissen, die Einheit endgültig zerbrochen. Dies war die Zeit größter Dunkelheit auf Erden, und sie endete damit, daß Gott durch ein einziges Wort den ganzen Kontinent samt seiner Bewohner dem Untergang in den Fluten der Meere anheimgab.

Unsere Heilige Schrift bezeichnet das Geschlecht und die falsche Priesterschaft dieser Zeit als das *vorsintflutliche Geschlecht*, das in dem uns allen bekannten Gottesgericht der Sintflut unterging. Es ist jene Zeit vor Noach, von der es bei Mose heißt: »Die Erde war vor Gott verderbt, und sie füllte sich mit Gewalttat.« (Gn. 6.11) »Als JHWH sah, daß die Bosheit der Menschen auf Erden groß war und alles *Gedankengebilde ihres Herzens* allezeit nur auf das Böse gerichtet war, da reute es JHWH, daß Er den Menschen gebildet hatte.« (Gn. 6.5-6) »Und JHWH sprach: ›Ich will die Menschen, die Ich auf Erden geschaffen habe, vom Erdboden hinweg vertilgen.‹« (Gn. 6.7) Die kabbalistische Tradition nennt die Menschen dieser Zeit auch das *sodomitische Geschlecht*, denn Sodom und Gomorrah sind nichts anderes als Visionen jener Zeit, die Abraham durch die drei Engel von Mamre vermittelt wurden.

Die abgrundtiefe Verwicklung der Menschheit mit den Kräften der Finsternis legte das Fundament für unserer gesamte weitere Geschichte. All die falschen Kulte und Gewaltakte jener Tage, vor allem die Beseitigung der Heiligen Sakramente und das Bündnis mit den Mächten der Finsternis, erzeugte einen so abgrundtiefen Haß gegen alles Wahre, Reine, Gute, Lichtvolle und Göttliche und machte die Herzen der Menschen so hart und ihre Nacken so unbeugsam, daß unsere ganze Geschichte bis auf den heutigen Tag davon geprägt ist. Viele Wahnideen, ideologischen Konzepte und Erscheinungen der Weltgeschichte bis hin zu denen des Dritten Reiches tragen den deutlichen Stempel dieser gräßlichen Zeit. Die kultischen Elemente des Dritten Reiches, die moralische Willkür, die Idealisierung einer Rasse und die Verdammung und programmatische Ausrottung einer anderen, die Idee von der Schaffung eines neuen Übermenschen und all die medizinischen und erbbiologischen Experimente, die mit diesem Ziel durchgeführt wurden, verweisen auf den gleichen Ursprung. All dies bezeugt ein Heraufdämmern jener unerlösten, dunklen Vergangenheit, wie Jesus selbst es für unsere Zeit vorausgesagt hatte: »Wie in den Tagen Noachs, so wird es auch in den Tagen der Ankunft des Menschensohnes sein.« (Lk. 17.26; Mt. 24.37)

Noach aber stand bis zum besiegelten Ende jener Generation als Prophet und Warner in der Mitte seines Volkes. Er hatte kein Amt im Tempel, war aber von JHWH gesalbt. Im Koran heißt es: »Wir (Elohim) sandten Noach zu seinem Volk. Er sagte: ›O mein Volk, dienet Gott. Ihr habt keinen Gott außer Ihm. Ich fürchte für euch die Pein eines schrecklichen Tages.‹« (Sure 7.59) »Ich bin euch ein deutlicher Warner: Ihr sollt Gott allein dienen ...« (Sure 11.25-26) »Ich sprach zu ihnen öffentlich und im Geheimen. Ich sagte: ›Bittet euren Herrn um Vergebung – Er vergibt ja viel.‹« (Sure 71.9-10) »Er (Noach) sagte: ›Mein Herr, ich habe mein Volk bei Tag und bei Nacht gerufen. Mein Rufen aber hat sie nur in ihrer Flucht bestärkt. Sooft ich sie rief, damit Du ihnen vergibst, steckten sie ihre Finger in die Ohren und hüllten sich in ihre Gewänder. Sie blieben verstockt und voll des Hochmuts!‹« (Sure 71.5-9)

»Noach aber hatte in den Augen JHWHs Gnade gefunden ...« Denn: »Noach war ein gerechter Mann, untadelig unter seinen Zeitgenossen. Es wandelte Noach mit Gott. Und Noach zeugte drei Söhne: Shem, Cham und Japhet.« (Gn. 6.8-10)

Als sein Rufen ohne Echo verhallte, erging das Wort JHWHs an Noach: »Gehe du mit deiner ganzen Familie in die Arche ...« (Gn. 7.1) »Und Noach ging vor den Wassern der Flut in die Arche, und mit ihm seine Söhne, Shem, Cham und Japhet, seine Frau und die Frauen seiner Söhne.« (Gn. 7.7/13)

Die übrigen Menschen aber »aßen und tranken und freiten und ließen sich freien, bis zu dem Tag, da Noach in die Arche ging, und kamen nicht zur Erkenntnis, bis die Flut kam und alle hinwegriß.« (Mt. 24.38-39) Die Schrift weiß zu berichten: »Nun ergoß sich die Flut vierzig Tage und vierzig Nächte lang über die Erde. Das Wasser schwoll an und hob die Arche empor, so daß sie über die Erde schwamm ...« (Gn. 7.17)

Die Neugründung und das Erbe Noachs

»Die Quellen der Tiefe und die Schleusen des Himmels hatten sich geschlossen ...« (Gn. 8.2) Das Gottesgericht war vollendet. »Alles, was Lebensodem in seiner Nase hatte ... wurde von der Erde vertilgt. Nur Noach blieb übrig und was mit ihm in der Arche war.« (Gn. 7.22-23) So hat Gott »nur Noach, den Herold der Gerechtigkeit, mit sieben Seelen am Leben erhalten ...« (2. Petr. 2.5)

»Nach Ablauf der hundertfünfzig Tage ging das Wasser zurück, und im siebten Monat am siebzehnten Tag des Monats ruhte die Arche auf den Bergen von *Ararat.*« (Gn. 8.3-4)

Als Noach mit den Seinen die Arche verlassen hatte, baute er – im Aufgang der Sonne – »JHWH einen Altar« (Gn. 8.20). Gott segnete Noach und seine Söhne und sprach zu ihnen: » ...nach dem Bilde Gottes hat Er den Menschen gemacht ... Werdet fruchtbar und mehret euch, wimmelt auf der Erde und herrschet über sie! ... Seht, Ich schließe Meinen Bund mit euch und mit euren Nachkommen nach euch und mit allen Lebewesen, die bei euch sind ...‹ Und Gott sprach: ›Und dies sei das Zeichen des Bundes, den Ich zwischen Mir und euch und allen lebenden Wesen bei euch für immerwährende Geschlechter schließe: Ich stelle Meinen Bogen in die Wolken, er soll ein Zeichen des Bundes zwischen Mir und der Erde sein ... Wenn der Bogen in den Wolken erscheint, werde Ich ihn ansehen, um des ewigen Bundes zwischen Gott und allen lebenden Wesen ... zu gedenken‹ ... Und Gott sprach zu Noach: ›Dies ist das Zeichen des Bundes, den Ich zwischen Mir und allem Fleisch, das auf Erden ist, geschlossen habe.‹« (Gn. 9.1/6-7/8-10/12-13/16-17)

Der Regenbogen und die Wolken sind ein klarer Hinweis auf ein inneres Gesicht, das JHWH Noach und seinen Söhnen gewährte. Was sie »im Himmel« schauten, ist die Herrlichkeit JHWHs und die Verheißung des Menschensohnes. So heißt es in der Schrift: »Siehe, ein Thron stand im Himmel und auf dem Thron saß Einer, und der da saß, war anzusehen wie Jaspisstein und Sardisstein, und rings um den Thron war ein *Regenbogen*, anzusehen wie ein Smaragd.« (Offb. 4.2-3) »Wie die Erscheinung des *Bogens*, der in den Wolken steht am Tage des Regens, so war die Erscheinung des Lichtglanzes ringsum. So sah das Schaubild der Herrlichkeit JHWHs aus.« (Ez. 1.28) Und bei Daniel heißt es: » ...auf den *Wolken* des Himmels (kam) eine Gestalt wie ein Menschensohn; er gelangte bis zu dem Hochbetagten und wurde vor diesen hingeführt. Ihm wurde nun Macht und Herrlichkeit und Königsherrschaft gegeben ...« (Dn. 7.13-14) Wie später die siebzig Ältesten Israels mit Mose und Aaron vor JHWH entrückt wurden (Ex. 24.9-10), so waren es hier Noach und seine drei Söhne, denen Sich JHWH offenbarte und mit denen Er Seinen Bund schloß.

In der Tat wird uns hier erzählt, wie Gott den Bund, den Er mit Adam geschlossen hatte, mit Noach erneuerte und Noach darüber hinaus zum Initiator einer neuen Geistestradition machte. Schon sein Name – *Noach* heißt »Trost« – verweist auf die bedeutsame Sendung dieses Eingeweihten. An seinem Beinamen *Menachem* – »der Tröster« – erkennen wir ihn als Vorgänger des von Jesus für die Endzeit verkündeten Parakleten, der (gemäß der griechischen Wurzel paraklhtoz) als »Tröster« und »Richter« hinüberführt in die Neue Welt der Gottesherrschaft auf Erden. Damit erweist sich Noach nicht nur als Stifter des Heiligen Geistes und Initiator einer Neuen Weltepoche, sondern auch als Verkünder der endzeitlichen Erlösung, und die Flut wird zum Sinn- und Inbild des Jüngsten Gerichts und der eschatologischen Welterneuerung.

Bevor Noach die Arche verließ, entsandte er eine Taube: »Die Taube kam am Abend zu ihm zurück, und siehe, sie trug einen frischen Ölzweig in ihrem Schnabel.« (Gn. 8.10-11) Diese Taube mit dem Ölzweig, die heute weltweit als Symbol des Heiligen Geistes und des Friedens *(Friedenstaube)* gilt, ist ein Indiz für Noachs Rolle als Friedensfürst und Träger des Heiligen Geistes. Der Ölzweig verweist auf seine Prophetenwürde und das künftige Friedensreich Gottes auf Erden.

Einerseits rettet Noach das große Gotteserbe aus der Zeit der ersten geistigen Grundlegung der Welt durch ihren Untergang hinüber in eine neue Epoche, andererseits ist er der Wurzelstock, Stifter, Inaugurator, Urlehrer und hohepriesterliche Initiator eines neuen Geisteslebens und einer neuen initiatischen Welttradition. Als einzig überlebender Zeuge und Träger der Mysterien des gesunkenen Kontinentes, der ihre Geheimnisse und Reliquien in der Arche bewahrte, sollte und konnte er erst dadurch, daß Gott Seinen Bund mit ihm und seinen Nachkommen erneuerte, zum Haupt und Ursprung einer Vielzahl geistiger Kulturen werden. Über seine drei Söhne Cham, Shem und Japhet sowie deren Nachkommen, Kinder, Kindeskinder und geistigen Erben wurde er in der Tat zur Wurzel ganz unterschiedlicher künftiger Einweihungstraditionen und Geistesschulen, aus denen die Hochkulturen unserer Geschichte erblühen sollten. In ihnen sollte das alte Erbe in seiner ursprünglichen Reinheit fortleben und zum Fundament für die Wiederaufrichtung der Seelen werden.

Das Gedächtnis Noachs aber ist uns in den großen Epen und Lehrgedichten der Völker bis auf den heutigen Tag erhalten. Er ist der »Manu« der Inder, der »Mannus« der Germanen, der »Utnapishtim« des babylonischen Gilgamesh-Epos, der »Xisuthros« der Chaldäer und der »Deukalion« der Griechen. Im Gilgamesh-Epos hat er den Beinamen »Atrachasis«, was soviel wie »Großer Weiser« bedeutet und dem indischen Titel »Maharishi« entspricht. Im indischen Epos *Mahabharata* wird erzählt, wie der Gott Vishnu in Gestalt eines Fisches dem Manu eine Flut verhieß und ihn anschließend davor rettete. Nach der Flut landete Manus Schiff auf dem Gipfel eines Berges, und nach dem Versiegen der Wasser hat Manu – unterstützt von den sieben heiligen Rishis, die ihn in seinem Schiff begleiteten – eine neue Menschheit erschaffen, die er nach göttlichen Gesetzen führte. Der *Fisch* erinnert an das Symbol des Menschensohnes, das dem Noach in seiner Schau vor der Lichtaura JHWHs erscheint, während er seinen Bund mit Gott schließt.

Nun ist das Alte Testament der Bibel – mit dem ersten Buch Moses' und der Chronik im besonderen – das einzige Buch, das in kurzer, aber klarer Sprache den »Stammbaum« und *die gegenseitige Verwandtschaft unserer abendländischen Völker und Kulturen sowie deren gemeinsamen Ursprung* überliefert. Dieser Stammbaum wird uns in der *Genealogie der Geschlechter* von *Noach bis Abraham* in symbolischer Form dargestellt. Wie wir wissen, ist Noach einer der acht Überlebenden (Gn. 6.10/18; 1. Petr. 3.20) der großen Katastrophe und des *Untergangs von Atlantis* (seines Kontinentes) und der einzig überlebende Erbe, Hirte und Hüter des göttlichen *Vermächtnisses*. In Noach finden wir den *einen* Ursprung aller lebendigen Geistestraditionen sowohl unserer abendländischen Welt als auch des gesamten Orients. So hatte Gott durch Noach und seine Nachkommen neue Stätten geistigen Lebens gegründet und damit die Wurzel der großen Weltkulturen befestigt.

Daß *Noach* tatsächlich der *Hüter des ursprünglichen Vermächtnisses Gottes* war, wird uns in der Schrift durch zweierlei Aussagen bestätigt. *Erstens steht er in der unmittelbaren Erbfolge der Geschlechter Adams,* was in der Schrift stets bedeutet, daß er in der geistigen

Linie des göttlichen Erbes seiner Vorväter stand, und *zweitens* erfahren wir, daß *Gott mit ihm einen Bund schloß,* der sowohl eine Erneuerung des Bundes mit Noachs Vorvater Adam, als auch ein Versprechen für seine Nachkommen, also seine geistigen Erben, beinhaltet. Es heißt: »Dann sprach Gott zu Noach *und* zu seinen Söhnen, die bei ihm waren ...: ›Dies sei das Zeichen des Bundes ... für immerwährende Geschlechter.‹« (Gn. 9.8/12-13)

Der Bund, den Gott sowohl mit Adam nach dessen Vertreibung aus dem Paradies, als auch mit Noach nach der Sintflut und mit Abraham nach dessen Einweihung durch Melkizedek geschlossen hatte, beinhaltete stets das Versprechen Gottes, Sein Vermächtnis wiederherzustellen und es, im Falle eines gottgefälligen Wirkens Seiner Berufenen, diesen oder deren geistigen Erben wiederzugeben. Wir erkennen Noach also ganz klar als einen Berufenen in der Linie der anfänglichen Verheißung Gottes. In Anbetracht der durch den Fall der Menschheit verursachten Störung der Harmonie in der Natur macht Gott Noach darüber hinaus zum Träger einer neuen Offenbarung und Heilsverkündigung, welche die gesamte lebendige Schöpfung umfaßt, indem Er alles Leben und auch die Erlösung der Tierwelt in Seinen Bund mit Noah einschließt. Erst mit dem Fall des Menschen wurde die Schöpfung erlösungsbedürftig. Denn als der Mensch das erste Mal die Hand gegen seinen Bruder erhob und anfing den Götzen zu opfern, brachte er nicht nur Furcht und Schrecken über die Tierwelt, sondern den Fluch seiner Bosheit über Gottes ganze Schöpfung. Während Mensch und Tier anfangs in Frieden miteinander lebten und sich von den Früchten und Samen der Pflanzen ernährten, die Tiere sich der noch unbeschädigten Würde des Menschen in natürlicher Weise unterwarfen und die Menschen sie mit ihren reinen Gedanken beherrschen und lenken konnten, war diese harmonische Verbindung zur Schöpfung (Natur) nach deren Verletzung durch den sündig gewordenen Menschen zerbrochen.

In der *Schatzhöhle* (Schule des Heiligen Ephraim des Syrers) heißt es bezogen auf Adams Herrschaftsantritt auf Erden: »Und (Adam) zog das Gewand des Königtums an, und die Krone der Glorifikation wurde auf sein Haupt gesetzt. Er wurde zum König gemacht und ... Gott gab ihm die Herrschaft über alle Kreaturen, und es versammelten sich alle Tiere und das Vieh und Gevögel und kamen vor Adam, und er gab ihnen Namen, und sie beugten ihr Haupt vor ihm und es beteten ihn alle Naturen an und dienten ihm. Und es hörten die Engel ... die Stimme Gottes, welche zu ihm sprach: ›O Adam, siehe Ich habe dich zum König ... und Herrn und Haupte und Führer aller geschaffenen Wesen und Geschöpfe gemacht, und dir dienen sie und sind dein; und Ich habe dir die Herrschaft über alles, was Ich geschaffen habe, gegeben.‹« (Schatzhöhle 2) Dies ist ein Ausdruck des Friedens, der Gottesherrschaft und der Königswürde des Menschen in der Zeit der geistigen Grundlegung der Welt. Nach dem Niedergang des Menschengeschlechts und seiner Degeneration vor der Flut wichen diese Glorie und Königswürde von ihm, wie er zuvor seine Gotteswürde im Paradies verloren hatte, und die Frucht seiner Werke war Gewalt, Haß und Zerstörung. Hiermit fiel der Fluch seiner Sünde als schwerer Schatten auf die Natur. Dies bezeugt die Schrift in ihrer weise versiegelten Sprache. Während Gott nach der Herrschaftsübertragung an Adam sprach: »Seid fruchtbar und mehret euch und erfüllet die Erde und *macht sie euch untertan! Herrschet über die Fische des Meeres und über die Vögel des Himmels und über alles Getier, das sich regt auf Erden! ... Seht, Ich übergebe euch alles Kraut, das Samen hervorbringt auf der ganzen Erde, und alle Bäume, die samentragende Früchte hervorbringen; das sei eure Nahrung.* Allem Wild des Feldes, allen Vögeln des Himmels und allem, was sich regt auf Erden und Lebensodem in sich hat, gebe Ich alles grüne Kraut zur Nahrung« (Gn. 1.28-30), heißt es nun beim Bundesschluß mit Noach und seiner Nachwelt: »Seid fruchtbar und mehret euch und erfüllet die Erde! *Furcht und Schrecken vor euch sei auf allen Tieren der Erde, auf allen Vögeln des Himmels und auf dem Gewürm auf dem Boden und auf allen Fischen des Meeres: in eure Hand sind sie gegeben.* Alles, was sich regt und lebt, diene euch zur Nahrung; wie das grüne Kraut überlasse Ich euch alles ... Aber euer Blut, das Blut eures Lebens, werde Ich fordern; Ich werde es fordern von jedem Tier und jedem Menschen. Von einem jeden, selbst von seinem Bruder werde Ich das Leben des Menschen fordern ...« (Gn. 9.1-5)

Die ersten Worte Gottes in der Herrschaftseinsetzung Adams und Noachs sind zwar noch identisch: »Seid fruchtbar und mehret euch und erfüllet die Erde.« (Gn. 1.28 und Gn. 9.1) Aber dann klaffen sie auseinander wie Himmel und Erde. Die Worte »Furcht und Schrecken vor euch sei auf allen Tieren …: in eure Hand sind sie gegeben. Alles, was sich regt und lebt, diene euch zur Nahrung« bedeuten nicht etwa, daß sich die Intention unseres Schöpfers geändert hätte oder daß dies gar ein göttlicher Auftrag an uns sei, wie manche törichte »Schriftgelehrte« uns zu erklären versuchen. Es handelt sich vielmehr um eine prophetische Verkündigung JHWHs zum künftigen Schicksal des Lebens auf Erden. Denn mit der Degeneration des menschlichen Geistes war die Einheit des Lebens auf Erden zerbrochen und seine Harmonie zerstört. (Tatsache ist ja, daß die Menschen erst mit der Darbringung von Menschenopfern in dämonischen Kulten ihren ursprünglichen Vegetarismus aufgaben und anfingen, Götzenopferfleisch als Nahrung zu sich zu nehmen. Das erste Fleisch, das Menschen aßen, war das ihrer eigenen Brüder. Erst später begannen sie, auch das Fleisch von Tieren – ursprünglich ebenfalls aus kultischen Gründen – zu sich zu nehmen. Hiervon zeugen die Tempel und die Legenden von den Kulten der Mayas, Azteken, Druiden, Mongolen, Babylonier, Ägypter und Israeliten noch heute.) Es ist wie Paulus sagt: »Hört ihr nicht, daß die ganze Schöpfung seufzt und in Wehen liegt und sehnsüchtig der Erlösung harrt?« (Röm. 8.19/22/23) Und im Kommentar der Jerusalemer Bibel heißt es in der Anmerkung zu Gn. 9.1-2: »Wie am Ursprung wird der Mensch aufs neue als König der Schöpfung gesegnet und geweiht, aber das Reich des paradiesischen Friedens ist dahin; das Verhältnis der Geschöpfe zueinander ist ein anderes geworden: Das neue Zeitalter wird den Kampf zwischen Mensch und Tier sowie Zwietracht und Gewalttat der Menschen untereinander erleben. Erst in der Endzeit wird der paradiesische Friede wieder erblühen.«

Erst mit der Erlösung der Menschheit und ihrer Rückkehr in die Harmonie und Einheit des Kosmos werden Furcht und Schrecken vor dem Antlitz des Menschen in der Menschen- und Tierwelt verschwinden, und die ursprüngliche Einheit des Lebens wird wiederhergestellt sein. Nur mit dem Menschen kann auch die geknechtete Natur erneut Erlösung und Frieden finden. Darauf weist die messianische Heilsvision Isajahs: »Dann wohnt der Wolf bei dem Lamm und der Panther lagert bei dem Böcklein.

Kalb und Löwenjunges weiden gemeinsam, ein kleiner Knabe kann sie hüten ... Der Löwe nährt sich wie das Rind von Stroh. Der Säugling spielt am Schlupfloch der Otter, und in die Höhle der Natter streckt das entwöhnte Kind seine Hand.« (Js. 11.6-8) Auf diese Heilsverheißung deuten auch die Worte JHWHs im noachischen Bundesschluß: »Seht, Ich schließe Meinen Bund mit euch und mit euren Nachkommen nach euch und mit allen Lebewesen, die mit euch sind: mit den Vögeln, dem Vieh und allem Wild des Feldes bei euch, ... mit allen Tieren der Erde. Ich schließe Meinen Bund ... zwischen Mir und euch und allen lebenden Wesen ... zwischen Gott und ... allem Fleisch, das auf Erden ist.« (Gn. 9.8-10/12/17) Und diese Verheißung, für die Noach unser Pfand und Siegel ist, ist der »Trost« in der hoffnungsbangen Sehnsucht der ganzen Schöpfung.

Nachdem Noach und seine Angehörigen die Arche verlassen und den Altar JHWHs errichtet hatten, ließen sie sich in der Umgebung des Berges Ararat am Fuße des Kaukasus nieder. In typisch biblisch verhüllender und doch bildreich indizierender Sprache heißt es – bezogen auf Noachs Seßhaftwerden in der neuen Welt – schlicht: »Noach, der Landmann, begann die Weinrebe zu pflanzen.« (Gn. 9.20) Das hebräische Wort *gefen* signalisiert den »Christos« als Wurzelstock einer neuen gottgeborenen, geistigen Menschheit. Der Weinstock weist in der Tat nochmals auf die Rolle Noachs als Erbe und Hüter des Vermächtnisses der Gottessöhne aus der versunkenen Welt hin. Er ist der Sähmann, der die Keime eines christförmigen Menschseins legt. Wie die erhabenen Söhne des Lichtes die in die Materie gefallene Menschheit in der Zeit der Grundlegung nicht nur im Ackerbau und in der Veredelung der Feldfrüchte, in der Zähmung wilder Tiere und der Haltung von Haustieren, in der Beobachtung der Sterne und in vielen anderen Künsten unterrichteten, sondern ihr auch göttliche Sakramente stifteten, so war es nun Noach, der diese Dinge einer neu erstehenden Menschheit und Weltzivilisation übermittelte. »Weizenähre« und »Weinstock«, »Brot« und »Wein« waren seit Urzeiten nicht nur Symbole für kultivierten Landbau und die Veredelung der Landfrüchte, sondern vor allem für jene himmlischen Sakramente, die den Menschen von Gott zur Veredelung und geistigen Entfaltung ihres inneren Wesens gegeben wurden.

Wie »Ähre« und »Rebe« waren auch jene Sakramente Stiftungen der Gottessöhne, die mit Adam auf die Erde gekommen waren. Nach der Flut wird nun Noach zum Träger all dieser Geheimnisse, die über seine Nachkommen von Shem schließlich auf Melkizedek, Abraham, David und Jesus kommen sollten.

Nun heißt es ferner: »Als er (Noach) vom Weine trank, wurde er berauscht und lag entblößt im Innern seines Zeltes. Cham, der Vater Kanaans, betrachtete die Blöße seines Vaters und erzählte es draußen seinen beiden Brüdern.« (Gn. 9.21-22) Shem und Japhet aber nahmen eine Decke, gingen rückwärts hinein und bedeckten die Blöße ihres Vaters. Ihr Gesicht war abgewandt, so daß sie die Blöße ihres Vaters nicht sahen. Als Noach später … erfuhr, was sein jüngster Sohn ihm getan, da verfluchte er ihn und sein Geschlecht. Er spach: »Verflucht sei Kanaan, der Sohn Chams; der niedrigste Knecht sei er seinen Brüdern!« – »Gepriesen sei JHWH, der Gott Shems, und Kanaan sei sein Knecht!« – »Weiten Raum gebe Gott Japhet; er wohne in den Zelten Shems, und Kanaan sei sein Knecht.« (Gn. 9.25-27)

Was hat eine solche Geschichte, die aus dem Leben eines Eingeweihten gegriffen ist und neben zwei Segnungen auch einen Fluch enthält, zu bedeuten? Es ist die uns bekannte jüdische Überlieferung, daß Cham, der jüngste Sohn Noachs, seinen Vater zu demütigen suchte, indem er ihn trunken machte und sodann dessen Blöße aufdeckte. Auch verschiedene Stellen der Schrift verweisen indirekt auf diesen Sachverhalt. So heißt es etwa bei Habakuk: »Wehe dem, der seinen Nächsten zu trinken gibt, der eingießt sein Gift und sie trunken macht, um ihre Blöße zu schauen. Du hast dich an Schmach statt an Ehre gesättigt. Trinke nun auch du und zeige deine Blöße! Auch an dich kommt nun der Becher der Rechten JHWHs …« (Hab. 2.15-16) Von hier an ist der Wein nicht mehr nur Symbol göttlicher Gnade, sondern wird er auch zum Sinnbild Seines Gerichtes. Diese Tat Chams, mit der er den Fluch Gottes – ausgerufen durch seinen eigenen Vater – auf sich zog, wird zum Sinnbild für die Bosheit der Menschen wider Gott, göttliche Reinheit und Autorität. Und die Schrift gebraucht das Bild des Weines, mit dem Cham seinen Vater trunken machte, als Symbol des Strafgerichtes Gottes, das den trifft, der Übles ausheckt. So heißt es etwa: »Auch an dich kommt der Becher und er entblößt dich im Rausch.« (Klgl. 4.21) »Hartes hast du auferlegt deinem Volke, zu trinken gabst du uns betäubenden Wein.« (Ps. 60.5) »Denn in der Hand JHWHs ist ein Becher ... gefüllt mit betäubendem Wein. Er schenkt ihn aus, selbst die Hefe müssen sie schlürfen; es müssen ihn trinken alle Sünder der Erde.« (Ps. 75.9-10) »Nimm diesen Becher mit Wein aus Meiner Hand und laß alle Völker, zu denen Ich dich entsende, daraus trinken. Sie sollen trinken, daß sie taumeln und rasend werden vor dem Schwert ...« (Jr. 25.15-16) »Erhebe dich, erhebe dich, steh' auf, Jerusalem, das du aus der Hand JHWHs den Zornwein getrunken und den Taumelkelch ... geleert hast.« (Is. 51.17) »Also sprach JHWH, der Herr: Den Becher deiner Schwester ... sollst du trinken, den tiefen und weiten, zum Gelächter und Gespött sollst du werden ... Trinken sollst du ihn und leeren ... so trage deine Unzucht und Buhlerei.« (Ez. 23.32/34/35b)

In diesen und ähnlichen Worten zieht sich die Botschaft von Androhung und Vollzug der göttlichen Gerechtigkeit quer durch die Schrift. Von Cham bis »Babylon, der Großen«, wird jedem je nach seinen Werken der Wein seines Schicksals aus Gottes Kelch ewiger Gerechtigkeit eingeschenkt. So wird der »Zornwein« sprichwörtlich für den Vollzug Seines Gerichtes. Und wie Noach ihn in seinem Fluch über Cham der Nachkommenschaft seines liederlichen Sohnes vorhersagt, so verkündigt ihn die Offenbarung nicht nur als Strafgericht über Babylon, sondern im Gericht der sieben Zornesschalen über die ganze gottlose Welt: »Und des großen Babylon wurde vor Gott gedacht, um ihm den Becher des Weines Seines grimmen Zornes zu reichen.« (Offb. 16.19b) »Und ... es tat sich der Tempel des Offenbarungszeltes im Himmel auf. Und aus dem Tempel traten die sieben Engel, die die sieben Plagen hatten, heraus, ... Und eines von den ... Wesen reichte den sieben Engeln sieben goldene Schalen, gefüllt mit dem Zorne Gottes, der da lebt von Ewigkeit zu Ewigkeit ... Und ich hörte eine mächtige Stimme den sieben Engeln sagen: ›Geht hin und gießt die sieben Schalen des Zornes Gottes aus auf die Erde!‹« (Offb. 15.5-7/16.1)

Der Fluch, den Noach über Cham ausrief, trifft alle treulosen Geschlechter der Erde. Er sollte sich insbesondere an Cham und seinen Nachkommen erfüllen. Denn aus Cham ging Nimrod hervor, und durch Nimrod kam das Übel Babels über die Welt. (Siehe »Der Turmbau von Babel und die Spaltung der Welt«, Seite 153ff.) Und dieses Übel wird erst durch das endzeitliche Gottesgericht hinweggerafft. Wie es heißt: »Gefallen ist Babylon, die Große, die mit dem Zornwein ihrer Unzucht alle Völker trunken gemacht hat.« (Offb. 14.8/17.2/18.3) Das ist die Prophetie für das in unseren Tagen anrollende Weltgericht.

Zweitausend Jahre zuvor war es Jesus, der – frei von aller Schuld – zu Gethsemane den bitteren Kelch aus Gottes Hand annahm, um den Fluch und die Sünden der Welt – aus freien Stücken – auf sich zu nehmen und sie in Gottes Heil und Gnade zu verwandeln. Für den, der dieses von Gott dargebrachte Heil annimmt, wird das Gericht gegenstandslos. Auf diese Weise sehen wir, wie sich jede Seele letztlich in freier Wahl zwischen »Gnadenkelch« und »Zornwein« zu entscheiden hat.

In all diesen symbolträchtigen Ereignissen wird uns Noach immer wieder als Prophet des Heilsplanes Gottes und der endzeitlichen Erlösung vor Augen gestellt. Er ist der Herold des künftigen Friedensreiches sowie der Botschafter, Prophet und Priester des höchsten Gottes. Auch begründete Gott in Noach eine neue spirituelle Ordnung der Welt, die der vom Fluch des Falles beladenen Menschheit ein neues ethisches Fundament und eine neue Orientierung geben sollte.

Im Gesetz Manus ist diese neue Weltordnung vor allem der östlichen Welt bis in unsere Zeit überliefert. Es enthält gegenüber der Ordnung des adamitischen Geschlechtes neue, dem Zustand der gefallenen Menschheit angepaßte Leitlinien. Beispielsweise ist wegen des Mißbrauches der priesterlichen Würde durch das vorsintflutliche Matriarchat die Rolle der Frau in Bezug auf die Verteilung spiritueller Verantwortung deutlich eingeschränkt und das Amt der Priester – ähnlich wie im späteren Kodex des mosaischen Gesetzes – formell recht einschränkend definiert. Auch ist darin eine Differenzierung der Gesellschaft in ein System von vier Kasten mit unterschiedlichen Verantwortlichkeiten entwickelt, die seinerzeit ihre gute esoterische Bedeutung hatte, weil sie gemäß der inneren Reife und Begabung der Seelen vorgenommen wurde. Heute aber, nachdem dieses Kastensystem mit diskriminatorischen äußeren Werten und Vorurteilen sowie mit materiell begründeten sozialen Normen überladen wurde, hat es seinen ursprünglichen Sinn als Abbild der Hierarchie des Himmels völlig verloren.

In diesem System war die Priesterschaft, als Medium interpores, als höchste Kaste eingestuft, welche die Bürde der geistigen Leitung und Erziehung der Menschheit vor Gott tragen sollte. Diese Priesterkasten, die wir in den verschiedensten Völkern und Kulturen der nachsintflutlichen Frühzeit finden, hatten jeweils eine herausragende Rolle und eine klar definierte Aufgabe innerhalb ihrer Gesellschaft. Bei den Hindus waren es die Brahmanen, bei den Babyloniern die Chaldäer, bei den Kelten die Druiden und bei den Israeliten schließlich die Leviten, die diese priesterlichen Ämter bekleiden sollten. Leider haben mit der Zeit nicht mehr die inneren Qualifikationen der Seele, sondern nur mehr soziale, politische und materielle Privilegien wie Erbschaft, Einfluß, Besitz und Macht das Recht und die Verantwortung eines Menschen und damit seine Zugehörigkeit zu dieser oder jener Kaste bestimmt. Und das ist weit von der ursprünglichen Sinngebung durch ihren Begründer entfernt. Alles in allem ging es Manu-Noach darum, ethisch-spirituelle Leitlinien zu formulieren, die das geistige, kulturelle, soziale und materielle Leben der Menschen sinnvoll strukturieren und ordnen sollten.

Wie wir bereits gesehen haben, hatte Noach drei Söhne. Wir lesen in der Schrift: »Noachs Söhne, die aus der Arche gingen, waren Shem, Cham und Japhet. Cham ist der Vater Kanaans. Diese drei waren die Söhne Noachs, und von ihnen *stammte die Bevölkerung der ganzen Erde ab.*« (Gn. 9.18-19)

Die Frau Noachs wird in der Überlieferung »Naema« oder »Noemzara« genannt, wobei »Emzara« soviel wie »Mutter des Samens« bedeutet. Darin liegt ein Anklang an den Namen Eva (Chawa), der soviel wie »Mutter alles Lebendigen« bedeutet. Wie Eva die Urmutter des adamitischen Geschlechtes war, so ist »Noemzara« die Stammutter der nachsintflutlichen Menschheit.

Die drei Söhne aber wurden zu den drei Wurzelstöcken aller kommenden Völker, Nationen und Kulturen. Alles, was Noach von Gott empfangen hatte, kam über sie in drei Linien und Völkerschaften in die Welt. Sie waren wie drei Flußköpfe, durch die das heilige Erbe Noachs in sie hinausfloß. So kam es zur Differenzierung des einen Lichtes und Erbes in drei schicksalsträchtige Traditionen, deren Signaturen von Noach in seinem Segen über Cham, Shem und Japhet prophetisch im voraus verkündet wurde. (Siehe »Die Verkündigung des Heilsplanes Gottes in Noachs Segen über seine Söhne«, Seite 150f.) Bevor wir auf diese Dinge eingehen, möchte ich die von den dreien ausgehende Verzweigung der Nachkommenschaft Noachs und ihre Ausbreitung über die verschiedenen Regionen und Länder der Erde betrachten.

Der Hinweis auf die Landung der Arche auf dem Berge Ararat ist das biblische Indiz dafür, daß das Gebiet am Fuße des Kaukasus, welches das Schwarze Meer mit dem Kaspischen Meer verbindet, die *Wiege der* postdiluvialen *Menschheit,* insbesondere der abendländischen Völker ist. Dies wurde durch neuzeitliche archäologische und anthropologische Forschungsergebnisse im nachhinein bewiesen, weswegen man den europäischen Menschentyp als kaukasischen Typ bezeichnet hat.

Hier, in ihrer Urheimat am Fuße des Kaukasus und im Iranischen Hochland, bildete sich der Nukleus der künftigen Menschheit. Hier übergab Noach seinen Söhnen sein geistiges Erbe, hier segnete er sie und gab ihnen verschiedene Aufträge. Hier legte er den Grundstein für eine Neuordnung der Welt, wie es ihm von Gott aufgetragen war. (Gn. 9.1-7) Von hier aus begann sich die Nachkommenschaft Noachs und seiner Söhne zu entfalten und auszudehnen, und die vier Patriarchen legten ein festes geistiges Fundament, das als »Wegweisung und Lehre« ausformuliert und überliefert wurde.

In diesem Raum, der im Süden bis nach Mesopotamien reicht, haben nahezu alle eurasischen Völker – die Nachkommen Noachs – ihren Ursprung. Hier, bei Noachs drei Söhnen, Cham, Shem und Japhet, liegt auch der Anfang ihrer Verzweigung. In der Schrift heißt es: »Noachs Söhne, die aus der Arche gingen, waren Shem, Cham und Japhet. Cham ist der Vater Kanaans. Diese drei waren die Söhne Noachs, und von ihnen *stammte die Bevölkerung der ganzen Erde ab.*« (Gn. 9.18-19) Und weiter: »Dies sind die Nachkommen der Söhne Noachs, des Shem, Cham und Japhet. Ihnen wurden nach der Flut Söhne geboren … Die Söhne Japhets: Gomer, Magog, Madai, Jawan, Tubal, Meshek und Tiras (sieben insgesamt) ... Die Söhne Chams: Kush, Mizrajim, Put, Kanaan ... Die Söhne Shems: Elam, Assur, Arpachshad, Lud und Aram ... Dies sind die Söhne Noachs gemäß ihrer Geschlechterfolge und nach ihren Völkerschaften. Von ihnen zweigen sich die Völker auf der Erde nach der Sintflut ab.« (Gn. 10.1-2/6/22/32)

Die Nennung all dieser Völker und ihrer geistigen Stammväter will nur vermitteln, daß sie alle Erben der einen versunkenen Tradition sind und daß das Erbe ihrer Väter in ihnen weiterlebt. Ägypter, Phönizier, Chaldäer, Babylonier, Perser, Griechen – sie alle haben das Geistesgut des versunkenen Kontinents geerbt. Damit sind die Kinder und Kindeskinder Noachs nicht nur zu Stammvätern der nach ihnen benannten Sippen, Stämme und Völker geworden, sondern je nach Intensität des ihnen von Gott verliehenen Lichtes auch zu Stiftern und Initiatoren bedeutender oder weniger bedeutender Kulturen. Sie sind als die Vorkämpfer unserer Zivilisation anzusehen, die den ihnen nachfolgenden Generationen die Wohltaten der Religion, der Gesetze und einer sozialen Ordnung brachten.

Mit anderen Worten: Die Nachkommen Noachs repräsentieren jene Völker und Kulturen, die das Erbe der Atlanter, sprich: des Volkes Noachs, angetreten haben. Mizrajim steht für die Ägypter, Kush für die Äthiopier, Javan für die Griechen, Tarshish für die Spanier, Ashkenas für die Germanen und so fort. Aus der Linie Shems gehen schließlich Abraham, Isaak und Jakob hervor. Letzterer empfängt nach seinem Ringkampf mit dem Engel des Herrn von diesem den geistigen Namen »Israel«.

Die Frauen der drei Söhne Noachs, die ja noch aus dem Volk des in den Fluten versunkenen atlantischen Kontinents stammten, gehörten ihrerseits drei verschiedenen Stämmen oder Unterrassen an. Und wie Shem und seine Frau zu den Stammeltern der *semitischen* Völker wurden, so ist Cham der Stammvater der *hamitischen* Völkergruppe, Japhet aber der Wurzelstock der *arischen* Rassen, insbesondere der *Indogermanen*. Die Hamiten und die Semiten wanderten später in getrennten Völkerbewegungen aus ihrer kaukasischen Urheimat am Fuße des Ararat über Mesopotamien in südlichere Gebiete ab. Die arisch-indogermanischen Japhetiten jedoch zogen zunächst nach Osten ins *Iranische Hochland* und in den *Hindukush*, um sich von dort schließlich weiter nach Norden,

Westen und Osten auszubreiten. Zu den Stämmen der von Japhet abstammenden arischen Völkergemeinschaft gehören unter anderem die Sumerer, die Kelten (mit den Druiden), die Hethither, die Germanen, die Slaven, die Griechen (Achäer), die Iranier und die Hindus. Wir erinnern uns an die prophetischen Worte Noachs: »Weiten Raum gebe Gott Japhet.«

Die Hamiten siedelten sich vorwiegend in Nord- und Ostafrika an. Von ihnen stammen unter anderem die Libyer, die Nubier und die Äthiopier ab.

Shem ist der Stammvater sowohl der Babylonier (Assyrer und Chaldäer), als auch Abrahams, Isaaks und Jakobs und damit der zwölf Stämme Israels. In ihm setzt sich die Linie Adams, Sets und Henochs fort und geht bis zu David, Salomo, Elijah und Jesus. So kam es, daß sich die Nachkommenschaft Noachs schließlich über die verschiedenen Länder der Erde ausbreitete und ganze Völkerschaften bildete. Und wo immer Noachs Erben hinkamen, begannen sie Heiligtümer und Städte zu bauen und ihr eigenes kulturelles Leben zur Entfaltung zu bringen. So wie dem Abstieg Adams und der Seelen nach dem Sündenfall die erste Welle der Besiedelung unserer Erde folgte, setzt nun, nach der Flut die zweite Besiedelungswelle ein, bei der die Nachkommen Noachs mit den letzten Überlebenden der adamitischen Urbevölkerung zusammentreffen. Diese Zusammenstöße führten entweder zu kriegerischen Auseinandersetzungen – wie etwa im Iran, in Indien oder in Ägypten –, zu einer mehr oder minder friedlichen Koexistenz oder zur Vermischung der noachischen mit den adamitischen Rassen. Letzteres gilt vor allem für die Hamiten in Afrika.

Nachkommen adamitischer und co-adamitischer Urvölker sind unter anderem die Tolteken Amerikas, die Mongolen Asiens, die Drawiden Indiens und die Naturvölker Afrikas und Australiens. Sie bilden die Wurzeln der schwarzen, roten und gelben Rassen der Menschheit, aus denen erstens die verschiedenen Urvölker Afrikas und Australiens, zweitens die Azteken, Mayas, Inkas und Indios und drittens durch Vermischung der Mongolen mit den postdiluvialen Völkern der weißen oder kaukasischen Rassen die Chinesen, Koreaner und Japaner hervorgegangen sind. Die ersten beiden Gruppen sind erst in den letzten zwei Jahrhunderten mit den Europäern als Repräsentanten Japhets in Berührung gekommen.

In der Schrift heißt es: »(Gott) hat aus einem einzigen Ursprung das ganze Menschengeschlecht hervorgehen lassen, daß es wohne auf der ganzen Erde (Gn. 10; Dt. 32.8) und hat bestimmte Zeiten und Grenzen für ihre Wohnsitze festgelegt.« (Apg. 17.26) Er ist der Herr der Geschichte und der Völker! So haben sich nach verborgener Vorsehung die ersten großen Kulturen unserer Weltgeschichte gebildet.

Die ersten geschichtlichen Hochkulturen entstanden als potamische (Fluß-)Kulturen in Ägypten am Nil, in Mesopotamien an Euphrat und Tigris, in Indien am Indus und in China am Hoangho. Sie alle sind durch Errichtung von Sakralbauten und durch städtische Siedlungen gekennzeichnet. In Ägypten sind es die Primärkulturen von Badari, Merimde und Fajjum, im iranischen Hochland Tepe Sialk, in Mesopotamien Eridu (das spätere Ur, der Geburtsort Abrahams), Tepe Gaura (das spätere Ninive) und Uruk, die auch im Gilgamesh-Epos erwähnte Sumerer-Stadt (das biblische Erech), in der schließlich die berühmten Zikkurate (Ziegelmonumentalbauten) errichtet wurden. In Indien waren es Amri, Nal, Quetta, Kulli oder Nundara und die verschiedenen Dörfer der Drawiden, der Urbevölkerung des indischen Subkontinents.

Um ca. 3500 vor Christus nehmen wir plötzlich in verschiedenen Erdteilen das Auftauchen neuer, weitaus höherer Kulturen wahr, die wir als die vom Kaukasus und von Mesopotamien ausgehenden semitischen, hamitischen und japhetitischen Stiftungen identifizieren können. Überall zeigt sich der gleiche, der heutigen Wissenschaft kaum erklärliche, Entwicklungssprung. Anstatt den langsamen Prozeß einer differenzierten Entwicklung zu durchlaufen, erscheinen die großartigen Errungenschaften dieser erhabenen Kulturen schlagartig und ohne Vorgeschichte auf der Bühne der Weltgeschichte. Allen archäologischen, linguistischen und kulturgeschichtlichen Forschungen zufolge war die Periode des Übergangs von einer primitiven zu einer hochentwickelten Gesellschaft so kurz, daß bislang keine sinnvolle Erklärung dafür zu finden ist. Wissenschaftliche, handwerkliche, technologische und künstlerische Errungenschaften, deren Entwicklung sich normalerweise über Hunderte, ja Tausende von Jahren erstreckt, schienen buchstäblich über Nacht verfügbar zu sein.

Das gilt vor allem für Ägypten und Sumer, wo Schriftsprachen (Keilschrift und Hieroglyphen), Monumentalarchitektur, Mathematik, Astronomie, Medizin, feinstes Kunsthandwerk und anderes mehr so plötzlich auftreten, daß dafür kaum ein geschichtlicher Hintergrund nachweisbar ist. Dem berühmten Ägyptologen E. A. Wallis Budge zufolge macht es keinerlei Sinn anzunehmen, daß eine Kultur von der anderen, etwa »die Ägypter von den Sumerern oder umgekehrt, die Sumerer von den Ägyptern, ›geborgt‹ haben könnte. Vielmehr müssen wir davon ausgehen, daß die Pioniere beider Völker aus einer gemeinsamen, jedoch außerordentlich alten Quelle geschöpft haben müssen.« (E. A. W. Budge: *From Fetish to God*, Seite 155)

Überhaupt ist es über alle Maßen überraschend zu erkennen, daß nahezu alle alten Hochkulturen fast gleichzeitig – nämlich um die Mitte des vierten Jahrtausends vor Christus – in unterschiedlichen Teilen der Welt in so sprunghafter Weise auftauchen. Hierzu zählen im wesentlichen die Kulturen von Sumer, Chaldäa (Babylon), Assur (Assyrien), Phönizien, Iran, Ägypten und Nordindien. Sie alle sind offenbar Erben des Lichts und des Wissens des versunkenen Atlantis (Mu), das von den Nachkommen Noachs tradiert und verbreitet wurde. Doch vor allem Ägypten, Babylon und Indien sollten zu den großen Trägern des geistigen und kulturellen Erbes der Vorzeit werden. Und es sind die großen Epen, Mythen und Weisheitsbücher jener Völker, in denen uns Geschichte, Mythologie, Kosmogonie, Theosophie und Anthroposophie dieser Vorzeit überliefert sind. Besonders das babylonische *Gilgamesh-Epos* und die beiden großen Epen der Inder *Mahabharata* und *Ramayana,* aber auch die *Puranas* sind Dokumente, die uns den geistigen Weg und das innere Ringen der Völker zwischen Licht und Finsternis von den Tagen der Flut bis zur Zeit ihres geistigen Höchststandes schildern. Und überall begegnen wir Noach als der großen mythologischen Gestalt und dem Eingeweihten des Neuen Anfangs.

Nach dem Alten Testament ist Mizrajim, der zweite Sohn Chams, der Stammvater Ägyptens und der Stifter seiner initiatischen Kultur. In der esoterischen Tradition ist Mizrajim unter dem Namen Horhotep bekannt. Horhotep ist Hohepriester des Höchsten Gottes. Er erweckt die auf Henoch-Thoth-Hermes zurückgehenden Mysterien wieder zum Leben. In seiner Nachfolge werden On (Heliopolis), Buto und Abydos zu den drei wichtigsten Kultstätten.

Die Geschichtsforschung sieht in Narmer, dessen Name von dem priesterlichen Schreiber Manetho als »Menes« überliefert wird, den ersten Pharao eines ägyptischen Reiches. Menes war es, der die Städte Ober- und Unterägyptens unter seiner Doppelkrone in einem einzigen Staat einte. Er gilt als erster großer Gesetzgeber Ägyptens und damit unserer abendländischen Welt. Menes wurde durch die Priesterschaft von On zum König gesalbt, begründete seinen Thronsitz jedoch in Thinis bei Abydos. Abydos aber ist seit den Tagen der Vorzeit als Sitz des Osiris-Heiligtums bekannt. Später zog Menes nach Unterägypten und machte Memphis, die »Stadt der weißen Mauer«, zur Hauptstadt seines geeinten ägyptischen Reiches, während On vorerst noch der Höchste Tempel und Sitz der obersten Priesterschaft des Landes bleiben sollte. Somit war Narmer-Menes der erste Pharao. Mit ihm nahmen die großen Dynastien der geweihten Pharaonen Ägyptens ihren Anfang.

Sem aber zog auf das Hochplateau Judäas und gründete die erste Festung Salems auf dem Berge Moriah. In der gleichen Zeit, in der die Gründung Ägyptens stattfand, legte »Eber«, der Urenkel Shems und Ahne Abrahams (Gn. 10.21-24; 11.10-26), in Salem (der Festung des späteren Jerusalem) den Grundstein für die nach ihm benannte »Prophetenschule« (vergl. Bereshit Rabbah 56/63/67). In ihr ward das Licht Shems gehütet, das später über Melkizedek auf Abraham, Isaak und Jakob und über sie auf Josef herabkommen sollte.

Ebenfalls um die gleiche Zeit legten Nimrod und Assur die Fundamente für die Entstehung der Reiche von Chaldäa und Assyrien. In der Schrift heißt es: »Die Söhne Chams: Kush, Mizrajim, Put und Kana'an … Kush zeugte ›Nimrod‹. Dieser war der erste Machthaber auf Erden. Er war ein gewaltiger Jäger vor JHWH … Seine Herrschaft erstreckte sich anfangs über Babel, Erech und Akkad, Städte, die alle im Lande Shinear (Chaldäa/Babylonien) liegen. Von diesem Land zog Assur (einer der Söhne

Shems! (Gn. 10.22)) aus und erbaute Ninive ...« (Gn. 10.6/8-11) Er ist der Gründer des assyrischen Reiches.

Wie wir sehen, ist die Nachkommenschaft Noachs in dieser anfänglichen Zeit noch eng miteinander verbunden. Erst als die Generation Nimrods begann, sich unter seiner Herrschaft in dunkle Kulte zu verstricken, und dem Baal durch den Bau des berühmt gewordenen Turmes von Babel ein Denkmal setzen wollte, kam es zu einer so abgrundtiefen Zerrüttung unter den verschiedenen Stämmen und Völkerschaften, daß sie in die vier Richtungen des Himmels auseinandergetrieben wurden. Darüber hinaus sollte sich die hier entstandene Spaltung der Nachkommenschaft Noachs auf seine ganze Nachwelt vererben.

Während Cham, Mizrajim (Horhotep), Kush und Nimrod, Shem, Aram, Assur und Arpachshad vom Kaukasus nach Süden zogen, wanderten die Stämme Madais (ein Sohn Japhets) und Elams (ein Sohn Shems) nach Osten in das Gebiet des Iranischen Hochlandes zwischen Kaspischem Meer und Persischem Golf. Von dort zogen später große Sippschaften der japhetitischen Stämme Madais und einzelne Familien Elams weiter nach Osten in das Gebiet des Hindukush und in die nord-westliche Talebene des *Sindh*-Flusses (später *Indus*) und ließen sich dort nieder.

Etwa zu der Zeit, als Menes als erster Pharao Unter- und Oberägypten vereinte, gründeten die japhetitischen Stämme Madais, die geistigen Erben Manus, im *Indus*-Tal die berühmten Kultstätten *Harappa* und *Mohenjo-Daro*, die von Fürsten und Königen – Rajas und Maharajas – regiert wurden. Und es war der legendäre Yogi und Maharishi (Großer Weiser) Shiva-Pashupatinat, unter dessen Einfluß etwa um 3000 vor Christus ihm anhängende Volksstämme über den Indus zogen und sich auf dem indischen Subkontinent auszubreiten begannen. Diese nun über den Indus ziehenden Volksgemeinschaften wurden später von der drawidischen Urbevölkerung als »Hindus« (»die von jenseits des Indus Kommenden«) bezeichnet.

Erst einige Jahrhunderte später – etwa zur Zeit Abrahams – kam es dazu, daß Rama, Avatar und siebente Inkarnation Vishnus, die Edlen (*Aryas*) seiner japhetitischen Stammesangehörigen aus dem Umraum des Schwarzen Meeres und des Nord-Kaukasus sammelte und als berittene Schar in einem heroischen Exodus über den Kyberpaß bis nach Hindustan und an den Ganges führte. Diese arische Einwanderung, die zu allerlei Konfrontationen mit den Drawiden und zur Vermischung mit den vor ihnen (den *Aryas*) eingewanderten Hindus führt, wird im *Ramayana* in Form eines mythologischen Lehrgedichtes und sehr bildhaft geschildert. Sie mündet schließlich in die Herausbildung des leicht semitisch vermischten indo-arischen Volkes und in die große vedische Tradition, die seit nahezu viereinhalb Jahrtausenden das geistige Fundament dieser Nation bildet und bis in unsere Tage weit über ihre Grenzen hinausleuchtet.

So wurden *Indien* und *Ägypten* zur jeweiligen Wiege des *östlichen* und des *westlichen* Geisteslebens. Alle initiatischen Traditionen und Religionen des *Orients* und des *Okzidents* nahmen in ihnen ihren Ausgang, und es gibt kaum eine Philosophie, Kunst oder Wissenschaft, die nicht auf eine dieser beiden Quellen zurückgeführt werden kann. Außer den heidnisch-schamanischen Religionen und Megalith-Kulturen Amerikas, West- und Nordeuropas, Australiens und Chinas, die auf prädiluviale Ursprünge zurückgehen, nehmen alle heute noch lebendigen Weltreligionen in diesen beiden großen Flußkulturen ihren Anfang. Und wie die drei semitischen Religionen – Judentum, Christentum und Islam samt griechischer Gnosis und Philosophie – letztlich alle auf die Glorie Ägyptens zurückgehen, sind nahezu alle asiatischen Weltreligionen und Philosophien – Jainismus, Hinduismus, Buddhismus, Yoga und Vedanta – indischen Ursprungs. Und sogar Zarathustra, Lao Tsu und Kung Fu Ze haben aus seiner Fülle geschöpft.

Indien und *Ägypten, Orient* und *Okzident* – zwei Wege aus nur einer Wurzel: Noach-Manu-Utnapishtim. Doch obwohl das Licht des Ostens und das des Westens aus einer Quelle fluten, erleben wir zwischen beiden eine bis auf den heutigen Tag nicht überwundene Kluft. Sie ist *das Erbe Babels*, das den Boden der abendländischen Seele verwüstet hat, »so daß keiner mehr die Sprache des anderen versteht« (Gn. 11.7). Tief umdunkelt ist das spirituelle Erbe des Westen, während der Osten um sein physisches Überleben kämpft. Die ganze Welt harrt der Erlösung. Diese aber kann nur aus der Hochzeit von Okzident und Orient und aus der Überwindung der babylonischen Spaltung erwachsen.

Die Verkündigung des Heilsplanes Gottes in Noachs Segen über seine Söhne

Erinnern wir uns noch einmal an den Segen Noachs über seine drei Söhne. Nach der Demütigung, die Noach durch seinen jüngsten Sohn erfahren hatte, trat er aus seinem Zelt, rief seine Söhne zusammen und sprach: »Verflucht sei Kanaan, der niedrigste Knecht sei er seinen Brüdern!« Und: »Gepriesen sei JHWH, der Gott Shems, und Kanaan sei sein Knecht! Weiten Raum gebe Gott Japhet; er wohne in den Zelten Shems, und Kanaan sei sein Knecht!« (Gn. 9.25-27)

Wenn wir die Menschheitsgeschichte nach der Flut vor Augen haben, sehen wir, wie sich dieser Segen Noachs über seine drei Söhne über die Jahrtausende verwirklichen sollte. Über Shem hatte er gesprochen: »Gelobt sei JHWH, der Gott Shems, und Kanaan sei sein Knecht.« (Gn. 9.26) Diese Weissagung Noachs über seinen zweiten Sohn weist auf die Erwählung und Geschichte Israels. An ihm erfüllte sich die Verheißung des Segens Noachs, indem JHWH sein Volk zum Träger Seiner Offenbarung machte. Shem bedeutet in den semitischen Sprachen einfach »der Name« und bezeichnet den Träger des Heiligen Namens Gottes oder »den nach dem Namen Gottes Benannten«. In Shem hat Er Seinen priesterlichen Stamm, den Stamm Gottes begründet. Mit der Berufung und Auswahl Abrahams, Isaaks und Jakobs aus dem Verband der Völkergemeinschaft erfährt der über Set, Henoch und Noach herabkommende Heilsplan Gottes zur Erlösung der gefallenen Seelen und Völker seine konkrete geschichtliche Verwirklichung. Shem, der Erwählte JHWHs, ist gesegnet, denn in seiner Nachkommenschaft – von Abraham, Isaak und Jakob, über Mose, König David und Elijah bis hin zu Jesus – kamen das Vermächtnis Israels und die Heilsverheißung JHWHs in die Welt. Er ist die Wurzel und der Initiator der drei semitischen Offenbarungen, die in der messianischen Verkündigung der Wiederherstellung des Gottesreiches auf Erden ihren höchsten Ausdruck finden. Shem ist gesegnet, in seiner Nachkommenschaft das Heil und die Erlösung JHWHs in die Welt zu bringen. Er ist die Wurzel der Priesterschaft Gottes und der Initiator ihres geistigen Erbes, »Kanaan aber ist sein Knecht«.

Über den dritten Sohn Noachs heißt es: »*Weiten Raum gebe Gott Japhet;* er wohne in den Zelten Shems, und Kanaan sei sein Knecht.« (Gn. 9.27) »Japhet« bedeutet »der Schöne« (vom Hebräischen *jofi* – »schön«). Ihm sei »weiter Raum« gegeben. Und wahrlich, die arisch-indogermanischen Völker aus der Wurzel Japhets sind es, die sich, vom Kaukasus ausgehend, nach Norden, Osten und Westen über die ganze Erde ausgebreitet haben. Heute bevölkern sie – von Australien, Neuseeland und Indien über Asien und Europa bis hin nach Nord- und Südamerika – alle Kontinente der Erde. Sie haben sich die Erde »untertan« gemacht; sie herrschen »über die Fische des Meeres, über die Vögel des Himmels und über alles Getier, das sich auf Erden regt« (Gn. 1.28). Sie kontrollieren ihre Ressourcen, beherrschen Weltwirtschaft und -politik und haben die Gestaltung der Weltgeschichte in ihre Hand genommen.

»Gott lasse Japhet wohnen in den Zelten Shems.« (Gn. 9.27) In den Zelten Shems empfängt die gefallene Menschheit die Gottesoffenbarung der Israeliten. Sie soll Japhet aufgeschlossen werden. Die »Zelte Shems« stehen für Gottes Schutz und Schirm ebenso wie für das Joch Seiner Offenbarung und die Schulen Seiner Weisung und Initiation. Shem ist sein Stifter und Abraham sein Erbe. Und Gott selbst hat den über Shem ausgerufenen Segen in Abraham neu besiegelt. »In deinem (Abrahams) Namen sollen gesegnet sein alle Geschlechter der Erde.« (Gn. 12.3) Das Haus Abrahams, besonders aber das Jakobs, ist berufen, die Funktion des Zeltes Shems zu übernehmen und zum geistigen Dach der Völker zu werden. Shem aber bleibt sein Fundament und sein fester Grund. Der Völkerwelt Japhets hingegen ist es verheißen, an der semitischen Gottesoffenbarung sowie am Licht, Heilsweg und Erbe Israels teilzuhaben. Diese Vorsehung begann sich spätestens mit der Mission Jesu zu verwirklichen. Denn erst durch die Annahme des Zeugnisses Jesu wurden viele der japhetitischen Völker in den Segen und das Erbe Israels, in die Bundesschlüsse und ihre Verheißungen, eingeschlossen. (Eph. 2.11-13) Es heißt: »So seid ihr nun nicht mehr Fremdlinge und Beisassen, sondern Mitbürger der Heiligen und Hausgenossen Gottes, aufgebaut auf der Grundmauer der Apostel und Propheten … In (Christus) werdet auch ihr miteingebaut zu einer Wohnung Gottes im Geiste.« (Eph.

2.19-20/22) Sie »sind *Mit-Erben*, Miteinverleibte und Mitteilhaber der Verheißung« Gottes in seinem Namen. (Eph. 3.6)

Das ganze Ausmaß dieses Mit-Erbes wird jedoch erst erlangt werden können, wenn Israel seinen Auftrag angenommen und Gott Sich in ihm glorifiziert hat. Das ist die Verheißung der Propheten Israels für die Zeit der Ankunft des Herrn: »Steh' auf, steh' auf, lege deinen Schmuck an, Zion, und hülle dich in deine Prachtgewänder, Jerusalem, du heilige Stadt; ... frohlocket, ... denn JHWH tröstet Sein Volk ... JHWH hat Seinen heiligen Arm vor den Augen aller Völker enthüllt, und alle Enden der Erde schauen das Heil unseres Gottes.« (Js. 52.1/9-10) »Siehe, zum Zeugen habe Ich dich für die Völker bestimmt ... Siehe, Völker, die du nicht kennst, wirst du rufen, und die dich nicht kennen, werden zu dir eilen, um JHWHs, deines Gottes, und des Heiligen Israels willen, weil Er dich verherrlicht.« (Js. 55.4-5) »Siehe, Ich wende das Geschick der Zelte Jakobs und erbarme Mich seiner Wohnungen ...« (Jr. 30.18) »In jener Zeit wird man Jerusalem ›den Thron JHWHs‹ nennen, und alle Völker werden sich dahin begeben, zum Namen JHWHs ...« (Jr. 3.17) »Ich ... komme, um alle Völker und alle Zungen zu versammeln; sie werden kommen und Meine Herrlichkeit schauen.« (Js. 66.18) »Denn von Zion geht aus die Lehre und JHWHs Wort von Jerusalem.« (Js. 2.3) In jenen Tagen, da die Fülle der Glorie Gottes offenbar wird, werden mit Israel auch die übrigen Völker in das Geheimnis JHWHs einbezogen und ihren Anteil an Seinem Erbe empfangen.

Auch das dritte Wort der Verheißung an Japhet – »Und Kanaan sei sein Knecht« –, das auch schon im Segensspruch über Shem enthalten war, ist in Erfüllung gegangen. Die Völker Chams und Kanaans standen jahrhundertelang in der Knechtschaft Japhets und Shems. Besonders die europäischen Völker (inklusive der Vereinigten Staaten von Amerika) haben ohne Zögern Sklaven aus ihnen genommen und deren Länder ihrer gewinnsüchtigen Kolonialherrschaft unterworfen. Wir sehen also, wie sich das karmisch-geistige Erbe von Seelen und Nationen über Generationen und Generationen ausgewirkt hat. Auf diesem Gesetz beruht alle Weissagung und Prophetie.

Wer mit der östlichen Einweihungstradition vertraut ist, kann erkennen, daß Cham, Shem und Japhet Verkörperungen der drei

Gunas sind und damit den Ursprung des Kastensystems bilden. Während Cham, »der Dunkle«, *tamas* verkörpert, repräsentieren Japhet, »der Schöne«, und Shem, »der Gesegnete«, *rajas* und *sattwa*, also die Prinzipien Dynamik und Transparenz. In der Tat ist Cham der Natur- und Erdverbundene, während Japhet der Typus des leistungsbezogenen Welteroberers ist, der mit Hilfe von Technologie und Ökonomie die Elemente und Lebensbedingungen dieser Erde unter seine Gewalt zu bekommen versucht, und Shem als Hüter der Mysterien des Geistes, aber auch der kulturell-wissenschaftlichen Errungenschaften unserer Zivilisation hervortritt. Alle drei zusammen bilden jene funktionelle Einheit des sozialen Organismus, welche – wie die drei Keimblätter in unserem physischen Leib – die Voraussetzung für unser Leben und Überleben auf der Erde ist.

Der Turmbau von Babel und die Spaltung der Welt

Babylon sollte in der Neuen (postdiluvialen) Welt zum Ursprung und Inbegriff allen Übels werden. Denn in jener Zeit, da die Stämme der Nachkommenschaft Noachs noch in Frieden und Eintracht mit der Urbevölkerung zusammenlebten, kam es dazu, daß die jüngsten von ihnen unter der Leitung Nimrods begannen, zu Bab-El (»Tor Gottes«) im Lande Shinear eine erhabene Kultstätte aus gebrannten Ziegeln zu bauen. In der Schrift lesen wir: »Die Söhne Chams: Kush, Mizrajim, Put und Kana'an … Kush zeugte Nimrod. Dieser war der erste Machthaber auf Erden … Seine Herrschaft erstreckte sich anfangs über Babel, Erech und Akkad, Städte, die alle im Lande Shinear liegen.« (Gn. 10.6/8/10) »Es hatte aber die ganze Erde die gleiche Sprache und die gleichen Worte.« Die Menschen waren einen Sinnes und alle vom gleichen Geist getrieben. »Als sie von Osten wegzogen, fanden sie eine Ebene im Lande Shinear und ließen sich dort nieder. Sie sprachen zueinander: ›Wohlan, wir wollen Ziegel … brennen! … Laßt uns eine Stadt bauen und einen Turm, dessen *Spitze bis zum Himmel* reicht! *Wir wollen uns einen Namen machen* (damit wir uns nicht über die ganze Erde zerstreuen!)‹

Da stieg JHWH herab, um die Stadt und den Turm anzusehen,

den die Menschen gebaut hatten. Und JHWH sprach: ›Siehe, sie sind *ein* Volk und sprechen *eine* Sprache. Und das ist erst der Anfang ihres Tuns. Fortan werden sie nicht ablassen von allem, was immer sie zu tun ersinnen. Wohlan, Wir wollen hinabsteigen und dort ihre Sprache verwirren, so daß keiner mehr die Sprache des anderen versteht!‹ Da zerstreute JHWH sie von dort über die ganze Erde, und sie mußten aufhören, die Stadt zu bauen. Darum nennt man sie Babel (von *bil* – »mischen, verwirren«). Denn dort hat JHWH die Sprache der ganzen Erde verwirrt, und von dort hat JHWH sie über die ganze Erde zerstreut.« (Gn. 11.1-9)

Nimrod war der erste Mensch nach der Flut, der sich über Gott erhob, und schon sein biblischer Name kündet von Rebellion. Er wollte die Erwählung Shems und Ebers zum priesterlichen Stamm nicht annehmen und gründete sein eigenes Reich, das er auf pseudospirituellen Fundamenten aufbaute. Er nannte es Bab-El (»Tor Gottes«), was zugleich ba-bel (»ohne Wert« oder »es ist nichts darin«) bedeutet und woher sich auch Belial, eine Bezeichnung für »den Stifter allen Übels« (Ps. 41.9; Dt. 13.14), ableitet. Im Sohar heißt es: »Nimrod verführte die Menschen zum Götzendienst … Er wurde Nimrod genannt, da er gegen den Höchsten König oben sowie gegen die höheren und niederen Engel rebellierte (vom Hebräischen *marad* – »Rebellion«).« (Sohar, Noach 73b) Der größte Teil der Menschen folgte Nimrod. Assur aber, einer der Söhne Shems, verließ Babel und ging seiner eigenen Wege. Er folgte weder Nimrod noch Shem und Eber, sondern befestigte Ninive. (Gn. 10.11)

Beim Bau des Turmes von Babel, von dem uns die Bibel hier berichtet, ging es also offenbar nicht um die Errichtung eines Heiligtums oder Gotteshauses für JHWH, sondern vielmehr um den Ausdruck eines allmählich (wieder-)erwachenden Selbstverherrlichungswahnes in den Seelen der heranwachsenden Völker. Sie bauten einen Turm, der »bis zum Himmel reichen sollte, um sich einen Namen zu schaffen auf der Erde«. Diese widergöttliche Verstiegenheit erinnert uns sowohl an die Selbsterhöhung der gefallenen Engel, die vor ihrem Sturz planten: »Zum Himmel will ich steigen, meinen Thron über Gottes Sterne setzen« (Js. 14.13), als auch an das verführerische Versprechen der Schlange im Paradies: »Im Gegenteil; an dem Tage, da ihr davon esset, … werdet ihr sein wie Gott.« (Gn. 3.5) Und tatsächlich ist diese erste biblisch überlieferte Geschichtstat der jungen Völker, die ja nicht mit dem Bau dieses abgöttischen »Denkmals« endet, sondern zur Einrichtung des – seit der Flut – ersten Götzenkultes an seiner Stätte führt, die Konsequenz aus dem (Wieder-)Aufleben des ursprünglich von der Schlange ausgehenden Aufbegehrens wider Gott, das zur Vertreibung des Menschen aus dem Paradies und später gar zur Vernichtung des Menschengeschlechts durch die Flut geführt hatte.

Nun hatten sich alle Stämme, die damals noch unter dem Dach der »Torah« (d. h. des Gesetzes und der Weisung) Noachs beziehungsweise Manus und unter dem »Zelt« Shems vereint waren, an diesen Kulthandlungen beteiligt, ihre Herzen darin vergiftet und Mauern zwischen einander aufgerichtet. Denn wo immer wir uns in selbstsüchtigem Streben nach »Macht und Namen« versteigen, fangen wir an, nur noch um »Ich« und »Mein« zu kreisen, und werden taub und blind für die Gefühle und Belange unseres Nächsten. Jeder Macht und Selbstsucht unterliegende Mensch schafft sich seine eigene Welt, gezimmert aus allerlei persönlichen Ansprüchen, Vorstellungen und Bildern, die sich nicht nur zwischen ihn und Gott, sondern auch zwischen ihn und seinen Nächsten stellen, »so daß keiner mehr die Sprache des anderen versteht« (Gn. 11.7).

Der Wettlauf der zu Babel versammelten Völker und Stämme um »Macht und Namen« führte nicht nur zur Spaltung und Verfeindung untereinander. Indem sie ihren Eifer mit dunklen und blutigen Kulten besiegelten, schürten sie einen so abgrundtiefen Haß untereinander, daß sie auseinanderstoben und sich bis an die vier Enden der Welt verteilten. Es war also das Babel Nimrods, das die erste Spaltung verursachte. Die Zeit dieser Spaltung der Erde fiel in die Lebensspanne Pelegs, Sohn Ebers, Urenkel Shems und Ururgroßvater Terachs, des Vaters Abrahams. (Gn. 11.10-27) Deshalb heißt es: »Sein (Ebers ersten Sohnes) Name war Peleg, denn in seinen Tagen wurde die Erde geteilt«. (Gn. 10.25)

Seit dieser Zeit stehen Shem und Nimrod, Salem und Babel – wie vormals Set und Kain oder Henoch und Lamech – für die beiden Wege der Menschheit. Shem und Nimrod sind gleichermaßen zu Archetypen des Gott-zentrierten Menschen einerseits und des ego-zentrischen Menschen andererseits geworden. Jede Seele muß sich zwischen dem »rechten« und dem »linken« Weg entscheiden. Wer nicht mit der Bürde des Heiligen Namens (Shem) wandelt, verliert sich in der Zerstreuung Babels. Wer sich nicht unter dem Zelt Shems einfindet, verliert sich unter der Herrschaft Belials. So heißt es in der Schrift: »Dort hat JHWH die Sprache der ganzen Erde verwirrt, und von dort hat JHWH sie zerstreut über die ganze Erde.« (Gn. 11.9)

Hier werden zwei Dimensionen des künftigen Menschheitsschicksals beim Namen genannt: die »Sprachverwirrung« und die »Zerstreuung der Völker«. Es handelt sich zum einen um die erwähnte Verfeindung der Völker, die bis weit in die Zukunft fortdauern sollte, und zum anderen um die Spaltung der Uroffenbarung Gottes, die ihre Wurzel im Bund JHWHs mit Noach hatte, in eine Vielzahl künftiger – *scheinbar* voneinander abweichender oder gar einander widersprechender »Religionssysteme«. Denn die Gemeinschaft ungeteilten Verständnisses unserer Sprache gründet in der Einheit des Glaubens, der spirituellen Erfahrung und der Religion. Deshalb sieht der Sohar in dem Wort »Sie hatten alle *eine* Sprache« ein Zeugnis für die Tatsache, daß »die Welt in jenen Tagen noch ganz in einem ungeteilten Glauben an den Allheiligen geeint« war (Sohar, Noach 74b), während die Verwirrung der Sprachen auf die Spaltung jenes Glaubens verweise. Das Buch konstatiert: »Darin liegt ein Hinweis auf die Mysterien der Religion(en).« (Noach 74b)

Tatsächlich ist »Verwirrung der Sprache« ein Ausdruck für die Verwirrung des Geistes und die Spaltung der Religion. In Babel trennten sich nicht nur die Wege der Völker, sondern auch die der Religion. Wo das Bewußtsein unserer gemeinsamen Wurzel und der Einheit unseres Seins verlorenging, gibt es auch keine Gemeinschaft des Verstehens mehr. Wo wir Gott und unserer selbst entfremdet sind, reden und argumentieren wir aneinander vorbei. Wir bewegen uns nicht mehr im Raum innerlich berührbarer Wirklichkeit, sondern auf den Wegen unserer verstiegenen Vorstellungen und Ideen. Sprache und Religion gründen nicht mehr in der Unmittelbarkeit der inneren Wahrnehmung und Erfahrung, sondern im spekulativen Geist unseres versponnenen Ego. Wir »schlagen« uns auf der Grundlage ausgeklügelter theologischer Vorstellungen und Ideologien, die schließlich dogmatisch erstarren, statt aus dem Quell der spirituellen Erfahrung und unmittelbaren Gottesoffenbarung zu trinken. Und so ist es bis auf den heutigen Tag, denn: »Worte töten, der Geist aber macht lebendig.« (Vgl. 2. Kor. 3.6; Joh. 6.63)

Jesus hat diesen Mißstand immer wieder aufgezeigt. Er sagte: »Meine Worte sind Geist und Leben.« (Joh. 6.63) »Ihr hört, seid aber dennoch taub.« (Mt. 13.13-15) »Würdet ihr den Vater kennen (der mich gesandt hat), so würdet ihr auch mich erkennen. Denn ich komme vom Vater.« (vgl. Joh. 8.19; Joh. 14.7; Joh. 15.21) Oder: »Wer aus der Wahrheit ist, hört meine Stimme.« (Joh. 18.37) Wer aber die Wahrheit verlassen hat, ist nicht nur taub für die Stimme Gottes, sondern auch für die der Propheten und sogar für das Anliegen seines Nächsten.

Mit der Abkehr von der Wahrheit und von Gott sind wir nicht nur der Wurzel unseres Seins verlustig gegangen, sondern auch der Kraft und Unmittelbarkeit des Wortes. Denn die Wurzel der Sprache liegt bei Gott! Und so geht mit unserer geistigen Entwurzelung auch die Entwurzelung der Sprache einher.

Zu Beginn dieses Kapitels haben wir gelesen: » ...*als sie von Osten wegzogen,* fanden sie eine Ebene im Lande Shinear ...« Der Osten ist Symbol für den Aufgang des Lichts und erinnert uns an den Eingang zum Paradies. »Sie zogen *weg*« (hebräisch *mi-kedem)* verweist auf die Abkehr vom Alten (*Kedem* – »das Vorherige«). »Und sie *fanden*« deutet jedoch darauf hin, daß sie ein »Überbleibsel« jenes geheimen vorsintflutlichen Kultes fanden, durch welchen sie den Zorn Gottes hervorgerufen hatten. Im Sohar heißt es: »In der Schrift ist geschrieben: ›Und es war, *als sie auszogen vom Osten*‹ (Gn. 11.2), das heißt vom Ursprung der Welt, ›*da fanden sie*‹ – einen Fund nämlich von der geheimnisvollen Weisheit der Urzeit, die abgeworfen worden war vom Geschlechte der Sintflut. Mit *ihrer* Hilfe bemühten sie sich am Werke der Auflehnung gegen den Allheiligen.« (Vergl. Sohar, Noach 76b) »Sie machten eine Entdeckung, durch die sie das Joch des universellen Glaubens in den Allerhöchsten von ihren Schultern warfen.« (Sohar, Noach 74b) Und ebenfalls nach dem Sohar weisen die Worte: »Wir wollen uns einen Namen machen ...« nicht nur auf die Machtsucht der Bewohner Babels, sondern auf einen falschen

Kult und die Anbetung eines Götzen hin. Der »Name«, den sie sich machten, war der eines Dämons, den sie in ihrem Streben nach Macht um Hilfe anriefen. So wurde die Stadt, die sie erbauten, zur Behausung der Dämonen. (Vergl. Offb. 18.2 und Sohar 74b-75b)

Durch diesen Akt ging den zu Babel versammelten Völkern der Geist ihrer Religion verloren. Dies führte zu einer Entstellung und Verstümmelung ihrer Botschaft und – trotz wiederkehrender Offenbarungen, die künftige Völker von Gott empfingen – zu einer Spaltung in Glaubensfragen, die bis auf den heutigen Tag nicht überwunden ist. So kam es nicht nur zur Spaltung zwischen Ost und West, sondern auch zu kontinuierlichen Abspaltungen späterer Geistesimpulse von ihren Wurzeln. Auf diese Weise erstand das Judentum in Abwendung von seinen ägyptischen Wurzeln, das Christentum als Abzweigung vom Glauben Israels und der Islam als Schößling beider, der sich schließlich gar in feindlicher Haltung gegen seine beiden Wurzeln stellte. Jede »Glaubensgemeinschaft« hat sich ihre eigene Theologie gezimmert, so daß »keiner mehr die Sprache des anderen versteht«. Hierdurch trennten sich die Wege der Völker nach Schicksal und Religion. Allein die spirituelle Tradition des Ostens scheint in der Lage, die Vielfalt der theologischen Systeme in ihrer Universalität zu erfassen, aus ihrem Geist neu zu beleben und zu ihrer ursprünglichen Einheit zurückzuführen.

Tatsächlich aber werden jene quälenden Antagonismen religiöser Bekenntnisse erst durch die endzeitliche Neuoffenbarung JHWHs in den Tagen Seiner Wiederkehr überwunden und der verlorene Geist der Einheit aller Religion durch die Taufe der Menschheit im Strome lebendiger Gotteserfahrung wiederhergestellt werden. Dann werden Gotterkenntnis und universelle Theosophie an die Stelle verkrusteter Dogmen treten. Wie es in der Schrift verheißen ist: »In jenen Tagen wird die Weisheit Gottes die Erde bedecken wie die Wasser den See.« (Vgl. Hab. 2.14; Js. 11.9) »Dann werde Ich den Völkern ihre Sprache in eine reine verwandeln, daß sie alle den Namen JHWHs anrufen und ihm im selben Joch dienen.« (Zeph. 3.9) »Und es wird geschehen an jenem Tag; da strömen Wasser des Lebens von Jerusalem hinaus; die eine Hälfte fließt in das östliche, die andere in das westliche Meer;

sie fließen Sommer und Winter. Dann wird JHWH König sein über die ganze Erde. An jenem Tag wird JHWH *einzig* sein und Sein Name *einer.*« (Sach. 14.9) »Gepriesen JHWH in Ewigkeit, Amen, Amen.« (Sohar)

An all dem sehen wir, wie der Schatten Babels von jenem verstiegenen »Turmbau« an als dunkles Geheimnis durch die Geschichte der Menschheit schleicht, bis er am »Ende der Tage« ins helle Licht der Gottesdämmerung tritt, um darin endgültig getilgt zu werden. Dieser Schatten ist das Erbe vom Baum der Erkenntnis. Und während die Verwirrung der Sprache und die Spaltung der Religion die eine Dimension der babylonischen Schicksalskonsequenz darstellt, besteht die andere im Schattenkeim der *babylonischen Verfeindung*, der die Völker auf ihrem Weg durch die Geschichte begleitet, um immer wieder aufzukeimen und in zerstörerischen Kriegen seine Auferstehung zu feiern, bis er in der Zeit des Gerichts zu Harmagedon seinen Untergang und seine Lösung findet. So heißt es in der Schrift: »Ihr werdet aber von Kriegen und Kriegsgerüchten hören. Gebt acht und erschreckt nicht. Denn es *muß so kommen*, aber es ist noch nicht das Ende. Denn Volk wird sich gegen Volk erheben und Reich gegen Reich, und ... das alles ist nur der Anfang der Wehen.« (Mt. 24.6-8) »Und es zog ein ... Roß aus, ein feuerrotes; und dem, der darauf saß, ward (die Gewalt) gegeben, den Frieden auf Erden fortzunehmen, so daß sie sich gegenseitig hinschlachten (wollten) ...« (Offb. 6.4) »Und ich sah aus dem Maul des Drachen ... unreine Geister ... hervorgehen; das sind Dämonengeister, die ... ausziehen zu den Königen der ganzen Welt, um sie zum Krieg zu sammeln für den großen Tag Gottes, des Allherrschers ... Und er versammelt sie an dem Ort, der auf hebräisch Harmagedon heißt.« (Offb. 16.13-14/16) In jener Stunde aber kommt Gottes Gericht über die Erde: »Und ich sah einen ... Engel mitten durch den Himmelsraum fliegen; der hatte eine ewige Heilsbotschaft an die Bewohner der Erde zu verkünden, und zwar an alle Völker und Stämme und Sprachen und Nationen.« »Der hatte große Macht, und von seinem Lichtglanz wurde die ganze Erde erleuchtet.« »Er rief mit mächtiger Stimme: ›Fürchtet Gott und gebt Ihm die Ehre, denn die Stunde Seines Gerichtes ist gekommen ...‹« »... er rief mit starker Stimme: ›Gefallen, gefallen ist Babylon, die Große, die mit dem Zornwein (ihrer Unzucht) alle Völker trunken gemacht hat.‹« … »Gefallen, gefallen ist Babylon, die Große, … sie ist geworden zur Behausung der Dämonen, zum Schlupfwinkel für allerlei unreine Geister und abscheuliche Vögel. Denn vom Wein ihrer Unzucht haben alle Völker getrunken …« (Offb. 14.6/18.1/14.7-8/18.2-3) »Und ich sah einen (anderen) Engel vom Himmel herabsteigen, der hatte den Schlüssel des Abgrundes, und eine große Kette lag auf seiner Hand. Und er ergriff den Drachen, die alte Schlange, die der Teufel und der Satan ist, und legte ihn in Fesseln für tausend Jahre … und warf ihn in den Abgrund und schloß über ihm zu und legte ein Siegel an, damit er die Völker nicht mehr verführe, bis die tausend Jahre vollendet wären.« (Offb. 20.1-3) Erst dann wird die Decke der Finsternis und des Hasses, die die Völker bedeckt seit dem Fall und der Übeltat zu Babel, hinweggenommen sein, so daß JHWH das Zelt Seines Frieden von Jerusalem, Seiner Heiligen Stadt, wieder ausbreiten kann über die Völker der Erde.

Von der Zeit der Verheißung aber wird gesagt: »In kommenden Zeiten werden sich … Himmel und Erde, Engel und Menschen wieder in Einheit und Frieden verbinden, Nationen, Völker und Stämme, heute überall in der Welt zerstreut, (werden) wieder *ein* Volk sein und *eine* Sprache haben. Und die Weisheit Gottes wird die Erde bedecken wie die Wasser den See. Die Heilige Sprache, verloren und vergessen, wird wieder in all ihrer Reinheit gesprochen werden, und die Prophezeiung der Schriften wird sich erfüllen: ›Dann werde ich den Völkern die Sprache in eine geläuterte verwandeln, daß sie alle den Namen JHWHs anrufen und Schulter an Schulter Ihm dienen.‹« (Zeph. 3.9) (Sohar) »Und es wird geschehen an jenem Tage, lebendige Wasser strömen von Jerusalem aus; die eine Hälfte fließt in das östliche, die andere Hälfte in das westliche Meer; sie fließen Sommer und Winter.« »Und es wird JHWH König sein über die ganze Erde, an jenem Tage wird JHWH einzig sein und einzig Sein Name.« (Sach. 14.9)

IV. Ursprung und Weg des Bösen

Der Ursprung des Bösen und der Geistfall des Menschen

Die Frage nach dem Ursprung des Bösen ist so alt wie die Menschheit. Seit sich Menschenseelen auf Erden inkarnieren, stehen sie in einer beständigen Herausforderung zwischen Gut und Böse. Unsere ganze Geschichte ist eine einzige Gratwanderung zwischen Licht und Finsternis, zwischen Heil und Elend, und der Leidensweg der Menschheit sowie unser ganzes physisches, seelisches und geistiges Elend sind so alt wie die Herrschaft des Bösen in der Welt.

Tiefer denkende Menschen haben immer wieder versucht, die Geheimnisse des Leides und des Bösen sowie den offensichtlichen Zusammenhang der beiden miteinander zu ergründen. Viele stellten sich die Frage: »Kann es denn in Gottes Schöpfung Böses geben? Kann denn Vollkommenheit Unvollkommenheit schaffen und Reinheit Unreinheit hervorbringen?« Unsere Bibel sucht uns gleich auf ihren ersten Seiten, gleich nach ihrem symbolischen Bericht von der Schöpfung der Welt und des Menschen in der geheimnisvollen Parabel vom Sündenfall des Menschen ein Bild und Gleichnis für den Ursprung des Bösen und des hiermit verknüpften Elends unseres menschlichen Lebens auf Erden zu geben.

Hineingestellt in den »Garten Eden«, also in eine Lichtwelt ungetrübter Seligkeit des Seins und ungestörter Eintracht des Lebens, war der Mensch berufen, Gott durch sein Sein und Leben zu verherrlichen, sein keimhaft angelegtes Gottesinbild zu verwirklichen und in Liebe der Entfaltung allen Lebens nach Gottes Plan zu dienen. Gott Selbst »wandelte mit Adam in den Auen des Paradieses«, das heißt, der Mensch stand nicht nur in direkter Verbindung mit Gott, sondern er schaute Sein Antlitz und vernahm Seinen Auftrag und Seine Stimme. Überaus erhaben und segensreich waren die Verheißung des Lebens und die Berufung des Menschen, der im Plane und im Willen Gottes seine Wege ging. Und Gott tat Seinen Kindern Seinen Willen kund: »Seid fruchtbar und mehret euch.« (Gn. 1.28) Bringt eure Geistesgaben zur Blüte und erlangt Vollkommenheit. Ihr seid Samen Meines Lichtes; lasset den Gottesfunken in euch erstrahlen, wachsen und zur Vollendung kommen. »Werdet vollkommen wie der Vater im Himmel.« (Mt. 5.48) »Liebet einander, wie Ich euch geliebt habe.« (Joh. 13.34) Erfreut euch Meiner Schöpfung und achtet sie heilig, denn Ich bin der Herr alles Geschaffenen. Und »von allen Früchten Meines Gartens dürft ihr essen, nur vom Baume der Erkenntnis dürft ihr nicht essen. Wer von ihm ißt, der wird sicher sterben.« (Denn er steht unter der Herrschaft der Schlange!)

Gott hatte den Menschen nach Seinem Bilde erschaffen. Also war er im Anbeginn rein und in seinem Entscheiden frei wie sein Schöpfer. Er war frei, sich für oder gegen Ihn zu entscheiden. So groß ist Gottes Liebe, und so groß machte Er Seine Werke, daß die Menschen – frei wie Er Selbst – sich sogar gegen Ihn, ihren Schöpfer, entscheiden konnten.

Hätte Er unseren Willen determiniert, uns also *ohne* die Möglichkeit erschaffen, uns gegen Ihn zu wenden, hätten wir die gottähnliche Freiheit des Geistes, die Freiheit des bewußten Wählens und Entscheidens weder besitzen noch erfahren können. Wir wären nicht freie, selbst-bewußte und damit gottähnliche Wesen gewesen, sondern bestenfalls gut programmierte Computer.

Der Midrash sucht diese Frage bildhaft zu karikieren: »Rabbi Aha sprach: ›Als Gott bedachte, wie Er wohl den Menschen schaffen sollte, da sprach Er zu Sich Selbst: Wenn Ich den Menschen den Engeln gleich mache, dann ist er von Anfang an unsterblich. Mache Ich ihn aber den Tieren gleich, so ist er sterblich.‹ Gott entschied, den Menschen Ihm Selbst ähnlich zu erschaffen und sein Schicksal seiner freien Wahl zu überlassen. Und hätte er nicht gesündigt, so wäre er unsterblich geworden.« (Bereshit Rabbah 8.11)

Freiheit birgt per definitionem undeterminierte Alternativen des Bewußtseins und des Wollens und Wählens. Ein Geschöpf, das sich *nicht gegen* Gott und das Gute *entscheiden kann,* kann sich *auch nicht* frei, das heißt aus freier innerer Wahl *für* Ihn und das Gute entscheiden. Ein solches »Gutes« wäre ohne jeden Wert. Es wäre weder erhebend noch erbaulich noch »unser« Verdienst. Desgleichen wäre ein solches Böses auch keine Sünde.

Nun hieß es: »Von allen Früchten des Feldes darfst du essen, nur von den Früchten des Baumes der Erkenntnis des Guten und des Bösen darfst du nicht essen. So du davon issest, wirst du sicher sterben.« (Gn. 2.16-17) Gott offenbarte dem Menschen somit nicht nur Seinen Willen, sondern auch die Konsequenz eventuellen Zuwiderhandelns gegen diesen Willen.

Dann aber kommt die Schlange und verspricht dem Menschen anderes, noch »Größeres«. Und das Unglück geschieht. Der Mensch wendet sich von Gott ab und hört auf die Schlange. Er greift nach der verbotenen Frucht und ißt. Wir müssen natürlich wissen, daß es sich hier weder um reale Früchte noch um ein physisches Essen handelt. Baum und Frucht sind nur Symbole einer geistigen Kraft, und das Essen versinnbildlicht den Gebrauch und die Einverleibung dieser Kraft, die den Menschen seines göttlichen Urstandes und seiner Glorie beraubte. Er ißt und fällt. Er verliert sein Licht und seinen göttlichen Stand. Das ist der Sündenfall des Menschen, die erste *Sünde* wider seinen Schöpfer, die erste *Absonderung* der Seele von ihrem Ursprung und Lebensquell. Mit diesem Fall kommt das Böse in die Welt und mit ihm Leid, Elend und Tod.

Wie wir wissen, findet die Absonderung der Seelen von Gott in den geistigen Sphären des Paradieses statt, als Adam geistiger Priester und König über die Menschen war. Damals fiel seine Seele – durch Vermittlung Evas – der Verführung der Schlange anheim, die den Baum der Erkenntnis beherrschte. Mit ihm haben alle Stämme und Völker, die Adam zugehörten, nach der verbotenen Frucht gegriffen. Es heißt: »Sie haben zu Adam Meinen Bund gebrochen, dort wurden sie untreu … Alle, soviel sie auch seien, haben gesündigt an Mir; sie haben vertauscht ihre Glorie gegen die Schande.« (Hos. 6.6/4.7)

Der *Anfang aller Sünde* war *Ungehorsam wider Gott*. Obwohl Gott der Seele Seinen Willen offenbarte, hörte sie auf die Einflüsterung der Schlange und folgte ihrer Weisung statt der ihres Schöpfers. Mit diesem Ungehorsam *sonderte* sich die Seele von *Gottes Wort* ab und *trennte* sich von *Seinem Willen*. Zugleich geriet sie unter den Einfluß der Schlange und damit unter die Herrschaft Luzifers und seiner Gewalten.

Dieser Ungehorsam eines Geschöpfes gegenüber seinem Schöpfer ist aber auch Anmaßung und *Hochmut*. Wie es heißt: »Erhebt sich etwa der Krug wider den Töpfer?« (Js. 29.16; Röm. 9.19-21) Und das war das Listwort der Schlange: »Wenn ihr Gott gleich sein wollt, so müßt ihr euch von Seinem Wort und Willen lösen.«

In der Tat sind *Hochmut* und *Ungehorsam* die beiden wesentlichen Grundbestandteile der ersten Sünde, und wie sie zu ihr gehören, so haften sie an jeder Sünde. »Stolz kommt vor dem Niedergang und Hochmut vor dem Fall.« (Spr. 16.18) Wo immer wir aus fälschlicher Identifikation mit »Form und Namen« unser inneres Sein und seine Stimme verleugnen, trennen wir uns in unserer Identität von diesem inneren Kern, also von Gott und dem Selbst. Und das ist sowohl Absonderung als auch Ungehorsam. Ungehorsam ist innere Taubheit – die Weigerung, den (inneren) Ruf zu hören und ihm zu folgen. Hochmut jedoch ist Eigendünkel der von ihrem Geist gelösten Person.

Keine Sünde ist ohne die beiden, und umgekehrt bleibt kein Akt des Hochmuts und des Ungehorsams ohne Sünde, das heißt ohne die Konsequenz äußerer und innerer Störung. Zu dieser Konsequenz kommt es aber erst, wenn Hochmut und Ungehorsam zu einem Akt des Willens und zur Tat werden. Nur in der Tat werden diese inneren Vorstellungen als Haltung manifest, und nur dann haben sie eine energetische Folge.

Solange ein Gedanke (oder eine Vorstellung) weder mit Willen noch mit Seelenkraft aufgeladen wird, hat er (sie) weder Gewicht noch Kraft. Er kommt aus dem Nichts und verliert sich im Nichts. Erst durch den Willensakt fließen Lebenskraft und Seelensubstanz in die Vorstellung, zementieren Hochmut und Ungehorsam und alle anderen mit ihnen verbundenen Vorstellungen und errichten so eine Trennwand zwischen der Seele und Gott und Mitmensch. Diese Wand verstellt nicht nur das innere Licht, sondern bewirkt unser inneres Abgeschnittensein von Gott, Selbst und Mitmensch. Wir sehen: Ungehorsam und Absonderung, Hochmut und Selbstverneinung sind eins, und in allem verneinen wir unseren eigenen Ursprung und unsere wahre Natur.

Wenn Hochmut, Ungehorsam, Stolz, Selbstsucht, Ignoranz und alle anderen Untugenden einmal als innere Haltung etabliert sind, bringen sie immer wieder ähnliche Regungen und Folgehandlungen hervor, die ihrerseits der betreffenden Fehlhaltung stets neue Energie zuführen und die bereits errichtete Wand um Herz und Seele verstärken. So haben wir uns über Äonen unseren inneren Kerker gebaut, die steinerne Festung unseres Ego, worin sich unsere Seele so kläglich eingesperrt und von Gott und Mitmensch so abgrundtief getrennt findet. Dieser Kerker ist zur Ursache unseres seelischen Elends sowie unserer inneren Stumpfheit und Leere geworden.

Jesus machte dies in seinem Gleichnis vom Weinstock deutlich: »Ich bin der Weinstock, und ihr seid die Reben ... Wie die Rebe nicht von sich aus Frucht bringen kann, wenn sie nicht am Weinstock bleibt, so auch ihr nicht, wenn ihr nicht in mir bleibt ... Wer in mir bleibt und ich in ihm, der bringt reichlich Frucht ... Wenn einer nicht in mir bleibt, wird er hinausgeworfen wie der Rebzweig und verdorrt.« (Joh. 15.5a/4/5b/6a) Der Weinstock ist das der Schöpfung immanente göttliche Sein, der Logos oder die Wurzel der Welt, und die Seelen hängen daran mit ihrem ganzen Sein und Leben. Alles, was die Seele ist oder hat, ist oder hat sie aus Ihm. Wenn sich die Seele von Gott trennt, verdorrt sie und stirbt ab, wie auch die Traube stirbt, wenn sie vom Weinstock getrennt wird. Wir haben gesagt: In der ersten Sünde *trennte sich* die Seele *von Gottes Wort* und *Willen* (wie eine Traube, die vom Weinstock genommen wird) und *geriet* – durch ihren eigenen Willen – *unter die Herrschaft* der dunklen Mächte.

Das Entscheidende aber ist der mit der Frucht vom Baum der Erkenntnis aufgenommene Keim, der wie ein neuer Impulsgeber in der Seele brennt. Bestand der Ursprung der ersten Sünde allein in Hochmut und Ungehorsam gegen Gott, so führte *das Essen* von der »verbotenen Frucht« zur Einverleibung des Bösen, das uns fortan zu allerlei Unflat antreiben sollte. Dieser Same des Bösen ist der Ursprung aller Begierden und Leidenschaften. Er hat sich als Begehren und böser Trieb (*Jezer ha-ra*) in der Seele verwurzelt und ist in vielfältiger Weise ausgeschlagen.

Vorher kannte die Seele kein »Gut *und* Böse«, sondern nur die Ausdrucksformen des Lichtes. *Sie offenbarte allein das Gute* und *den Willen Gottes.* Erst damit, daß sie von der Frucht vom Baum der Erkenntnis *aß,* nahm sie die Saat des Bösen, des Lasters und der Begierden in sich auf. Und indem sie die dämonischen Neigungen Satans in sich aufnahm, geriet sie unter seine Macht. Der Anfang aber ist die aus freiem Willen erfolgte Unterwerfung der Seele unter den verführerischen Willen Satans.

Der chassidische Meister Rabbi Chaijm von Volozhyn sagte: »Als Gott die Seele schuf, war sie makellos und rein.« Der »böse Trieb« (*Jezer ha-ra*), der durch die Schlange repräsentiert ist, hatte keinen Anteil an Adams Seele, bevor er vom Baum der Erkenntnis aß. Adam, der hoch in den Regionen des Lichts (*Gan Eden*) wohnte, hatte klares Unterscheidungsvermögen. Er wandelte mit Gott und empfing Seine Weisung. Erst als er der Versuchung erlag und aß, wurde der »böse Trieb« ein integraler Bestandteil seiner Seele.

Dies ist der Anfang allen Gebundenseins, und das besagt das Schriftwort Hosea: »Zu Adam habt ihr meinen Bund gebrochen, dort wurdet ihr untreu.« (Hos. 6.7) So geriet die Seele in den Tagen Adams unter den Einfluß des Bösen und trägt seither dessen Saat in sich. Die Frucht dieser Aussaat des Teufels ist das Ego mit all seinen Auswüchsen: Eigenwille, Hochmut, Lüge, Begehren, Gewalt, Unzucht und schließlich all unsere Leiden und der Tod.

Es heißt: »Gott hat den Menschen aufrecht erschaffen, doch dieser hat allerlei Abwege gefunden.« (Ecclesiastes 7.29) »Gott hat den Menschen zur Unvergänglichkeit erschaffen und ihn zum Abbild Seines eigenen Wesens gemacht. Durch den Neid des Teufels aber ist der Tod in die Welt gekommen, und wer ihm (dem Teufel) angehört, wird ihn (den Tod) kosten.« (Weisheit Salomos 2.23-24) »Wir (Elohim) haben den Menschen in vollkommener Gestalt erschaffen, dann (nach der Sünde) aber haben Wir ihn in den niedrigsten Stand erniedrigt.« (Qur'an Sure 95 [al-Tin] 4-5)

Durch die von Satan stammenden dämonischen Kräfte und Neigungen, die nun in der Seele verwurzelt sind, geriet sie unter seine Macht. Wer fortan nicht *bewußt gegen* diese Neigungen ankämpft und sie in Gottes Namen zu überwinden trachtet, wird ganz von selbst zum willfährigen Instrument dieser Neigungen, die nur durch unser Unbewußtes in und über unsere Seele herrschen.

Im vierten Buch Ezra heißt es: »Ein Körnchen bösen Samens war im Anfang in Adams (= unser) Herz gesät, aber welche Frucht der Sünde hat das über die Zeit bis jetzt getragen und wird es noch tragen, bis die Tenne (= die Ernte, das Gericht) erscheint?« Was gesät ist, wächst nach seinem eigenen Gesetz. Tief in der Seele verwurzelt, treibt es seine Frucht. Und erst dadurch, daß der böse Trieb nun im Menschen verankert ist, hat Luzifer beständigen Einfluß auf ihn.

Buddha war es, der die Begierde als Wurzel aller Bosheit und allen Leidens bezeichnet hat. In seiner berühmten Predigt von Benares sagte er: »Dies ist die edle Wahrheit über den Ursprung des Leides (*dhuka*). Wahrlich, es ist das (selbstsüchtige) Begehren (*tanha*), das das Rad der Geburt in Bewegung hält, namentlich das Begehren nach Sinnenfreuden, das Hängen am eigenen Leben und das Verlangen nach dem Tod. Alles Begehren ist Ursache des Leides.« (Buddha, Predigt von Benares 1)

Tatsächlich können wir die Begierde als Saat des Todes und der Hölle bezeichnen. In den Puranas heißt es: »Shiva sprach: ›Es war *Kama* (die Begierde), die verursachte, daß alle Götter – einschließlich Indra – aus ihren Sphären fielen ... und es ist *Kama,* die alle Geschöpfe in die Hölle führt. Ohne Begierde kann der Mensch keine Bosheit tun.‹« (Skanda Purana 1.1.21)

Und im Dhammapada heißt es: »Das Verlangen eines unbewußten Menschen wächst in ihm wie eine sich aufrollende Schlingpflanze. Ein solcher Mensch eilt von Geburt zu Geburt – wie ein Affe, der von Baum zu Baum springt, während er im Dschungel Früchte sucht. Wen das Gift der Leidenschaft übermannt (in dieser Welt), dessen Leid vertieft sich, wie die Wurzel des Birnan-Grases.« (Dhammapada, Verse 334, 335) »Wie ein Baum, der – bis zur Wurzel zurückgeschnitten – am Leben bleibt und erneut austreibt, so erneut und vertieft sich das Begehren von Geburt zu Geburt, wenn dieses Begehren nicht in seinen Wurzeln ausgerottet wird.« (Buddha, Dhammapada, Vers 338)

In Übereinstimmung mit Buddha, Patanjali und Sri Shankara begreifen wir jedes Geschöpf als Produkt seiner vergangenen Handlungen (*Kamma-yoni, Samskaras*). Was ein Mensch denkt, spricht und tut, formt seinen Geist und wird in ihm Gestalt: Das ist die »Persönlichkeit« – die Summe seiner Neigungen und das Produkt seines eigenen Denkens, Sprechens und Tuns aus der Wurzel der ihn inspirierenden Kraft. So erkennen wir unsere Persönlichkeit zum einen als Frucht und Ergebnis unserer früheren Handlungen, zum anderen aber als Wurzel unserer Neigungen und als Motor all unserer unbewußten Bestrebungen, Denkhaltungen und Verhaltensmuster. Alles in allem ist die Persönlichkeit der *Rotationspunkt* unseres instruktiven, emotionellen und vom Unbewußten geleiteten Lebens und des Rades der Wiedergeburt (Samsaras).

Je nach der Geschichte unseres Denkens, Fühlens und Tuns ist unsere Persönlichkeit aus mehr oder weniger positiven (dem Licht und dem Leben zugewandten) oder negativen (ihnen abgewandten) Neigungen (*Vasanas*) zusammengesetzt. Ihre Wurzel aber besteht aus der Verbindung zwischen dem ersten göttlichen Impuls, mit dem die neugeschaffene Seele ins Leben entlassen wurde, und dem Impuls, der zur ersten Rebellion gegen Gott führte.

Jesus bezeichnete das Spektrum von Sünde, Bosheit und Begehren als auf den Acker der menschlichen Seele gesätes Unkraut: »Mit dem Himmelreich ist es wie mit einem Mann, der guten Samen auf seinen Acker gesät hatte. Während aber die Leute schliefen, kam sein Feind, säte Unkraut dazwischen mitten unter den Weizen und ging davon. Als aber die Saat aufging und Frucht ansetzte, da kam das Unkraut zum Vorschein. Da gingen die Knechte des Hausherrn hin und sagten zu ihm: ›Hast du nicht guten Samen auf deinen Acker gesät? Woher kommt nun all das Unkraut?‹ Der Hausherr aber antwortete ihnen: ›Das hat Mein Widersacher getan.‹« (Mt. 13.24-28) In diesem Bild spricht Jesus vom göttlichen Ursprung des Menschen und stellt ihm den vom Satan gesäten bösen Trieb gegenüber. Beide bilden einander entgegengesetzte Triebkräfte unseres Lebens, zwischen denen wir uns beständig neu zu entscheiden haben. Doch je mehr wir der Stimme des Gottesfeindes gefolgt sind, desto mehr haben wir die Neigung des Bösen gestärkt und uns vom »Weinstock« des Lebens getrennt.

Diesen doppelten Ursprung des gefallenen Menschen hatte

Jesus im Sinn, als er seiner Generation zurief: »Wovon das Herz voll ist, davon geht der Mund über. Der gute Mensch holt aus seinem guten Schatze Gutes hervor, der böse Mensch aber holt aus seinem bösen Schatze Böses.« (Mt. 12.34-35) »An ihren Früchten werdet ihr sie erkennen. Sammelt man etwa Trauben von Dornen oder Feigen von Disteln? So bringt jeder gute Baum gute Früchte, der schlechte Baum aber bringt schlechte Früchte. Ein guter Baum kann keine schlechten Früchte bringen, und ein schlechter Baum kann keine guten Früchte bringen. Jeder Baum, der keine guten Früchte bringt, aber wird umgehauen und ins Feuer geworfen.« (Mt. 7.16-20) »Jeder der Sünde tut, tut auch Bosheit, denn die Sünde ist die Bosheit, wer die Gerechtigkeit tut, ist gerecht ... Wer die Sünde tut, ist vom Teufel, weil der Teufel von Anfang an sündigt. ... Jeder, der aus Gott ... ist, tut keine Sünde, weil (Gottes) Same in ihm ist.« (1. Joh. 3.4/7-9)

Paulus hat diese Wahrheiten auf der Grundlage seiner eigenen Erfahrung bekundet. Das luziferische Erbe der gefallenen Menschen unter dem Begriff des »Fleisches« fassend, schreibt er: »Solange wir ... dem Fleische leben, wirken die ... sündhaften Leidenschaften in unseren Gliedern, so daß wir Frucht bringen für den Tod.« (Röm. 7.5) »Das Gesetz ist geistlich; ich aber bin fleischlich (d. h. gefallen!), verkauft unter die Gewalt der Sünde. Was ich tue, verstehe ich nicht ... Ich tue nämlich nicht das Gute, das ich will, sondern was ich nicht will, das Böse, das tue ich allezeit ... Wenn ich aber das tue, was ich nicht will, dann führe nicht ich es aus, sondern die in mir wohnende Sünde. Ich finde also das Gesetz, daß mir, der das Gute will, das Böse liegt. Denn ich habe dem inneren (gottgezeugten) Menschen nach Freude am Guten, aber ich sehe ein Gesetz in meinen Gliedern, das dem Gesetz des Geistes widerstreitet und mich in dem Gesetz der Sünde, das in meinen Gliedern ist, gefangenhält.« (Röm. 7.14-23)

»Was fleischlich geartet ist, trachtet nach dem, was des Fleisches ist, was aber geistig geartet ist, nach dem, das des Geistes ist. Das Trachten des Fleisches ist Tod, das Trachten des Geistes ist Leben. Das Trachten des Fleisches ist ja Feindseligkeit gegen Gott ... Wenn ihr aber mit dem Geist die Werke des Fleisches tötet (überwindet), werdet ihr leben.« (Röm. 8.5-7/13)

»Gewiß, zur Freiheit seid ihr berufen ...! Nur macht die Freiheit nicht zum Stützpunkt des Fleischestriebes, dienet vielmehr einander in Liebe. Denn das ganze Gesetz ist in einem Wort erfüllt, nämlich: ›Liebe Gott über alles und deinen Nächsten wie dich selbst.‹ Wenn ihr freilich einander beißt und freßt, dann seht zu, daß ihr nicht voneinander aufgefressen werdet. Also sage ich: ›Wandelt im Geiste (Gottes), dann werdet ihr das Begehren des Fleisches nicht befriedigen. Denn das Fleisch (die luziferische Natur in uns) begehrt wider den Geist und der Geist wider das Fleisch; beide liegen im Streit miteinander, damit ihr nicht das tut, was ihr eigentlich wollt. Laßt ihr euch aber vom Geiste leiten, so steht ihr nicht unter (der Macht der Sünde). Offenkundig sind die Werke des Fleisches, nämlich Unzucht, Unlauterkeit, Ausschweifung, Götzendienst, Zauberei, Feindseligkeit, Zank, Eifersucht, Zorn, Hader, Zwistigkeiten, Parteiungen, Neid, [Mord], Trunkenheit, Schlemmerei und dergleichen. Von diesen Dingen sage ich im voraus ...: die solches tun, werden das Reich Gottes nicht erben. Die Frucht des Geistes aber ist: Liebe, Freude, Friede, Langmut, Milde, Güte, Treue, Sanftmut, Enthaltsamkeit; hinsichtlich dieser Dinge gibt es kein Gesetz. Die, welche ... (Christus [Gott]) zugehören, haben das Fleisch mit seinen Leidenschaften und Gelüsten gekreuzigt.« (Gal. 5.13-24)

»Täuschet euch nicht: Gott läßt Seiner nicht spotten, denn, was ein Mensch sät, das wird er ernten. Wer auf sein Fleisch sät, der wird aus dem Fleisch Verderben ernten; wer aber auf den Geist sät, der wird aus dem Geiste ewiges Leben ernten.« (Gal. 5.7-8)

All diese Worte charakterisieren die Verfassung des erlösungsbedürftigen Menschen seit seinem Fall. Mokichi Okada faßt zusammen: »Jedem von uns ist es von Geburt an vorbestimmt, das schwere Erbe der ersten und fortdauernden Rebellion des Menschen gegen Gott zu tragen. Dieses Erbe ist die Neigung zur Sünde. Ein Mensch sündigt, wenn er dieser Neigung, den Willen Gottes durch die Bestechlichkeit der Begierde zu verletzen, erliegt oder nachgibt. Es ist diese Neigung, die in den Herzen aller Menschen lauert – ganz gleich, ob sie an einen Gott glauben oder nicht.« (Sekai Kyusei Kyo, Johrei)

Ja, der »böse Trieb« wirkt in allen gefallenen Seelen, ganz gleich, ob sie an Gott glauben oder nicht. Während der gläubige, um sein Heil ringende Mensch die aus ihm hervorkommenden

Neigungen zu überwinden oder zumindest im Zaum zu halten sucht, bleibt der ungläubige oder unbewußte Mensch ganz in ihrem Bann. Er steht im Widerspruch zu Gott und führt ein widergöttliches Leben. Er ist und bleibt ein Werkzeug der Gottlosigkeit, bis er, durch Leid oder reifere Erkenntnis erweckt, neue Wege sucht.

Die Frage, die sich manchen Suchenden stellt, ist die, warum so viele Menschen für die Wahrheit blind, für Gottes Ruf taub und für geistige Erkenntnis unempfänglich sind. Wie es heißt: »Hören werdet ihr mit den Ohren und nicht verstehen. Sehen werdet ihr und nicht erkennen. Denn verstockt ist das Herz dieses Volkes. ... Sie haben ihre Augen geschlossen, damit sie nicht sehen und mit den Ohren nicht hören und mit dem Herzen nicht verstehen.« (Mt. 13.14-15/Js. 6.9-10)

Und bei Mohammed: »Sie haben Herzen, mit denen sie nicht begreifen; sie haben Augen, mit denen sie nicht sehen; und sie haben Ohren, mit denen sie nicht hören.« (Qur'an, Sure 7.179)

»Nicht die Blicke sind blind, blind sind die Herzen, die in ihrer Brust sind.« (Qur'an, Sure 22.46)

Aber das Gleichnis des Sündenfalls vermag uns auch diese innere Taubheit als Konsequenz der Sünde zu erklären. Denn durch die Sünde verändert sich nicht nur unser äußerer Stand und unsere seelisch-geistige Verfassung, sondern auch unsere innere Empfänglichkeit für Gottes Wort. Vom Standpunkt der Kabbala aus, beinhaltet die erste Sünde eine Veränderung in den beiden Sefirot Da'at (»Erkenntnis«) und »Jesod«.

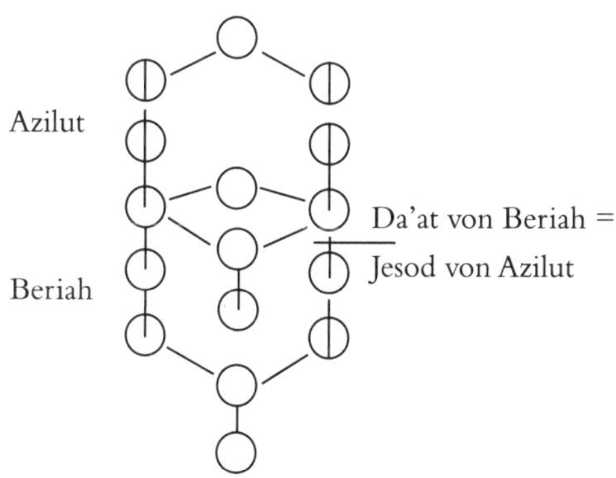

Da'at ist jener geistige Ort, jenes Organ in unserer Seele, mit dem wir die innere Stimme (*Bat kol*) hören, das Wort Gottes. Die Sefira Da'at ist das Bindeglied zwischen Tiferet und Keter und verkörpert die Verbindung unseres Herzens mit Gott.

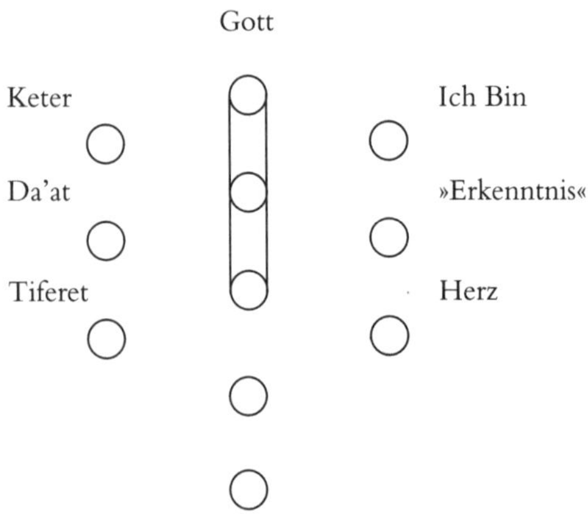

Sie ist der Ort höherer, *geistiger Erkenntnis,* an dem die Seele mit ihrem Schöpfer kommuniziert. Deshalb heißt es in der Schrift: »*Tachelet chokhmah irat Adonai wa-da'at Kadushim binah.*« – »Der Weisheit Anfang ist Ehrfurcht vor dem Herrn, und die *Erkenntnis* (Da'at) des Allheiligen höchste Einsicht.« (Spr. 9.10) Und bei Hosea: »*Ki hesed chapaz'ti ve-lo-zabach ve-da'at Elohim me'olot.*« – »Liebe will Ich, nicht Opfer, *Gotterkenntnis*, nicht Brandopfer!« (Hos. 6.6)

Höchste Kommunion (Devekuth) und reine Gotterkenntnis bilden den höchsten Auftrag und die Berufung unseres Menschseins. Hier in Da'at öffnet sich der Zugang zur höheren Welt und den Sphären des Lichtes. Und: »Gott ist Licht, und Finsternis gibt es keine in Ihm.« (1. Joh. 1.5) Da'at als Erkenntnis meint kein von außen her betrachtendes Wahrnehmen, sondern ein inneres, wesenhaftes Schauen, in dem Gott von uns und wir von Ihm innerlich Besitz ergreifen. Denn das ist ein Gesetz: Was wir innerlich schauen, wird von uns Besitz ergreifen.

Damit wird auch klar, worin der verhängnisvolle Charakter des Baumes der Erkenntnis besteht. *Etz ha-da'at* ist kein Baum der Unterscheidung, dessen Frucht uns etwa in der Fähigkeit der Unterscheidung zwischen Gut und Böse belehren und bestärken würde, sondern ein Baum der *Erkenntnis von Gut und Böse,* dessen gemischte Früchte – süß und bitter – uns zur inneren Erfahrung von Gut und Böse, zu einem seinsmäßigen Erkennen, Erfahren und Erleiden des Gesamtzusammenhanges des Bösen führt, von seinem ersten Ursprung und Anbeginn bis zur letzten Konsequenz und Ausgeburt, von der ersten Abkehr aus dem Licht bis hin zur Ernte von Dunkelheit, Elend und Gericht. Was gesät ist, muß seine Früchte tragen. Im *Sohar* heißt es: »Und Gott gab dem Menschen dieses *Gebot:* ›Von allen Bäumen des Gartens darfst du essen. Vom Baum der Erkenntnis des Guten und Bösen aber darfst du nicht essen. Denn am Tage, da du davon issest, mußt du sicher sterben.‹ (Gn. 2.16-17) Der rabbinischen Überlieferung gemäß beinhaltet das Wort »Gebot« hier all die Verbote von Bildkult, Blasphemie, Ungerechtigkeit, Blutvergießen, Unzucht, Diebstahl und Lüge … Der, der aß, der war dem Tod geweiht, denn er nahm Gift! …

Warum wurde Adam dieses Gebot gegeben, als er noch allein war? Die Antwort ist, daß all diese Verbote allein auf den Baum der Erkenntnis bezogen und allein auf ihn angewandt waren. Denn wer immer von dem Baume ißt, nimmt Spaltung in sich auf und verbindet sich mit den Kräften des Rebellen. Er macht sich in allen Übeln schuldig, auch wenn er sie nicht oder noch nicht getan hat. Denn der Same ist die Wurzel *aller* Übel, und der, der ihn aufgenommen hat, trägt die Keime aller Übel bereits in sich … Sie sind durch den Baum der Erkenntnis inspiriert, der … unter der Herrschaft der Schlange steht. Deshalb heißt es: »Wer vom Baume ißt, der hat alle Gebote gebrochen.« (Bereshit 35b)

In der Anklage der gefallenen Seelen heißt es in der Offenbarung demgemäß: » … die die Tiefen des Satans erkannt haben.« (Offb. 2.24) Um sie erkannt zu haben, müssen sie diese Tiefen erforscht und sich auf Satans Verführung eingelassen haben. Der Blick in das Dunkel verschließt schließlich unseren Sinn für das Licht und die Herrlichkeit Gottes.

Die Sefira Da'at hat ihren Sitz in der Gegend des dritten Auges, und wenn dieses von den Schleiern des Dunkels getrübt ist, verlieren wir die Schau Gottes. »Wenn euer Auge einfältig ist, dann wird euer ganzer Leib Licht sein.« Deshalb sprach Jesus:

»Das Licht des Leibes ist das Auge (der Geist). Wenn nun dein Auge einfältig ist, wird dein ganzer Leib licht sein. Wenn aber dein Auge böse ist, wird dein ganzer Leib finster sein. Wenn also das Licht in dir Finsternis ist, wie groß wird die Finsternis sein.« (Mt. 6.22-23) Mit der Einfalt eines ergebenen Herzens schauend, wird uns die Einheit des Seins offenbar, und das Licht Gottes wird uns bis in alle Glieder unseres Leibes erleuchten.

Im Buche Genesis aber heißt es: »Nun gingen ihnen die Augen auf, und sie sahen, daß sie nackt waren.« Das Aufgehen ihrer Augen, das mit dem Schließen ihres dritten Auges einhergeht, meint, daß sie da, wo sie für die Ränke Luzifers empfänglich werden, den inneren Sinn für die eine Wahrheit verlieren. »Und sie sahen, daß sie nackt waren.« Der göttlichen Glorie entblößt, erkannten sie die Nichtigkeit ihrer kreatürlichen Natur.

Der Heilige Ephrem sagte: »Unmittelbar nach dem Sündenfall verloren Adam und Eva ihre himmlische Schau und ihre göttliche Intelligenz, die ihnen vor ihrer Sünde gegen Gott zu eigen waren. Von nun an waren ihre Sicht und ihre Unterscheidungskraft auf materiell-körperliche und sinnenhafte Dinge beschränkt.« (S. Ephrem, Bd. 1, S. 139)

Wo immer wir der Stimme unseres Herzens und dem Wort Gottes kein Gehör schenkten, sondern unser inneres Ohr dem Widersacher zuwandten und seinen Einflüsterungen Folge leisteten, verhärtete sich unser Herz und unsere Fähigkeit, die Stimme der Wahrheit zu hören, wurde schwach oder verschwand ganz. Wer der Grobheit Gehör schenkt, wird taub für die feinen Töne des Gewissens und der Liebe. Oder anders herum: Jede Tat, die gegen Gott, das Leben und die Liebe gerichtet ist, setzt voraus, daß wir uns für die Stimme unseres Herzens und unseres Gewissens taub machen. Niemand kann lügen, verletzen, töten, Gewalt anwenden oder falsches Zeugnis ablegen, solange er sein Herz offenhält und die Stimme seines Gewissens nicht betäubt. Wenn wir jedoch unser Herz verschließen und unser Gewissen betäuben, ist alles möglich. Und die selbstsüchtigen und bösen Werke, die wir mit verschlossenem Herzen wirken, werden unsere inneren Sinne schließlich völlig verblenden und eine dicke Wand zwischen uns und Gott sowie zwischen uns und unserem Nächsten schaffen, die uns mehr und mehr isoliert, bis unsere Seele völlig abgestumpft und in ihrer eigenen Leere eingeschlossen ist. So führt die zunehmende Absonderung von Gott (Sünde) schließlich zu völliger Verdammnis. Dann ist es – selbst wenn wir wollten – kaum noch möglich, die innere Stimme oder Gottes Wort zu hören, denn wir haben alles getan, um sie zum Schweigen zu bringen.

Das meint Jesus, wenn er sagt: »Wer aus der Wahrheit ist, der hört meine Stimme.« (Joh. 18.37b) Oder: »Wer Ohren hat, der höre.« So auch die Worte Gottes an Ezechiel: »Gehe zu ihnen und sprich, wie Ich dir aufgetragen habe. Aber sie werden nicht auf dich hören, denn sie wollen auch auf Mich nicht hören.« (Ez. 3.7) Innere Taubheit, Verblendung und Verhärtung sind die Früchte des Ungehorsams. Nur wer umkehrt, sich reinigt, sich in vollkommenem Gehorsam gegenüber dem Willen Gottes übt und Seiner harrt, zu dem wird Gott sprechen. Er wird kommen und Sein Wort und Wesen samt all Seiner Herrlichkeit in unsere Seele sprechen. Das ist auch gemeint, wenn Jesus während des Abendmahles zu seinen Jüngern sagt: »Die Welt wird überführt werden über *Sünde,* über *Gerechtigkeit* und über *Gericht;* über Gerechtigkeit, weil ich zum Vater gehe und sie *mich nicht sehen.«* (Joh. 16.8-11)

Die Frucht von Abwendung, Ungehorsam und Sünde besteht darin, Gottes Stimme *nicht* zu hören und Sein Angesicht *nicht* zu schauen. Es ist, wie es heißt: »Selig, die reinen Herzens sind, denn sie sollen Gott schauen.« Ein reines Herz ist ein Spiegel Gottes. In ihm schauen wir Gottes Natur, in welcher Weise sie sich auch offenbart. Doch wenn unser Herz unrein oder verhärtet ist, kann es die Herrlichkeit Gottes nicht widerspiegeln. Dann können wir Ihn nicht *erkennen.*

Im Sohar heißt es: »Das Wort ›Und es gingen ihnen die Augen auf‹ bedeutet, daß sie nun Erkenntnis des Bösen erlangten, das ihnen zuvor unbekannt war.« (Bereshit 36b) Während der Blick in die Lichtwelt der ungeteilten göttlichen Einheit verlorengeht, öffnet sich das Auge des Geistes für die Welt der Gegensätze, der er sich jetzt zunehmend verhaftet. Das »Essen« der verbotenen Frucht führt zu einer geradezu »leiblich« substantiellen Identifikation des Geistes mit den Erscheinungen der vergänglichen Welt. Und mit der Vergänglichkeit hat die Seele auch den Tod in sich aufgenommen. Mit jedem Verlust wird sie fortan einen kleinen Tod erfahren, der sie an den geistigen Tod ihres Falls, also an den Verlust der Einheit mit dem Quell des Lebens, erinnern wird. Hier haben die vielfältigen Formen von Leid und Elend ihren Ursprung.

In der östlichen Tradition heißt es: »Der Geist (*manas/citta*) nimmt die Form des Objektes seiner Betrachtung an.« (Vedanta und Kashmir Shaivismus) Der sich mit Form und Namen identifizierende Geist erfährt sich als von Ursprung und Quelle getrennt, während sich das Bewußtsein, das sich mit seinem transzendenten Wesen identifiziert, als Licht und mit Gott geeint erfährt. Wer Gott schaut, erfährt sich im Licht seiner Erfahrung als eins mit Gott. Wer nur die polare Welt schaut, findet allein ihre Natur in sich gespiegelt und hält deren Qualitäten für die Qualitäten seines eigenen Wesens. Er ist blind für die Wirklichkeit des göttlichen Seins – auch in sich selbst.

Im Taoismus heißt es: »Eine kleine Verwirrung kann unsere geistige Orientierung stören, eine größere Verwirrung aber kann die eingeborene Natur überdecken.« (Chuang Tzu, *Lieder*, Vers 255) Und die Jainas sagen: »Der Einfluß einer falschen Denkhaltung kann so stark sein, daß die Seele ihre innere Stimme und ihr Empfinden für den rechten Weg verliert, wie bittere Galle Aversion gegen einen süßen Trank hervorruft.« (Nemichandra, Gomattasara)

Der Schleier der Erscheinungen, der alle geschaffenen Welten, von der feinstofflichen bis zu den grobstofflichen, herausbildet, wird im Vedanta »Maya« genannt. Das unter dem Einfluß von »Maya« stehende Bewußtsein ist zwar in der unmittelbaren Wahrnehmung seiner göttlichen Natur getrübt, steht aber durchaus noch mit ihr in Verbindung. Erst wer der Verführung der Schlange darin folgte, daß er die relative, geschaffene Welt beziehungsweise irgendein vergängliches Ding, eine Person oder sein persönliches Ich zu seinem Gott erhoben und gleichsam als Götzen angebetet hat, ist wirklich wesenhaft vom Quell des Lichtes und des Lebens abgeschnitten. In dem Maße, in dem wir Gott verleugnet und einen Götzen zu unserem Gott gemacht haben, haben wir die Macht von »Maya« potenziert und uns den Zugang zum Göttlichen versperrt. Der eigentliche Fluch des Sündenfalls besteht nämlich darin, daß das »Essen der verbotenen Frucht« eine kultische Handlung beinhaltete, mit der das Prinzip von »Maya« verherrlicht wurde und die zu einer inneren Identifikation der Seele mit der vergänglichen Welt geführt hat.

Die Unfähigkeit, Gott zu schauen und zu erkennen, ist das Ergebnis der Verdunklung von Da'at, der Blockierung der Verbindung zwischen Tiferet und Keter, der Trennung unseres Herzens von Gott. Die innere Zwiesprache zwischen Gott und Seele ist verstummt. Da'at, der Ort göttlicher Kommunion, ist zum Abgrund zwischen Gott und uns geworden, zur *Gehenna*, die uns von Gott trennt.

Anstatt an der Schlange und dem Baum des Todes vorbeigegangen zu sein und allmählich zum Baum des Lebens zu gelangen, sind die Seelen dem Bann der Schlange verfallen und aus den Sphären des Lichts vertrieben worden. Seither hüten die Cheruben mit flammenden Schwertern die Pforten des Paradieses und den Zugang zum Baum des Lebens.

Etz ha da'at, der *Baum der Erkenntnis,* steht in Jesod von Azilut (siehe Abbildung Seite 172) und breitet seine Zweige durch Da'at von Beriah in den Bereich der geistigen Welt aus. Er verkörpert einen Aspekt der schöpferischen Kraft Gottes (Jesod), der unter die Herrschaft des Satans gekommen ist. Etz Chaijm, der Baum des Lebens, dagegen steht höher. (Sein geistiger Ort ist Keter von Beriah und Tiferet von Azilut). Dadurch, daß die Seelen diese Kräfte erobern wollten und sie manipulierten, verloren sie ihre Glorie und ihr Lichtgewand und sanken in Sphären geistiger Trübung bis hinab in die grobstofflichere Welt. Die Mächte, die sie entfesselt hatten, wurden sie nun nicht mehr los.

Von da an … war das künftige Schicksal des Menschengeschlechts besiegelt. Es sollte kommen, wie es dem Menschen nach dem Fall verkündet worden war: »In Felle von Tieren wirst du dich kleiden; und unter Schmerzen sollst du gebären … Und unter Mühen sollst du dich … ernähren alle Tage deines Lebens, … bis du zum Erdboden zurückkehrst, von dem du genommen bist.« (Gn. 3.16/17/19)

Hiermit begann der Abstieg der Seelen in die materielle Welt und ihr langer Weg durch die Kreisläufe von Geburt und Tod. Auf Erden neu verwurzelt und mit den Segnungen des göttlichen

Heils ausgestattet, hat die Menschheit ihre erste kulturelle Blüte hervorgebracht. Der in der Seele verankerte Same vom Baum der Erkenntnis wuchs hervor und sollte bald eine so reiche Ernte des Bösen hervorbringen, daß die ganze Erde durch die Menschheit verderbt ward. Gott vernichtete das Menschengeschlecht bis auf einen kleinen Rest durch eine Flut und ließ den übriggebliebenen Keim erneut zu einer die Erde bedeckenden Zivilisation heranwachsen. Doch wieder sollte der Same des Bösen austreiben und im Götzenkult Babels seine kraftstrotzende Wiederkehr feiern. Das Erbe Babels aber sollte sich durch alle Völker und Zeiten ziehen und wie ein Fluch auf der ganzen Menschheit lasten.

In ständig wiederkehrendem Wechsel zwischen initiatischer Erneuerung der Welt und erneutem Triumph des Bösen bewegt sich die Geschichte auf einen Endkampf zwischen den Mächten der Finsternis und den Söhnen des Lichts zu, in dem sich Heil und Schicksal der Seelen entscheiden wird. Auf dem Weg dorthin sollten in mehreren Epochen neue Fundamente für eine künftige Erlösung gelegt werden: die Mysterien Ägyptens, die Erwählung Israels und die Mission Jesu.

Während diese Fundamente gelegt wurden, sollte sich der Same des Bösen bis zur Neige seiner Kraft entfalten. Doch wenn das Maß der Bosheit voll ist, erscheinen die Schnitter JHWHs, um die Ernte – nach Spreu und Weizen geschieden – in Gottes Scheunen einzubringen. Da wird die Ernte des Bösen gebunden und ins Feuer geworfen, während die Ernte des Guten in ein neues Zeitalter hinausgesät wird.

Der Weg des Bösen vom Fall bis zum Jüngsten Gericht

Als Jesus mit seinen Jüngern beim Letzten Abendmahl saß, sprach er von der künftigen Offenbarung des Ursprunges und der Wurzel des Bösen in den Tagen seiner Wiederkunft: »Wenn ich gehe, hinterlasse ich euch nicht als Waisen, sondern ich sende euch meinen Helfer. Dann wird dieser Geist der Wahrheit die Welt in drei Dingen überliefern: in der Sünde, in der Gerechtigkeit und im Gericht.« Darin wird das ganze Gesetz des Karma offenbar. Die

Welt soll überliefert werden in Sünde, in Gerechtigkeit und im Gericht. Jesus sagt selber: »In der Sünde insofern, als sie mich nicht angenommen haben; in der Gerechtigkeit, als sie mich nicht sehen werden; im Gericht, als der Fürst dieser Welt gerichtet ist.«

Es scheint, als würde sich alles, was Sünde ist, um Christus kristallisieren. Wir vermuten richtig. In der Einleitung zur Offenbarung heißt es: »Wenn der Menschensohn kommt, werden alle Augen ihn sehen. Insbesondere die, die ihn durchbohrt haben. Und Wehklagen wird kommen über alle Völker.« Die Wurzel des Bösen und der Sünde wird darin offenbar, daß Jesus nicht angenommen wurde.

Der nächste Punkt ist »die Gerechtigkeit, als sie mich nicht sehen werden«. Wir müssen ergänzen: »obwohl sie doch berufen sind, sein Angesicht zu schauen und in seinem Licht zu wandeln«. Wie es heißt: »Seine Knechte werden ihm dienen. Und sie werden sein Angesicht schauen.« (Offb. 22.3-4) Was hat es mit Gerechtigkeit zu tun, daß wir ihn nicht sehen, daß wir nicht im Angesicht Gottes stehen und nicht ständig in der Fülle des Lichts leben? Das ist nur zu gerecht, weil wir ihn ja zurückgewiesen haben. Was wir zurückgewiesen haben, kann nicht unser Anteil sein, solange wir nicht umgekehrt sind.

Und drittens heißt es: »im Gericht, als der Fürst dieser Welt gerichtet ist.« Wer ist der Fürst dieser Welt? Das ist der Teufel, der Satan, jene Macht des Dunkels, die mit allen Mitteln dieser Welt versucht, die Menschen zu verführen und unter seine Herrschaft zu bringen. Dieser Fürst der Welt wurde zu Golgatha gerichtet, wo ihm die Herrschaft genommen wurde. Dieses Gericht ist aber noch nicht vollzogen. Sein Vollzug liegt in der Zukunft, nämlich in der Zeit, in der sich der Kampf zwischen Licht und Finsternis in der Welt zuspitzen und dann endgültig entscheiden wird. Wie es heißt: »Jetzt ist das Gericht über diese Welt. Jetzt wird der Fürst der Welt hinabgeworfen werden.« (Joh. 12.31) »Und gestürzt wurde der große Drache, die alte Schlange, die der Teufel heißt und der Satan, der die ganze Welt verführt (hat).« (Offb. 12.9) Dann wird er gebunden werden. Der Fürst der Welt wird gebunden und gerichtet werden, denn der hat uns das Licht geraubt.

Hier müssen wir vorsichtig sein und dürfen nicht so tun, als hätte er uns das Licht ohne unsere Zustimmung geraubt. Wir wissen ja, daß wir durch Ungehorsam und Hochmut unserem Gott und Schöpfer gegenüber zu Fall kamen. Indem wir auf die Lüge und das Versprechen der Schlange hörten, haben wir das Licht gegen die Finsternis getauscht. Somit wird das Gericht auch an uns vollzogen, nämlich das Gericht der Wahrheit und der Erkenntnis, worin uns offenbart werden wird: Ja, es war unsere eigene Wahl. Wir haben sie zu verantworten und können nicht Satan oder gar Gott dafür anklagen. Zwar hat Luzifer den Menschen mit seiner List verführt, jener aber ist ihm wider besseres Wissen und Gewissen gefolgt.

Die Schrift zeigt uns Satan-Luzifer nicht nur als Verführer, sondern auch als unseren unerbittlichsten Ankläger vor Gott. Er verspricht uns gottgleiche Herrlichkeit und Macht, kann sie uns aber nicht geben. Was er verspricht, kann er nicht halten. Er ist »ein Lügner von Anfang an«. (Joh. 8.44) Und zu guter Letzt stellt er seinen Anspruch auf unsere Seelen sogar vor Gott.

Das Buch Job enthüllt uns, wie der Satan den Menschen anklagt ob seiner Gnade und seines besonderen Standes vor Gott. Gott gewährt Satan, Jobs Treue zu prüfen. Es heißt in der Schrift: »Eines Tages geschah es, daß die Gottessöhne kamen, um vor JHWH hinzutreten. In ihrer Mitte erschien auch der Satan.« Als JHWH auf die Rechtschaffenheit Jobs hinweist, antwortet der Kläger: »Ist Job denn umsonst voll Gottesfurcht? Hast Du nicht selbst einen Wall (des Schutzes) um ihn errichtet ... und das Werk seiner Hände gesegnet? ... Doch ... rühre an all seinen Besitz (inklusive seine Kinder und seine Gesundheit). Wahrhaftig, er wird Dir ins Angesicht fluchen.« Tatsächlich gewährt Gott dem Satan, Job alles zu nehmen und ihn zu prüfen. »Und der Satan ging vom Angesicht JHWHs fort«, um Job zu versuchen. (Ib. 1.6-12)

Gott prüft jeden Menschen, selbst den Gerechten, ob seine Liebe auch ohne Vorbehalt sei. Wir möchten Gott, den Inbegriff alles Guten und der Wahrheit, nicht um Seiner Gnade und Geschenke, sondern um Seiner Selbst willen lieben und begehren. Nur eine solche Liebe ist wahrhaftig und rein, und nur, wenn wir sie auch in Not und Drangsal erweisen, haben wir der Anklage Luzifers standgehalten, ihm die Stirn geboten und hiermit die Pforten des Reiches Gottes und den Zugang zum Baum des ewigen Lebens erobert.

Wer in all der Drangsal, die – sei es zur Prüfung seiner Treue und Tugend oder als Vergeltung für vergangene Sünden und Gelegenheit zur Sühne und Umkehr – über ihn kommt, standhaft und Gott treu bleibt, der wird wie Job den Sieg über das Böse erringen. Das gilt für jede einzelne Seele genauso wie für ganze Völker und Nationen und vor allem für unsere Zeit in den Tagen des Gerichtes. Bei Ezechiel heißt es: »Menschensohn, wenn ein Land sich wider Mich versündigte, indem es Treuebruch begeht, und Ich Meine Hand dagegen ausstreckte, ihm den Stab des Brotes zerbräche, Hungersnot in dasselbe brächte und Menschen und Vieh daraus vertilgte, und es wären diese drei Männer darin, Noach, Danal und Job, so würden sie ob ihrer Gerechtigkeit ihr Leben retten, spricht JHWH, der Herr ... Oder Ich brächte das Schwert über dieses Land und ... (ließe es) durch das Land gehen, und Ich vertilgte daraus Mensch und Vieh, und diese drei Männer wären darin, so wahr Ich lebe, spricht JHWH, der Herr, ... sie alleine würden gerettet werden. Oder Ich schicke über dieses Land die Pest und würde Meinen Zorn darüber ausgießen mit Blut, um zu vertilgen daraus Mensch und Vieh, und Noach, Danal und Job wären in seiner Mitte, so wahr Ich lebe, spricht JHWH, der Herr, weder Sohn noch Tochter sollen sie retten, aber ob ihrer Gerechtigkeit sollen sie ihr Leben retten.« (Ez. 14.12-20)

Derjenige aber, der in der Versuchung fiel, der wird – zu Seiner Zeit – erneut vor die gleiche Prüfung gestellt. Meistert er sie dann, so überwindet er die Konsequenz seines Falles und wird erneut Anwärter auf das ewige Heil und die Erlösung. Satan-Luzifer aber bleibt sein Ankläger und erhebt nach wie vor Anspruch auf die Seele des einstmals gefallenen Gotteskindes.

Eine solche Anklage des Satan gegen den gefallenen Adam finden wir bei Zacharjah: »Sodann ließ Er mich den Hohepriester ... schauen, wie er vor der Erscheinung JHWHs stand, während der Satan zu seiner Rechten stand, um ihn anzuklagen. Da sprach der Engel JHWHs zu dem Satan: ›JHWH gebietet dir Schweigen, Satan. JHWH, der Jerusalem auserwählt hat, gebietet dir Einhalt. Ist dieser da nicht wie ein Stück Holz, das dem Feuer entrissen wurde?‹ (Der Hohepriester/Adam) aber stand, angetan mit schmutzigen Gewändern, vor dem Engel JHWHs.« (Sach. 3.1-3)

Adam steht vor dem Richtstuhl JHWHs und wird angeklagt. Er ist schuldig, aber nicht verdammt. Gott konfrontiert den Menschen mit der Wahrheit, den Rechtschaffenen mit seiner Rechtschaffenheit, den Sünder mit seiner Sünde, aber er läßt Barmherzigkeit walten. Er gewährt den Menschen eine Frist, in der sie umkehren und um Reinheit ringen können. Doch bevor dem Menschen die Gewänder von Sünde und Unreinheit ausgezogen und weiße Gewänder des Heils und der Brautschaft angelegt werden können, muß die Kraft der Sünde und der Bosheit in ihm überwunden sein. Die Keimkraft des seitdem in der Seele verankerten Samens des Bösen aber drängt mit Macht zu weiterer Sünde und Bosheit. Es ist wie beim Zauberlehrling: »Die Mächte, die ich rief, die werd' ich nimmer los.« (J. W. v. Goethe) Und Paulus rief: »Das Gute, das ich will, das tu' ich nicht, das Böse aber, das ich hasse, das tu' ich allezeit.« (Röm. 7.15/19) Dies zeugt von der Herrschaft der Dunkelheit in unserer Seele. Und weil alle Welt unter sie geraten ist, nennt Jesus Satan den »Fürst der Welt«. Wir aber wollen den Schatten des Bösen überwinden, uns erneut in Gewänder von Reinheit und Rechtschaffenheit kleiden, um schließlich heimzukehren ins Reich des Lichts. Dazu müssen wir Tugend und Wahrheit in uns stärken, um der Macht des Bösen den Stachel zu nehmen.

Wenn wir die Geschichte betrachten, so schaudern wir und fragen uns: Wie lange wird es dauern, bis wir zur Einsicht gelangen, das Übel bannen und Gott wieder auf den Thron unseres Herzens heben? Wann wird das Maß unseres Elends voll und der Becher mit Gottes Gerechtigkeit gefüllt sein? Unsere Geschichte und die Geschichte unserer Bosheit legen Zeugnis davon ab: Das Böse hat seine Macht über die Welt bewahrt.

Die Schrift spricht an vielen Stellen von der Zeit der Ernte. In der Offenbarung des Johannes heißt es: »Ich sah unter dem Altar (Gottes) die Seelen derer, die hingeschlachtet worden waren, um des Wortes Gottes und des Zeugnisses willen, das sie festhielten. Und sie schrieen mit lauter Stimme: ›Wie lange, Herr, Du Heiliger und Wahrhaftiger, (soll es noch dauern), bis Du Gericht hältst und unser Blut rächst an den Bewohnern der Erde?‹ Da wurde einem jeden von ihnen … gesagt, sie sollten sich noch eine kurze Zeit gedulden, bis auch ihre Mitknechte vollzählig seien und ihre Brüder, die noch getötet werden sollten wie sie.« (Offb. 6.9-11) Das aber ist der Tag, an dem das Maß des Bösen voll und sein Same zur vollen Reife ausgewachsen ist.

Im vierten Buch Ezra, wo der Prophet den Ursprung der Bosheit zu ergründen sucht, nämlich »woher das böse Herz komme« (4 Esdras 4.4), antwortet ihm Gott: », ... gesät ist das Böse, wonach du Mich fragst, und noch ist seine Ernte nicht erschienen. Ehe das Gesäte noch nicht geerntet und die Stätte der bösen Saat nicht vertilgt ist, kann der Acker, da das Gute gesät ist, nicht erscheinen. Denn ein Körnchen bösen Samens war im Anfang in Adams Herz gesät, aber welche Frucht der Sünde hat das ... getragen.‹ ... Ich (Ezra) antwortete und sprach: ›Wie lange noch, wann soll ... die Frucht auf der Tenne unseres Lohnes (erscheinen)?‹ ... Hat der Erzengel Jeremiel geantwortet und gesagt: ›Wenn die Zahl von euresgleichen voll ist! Denn Er hat gewogen auf der Waage den Äon, die Stunden gemessen mit dem Maße und nach der Zahl gezählt die Zeiten. Er stört sie nicht und weckt sie nicht auf, bis das angesagte Maß (des Bösen) erfüllt ist.‹« (4. Esdras 4.28-30, 4.33/35-37)

Betrachten wir das Geschehen noch einmal zusammenfassend von Anfang an. Wir wissen: Als Gott den Menschen geschaffen hatte, trug er das Bild seines Schöpfers keimhaft in sich *und war rein.* Er wandelte in den Auen des Paradieses – sprich, in einer feinstofflichen, göttlichen Welt, im Umkreis der »Pflanzung Zion«. Von seinem Versucher mißgeleitet verschließt er sich erstmals dem Wort seines Wohltäters und heiligen Erzeugers und fällt, sich im Trotz über Sein Gebot erhebend, unter die Herrschaft der Schlange. Indem er vom Baum der Erkenntnis und des Todes ißt, nimmt er die Saat der Bosheit und der Sünde in sich auf und weiht den Acker seiner Seele ihrem Wachstum und der Ernte ihrer Frucht, nämlich geistigem Elend und Leid.

Der Mensch hat in Hochmut nach der gleißenden Frucht des lügnerischen Versprechens gegriffen und damit seine Seele luziferisch vergiftet. Wo er vorher in Liebe und Gehorsam eins mit dem Willen Gottes war, hat er sich nun im Ungehorsam von Seiner Fülle getrennt. Bald überwuchert die rasch wachsende Saat der Bosheit die im Acker seiner Seele verborgene Saat der göttlichen Tugend, über die Jesus in seinem Gleichnis von Spreu und Weizen sagt: »Als aber die Saat (des Weizens) aufging, kam auch das Unkraut zum Vorschein.« (Mt. 13.26) Das heißt: Wo der Mensch gerufen war, seine gottgegebenen Gaben und Tugenden in heiligem Dienst zur Entfaltung zu bringen, da kamen auch sein Widerspruch und seine Abkehr als Früchte des Ungehorsams hervor, so daß er, statt Gott zu verherrlichen, seiner eigenen Eitelkeit und deren Lastern frönte. Dann werden manche kommen und fragen: »›Herr, hast Du nicht guten Samen auf Deinen Acker gesät? Woher kommt das Unkraut?‹ Da antwortet der Herr: ›Das hat der Feind getan ... (er) säte Unkraut ... mitten unter den Weizen und ging davon.‹« (Mt. 13.27-28) Und die Knechte des Herrn werden fragen: »Herr, willst Du, daß wir hingehen und (das Unkraut) sammeln?« Er aber antwortet: »Nein, reißt es nicht aus; es könnte sonst beim Sammeln auch der Weizen Schaden leiden.«

Am Tag der Ernte aber werden Spreu und Weizen voneinander getrennt. Dann werden Sünde und Bosheit getilgt, und die Ernte des Guten wird in die Scheunen Gottes gebracht werden. Der Tag der Ernte ist das Gericht der Welt vor der Wiederkunft Christi und der Ankunft des Herrn. In der Offenbarung heißt es: »Und ein ... Engel trat aus dem Tempel heraus und rief mit mächtiger Stimme dem zu, der auf der Wolke saß: ›Sende deine Sichel aus und halte Ernte; denn die Stunde zum Ernten ist da, weil die Ernte der Erde überreif geworden ist.‹ ... Und ein anderer Engel ... rief ... und sagte: ›Sende deine scharfe Sichel aus und ernte die Trauben vom Weinstock der Erde; denn seine Beeren sind reif.‹« (Offb. 14.15/18) Erst in dieser letzten Stunde wird das Unkraut – all die niederen Leidenschaften und sündhaften Neigungen unserer Seele – getilgt werden, indem die kraftlos gewordenen Wurzeln des Bösen im Lichtstrom Gottes ausgebrannt werden.

Wie Jesus erläutert: »Der Feind, der das Unkraut gesät hat, ist der Teufel. Die Ernte aber ist das Gericht der Welt (am Tag der Ankunft des Herrn). Und wie der Schnitter das Unkraut sammelt und verbrennt, so wird es auch sein am Ende der Welt.« (Mt. 13.39-40) Im Gleichnis Jesu steht das Unkraut sowohl für die Neigung der Seele zur Sünde, als auch für den jedes Angebot der Umkehr und Erlösung verweigernden Frevler, der als Sohn der Finsternis offenbar werden wird. Mit anderen Worten: Wer sich bis zum Tag Seiner Ankunft (und des Gerichtes) nicht von Bosheit und Sünde lossagt, wird an jenem Tag, an dem die Sünden der Welt getilgt werden, mit ihnen im Feuerbrand untergehen. »Denn siehe, der Tag kommt wie ein Ofen, und alle Übermütigen und alle, die Böses taten, werden zu Stoppeln, und der kommende Tag wird sie in Flammen setzen, spricht JHWH Zebaot, daß Er *weder Wurzel noch Zweig* übrigläßt. Aber euch, die ihr Meinen Namen fürchtet, wird die Sonne der Gerechtigkeit aufgehen, und Heil ist in ihren Strahlen.« (Mal. 3.19-20)

Alles in allem wissen wir, daß die Seele des Menschen erst durch den Sündenfall unter die Herrschaft des Bösen kam, das sich mit dem »Essen der verbotenen Frucht« in uns verwurzelt hat. Da sich der größte Teil der Menschheit der Macht Luzifers unterworfen hatte, wird dieser nun auch »Fürst der Welt« genannt. Seine Macht wirkt über die unbewußten Neigungen unserer Seelen, durch die er seinen Einfluß geltend macht. Und damit ist er zum versteckten Machthaber nicht nur über einzelne Seelen, sondern über ganze Völker geworden. Deshalb heißt es bei Jesajah: »Siehe, Finsternis bedeckt die Erde und Dunkelheit die Nationen.« (Js. 60.2)

Die Macht dieser Finsternis zwang die Seelen, ihre ursprüngliche Heimat in den Sphären des Lichts zu verlassen und in die Materie herabzusteigen. Damit nahm der Kreislauf von Geburt und Tod seinen Anfang, und die Seelen wurden den Gesetzen der grobstofflichen Elemente unterworfen. Fortan sollte ihr Leben im Kraftfeld zwischen Licht und Finsternis ein beständiger Kampf mit sich selbst sein. Sie sollten wahrlich die Erkenntnis von Gut *und* Böse und deren Früchte erlangen. Um die Menschheit nicht dem Verderben preiszugeben, gab Gott ihr durch Seine aufgestiegenen Söhne einen neuen Impuls des Heils, der ihr einen Weg zur Erlösung von der Macht des Bösen eröffnen sollte.

Trotz dieses neuen Impulses kam es zum Erwachen der Schatten, die über den Seelen der Völker schwebten. Erneut haben sich die Völker von Gott abgewandt und Seine Segnungen mit Füßen getreten. Und mit der Zeit wuchs der Same des Übels zu solch einer Fülle heran, daß in Noachs Tagen die ganze Erde davon »verderbt« war. Erinnern wir uns an die Botschaft der Schrift: »Gewalttat überschwemmte die Erde. Und die Gedanken der Herzen der Menschen waren allezeit auf das Böse gerichtet.«

(Vgl. Gn. 6.5) Nie mehr hat sich ein solcher Exzeß von Übel und Bosheit auf Erden ausgebreitet wie in den Tagen vor der Flut. Selbst die Schrecken des Dritten Reiches sind kaum damit zu vergleichen und stellen obendrein nur deren Wiedergeburt dar. Alles Übel der Welt ist das Erbe jener Tage, das die Seelen von Geburt zu Geburt in sich tragen. Das ist es, was gemeinhin als *Erbsünde* bezeichnet wird. In der Zeit von Adam bis Noach ist der Bann der Finsternis zu seiner reichsten Entfaltung gekommen und sollte sich von da an weiter durch unsere Geschichte ziehen und unser Schicksal bestimmen. Er ist aber nicht das Erbe, das durch Adams Sünden auf uns gekommen ist, sondern das Erbe unserer eigenen gottlosen Werke und Wege. Bei Hosea lesen wir: »Zu Adam haben sie Meinen Bund gebrochen.« (Hos. 6.7) »Sie denken nicht in ihrem Herzen, daß Ich um all ihre Bosheit weiß. Nun umgeben sie ihre Taten, sie sind Mir vor Augen.« (Hos. 7.2) Welche Tat aber beinhaltet die erste Sünde? Welche Handlung symbolisiert das Essen der verbotenen Frucht? Das ist ein noch in uns versiegeltes Geheimnis, das jedoch in der Umkehrung einer sakramentalen Handlung und der Entweihung eines göttlichen Prinzips seinen folgenschweren Anfang hat. Und der Baum der Erkenntnis ist das Symbol seines Ursprungs.

Der »Baum der Erkenntnis« ist somit Symbol eines noch der Offenbarung harrenden Mysteriums, das gleichsam in spiegelbildlicher Beziehung zum »Baum des Lebens« steht. Dort wird sichtbar werden, *wodurch* die Seelen den Bund mit Gott gebrochen haben. Denn seinen Fluch tragen wir seit Äonen mit uns.* Der Baum des Lebens hingegen ist Stamm, Wurzel und Ursprung aller Segnungen, des sakramentalen und initiatischen Vermächtnisses, das Er Seiner Priesterschaft für die Menschheit übergeben hat. Mit dem Bundesbruch verlor der Mensch jedoch den Zugang zu seinem Mysterium und seiner Kraft. Gott stellte *östlich*

---

* In der Apokalypse Abrahams heißt es: »Schaue ..., wer Evas Verführer gewesen und welches die Frucht des Baumes ist, und du wirst wissen, was geschehen wird und wie es deinem Samen unter den Menschen ergehen wird am Ende der Tage des Äons ... ›Was ist die Frucht, die sie essen, ewiger Gott?‹ Und Er sprach: ›Dies ist der Trieb der Menschen, dies ist Adam; und dies ist ihre Begierde auf Erden, dies ist Eva; und das, was zwischen ihnen ist, das ist die Gottlosigkeit.‹« (Apok. Abr. XXIII, 1/7-8)

vom Garten Eden Cherube mit zuckenden Flammenschwertern auf, den Zugang zum Paradies und zum Baum des Lebens zu versperren. So soll es bleiben, bis sich die Menschen von dem Übel, das mit dem Essen der verbotenen Frucht über sie kam, gelöst und Gott seinen Samen in der Wurzel getilgt haben wird.

Der Bann des Bösen nahm mit dem Fall seinen Lauf und sollte zu Noachs Zeit zum Höhepunkt des Unheils auf Erden führen, so daß »Gott es gereute, den Menschen auf Erden gemacht zu haben. Er beschloß, das Menschengeschlecht durch eine Flut vom Erdboden hinweg zu vertilgen.« (Vgl. Gn. 6.6-7) Mit einem Wort der Macht versenkte Er einen ganzen Kontinent durch ein Beben. Noach aber wurde mit sieben Seelen durch die Wasser hindurch gerettet in eine neue Welt. Nun waren Sünde und Bosheit von der Erde vertilgt, doch ihre Keime blieben fest verwurzelt in den Abgründen der Seelen. Und obwohl Gott durch Noach einen neuen Bund mit der Menschheit und allem Fleisch geschlossen und der Welt eine neue geistige Ordnung gegeben hatte, kam es alsbald – mit der Rückkehr der Seelen auf die Erde – erneut zum Aufblühen der Saat des Dunkels. Schon drei Generationen nach Noach hatte Nimrod im Lande Shinear (das ist im Lande des Mondenkultes [Shin]) mit dem Turmbau von Babel den Kult des Bösen erneut initiiert, der eine neue Saat von Haß und Zerstörung über die Menschen brachte. So wurde Babel unter Nimrod zum Ursprung des Bösen in der nachsintflutlichen Welt.

Die Haggada Israels überliefert, daß Nimrod einen Kindermord unvergleichlichen Ausmaßes in Szene setzte, der alle späteren Nachahmungen, wie den pharaonischen bei der Geburt Moses und den herodianischen bei der Geburt Jesu, in den Schatten stellte. »Es heißt, daß eigens ein riesiger Tempel erbaut wurde, in den man alle jungen Mütter mit ihren Knaben und alle schwangeren Frauen brachte und wo siebzigtausend junge Leben vernichtet wurden.« (E. Bock: *Urgeschichten*, S. 105, *Sagen der Juden II*, S. 36) Diese Legende vom Nimrod'schen Kindermord deutet darauf hin, daß die Babylonier und die durch Assur von ihnen »inspirierten« Assyrer bereits zu Beginn der neuen Zeit schwarzmagische Kulte betrieben. Sie gaben sich dekadenten Geschlechts- und Phalluskulten hin, die vor allem den Mondgöttern Shin und Astarte geweiht waren.

Am Zusammenbruch der Nationen beim Turmbau von Babel hat sich unversöhnliche Feindschaft zwischen den Völkern entzündet, die tief in den Seelen verwurzelt ist. So sollte der Schatten Babels über alle Welt und ihre Völker kommen. Und er zieht sich als blutgetränkte Spur durch die Geschichte des Abendlandes.

Mitten in die Dekadenz des verfinsterten Babel wurde der Stammvater eines neuen Menschengeschlechts geboren. Abraham kam in Ur als Sohn des Götzendieners Terach zur Welt. Sein späterer Auszug und seine Beschneidung weisen unmißverständlich darauf hin, daß JHWH jenen heidnischen Kulten im Bundesschluß mit dem Vorvater Israels eine entschiedene Absage erteilt hat. Während Gilgamesh, der Held des sumerischen Epos, von Ur nach Babel zieht, wandert Abraham über Haran und Ägypten in das ihm und seinen Nachkommen von Gott verheißene Land. Am Ende gelangt er in das von Shem und Eber befestigte Salem, wo er durch den gottgleichen Hohepriester Melkizedek die Weihe Israels empfängt. Die Wege Babels und Salems sollten sich trennen, wie sich auch die Wege Kains und Sets, Isaaks und Ishmaels, Jakobs und Esaus trennen sollten.

Das Erbe Nimrods geht seinen Weg, und Babel wird zum Inbegriff für die dunklen Kulte. Wenige Generationen nach Nimrod wandelt *Amraphel* in den Fußstapfen seines Vorgängers. Zur Zeit Abrahams ist er König von Shinear, und das Buch Genesis (Gn. 14.1) weist mit seinem Namen (*Amraphel* – »das verfinsterte Wort«) nochmals auf den Fluch der »Babylonischen Sprachverwirrung« und die damit verbundene Spaltung der Welt hin. Babel beziehungsweise Babylon sollte nach Gottes Vorsehung die Kultstätte des Bösen bleiben. Salem dagegen hat Gott zur Stadt Seines Namens und zum Ort der künftigen Einwohnung Seiner Herrlichkeit erwählt.

Von Nimrod an, dem Erben Kains und Lamechs, sollte sich der Schatten Babels wie ein Spuk durch die Geschichte und alle Nationen schleichen. Babel war es bestimmt, im geistigen Sinne die Bastion des Bösen zu bleiben. Auch Tyrus und Edom, Esau und Amalek sind nur Synonyme für sein Prinzip. Als Babel fiel, wurde auf seinen Trümmern Babylon errichtet. Mehr als tausend Jahre nach dem Turmbau entstand das Babylonische Reich, und Nebukadnezar, sein mächtigster Herrscher, schritt in den blutigen

Fußstapfen Nimrods. Kaum hatte er seine Macht befestigt, entsandte er seine Heere gegen Jerusalem und eroberte die von Gott erwählte Heilige Stadt in drei Anläufen. Er überfiel den Tempel, plünderte all seine Schätze und entweihte das Heiligtum JHWHs. Er raubte sämtliche Gerätschaften und ließ sie nach Babylon bringen. Auch nahm er die Söhne und Töchter Judahs und Benjamins gefangen und führte sie in mehreren Kolonnen in sein tyrannischen Reich, wo sie Fron- und Sklavendienste verrichten mußten. Gott vollzog durch ihn Sein Gericht an dem die Treue brechenden Israel. So geriet das ganze Haus Judah unter die Herrschaft Babylons. Die Heere des Eroberers hatten aber auch die Priester- und Prophetenjünger des Tempels von Jerusalem entführt, und unter ihnen waren Daniel, Hananjah, Mishael und Asarjah, die in Babylon die Namen Beltsazar, Shadrach, Meshach und Abed Nego bekamen.

Ihnen hatte der König würdige Positionen an seinem Hofe zugeteilt. Doch sie hielten JHWH in allem die Treue und waren um den Preis ihres Lebens nicht bereit, ihre Reinheit zu kompromittieren. (2. Kg. 24 und 25; 2. Chr. 36; Dn. 1)

»In seinem zweiten Regierungsjahr hatte nun Nebukadnezar ein Traumgesicht, das seinen Geist erschreckte, so daß der Schlaf von ihm wich.« (Dn. 2.1) Der König sah darin »ein übermächtiges Standbild. Dieses Bild war hoch, stand in blendendem Glanz vor (ihm) und war von schrecklichem Anblick. Sein Haupt war aus reinem Gold; Brust und Arme aus Silber, Leib und Hüfte aus Erz, seine Beine aus Eisen, teils aus Ton. Als (er [der König] es ansah), da löste sich ohne menschliches Zutun ein Stein aus dem Berg, traf die Füße des Standbildes aus Ton und Eisen und zermalmte sie. Da wurden das Eisen und der Ton, das Erz, das Silber und das Gold mit einem Male zu Staub … Der Wind trug alles fort, und es blieb keine Spur von allem. Der Stein aber … wurde zu einem großen Berge und erfüllte die ganze Erde.« (Dn. 2.31-35)

Da rief der König all seine Wahrsager, Zauberer, Astrologen, Priester und Propheten zusammen, ihm seinen Traum zu deuten. Doch keiner von den Chaldäern war in der Lage, ihm eine Antwort zu geben. »Da ward der König so wütend, daß er befahl, alle Weisen Babels zu töten.« (Dn. 2.12)

Als Daniel davon hörte, faßte er sich und sagte zu seinem Diener: »Bittet den König, mich vorzulassen. Ich werde ihm seinen Traum deuten.« So wurde Daniel zu Nebukadnezar gerufen und sprach zu ihm: »Mein Herr und König, gewährt mir, euch euren Traum zu deuten. Gebt mir die Frist von einer Nacht, und ich will euch seine Bedeutung enthüllen. Gewähret aber jenen Knechten von euch eure Gnade.«

Des Nachts, zum König der Könige und zum Gott der Götter rufend, empfing Daniel aus Gottes Gnaden Enthüllung um das Geheimnis des Traumes des Königs von Babel. Und eine Stimme sprach: »Dieser Traum ist zuverlässig und wahr. Geh' zum König und deute ihm sein Gesicht.«

Als Daniel am nächsten Tag vor den König trat, sprach er zu ihm: »Das Geheimnis, nach dem der König forscht, können ... Magiere ... und Astrologen dem König nicht aufdecken. Aber es ist ein Gott im Himmel, der Geheimnisse offenbart, und Er hat den König Nebukadnezar erkennen lassen, was am Ende der Tage geschehen soll ... Mir wurde nun dieses Geheimnis geoffenbart, nicht etwa vermöge einer Weisheit, die ich allen anderen Lebenden voraushätte, sondern nur zu dem Zwecke, daß jemand dem König die Deutung kundtue und daß du die Gedanken deines Herzens verstehst.« (Dn. 2.30) »Nun stehe ich vor dir und will dir die Deutung geben. Dein Gesicht aber bezieht sich auf die Endzeit und auf die vier großen (widergöttlichen) Weltreiche der Menschheit.«

Hiermit begann Daniel dem König den Traum zu deuten: »›Du, oh König, ... dem der Gott des Himmels das Reich und die Macht, Gewalt und Ruhm verliehen hat, ... du bist das Haupt aus Gold. Nach dir ersteht ein anderes Königreich, geringer als du, und dann wieder ein anderes, drittes Reich von Erz, das über die ganze Erde herrschen wird. Ein viertes Reich wird hart wie Eisen sein; Eisen zermalmt und zertrümmert ja alles. Und wie das Eisen alle jene (Stoffe) zerschmettert, so wird (dieses Reich jene anderen) zermalmen und zerschmettern. In den Tagen jener Könige aber wird der Gott des Himmels ein Reich errichten, das in Ewigkeit nicht zerstört wird. Dieses Reich wird keinem andern Volk überlassen; es wird all jenen Reichen die Auflösung und das Ende bereiten, selbst aber wird es in Ewigkeit bestehen!‹ Da fiel der König Nebukadnezar auf sein Angesicht nieder; er warf sich vor Daniel zu Boden und gab Befehl, ihm Speise- und Versöhnungsopfer darzubringen. Dann nahm der König das Wort und sprach zu Daniel: ›Wahrhaftig! Euer Gott ist wirklich der Gott der Götter, der Herr der Könige und der Offenbarer der Geheimnisse; sonst hättest du dieses Geheimnis nicht enthüllen können.‹« (Dn. 2.39-40/44/46-47)

Doch anstatt sich dem Gott im Himmel zu unterwerfen, Ihn anzubeten und Ihm zu dienen, frönte Nebukadnezar seinem Hochmut so ohne Grenzen, daß Gott ihn seinem Größenwahn verfallen ließ. Mehr als ein Jahr nach seinem Traumgesicht wurde er vom Fluche Gottes geschlagen, aus dem Kreis der Menschen ausgestoßen und in den Wald geführt, wo er bei den Tieren des Feldes hauste und »mit den Rindern weidete«. Nach sieben Jahren aber kehrte sein Verstand zurück, und er gab Gott im Himmel die Ehre, so daß er – nach Gottes Vorsehung – wieder auf den Thron gehoben wurde und seine Würde unter den Menschen wiedererlangte. (Dn. 4 und 5)

Das Traumgesicht ist ein Gesicht der Endzeit. Gott gab es Nebukadnezar als Warnung und Botschaft für alle Völker und künftigen Generationen. Sie sollte der ganzen Menschheit offenbar werden. Was nun, fragen wir uns, hat es zu bedeuten, daß Gott das Gesicht dem gottlosen Nebukadnezar und nicht einer gottesfürchtigen Seele wie Daniel gab? Der Sinn dessen liegt gewiß darin, daß die Botschaft, die Gott darin enthüllte, vor allem auch an ihn gerichtet ist. Sie soll ihm und den Seinen zur Warnung und als Gerichtsandrohung dienen. Erinnern wir uns an Petrus oder Judas. Beiden hat Jesus im voraus warnend verkündet, wohin ihre innere Neigung sie führen würde. Nach der Beteuerung Petri, Jesus bis ans Ende der Welt folgen zu wollen, spricht Jesus: »Ehe der Hahn kräht, wirst du mich dreimal verleugnen.« (Mt. 26.34) Und obwohl Petrus gewarnt war, geschah es, wie der Meister es vorausgesehen hatte. Desgleichen erging Gottes warnendes Wort an den babylonischen König, auf daß er durch ernsthafte Umkehr den durch seine machtbesessene Haltung vorbestimmten Kurs seines Schicksals korrigieren möge. In diesem Sinne bat Daniel Nebukadnezar: »O König, laß dir meinen Rat gefallen: Zerbrich deine Sünden durch Werke der Gerechtigkeit und deine Missetaten durch Erbarmen mit den Schwachen! Dann mag dein Glück von Dauer sein.« (Dn. 4.24)

In dem späteren Traumgesicht Nebukadnezars von einem in den Himmel ragenden Baum erscheint erneut das Motiv des Standbildes, jedoch in einer anderen Gestalt: Das Gesicht beschreibend, heißt es: »Siehe, da stand *ein Baum von ungewöhnlicher Höhe mitten auf der Erde.* Der Baum wurde aber noch zunehmend größer und mächtiger, *bis seine Spitze den Himmel erreichte* und er an allen Enden der Erde sichtbar war. Prächtig war sein Blätterkleid, überreich sein Fruchtbehang, und er bot Nahrung für alle. Die Tiere des Feldes suchten unter ihm Schatten, und die Vögel des Himmels nisteten in seinen Zweigen.« (Dn. 4.7-9)

Weiter heißt es: »Da sah ich … plötzlich einen heiligen Wächter vom Himmel steigen. Er gebot mit machtvoller Stimme: Fället den Baum und haut ab seine Äste! Nehmt weg sein Blätterkleid und zerstreut seine Früchte! Es fliehe das Getier unter ihm und das Gevögel aus seinem Geäst! *Doch lasset seinen Wurzelstock im Boden;* in eisernen und ehernen Fesseln (laßt ihn) …!« (Dn. 4.10-12)

Sowohl das Gesicht des »Standbildes« als auch das des »in den Himmel ragenden Baumes« erinnern zum einen an die machttrunkene Vision Nimrods, sich einen gewaltigen Turm als Denkmal der eigenen Unvergänglichkeit zu setzen, zum andern verkünden sie die Unfehlbarkeit des künftigen Gottesgerichts über den vermessenen, sich selbst vergötternden Menschen. Wie vor der Zeit Nimrods die Menschen der »ganzen Erde die gleiche Sprache und die gleichen Worte hatten« (Gn. 11.1), was auf die Einheit der damaligen Welt verweist, so heißt es von dem Baum im Traum Nebukadnezars, daß alles Lebende bei ihm Schutz und Nahrung fand. (Dn. 4.9) Wie der Turm Nimrods, so reichten auch das Standbild und der Baum Nebukadnezars bis in den Himmel. (Gn. 11.4/Dn. 4.8) Und wie JHWH herabstieg, um den Turmbau zu stören, der Generation Nimrods die Sprache zu verwirren und sie über die ganze Erde zu zerstreuen (Gn. 11.7-8), so ward dem Nebukadnezar in seinen Gesichten verheißen, daß sowohl das Standbild als auch der Baum – letzterer durch einen vom Himmel steigenden Wächter – zerstört werden sollten. (Dn. 2.34/44 und Dn. 4.9-10) Darüber hinaus erinnert uns dieses Heruntersteigen

Gottes aber auch an den Sturz Luzifers, der ja der Vater Babylons ist. (Vgl. Js. 14.12f und Jr. 51.53)

Neu kommt das Wort von der Erhaltung des Wurzelstocks hinzu: »Den Wurzelstock aber lasset im Boden.« (Dn. 4.12) Daniel selbst deutet den Wurzelstock so: »Wenn befohlen wurde, den Wurzelstock des Baumes zu belassen, so bedeutet dies: Dein Königtum bleibt erhalten und wird dir zurückgegeben, sobald du die Herrschaft des Himmels anerkannt hast.« (Dn. 4.23) Dieses Gotteswort ist nicht nur eine warnende Botschaft zum irdischen Schicksal des babylonischen Herrschers (Wahn und siebenjährige Ächtung), sondern darüber hinaus eine prophetische Verkündigung des künftigen Schicksals, also der Macht, Wiederkehr und Dauer des Babylonischen Weltreiches und seines Herrschers über diese Erdenexistenz hinaus, bis zur Vollendung der Zeit. Aus dem unbeschädigten Wurzelstock, also aus seinem seelisch-geistigen Grund heraus, sollen sich über das »goldene Haupt« (Dn. 2.38) hinaus drei weitere Reiche entfalten, in denen das Prinzip Babels in abnehmendem Glanze, aber mit zunehmender Härte wiederkehrt. Vom vierten, das in der Vision des Standbildes durch dessen Füße beziehungsweise deren zehn Zehen versinnbildlicht wird, heißt es, es würde »von allen Reichen verschieden« sein. »Es (würde) die ganze Welt verschlingen und sie zertreten und zermalmen.« (Dn. 2.40 und Dn. 7.23)

Werfen wir einen Blick auf die Geschichte: Alles folgt dem Kreislauf von Geburt, Tod und ewiger Wiederkehr. Solange der Same des Übels in den Seelen nicht getilgt ist, kehrt es immer wieder zurück. Es gibt sich zwar eine neue Form und einen neuen Namen, doch darunter sind immer noch die gleichen alten Muster und Strukturen verborgen wie zur Zeit ihrer Entstehung. Die Menschen trachten in der gleichen Weise nach dem Bösen wie vor Zeiten, und nichts ändert sich. Dieser Kreislauf des Bösen und der Zerstörung hält solange an, bis die Menschen zur Einsicht gelangen, bis sie die Wurzel des Elends und des Bösen in ihrer eigenen Seele überwinden und im Lichte Gottes tilgen. Der ganze lange Weg unserer Geschichte zeigt die immer wieder in den vergifteten Herzen der Menschen aufflammende Feindschaft wider das Licht, die sich bis zur Kreuzigung Jesu und darüber hinaus bis in unsere heutige Zeit fortsetzen sollte. Deshalb erleben wir gegenwärtig, wie die ganze Geschichte samt ihren Schatten erneut in den Seelen aufsteigt und an die Oberfläche kommt. All die alten Sünden feiern ihre Auferstehung. Und so wird nicht nur das Babylonische Reich samt seines düsteren Erbes zurückkehren und ein letztes Mal seinen Schatten auf eine geprüfte Menschheit werfen, sondern auch sein Herrscher. Wie wir gelesen haben: »Und wenn (vom Himmel) befohlen wurde, den Wurzelstock des Baumes zu belassen, so bedeutet dies: Dein Königreich bleibt erhalten und wird dir zurückgegeben werden ...« (Dn. 4.23)

Das »Standbild« und der »Baum« in den Gesichten Nebukadnezars sind als Symbole Babylons auch Sinnbilder der von Gott erwählten Geißel Israels. Wo immer Israel den Weg JHWHs verläßt, läßt Er ihm Babel als »Zuchtrute« neu erstehen. So finden wir in jeder der vier verkündeten Manifestationen Babylons eines der Weltreiche, die Israel zum Fluch und zum Ursprung seiner, ihm durch Mose erstmals angedrohten (Dt. 28.63-65), nach Salomo aber tatsächlich immer wiederkehrenden Zerstreuung wurden. Es heißt: »JHWH bringt gegen dich von fern her, vom Ende der Erde, ein Volk auf, das wie ein Adler dahersaust, ein Volk, *dessen Sprache* du nicht verstehst, ein Volk harten Blicks.« (Dt. 28.49-50) »Ja, Ich bringe über euch, Haus Israel, ein Volk aus der Ferne, spricht JHWH. Ein unüberwindliches Volk ist es, *ein Volk von uraltem Stamm.* Ein Volk, dessen Sprache du nicht kennst, und du verstehst nicht, was es spricht.« (Jr. 5.15)

Seine erste Manifestation ist das Babylonische Reich Nebukadnezars. Nach der Sünde Salomos und dem tiefen Abfall Judahs unter Manasse sollte Israel durch Nebukadnezar seine erste Gefangenschaft seit den Tagen Ägyptens erfahren. Siebzig Jahre sollte es in babylonischem Exil verbleiben. Und dieses Exil sollte zum Inbild aller künftigen Exile werden.

Nach dem Untergang des Babylonischen Weltreiches sollte sein Prinzip in Rom neu erstehen. Die Truppen dieses Reiches, das sich von Britannien und den Pyrenäen bis nach Ägypten und Palästina erstreckte, standen als Geißel Judahs in Jerusalem, als Israel seinen himmlischen König ans Kreuz schlug. Nahezu zweitausend Jahre sollte die mit der Zerstörung Jerusalems durch die Truppen Roms beginnende Zerstreuung Judahs unter die Völker der Erde währen.

Und nochmals – kurz vor Ende dieses langen Exils – erstand Israel mit Hitler und seinem Dritten Reich die bisher letzte und schrecklichste Geißel. Sechs Millionen jüdischer Leben – Männer, Frauen, Kinder und Greise – wurden vernichtet.

Dann wurden »Weinstock« und »Feigenbaum« neu gepflanzt. 1948 wurde Israel in den alten Grenzen des verheißenen Landes erneut als Nation geboren. Hier, auf Heiligem Boden soll sich sein künftiges Schicksal entscheiden. Wenn Sein Volk nicht zurück auf Seine göttlichen Pfade findet, entläßt JHWH das *aus der alten Wurzel Babels erstehende »vierte Reich«,* dem es verheißen ist, »die Welt zu verschlingen und alle Länder zu zerschlagen«, ein letztes Mal zur Zucht seines Volkes, bis Er Sich in ihm verherrlichen und Babel und seinen Fürsten vernichten wird.

In Matthäus 24 sagt Jesus: »Bevor all diese Dinge geschehen ... werdet ihr von Kriegen und Kriegsgerüchten hören ... Volk wird sich gegen Volk erheben und Reich gegen Reich ...« (Mt. 24.6/7) Wenn wir in die Welt schauen, können wir Zeugnis davon ablegen, wie sich diese Prophezeiung Jesu in unseren Tagen verwirklicht. Es gibt kaum noch eine ethnische Gruppe oder eine Nation, die in der Lage wäre, mit einer anderen in friedlichem Einklang zu leben. Überall beobachten wir ethnische Konflikte. Denken wir nur an die Basken in Spanien, an Irland und seinen Konflikt mit Großbritannien, an Jugoslawien (Kroaten, Serben und Slowenen), an Tschechen und Slowaken, Balten, Letten und Russen, an Afghanistan, Aserbaidschan, Südafrika, Ruanda, Indien und Pakistan, an die Kurden, Türken, Perser und Iraker und nicht zuletzt an Palästinenser und Israeli. In all diesen Konflikten kommt der Haß, der mit dem Turmbau von Babel erstmals zwischen den Völkern entflammt ist, erneut zum Ausbruch. Ethnische, nationalistische und religiöse Konflikte aus dem Erbe Nimrods entzünden sich erneut und drohen, die ganze Welt in Brand zu setzen.

Darüber hinaus haben wir erlebt, wie Saddam Hussein, bis vor kurzem Herrscher des Irak, auf den alten Fundamenten des untergegangenen Weltreiches Nebukadnezars die Mauern eines neuen Babylon zu errichten begann. Bereits kurz nach seiner Machtübernahme im Jahre 1979 stürzte er sich mit großem Elan in dieses Projekt und investierte gewaltige Geldsummen aus dem Staatshaushalt dafür. Sein erklärtes Ziel war es, das Babylonische

Reich in seinem alten Glanz wiedererstehen zu lassen. Manche der gewaltigen Monumentalbauten, Paläste, Kultstätten und Tempel des alten Reiches, wurden nach den alten Vorbildern neu erbaut. Nach Fertigstellung der größten Bauten rief Saddam Hussein im Jahre 1987 ein internationales Babylon-Festival aus, bei dem er sich selbst als Wiedergeburt Nebukadnezars feiern ließ. Zu diesem Anlaß ließ er auch ein goldenes Siegel prägen, das die Profile der beiden Herrscher zeigte. Darüber hinaus ließ er während des Festivals irakische Soldaten in altbabylonischen Gewändern zu Paraden aufmarschieren.

Die Wiederkehr des alten Babel ist perfekt und mit dieser Inszenierung regelrecht greifbar geworden. Hinter den Fassaden und unter den Masken und Gewändern lebt der in den Seelen auferstandene Geist der Vorzeit samt seiner kollektiven Dynamik und seinen dunklen Motiven. Und eines seiner Ziele ist die Vernichtung Israels. Mit seinem unklugen Angriff auf Kuwait und der damit hervorgerufenen Golfkrise rief er die internationale Staatengemeinschaft auf den Plan, deren politische und ökonomische Interessen schließlich zum Entwurf einer neuen Friedensordnung für den Nahen Osten führte.

Alles in allem sehen wir nicht nur im Irak, wie sich die mit den Seelen der Nationen verwobenen Kräfte Babylons – nun verstanden als geistiges Prinzip – neu konstellieren. Überall erleben wir die Rückkehr des alten babylonischen Erbes und können beobachten, wie Gott die Szene für den letzten Akt Seines Großen Dramas auf der Bühne dieser Welt zurechtrückt. Alles weist auf das kommende Große Weltgericht hin.

Überall kommen tiefere Seelenimpulse an die Oberfläche. Eine vertiefte Suche und Hinwendung zum Licht findet sich vermehrt auftauchenden Schatten gegenübergestellt. Ein neuer Friedenswille prallt auf rigide nationalistische und ethnische Doktrinen, die erwachende neue Spiritualität auf fundamentalistische Parolen und ein neu aufblühender Geist der Universalität auf einen egozentrischen, neue Spaltungen hervorrufenden Partikularismus. Die Kräfte von Licht und Finsternis polarisieren sich und bereiten ihren Aufmarsch zum letzten Kampf vor.

Wir müssen verstehen, daß Außen und Innen zusammenhängen. Es gibt keine Erlösung, ohne daß die unerlösten Schatten in uns sichtbar werden. Und all die Ereignisse in der Welt, die uns herausfordern, tragen dazu bei, sie aufzuwecken und aus uns herauszulocken. Nur die Schwäche, die uns bewußt geworden ist, kann überwunden und verwandelt werden. Und nur der wache Gewahrsam vermag zu verhindern, daß uns die alte negative Neigung vereinnahmt und wir – unter ihrem Einfluß – in Wiederholungszwang geraten und die alten Muster ausagieren.

Der erwähnte Kampf zwischen Licht und Dunkel wird also nicht nur draußen in der Welt, sondern vor allem in uns, in jeder einzelnen Seele, ausgetragen. All die dunklen Muster und Strukturen der Vergangenheit werden hervorkommen und – zum Schrecken vieler – in der Welt und in uns sichtbar werden. Das ist der Moment der Prüfung und Entscheidung. Denn nur dort, wo wir der Herausforderung und den Kräften, durch die wir fielen, erneut begegnen, können wir sie in standhafter Entschlossenheit besiegen und uns von ihrem Einfluß freimachen.

Um das Übel jedoch wirklich mit der Wurzel ausrotten zu können, müssen wir ihm auch an seiner Wurzel, also in seinem Ursprung begegnen. Dieser Ursprung aber ist der Einfluß Babels, das heißt, die Verführung Satans und das Erbe des Baumes der Erkenntnis. Der Kampf zwischen Licht und Dunkel wird bis zum Augenblick seiner Entscheidung in der letzten Stunde bis zum Äußersten toben. Er wird Himmel und Erde ergreifen, bis Michael den Drachen – Urheber der Sünde und des Bösen – auf ein Zeichen des Höchsten vom Himmel auf die Erde stürzt. Dort wird er seine ganze Macht entfalten, bis er schließlich gebunden und in den Abgrund geworfen wird.

Der geistige Ort dieser endzeitlichen Auseinandersetzung ist das Spannungsfeld zwischen »Babylon« und »Jerusalem«, zwischen dem Vermächtnis des Satans und dem Christi, zwischen dem »Baum des Todes« und dem »Baum des ewigen Lebens«. Wir sehen ja heute schon, wie sich diese Spannungen im Vorderen Orient zunehmend verschärfen, und es ist vorhersehbar, wie sich am Konflikt zwischen »Babylon« und »Jerusalem« schließlich die ganze Welt entzünden wird.

In diesem Endkampf entscheidet sich unser geistiges Heil. Dort erfahren Himmel und Erde ihr Jüngstes Gericht, dort werden »Böcke« von »Lämmern« geschieden und die Söhne der Finsternis werden ebenso offenbar wie die Söhne des Lichtes. Den äußeren Rahmen für diese Entscheidung aber bildet – wie bereits erwähnt – die Auseinandersetzung zwischen Babylon und Jerusalem, und diese kristallisiert sich in der Wahl, sich dem »Tier« (dem Antichristen) und seiner Herrschaft oder dem Messias Israels und der Glorie seines Gottes zu unterwerfen.

Wenn das »vierte Babylonische Reich« unter der Regentschaft des »Tieres« aus dem »Wurzelstock Babels« (Dn. 4.23) entsteht und den verheißenen Staatenbund des »Zehnzehenreiches« (Vgl. Dn. 2.40-43/7.7) bildet, dann werden alle Übel und gotteslästerlichen Frevel der Geschichte darin ihre Wiederkunft feiern. Bei Zacharjah heißt es: »›Hebe ... deine Augen und sieh ...! ... Das ist ein Epha (Scheffel), der da erscheint ... *Das ist ihre Schuld auf der ganzen Erde.*‹ Und siehe, ein Deckel von Blei wurde emporgehoben, und ich sah ein Weib, das im Epha saß. Da sagte (der Engel): ›Das ist die *Bosheit* (auch: Gottlosigkeit)!‹ Dann stieß er sie wieder in das Epha hinein und warf das Gewicht von Blei auf dessen Öffnung. Und da ich meine Augen erhob und schaute, siehe, da kamen zwei Frauen hervor, und der Wind blies in ihre Flügel ... und sie hoben das Epha empor zwischen Himmel und Erde. Da sprach ich zu dem Engel, der mit mir redete: ›Wohin bringen sie das Epha?‹ Und er antwortete mir: ›*Ihm ein Haus zu bauen im Lande Shinear;* dort wird es niedergelassen, und dort wird ihm die Stätte bereitet, an die es gehört.‹«(Sach. 5.5-11)

»*Ihre* Schuld« – das ist die Schuld Israels. »Ihre Schuld *auf der ganzen Erde*« – das ist die spirituelle Verantwortung Israels gegenüber der Welt, gemäß seiner Berufung, ein »Licht zu sein für die Heiden (= Völker)«. Es heißt: »Ich habe dich zum Bunde gemacht und zum Licht für die Heiden.« (Js. 42.6) Israel aber ist gestrauchelt. »Zu Adam hat es den Bund gebrochen, da wurde es untreu.« (Hos. 6.7) Da hat es begonnen, den Götzen Babels zu dienen und hat deren Fluch über die Völker gebracht. Statt ein Segen zu sein, ist es zum Fluch geworden. (Jr. 2.11; Sach. 8.13) Wie es heißt: »Israel war JHWHs heiligster Besitz, die Erstlingsgabe Seiner Ernte. Alle aber, die davon aßen, mußten es büßen: Unheil kam über sie, spricht JHWH.« (Jr. 2.3) Und wie das Unheil von Israel auf die Völker überging, so wird auch JHWHs Gericht von Israel aus auf die Völker kommen.

Bevor dies geschehen kann (d. h. bevor das Gericht Gottes von Israel auf Babel herabkommen), muß Babel seine Bestimmung als Prüfstein und Geißel Israels und aller sühnebedürftigen Seelen erfüllen. In dieser Rolle wird es das Maß des Bösen übervoll machen. Denn während die Schuld Israels darin bestand, das Vermächtnis JHWHs verworfen und statt dessen den Götzen Babels geopfert zu haben, besteht die Schuld der Völker darin, daß sie das Zeugnis des Lichts, wo immer es offenbar wurde, nicht angenommen und das Maß des Gottesgerichtes an Israel mit grimmem Haß und Eifer bis in den Himmel aufgetürmt haben.

Wenn Israels Schuld »auf der ganzen Erde« jedoch durch die Geißel Babylons entsühnt ist, wird sie weggenommen – »das Epha wird aufgehoben« – und von »den zwei Frauen« nach Babel gebracht werden. Wenn es nun heißt, daß dem Epha dort ein Haus erbaut wird, so bedeutet dies, daß Babel »der Gottlosigkeit« einen Tempel errichten und »die Bosheit« verherrlichen wird. Sie ist dann an der Stätte ihrer Bestimmung. Babylon wird wieder »zur Behausung der Dämonen und zum Schlupfwinkel für allerlei unreine Geister« (Offb. 18.2) werden.

Die gefallenen Gottessöhne und ihre Brut, die vormals von »Tyrus und Babel«, dem geistigen Ort ihrer Rebellion gegen Gott, ausgehend über die Erde zogen, um »den Erstgeborenen JHWHs« (Israel) und alle Völker der Welt zu verführen, werden wieder zurückgebracht werden »an die Stätte, an die sie gehören«. (Sach. 5.11) Dort werden sie samt ihres Fürsten gerichtet werden. Wie es heißt: »Das Tier ward ergriffen und mit ihm der Lügenprophet … Lebendig wurden sie beide in den Feuerpfuhl geworfen, der von Schwefel brennt. Und die übrigen wurden mit dem Schwerte getötet, das aus dem Munde dessen hervorging, der auf dem (weißen) Rosse sitzt; und alle Vögel sättigen sich an ihrem Fleische.« (Offb. 19.20-21) »Und ich sah einen Engel vom Himmel herabsteigen, der hatte den Schlüssel des Abgrundes, und eine große Kette (lag) auf seiner Hand. Und er ergriff den Drachen, die alte Schlange, die der Teufel und der Satan ist, (der dem Tier seine Macht verlieh [Offb, 12.3]) und legte ihn in Fesseln … und warf ihn in den Abgrund, schloß über ihm zu und legte ein Siegel an, damit er die Völker nicht mehr verführe …« (Offb. 20.1-3)

»Da wirst du (Israel, wenn JHWH dir Ruhe schuf von deinen Plagen) auf Babels König dieses Spottlied anstimmen und sprechen: ›Wie hat der Zwingherr doch geendet, geendet seine Anmaßung.‹ Es brach JHWH den Stab (= den Herrn) der Frevler, den Stock der Tyrannen, der mit Ingrimm die Nationen schlug, ... der im Zorne Völker niedertrat, sie schonungslos verfolgte. Nun ruht und rastet alle Welt, man bricht in Jubel aus. Selbst die Zypressen freuen sich über dich, die Zedern auf dem Libanon: ›Seit du hier liegst, steigt keiner mehr zu uns herauf, um uns zu fällen.‹« (Js. 14.3-8) Und die Fürsten des Himmels werden rufen: »Es ist vollbracht.«

Ich möchte an dieser Stelle die Bedeutung des biblischen Begriffs von Babel in seinem geistigen Sinne etwas systematischer zusammenfassen: Babel wurde aus dem dunklen Erbe der Generationen vor der Flut als Kultstätte des Bösen, als Tempel (Turm) und Wohnstatt der Dämonen errichtet. (Gn. 11.1-9) Dort nahm die »Rebellion« gegen Gott ihren Anfang und dort hat der Satan seinen Thronsitz und seine Macht auf Erden begründet. Babel ist das Erbe der Nefilim (Gn. 6.1-4) in der nachsintflutlichen Zeit. Da auch Israel an seinem Werk (dem Turmbau) beteiligt war, ist es selbst mit dem Schicksal Babels verwoben.

Alles in allem ist Babylon zum Inbegriff für die Herrschaft der dämonischen Mächte in der Welt geworden. Luzifer ist ihr König (Fürst der Welt), das »Tier« und die falschen Propheten sind seine Repräsentanten auf Erden. Ihnen verlieh er alle Macht. (Offb. 13.2) Der Baum der Erkenntnis bildet seine unsichtbare Mitte und sein widergöttliches »Heiligtum«. In ihm liegt Babels Ursprung und die Wurzel seiner Macht.

Babylon ist das verkehrte Spiegelbild des Neuen Jerusalem. So wie Jerusalem das Bild der Vollendung der Schöpfung und der Verherrlichung Gottes ist, so ist Babylon das Bild ihrer Zerstörung und der Verherrlichung der Schattenkräfte im Menschen. Wie Jerusalem als Kern und Mitte Israels den Standort des Allerheiligsten, die erwählte Priesterschaft Gottes und die Gemeinschaft Seines heiligen Volkes (Ex. 19.6; Offb. 1.6) verkörpert, so bildet Babylon den Kern und die Mitte der Gottlosigkeit in der Welt: den Standort der Kulte Satans, der falschen Priesterschaft und die Gemeinschaft der gottlosen Völker. Es ist insgesamt Symbol und

Bastion der JHWH-feindlichen Mächte auf Erden. Der biblische Ausdruck »Babel« bezeichnet somit im wesentlichen dreierlei:

1. den historischen Standort der widergöttlichen Kulte (das historische Babel),
2. die falsche Religion und ihre Priesterschaft, die sich an Zions Stelle setzen und seine Rolle in der Welt übernehmen möchte – die »Große Hure« der Offenbarung – und
3. die widergöttliche Ordnung der Völker und Nationen – das Reich des Tieres.

Alle drei werden verschwinden. Obwohl die »Hure« und das »Tier« gleichen Ursprungs und gleicher Provenienz sind, wird »Babylon, die Große« durch das »Tier« vernichtet werden. (Offb. 17.16) Babylon als Standort der Verherrlichung des Bösen aber wird gemeinsam mit der durch das vierte Reich und das »Tier« repräsentierten Gottlosigkeit der Völker in der Unmittelbarkeit des Gerichts Gottes ausgelöscht werden. (Sach. 12.2-4/9 und Offb. 16.13-14/16 [Meggido])

Doch bevor dieses Endgericht herabkommt, wird Babel die ganze Palette seiner Verführungskünste und alle Kolonnen seiner Gewalt mobilisieren, alle Völker der Erde unter seine Herrschaft und die Macht Babylons auf den Höhepunkt bringen. Es heißt: »Der Teufel ist zu euch herabgestiegen mit grimmem Zorn, weil er weiß, daß er nur noch kurze Zeit hat.« (Offb. 12.12)

Die Mächte Babylons, das Tier und seine falschen Propheten werden alle lügnerischen Künste entwickeln, um selbst die Heiligen und alle, die Gott die Treue halten, zu verführen und zu Fall zu bringen. Es heißt: »Man wird versuchen, selbst die Auserwählten irrezuführen.« (Mk. 12.22) Und: »Hier ist die geduldige Ausdauer der Heiligen (erforderlich), die die Gebote Gottes und den Glauben an Jesus bewahren.« (Offb. 14.12) »Wer aber ausharrt bis zum Ende, der wird gerettet werden.« (Mt. 24.13) »Wenn jemand das Tier und sein Bild anbetet und das Malzeichen annimmt auf seiner Stirne oder auf seiner Hand, so soll er auch trinken vom Zornwein Gottes, der ungemischt eingeschenkt ist im Becher seines Zornes; und er soll gepeinigt werden mit Feuer und Schwefel vor den heiligen Engeln und vor dem Lamme.« (Offb. 14.9-10)

Gottlosigkeit dauert an bis zum Ende, also bis zur Vernichtung der widergöttlichen Weltreiche, da »kein Rest und keine Rettung mehr ist für die Söhne der Finsternis« (Kriegsrolle 1.6-7) und der Erfüllung der messianischen Erwartung für die, »die nach der göttlichen Rechtsordnung wandeln in der Zeit der Gottlosigkeit bis zum Kommen des Gesalbten aus Aaron.« (Damaskusschrift 12.22-23) Dann soll alle Bosheit von der Erde entfernt und in ihrer Wurzel vertilgt und vernichtet werden. Nicht den gottlosen, sündigen Menschen, der nach Reue und Umkehr sucht*, sondern den Satan und die Söhne der Finsternis, die Urheber des Abfalls, soll dieser vernichtende Fluch des endgültigen Gottesgerichtes treffen.

Aber erst wenn sich dessen Reich der Gottlosigkeit anschickt, »die ganze Welt zu verschlingen« (Dn. 7.23) und Jerusalem zu vernichten (Dn. 8.24), wird JHWH vom Himmel steigen und es samt seinem Herrscher vernichten, ohne daß eine Hand sich rührt.« (Dn. 2.34; 45/8.25)

Beim letzten Aufmarsch der Nationen von Norden gegen Jerusalem wird auf der Stellung zu Meggido (Sach. 12.2-4/9/11; Offb. 16.13-14/16) die göttliche Verheißung aus der Vision Nebukadnezars in Erfüllung gehen. »Darum sahst du, wie ein Stein sich ohne menschliches Zutun vom Berge löste und das Eisen und den Ton, Erz, Silber und Gold zermalmte.« (Dn. 2.45A) Ba-

---

* Genau besehen erkennen wir wieder eine Dreiheit. Es besteht ja nicht nur das Spannungsfeld zwischen dem berufenen Erben JHWHs (Israel) und seinen widergöttlichen Antagonisten (Babel), sondern darüber hinaus das weite Feld der »Heiden«-Völker, die zwischen den beiden und um sie herum versammelt sind. In der Gefolgschaft Shems, Chams und Japhets verkörpern sie zum ersten das priesterliche Volk, dem das göttliche Erbe anvertraut wurde, zum zweiten den Verfluchten, der Haß und Spaltung in die Welt brachte, und Japhet als den Sammelbegriff für »die Nationen«, die im Spannungsfeld zwischen Jerusalem und Babylon ihren eigenen Weg zu finden haben. Letztere wollen weder dem Beispiel des gefallenen Israel noch dem dunklen Erbe Babels folgen, sondern müssen sich, an der Offenbarung Shems partizipierend, eigenständig entscheiden. Erst wenn Israel und Babylon geistig geschieden sind, wenn Israel also von seinem babylonischen Erbe gereinigt und Babel gerichtet ist, werden auch die gereinigten und geschiedenen Völker ihren Anteil an der Fülle der Offenbarung Shems – der Verherrlichung JHWHs in Israel – haben.

bylon wird endgültig vernichtet, sein widergöttlicher Stifter, seine Wurzel, aber wird gebunden werden. So heißt es: »Spitzet die Pfeile, ergreifet die Schilde! JHWH hat den Geist des Königs von Medien aufgestachelt. Denn auf Babels Verderben ist Sein Plan gerichtet, es zu zerstören. Denn das ist die Rache JHWHs, die Rache für Seinen Tempel. Richtet die Feldzeichen gegen die Mauern Babels! Verstärkt die Wachen; stellt Posten auf, legt Leute in den Hinterhalt. Denn JHWH hat es geplant, und jetzt führt Er aus, was Er den Bewohnern Babels angedroht hat.« (Jr. 51.11-12) »Und Babel, dem Glanz der Königreiche, der stolzen Zierde der Chaldäer, wird es ergehen wie Sodom und Gomorra, die Gott bis auf den Grund zerstörte. Auf ewige Zeiten bleibt es unbewohnt, unbesiedelt durch alle Geschlechter. Kein Araber wird dort zelten, kein Hirte wird dort lagern.« (Js. 13.19-20) »Gefallen, gefallen ist Babel! Alle seine Götzenbilder sind zu Boden geschmettert.« (Js. 21.9b) »Teilt es den Völkern mit und macht bekannt, verheimlicht es nicht, sagt: Babel ist erobert, Bel ist zuschanden, gestürzt ist Marduk. (Zuschanden sind seine Götterbilder, gestürzt seine Götzen.) … Erschlagene werden umherliegen im Land der Chaldäer und Durchbohrte auf Babels Straßen. Denn ihr Land ist voll von Schuld gegen den Heiligen Israels. … Wie ist doch genommen und erobert der Stolz der ganzen Erde, wie ist doch Babel zum Entsetzen geworden unter den Völkern!« (Jr. 50.2; 51.4/5B; 51.41) »Von ferne stehen sie aus Furcht vor seiner Qual und sprechen: ›Wehe, wehe, du große Stadt, Babylon, du starke Stadt. Denn in einer einzigen Stunde ist das Gericht über dich gekommen.‹ … Und er rief mit starker Stimme: ›Gefallen, gefallen ist Babylon, die Große, und sie ist geworden zur Behausung der Dämonen, zum Schlupfwinkel für allerlei unreine Geister, zum Schlupfwinkel für allerlei unreine und abscheuliche Vögel.‹« (Offb. 18.10/18.2)

Dann wird die »Decke der Bosheit« von der Erde entfernt, und »der Fürst der Welt« wird gebunden werden. Jerusalem wird gerettet, und seine Bewohner werden erlöst werden. Jerusalem wird »Meine-Lust-an-Dir« (Js. 62.4) und seine Bewohner werden »Erlöste JHWHs« heißen. (Js. 4.3; 60.14; 62,12) »Von Zion wird das Heil Gottes ausgehen« (Joel 3.5; Ob. 17), und in Jerusalem wird Gottes Ruhm für ewig begründet werden. (Js. 25.7-9; 52.10;

Js. 12.4-6) Von dort aus wird JHWH Seine Königsherrschaft antreten über die ganze Erde. (Offb. 19.8)

Wir sehen: Ende und Anfang berühren sich. Treffend heißt es bei Mose: »Und alles, was sie sich auszuführen entschlossen haben, werden sie auch zu Ende bringen.« (Gn. 11.6) In Trotz und stolzem Wahn wird die vermeintliche Unabhängigkeit von Gott und die Vergöttlichung des eigenen Ich demonstriert und ein neuer Berg zum Himmel schreiender Übel aufgeschüttet. So wird das Maß des Bösen voll gemacht und das Rad göttlicher Gerechtigkeit in Bewegung gesetzt.

Am Ende der Zeit wird dieser Schatten der Völkergeschichte seinen letzten Ausdruck in der Selbstverherrlichung des »Tieres« und im Aufmarsch gegen Gottes Stadt finden und seinen Untergang bei Harmagedon begründen. »Gefallen, gefallen ist Babylon, die Große!« (Offb. 18,.2) »Halleluja. Das Heil und die Herrlichkeit und die Macht gehören unserem Gott; denn wahrhaft und gerecht sind Seine Gerichte. Hat Er doch die große Hure gerichtet, die mit ihrer Unzucht die Erde verdarb, und das Blut Seiner Knechte gerächt, das an ihrer Hand (klebte).« (Offb. 19.1b-2) Babylon, aus dessen Gefängnis Israel (nun) befreit ist, ist jetzt das »Gefängnis der Gottlosigkeit«, das »Haus der Dämonen« und der »Kerker eines jeden unreinen Geistes«. In Babel hat der Weg des Bösen begonnen, in Babel geht er zu Ende. Das Alte verbrennt, das Neue wächst empor. Das Menschgemachte geht unter, das Göttliche jedoch feiert Seine Siege in Ewigkeit.

Auszüge aus dem vierten Buch Ezra

Wie über *Adam* der *Tod*, so kam über (die Zeitgenossen *Noachs*) die Flut! ...

Als Du den Samen Jakobs an den Berg Sinai brachtest, da neigtest Du die Himmel, um *dem Samen Jakobs Gesetz* zu geben und *dem Geschlecht Israels Gesetz*. Aber Du nahmst *das böse Herz* nicht von ihnen, daß Dein Gesetz in ihnen Früchte trüge ...

Als aber die Zeiten um waren, da erwecktest Du Dir einen

Knecht namens *David.* Du befahlst ihm, *die Stadt, die nach Dir heißt* (Jerusalem), zu bauen …

Die Bürger der Stadt aber sündigten und handelten in allem *wie Adam* und all seine Nachkommen, denn sie hatten ja selbst das böse Herz. Da gabst Du Deine Stadt den Feinden preis. Damals aber sprach ich, Esra, bei mir: Handeln etwa *Babels* Bewohner gerechter; hat Er deshalb *Zion* verworfen?

Die *Verheißung,* die den Frommen *für die Zukunft* gemacht ist, die vermagst du noch nicht zu ertragen.

Dieser Äon ist voll Trauer und Ungemach. Denn *gesät ist das Böse,* und *noch ist seine Ernte nicht aufgegangen. Ehe das Gesäte noch nicht geerntet* und *die Stätte der Bösen Saat noch nicht verschwunden ist* (Jüngstes Gericht), *kann der Acker, da das Gute gesät ist* (das Reich Gottes), *nicht erscheinen.* (Vgl. »Gleichnis von Spreu und Weizen« (Mt. 13.24-45) oder: »Der Weinberg ist reif, abgeerntet zu werden« (Offb. 14.18-19).)

Denn *ein Körnchen* bösen Samens war *im Anfang in Adams Herz gesät,* aber welche Frucht der Sünde hat das bis jetzt getragen und wird es noch weiter tragen, bis *die Tenne* erscheint.

Ermiß also selbst: Wenn schon ein Körnchen bösen Samens solche Frucht der Sünde getragen hat, wenn einst Ähren des Guten gesät werden ohne Zahl, welch große Ernte wird das geben!

Wie lange noch, wann soll dies geschehen?

Diese Frage haben schon die Seelen der Gerechten in ihren Kammern getan. Aber der Erzengel Jeremiel hat ihnen geantwortet: *Wenn die Zahl von euresgleichen voll ist!* (Offb. 6.10-11) Denn Er hat auf der Waage den Äon gewogen und nach der Zahl die Zeiten gezählt. Er weckt sie nicht auf, bis das angesagte Maß voll ist.

Ich fragte: Wird nicht vielleicht um unserer Sünden willen die Tenne der Gerechten aufgehalten?

Er sprach: Geh hin und frage die Schwangere, ob ihr Schoß,

wenn ihre neun Monate um sind, noch das Kind bei sich halten kann?

Ich sprach: Gewiß nicht!

Die Wohnungen der Seelen im Hades (Sheol) sind dem Mutterschoße gleich; denn wenn ein gebärendes Weib der Schmerzen der Geburt sich möglichst bald zu entledigen strebt, so streben auch sie (die Seelen des Hades) (Vgl. 1. Petrus »die Seelen im Kerker«) danach, möglichst bald *das zurückzugeben, was ihnen seit Anfang anvertraut ist!*

Was wird in jenen Tagen geschehen?

Die Zeichen der Zeit sind diese: Siehe, Tage kommen, da werden die Erdenbewohner von gewaltigen Schrecken erfaßt, das Gebiet der Wahrheit wird verborgen sein und das Land des Glaubens ohne Frucht. Da wird der Ungerechtigkeit viel sein, mehr noch, als du jetzt selber siehst und als du von früher gehört hast. Das Land aber, das du jetzt herrschen siehst, wird wegelose Wüste sein.

Da wird plötzlich die Sonne bei Nacht scheinen und der Mond am Tage. Von Bäumen wird Blut träufeln; Steine werden schreien. Die Völker kommen in Aufruhr, die Ausgänge in Verwirrung; und zur Herrschaft kommt, den Erdenbewohner nicht erwarten. Das Meer von Sodom bringt Fische hervor und brüllt des Nachts mit einer Stimme, die viele nicht verstehen, aber alle vernehmen. An vielen Orten tut sich der Abgrund auf. Da verbirgt sich die Vernunft, und die Weisheit flieht in ihre Kammer; viele suchen sie und finden sie nicht. Der Ungerechtigkeit aber und Zuchtlosigkeit wird viel sein auf Erden. Dann fragt ein Land das andere und spricht: Ist etwa die Gerechtigkeit, die das Rechte tut, durch dich gekommen? Und es wird antworten: Nein! In jener Zeit werden die Menschen hoffen und nicht erlangen, sich abmühen und nicht zum Ziele kommen.

Stelle dich fest auf deine Füße, so wirst du eine gewaltig laute Stimme vernehmen; und wenn der Ort, da du stehst, beim Erschallen dieser Stimme mächtig schwankt, so ängstige dich nicht: denn die Stimme redet vom Ende; die Tiefen der Erde aber werden es verstehen, daß von ihnen selber die Rede ist. Sie werden zittern und schwanken, denn sie wissen, daß an ihnen beim Ende eine Verwandlung geschehen soll.

Siehe, Tage werden sein, wann Ich komme zu nahen, um heimzusuchen die Erdenbewohner, wann Ich komme zu rächen den Frevel der bösen Frevler, wann Zions Erniedrigung voll ist und der Äon, der dahingeht, versiegelt. Die Trompete wird laut erschallen; alle Menschen vernehmen sie plötzlich und erbeben. In jener Zeit werden Freunde einander als Feinde bekämpfen, daß die Erde samt ihren Bewohnern sich davor entsetzt. Wer aber übrigbleibt aus alledem, was Ich dir vorausgesagt, der wird gerettet werden und Mein Heil und das Ende Meiner Welt schauen. Da erscheinen die Männer, die einst emporgerafft worden sind, die den Tod nicht geschmeckt haben seit ihrer Geburt. Dann wird das Herz der Erdenbewohner verändert und zu neuem Geiste verwandelt. Dann ist das Böse vertilgt und der Trug vernichtet. Der Glaube in Blüte, das Verderbnis überwunden; und die Wahrheit wird offenbar, die so lange Zeit ohne Frucht geblieben ist.

V. Die Geistesgeschichte des Abendlandes

Die unerfüllte Verheißung Gottes

Zu einer Zeit, da Kultur und Geist Ägyptens bereits in einem deutlichen Niedergang begriffen waren, begann Gott aus dem Fleisch der Nachkommen Shems, die inmitten der heidnischen Chaldäer lebten, einen neuen Volksstamm (für die Seele[n] Israels) zu bilden. Er berief Abram, den Sohn des dem Götzenkult verfallenen Terach, mit seiner Frau Sarai, seinem Neffen Lot und seinen ihm ergebenen Knechten, Ur zu verlassen und auszuziehen in das Land, das Gott ihm zeigen wollte. Gott verhieß ihm, ihn zum geistigen Vater vieler Nationen, aber vor allem zum Stammvater eines neuen Volksstammes zu machen. »Ziehe fort aus deinem Land, aus deiner Verwandtschaft und aus deinem Vaterhaus in das Land, das Ich dir zeigen werde. Ich will dich zu einem großen Volk machen. Ich will dich segnen und deinen Namen groß machen, und du sollst ein Segen sein … Durch dich sollen gesegnet sein alle Geschlechter der Erde.« (Gn. 12.1-3) Dem Ruf Gottes folgend zog Abram in das Land Kanaan, wo Gott ihm erneut erschien und ihm das Land für seine Nachkommen als deren künftiges Eigentum zusagte.

Das ganze Land erkundend gelangte er schließlich in die Tiefebene vor Salem. Aus Salem aber kam ihm Melkizedek, der König und erhabene Hohepriester des höchsten Gottes, der Himmel und Erde erschaffen hatte, vom Berge Moriah entgegen, um ihn zu segnen. Melkizedek war Zeuge und Träger des Vermächtnisses, das Gott Adam gegeben hatte. Und Salem war jene Heilige Stätte, die Gott vor Grundlegung der Welt als Ort Seines künftigen Heils erwählt hatte, als Stadt, die nach Seinem Herzen gebildet werden würde (das künftige Jerusalem). Der von Gott gesalbte König von Salem brachte Abram also – in den Symbolen von Brot und Wein – den Segen Israels. Damit übertrug er ihm die Kraft des Vermächtnisses und initiierte ihn in dessen Mysterium, das eigentlich seinen Nachkommen vorbehalten sein sollte. Wir sehen Melkizedek als das große Licht des Alten Bundes, das alle anderen Könige, Priester und Propheten von Noach bis Christus überstrahlt. Er ist und bleibt der Zeuge des Vermächtnisses und der Initiator des in Bildung begriffenen Volksstammes der Hebräer.

Kurz nach diesem großen Ereignis erschien JHWH dem Abram und schloß mit ihm jenen Bund, den Er bereits mit Adam und Noach geschlossen hatte und der nun mit der Landesverheißung einen neuen Akzent bekam. Gott offenbarte Sich dem Abram in Seinem Kraftaspekt und unter dem Namen »El Shaddai« in einem Gesicht und sprach zu ihm: »Ich bin El Shaddai! Wandle vor Mir in Vollkommenheit. Ich will meinen Bund stiften zwischen Mir und dir und dich überaus zahlreich machen.« Da warf sich Abram auf sein Angesicht, und Gott sprach zu Ihm: »Ich! Siehe, das ist mein Bund mit dir: Du sollst Vater einer Menge von Völkern werden. Darum sollst du nicht mehr Abram heißen, sondern Abraham soll dein Name sein. ... Ich richte meinen Bund auf zwischen Mir und dir und deinen Nachkommen nach dir durch alle Geschlechter als ewigen Bund, auf daß Ich dir und deinen Nachkommen nach dir Gott sein werde. Ich gebe dir und deinen Nachkommen nach dir das Land, in dem du jetzt als Fremdling weilst, das ganze Land Kanaan, zum ewigen Besitz, und Ich werde ihnen Gott sein.« (Gn. 17.1-8) Dieser Bund, den JHWH mit Abraham schloß, sollte durch das Zeichen der Beschneidung besiegelt werden. »Dies aber ist Mein Bund: ... Alles Männliche unter euch soll beschnitten werden. ... Dies sei zum Zeichen des Bundes zwischen Mir und euch. ... Mein Bund an eurem Fleische sei zum ewigen Bund.« (Gn. 17.10-14)

Ein weiteres Jahr danach, Abraham war bereits hundert Jahre alt, »suchte JHWH Sara heim, wie Er es verheißen, und JHWH tat an Sara, wie Er es vorausgesagt hatte. Sara empfing und gebar dem Abraham in seinem Alter einen Sohn. ... Abraham gab seinem Sohne ... den Namen Isaak.« (Gn. 21.1-3)

Mit diesen sieben Akten und Zeichen, nämlich (1) in der Berufung Abrahams und der Herausführung seiner Sippe aus dem heidnischen Ur in Chaldäa, (2) in der Verheißung Gottes, ihn zum Vater eines großen Volkes zu machen, (3) in der Initiation durch

Melkizedek und in der Übergabe des Vermächtnisses Israels, (4) im Bundesschluß sowie in der Änderung seines Namens in Ab*raham*, (5) in der Landesverheißung und (6) in der Beschneidung sowie (7) in der Garantie eines fleischlichen Nachkommen, bildete JHWH aus dem Fleisch der Nachkommen Shems einen neuen Volksstamm. Mit diesem Volksstamm bereitete Er den Seelen Israels einen Leib, sich darin zu inkarnieren. Fortan sollte der hiermit in Abraham seinen Ursprung nehmende Volksstamm der Hebräer – der »Ivris«, was soviel heißt wie die »von jenseits Kommenden« – Schicksal, Erbe und Berufung Israels tragen und bezeugen. Ausdrücklich ergänzen möchte ich, daß die Seelen Zions und Israels bis auf den heutigen Tag *nicht* immer oder ausschließlich im Volk der Hebräer, d. h. als Juden inkarniert oder geboren werden. Große Anteile der Seele Zions und Israels zogen, wie sie es allesamt vor Abraham taten, auch noch nach ihm durch verschiedene Völker, aber mit den Hebräern beziehungsweise Juden schuf Gott einen fleischlichen Leib, der das Zeichen des Bundes und das gesamte kollektive, karmische und geistige Erbe Israels in der Welt tragen sollte. Dies ist wesentlich für das Verständnis der Berufung Israels und der Hebräer als fleischliches Volk.

Nun war mit Abraham und dessen Sohn Isaak sowie dessen Sohn Jakob die Basis für diesen neuen Volksstamm geschaffen.

Jakob, der nach vierzehn Jahren des Dienstes im Hause Labans in das Land seiner Väter zurückkehrte, machte eines Nachts, als er noch unterwegs war und bevor er seinem rohen Bruder Esau begegnete, folgende Erfahrung: An jenem Ort, wo er des Nachts allein lagerte, überkam ihn Gottes Kraft. »Da rang einer mit ihm bis zum Anbruch der Morgenröte. Als dieser sah, daß er ihn nicht überwinden könne, berührte er ihn an der Hüfte, so daß die Hüftpfanne Jakobs ausgerenkt wurde, während er mit ihm rang. Darauf sprach er: ›Laß mich los, denn die Morgenröte bricht an!‹ Er (Jakob) aber sagte: ›Ich lasse dich nicht, es sei, du segnest mich denn.‹ Der sprach zu ihm: ›Wie heißt du?‹ Er antwortete: ›Jakob.‹ Da sagte jener: ›*Du sollst nicht mehr Jakob heißen, sondern Israel; denn du hast dich Gott gegenüber als stark erwiesen,* und über Menschen wirst du siegen.‹ Da fragte Jakob und sprach: ›Tu mir doch deinen Namen kund!‹ Er aber antwortete: ›Warum fragst du mich nach meinem Namen?‹ Und er segnete ihn doch. Jakob nannte den Ort Penuel, denn ›ich habe Gott von Angesicht zu Angesicht geschaut und habe mein Leben gerettet.‹ ... Er aber hinkte wegen seiner Hüfte.« (Gn. 32.25-32)

Später erschien Gott dem Jakob zum zweiten Mal und segnete ihn. »Gott sprach zu ihm: ›Dein Name ist Jakob; du sollst nicht mehr Jakob heißen, sondern Israel soll dein Name sein.‹ So gab Er ihm den Namen Israel. Und weiter sprach Gott zu ihm: ›Ich bin El Shaddai. Sei fruchtbar und mehre dich. Ein Volk, ja eine Menge von Völkern soll von dir abstammen, und Könige sollen aus deinen Lenden erstehen. Das Land, das Ich Abraham und Isaak gegeben habe, dir gebe Ich es und deinen Nachkommen nach dir.‹« (Gn. 35.9-12)

Diese Umbenennung – »Einen neuen Namen will Ich dir geben« (Offb. 2.17) – Jakobs in Israel ist ein signifikanter Akt, denn damit ist die Bestimmung des neuen Volksstammes (der Hebräer) als Leib für die Seele(n) Israels namentlich besiegelt und Jakob ist nun definitiv der Stammvater Israels.

Ishmael, der Sohn Abrahams mit Hagar, Simran, Jokshan, Medan, Midian, Jishbak und Shuach, die Söhne Abrahams mit Ketura, sowie deren Nachkommen Sheba und Dedan etc., wie auch Edom, der Sohn Esaus (Gn. 36.8), die alle ebenfalls zu Stammvätern ganzer Völker werden, sind zwar Nachkommen Abrahams, nicht aber Jakobs, also Israels. Jakob, der jetzt Israel heißt, hat zwölf Söhne: Re'uben, der Erstgeborene, Simeon, Levi, Juda, Issachor und Zebulon, die Söhne Leas, Gad und Asher, die Söhne Silpas, Dan und Naphtali, die Söhne Bilkas, Josef und Benjamin, die Söhne Rachels.

Mit den zwölf Söhnen Jakobs und deren Nachkommen teilte sich der Leib Israels nach dem Bild des Himmels (Zodiak) in zwölf Stämme, womit die ursprüngliche himmlische Herkunft Israels auch in seiner fleischlichen Verkörperung sichtbar wird. Von nun an beginnen Weg und Geschichte Israels wie ein von Gott gezeichneter Pfad durch Raum und Zeit hier auf Erden sichtbar zu werden.

So wie von Abraham auf Isaak und von Isaak auf Jakob, gingen Berufung, Bund und Gottessegen Israels nun auch auf all seine zwölf Söhne und deren Nachkommen über. Josef aber, dessen Seele von besonderem Adel war, hatte Gott erwählt *vor* den anderen Brüdern. Gott setzte ihn über sie und bestimmte sie als seine Diener, was Er dem Josef bereits in Jugendjahren in einem Traumgesicht kundtat. (Gn. 37.5-7) Er hatte einen so hohen Stand vor Gott, daß selbst »Sonne, Mond und Sterne sich vor ihm verneigten«. (Gn. 37.9) Obendrein liebte ihn sein Vater Jakob mehr als seine Brüder, weil er wußte, daß Gottes besonderer Segen auf ihm lag.

Seine Brüder aber haßten ihn, wie schon Kain den Abel und Esau den Jakob gehaßt hatte. Als sie zu Sichem die Schafe ihres Vaters weideten, nahmen sie Josef gefangen, warfen ihn in einen Brunnen und verkauften ihn schließlich an eine vorbeiziehende Karawane, die ihn mit nach Ägypten nahm.

Gottes Vorsehung aber fügte es, daß er trotz all der Widerwärtigkeiten, die ihn noch treffen sollten, schließlich – und das nicht zuletzt wegen seiner geistigen Vorzüge und Tugenden als vor Gott bewährter Mann – an den Hof des Pharao kam, der ihn obendrein als Vizepharao und obersten amtierenden Herrn über ganz Ägypten setzte. »Können wir wohl einen Mann finden wie diesen, in dem der Geist Gottes ist? ... Du sollst meinem Haus vorstehen. Mein ganzes Volk soll deinen Weisungen gehorchen, und ich will nur um den Thron höher sein als du ... Sprach Pharao zu Josef: ›Hiermit setze ich dich über das ganze Haus Ägypten. ... Gegen deinen Willen soll niemand seine Hand erheben.‹« (Gn. 41.38-41)

Daraufhin gab er ihm Asnat, die Tochter Poti-Phe-Ras, des Hohepriesters von On (später Heliopolis) zur Frau. (Gn. 41.45) On war damals der (Haupt-)Tempel des (Sonnengottes) Ra, und Asnat war der Göttin Neit geweiht. An all dem sehen wir, daß sich Ägypten, obwohl bereits in einer Phase des geistigen Abstieges begriffen, damals in einer Zwischenphase noch echter Gottesfurcht und intakter Tempeltradition befand. Darüber hinaus ist die geistige Verbindung zwischen Josef und Asnat von wesentlicher Bedeutung für den allmählichen Übergang des Vermächtnisses Gottes und der Mysterien der Isis und Israels vom Volk der Ägypter auf das der Hebräer! (Auch ist Josef die Wiedergeburt eines großen Priesters und Pharao des Alten Reiches.) Weiter erfahren wir, daß dem Josef zwei Söhne geboren wurden. Da heißt es: »Asnat, die Tochter Poti-Phe-Ras, des Priesters von On, hatte sie ihm geboren. Josef nannte den Erstgeborenen Manasse, ... den zweiten nannte er Ephraim.« (Gn. 41.50-52)

Schließlich brachte JHWH sieben trockene Jahre über Ägypten und Kanaan, die er Josef zuvor kundtat, damit dieser die Scheunen zum Bersten füllen konnte, und zwang damit Israel und seine Söhne, also Josefs Vater und seine Brüder, Kanaan zu verlassen und in Ägypten Zuflucht zu suchen. Als seine Brüder vor Josef standen, verneigten sie sich bis zur Erde. So erfüllte JHWH Seinen Willen, den Er Josef im Traum gezeigt hatte.

Und so kam Israel nach Ägypten. »Die Gesamtzahl der Seelen aus dem Hause Jakobs, die nach Ägypten kamen, betrug siebzig.« (Gn. 46.27) Gott hatte Jakob vor dem Verlassen Kanaans offenbart, daß dies nach Seinem Plan sei: »Jakob, Jakob! ... Ich bin Gott, der Gott deines Volkes. Fürchte dich nicht, nach Ägypten hinabzuziehen; denn Ich will dich dort zu einem großen Volk machen. Ich selbst ziehe mit dir nach Ägypten hinab und werde dich (das heißt: dein Haus) auch wieder heraufführen.« (Gn. 46.2-4)

Jakob aber lebte in Ägypten bis zu seinem Tod. Bevor er starb, rief er all seine Söhne mit den Worten: »Versammelt euch! Ich will euch künden, was euch in künftigen Tagen begegnen wird.« (Gn. 49.1) Dann gab er jedem den von Gott zugedachten Segen. Ephraim aber segnete er, obgleich er der Jüngere war, vor Manasse, und Judas Nachkommen stellte er über die Nachkommen der anderen.

»Da sprach er zu seinen Brüdern: ›Ich sterbe. Aber Gott wird euch heimsuchen und euch aus diesem Land heraufführen in das Land, das Er Abraham, Isaak und Jakob zugeschworen hat.‹ Dann ließ Josef die Söhne Israels schwören: ›Wenn Gott euch heimsuchen wird, dann nehmt meine Gebeine von hier mit hinauf!‹ Und Josef starb, einhundertzehn Jahre alt. Man balsamierte ihn und legte ihn in Ägypten in einen Sarg.« (Gn. 50.22-26)

»Nach dem Tode Josefs, seiner Brüder und jenes ganzen Geschlechtes waren die Israeliten fruchtbar und mehrten sich; sie wurden überaus zahlreich und stark, so daß das Land von ihnen voll war.« (Ex. 1.7) Doch dann kamen in Ägypten Pharaonen an die Macht, die des Geistes Gottes nicht würdig waren und sich zunehmend weltlichen Vergnügungen und den Gelüsten ihrer Macht hingaben. (Ex. 1.8-22) Unter ihrer Herrschaft wurden die

Israeliten immer mehr unterdrückt. Sie wurden zu Sklaven herabgemündigt, mußten Frondienste leisten und wurden von ihren Aufsehern gar sehr mißhandelt. So wurde ihr Leben zur Pein. All dies geschah in einer Zeit, da Ägypten seiner eigenen geistigen Zerstörung entgegenging. Für das Volk Israel aber wurde die Bedrängnis, die es unter dem Joch Ägyptens erfuhr, zum Gottesgericht.

Die Seelen Israels, die von jenseits (*ivri*) der Flut stammten und sich in der Zeit nach der Flut zu einem großen Teil in Ägypten inkarniert hatten, sammeln sich nun im Volk der Hebräer und empfangen mit diesem Übergang aus dem Stand der Pharaonen, Wesire und Priester (Ägypter) in den Stand der Sklaven und Hirten (Hebräer) sowohl den Lohn für ihren erneuten Abfall als auch eine Lehre, die in der »Demut der Hirten« besteht. Das Fleischesgewand eines Hirten wird zum Lehrmeister für Einfalt, Dienstfertigkeit und Gottesfurcht. Israel muß die in Sodom und später im Volksleib der Ägypter vollbrachten Übel in dem unter die Herrschaft Ägyptens geratenen Volksleib der Hebräer sühnen. Der Fluch, den die Seelen Israels in Ägypten entfesselten, kommt schließlich in ihrer Einverleibung im Stamm der Hebräer über sie. Das ist ein Prinzip, das wir später in ähnlicher Form wiederfinden werden. Daran erinnert auch der Ausruf der Pharisäer vor dem Palast des Pilatus: »Sein Blut komme über uns (und unsere Kinder).«

Der Verrat an Josef, dem Gerechten, den die geübt haben, die ihm zu dienen berufen waren, führt eben diese Berufenen ins Exil. Auch das ist ein Prinzip, auf das wir in der Geschichte Israels immer wieder stoßen werden, nämlich immer da, wo Israel seinen Auftrag verfehlt. Exil und Verbannung sind Gottes Antwort auf unseren Verrat.

Exil und Sklaverei in Ägypten währten vierhundert Jahre lang – bis zum völligen Niedergang Ägyptens, als das Maß der Frevel voll war. »Die Israeliten aber seufzten unter ihrer Fron ...« (Ex. 2.23) Nach vierhundert Jahren schließlich fand Israel Gnade vor Gott. »Aus der Fron stieg ihr Hilferufen auf zu Gott. Gott aber hörte ihre Klage und gedachte Seines Bundes mit Abraham, Isaak und Jakob.« (Ez. 2.24) Dann erweckte Gott Mose. Dies war nur wenige Jahre nach dem letzten Fall Ägyptens zur Zeit Amun

Hoteps und Tut Ench Amuns, wo auch der »Lichtstein« des Tempels verborgen wurde.

Mose, der am Hofe des Pharao aufwuchs, wurde später in die Mysterien Ägyptens eingeweiht. Seine Novizenzeit verbrachte er – wie könnte es anders sein – im Tempel von On. So war er seiner leiblichen Herkunft nach ein Hebräer aus dem Stamme Levi, geistlich aber ein Jünger Ägyptens, seelisch und ethisch jedoch war er ein Kind nach dem Herzen Jakobs und nach dem Vermächtnis Israels. Als Mose später – nach seiner Flucht aus Ägypten – als Schafhirte, Jünger und Schwiegersohn des weisen Priesterkönigs Jethro im Lande Midian weilte, wurde er von diesem in die chaldäische Geistestradition eingewiesen. Aus dem jungen Leviten wird ein Eingeweihter der Mysterien Ägyptens und Chaldäas, der in den Diensten Jethros ganz seiner spirituellen Neigung folgen kann.

»Einmal trieb er die Schafe über die Steppe hinaus und kam zum Berge Gottes, zum Horeb. Da erschien ihm der Engel JHWHs in einer Feuerflamme, mitten aus einem Dornbusch heraus. Und er sah hin, und siehe, der Dornbusch brannte im Feuer, aber der Dornbusch wurde nicht verzehrt. Da dachte Mose: ›Ich will doch hingehen und dieses seltsame Schauspiel betrachten, warum der Dornbusch nicht verbrennt.‹ Als JHWH sah, daß er herantrat, um nachzusehen, rief Gott ihm aus dem Dornbusch zu: ›Mose, Mose!‹ Dieser antwortete: ›Hier bin ich!‹ Da sprach er: ›Tritt nicht näher heran! Ziehe deine Schuhe von deinen Füßen, denn der Ort, auf dem du stehst, ist heiliger Boden!‹ Und er fuhr fort: ›Ich bin der Gott deines Vaters, der Gott Abrahams, der Gott Isaaks und der Gott Jakobs.‹ Da verhüllte Mose sein Angesicht; denn er fürchtete sich, Gott anzuschauen.« (Ex. 3.1b-6)

»Gott redete mit Mose und sprach ...: ›Ich bin JHWH! Ich bin Abraham, Isaak und Jakob unter dem Namen El Shaddai erschienen; doch mit Meinem Namen JHWH habe Ich Mich ihnen nicht geoffenbart.‹« (Ex. 6.2-3) Mose aber fragte Gott: »Wenn ich zu den Israeliten komme und ihnen sage: ›Der Gott eurer Väter hat mich ... gesandt‹ und sie mich fragen: ›Wie ist Sein Name?‹, was soll ich antworten? Da sprach Gott zu Mose: ›Ehjeh Asher Ehjeh! – Ich Bin, Der Ich Bin. ... Ich Bin hat mich ... gesandt. ... JHWH, der Gott eurer Väter, der Gott Abrahams, der Gott Isaaks und der Gott Jakobs, hat mich gesandt! Dies ist mein Name in Ewigkeit und dies meine Benennung von Geschlecht zu Geschlecht‹« (Ex. 3.13-15)

Hier am Horeb, im brennenden Dornbusch, der ein Symbol der geläuterten, vom Heiligen Geist erfaßten Seele ist, offenbart Sich Gott dem Mose nicht mehr wie vormals den Vätern Israels als »El Chaij Shaddai«, also als lebensspendende, leitende äußere Kraft, sondern als »JHWH« beziehungsweise »Ehjeh Asher Ehjeh« – »Ich Bin, Der Ich Bin« – und damit als das innewohnende Substrat, Licht und Bewußtsein, das höchste Selbst aller Wesen, Seelen und Dinge. Er offenbart Sich Mose als das uns (allen) innewohnende Licht reinen Bewußtseins, als der eine unteilbare, ewige Kern unseres Wesens, als Licht unseres Lichtes und Ich unseres Ich und damit auch als die höchste Bestimmung und das letzte Ziel unseres ganzen Seins. Indem wir dieses transzendentale, geistige Sein in uns verwirklichen, erfahren wir sowohl die Einheit aller Dinge als auch unser Einssein mit der »Seele« der Welt.

In dieser Selbst-Offenbarung Gottes am Horeb erfährt Mose nicht nur das universelle Ziel aller Seelen und geschaffenen Dinge, sondern auch Gottes Plan und Erbarmen mit dem unter der Bürde seiner Fron leidenden Israel sowie seine eigene Berufung.

»JHWH sprach: ›Ich habe das Elend Meines Volkes, das in Ägypten ist, wohl gesehen, und ihr Schreien … gehört; ja, Ich kenne seine Leiden. Darum bin Ich gekommen, um es aus der Gewalt der Ägypter zu befreien und es herauszuführen in ein schönes und geräumiges Land, das von Milch und Honig fließt!‹« (Ex. 3.7-8) »Ich will euch zu Meinem Volk annehmen. Ich will euer Gott sein, und ihr sollt erfahren, daß Ich JHWH, euer Gott, bin … Ich bringe euch in ein Land, das Ich Abraham, Isaak und Jakob zu geben geschworen habe. Euch will Ich es zum Besitz geben, Ich, JHWH.« (Ex. 6.7-8) »Weil Ich Meinen Bund mit ihnen geschlossen habe, ihnen das Land Kanaan, … in dem sie als Fremdlinge weilten, zum Besitz zu geben, so habe Ich … Meines Bundes gedacht.« (Ex. 6.4-5)

Und zu Mose sprach Gott: »So gehe nun! Ich will dich zu Pharao senden. Führe Mein Volk, die Israeliten, aus Ägypten heraus.« (Ex. 3.7-10)

Als Mose an seiner Autorität vor dem Pharao zweifelt, gibt Gott ihm Zeichenmacht: »Nimm diesen Stab in deine Hand; mit ihm sollst du Zeichen tun.« (Ex. 4.17) Den Stab auf den Boden werfend, verwandelt er sich in eine Schlange; die Schlange am Schwanze fassend, verwandelt sie sich zurück in den Stab. So von Gott mit Vollmacht ausgestattet, tritt Mose vor Pharao und spricht wie JHWH ihm anbefahl: »Dies spricht JHWH: Israel ist Mein erstgeborener Sohn. ... Entlasse Meinen Sohn, daß er Mir diene.«

Aufgrund der Zeichenvollmacht, die Gott dem Mose gegeben hatte, und wegen der zehn Plagen, mit denen Er Ägypten schlug, gab der Pharao Israel – sechshunderttausend Männer (ohne ihre Familien) – frei (Ex. 12.37). »Die Zeit, in der die Israeliten in Ägypten ansässig waren, betrug vierhundertdreißig Jahre. Nach Ablauf der vierhundertdreißig Jahre, an eben diesem Tage, zogen alle Heerscharen JHWHs aus Ägypten. Es war eine Nacht der Wache für JHWH.« (Ex. 12.40-42) In einer Nacht sammelte sich ganz Israel und floh aus der grausamen Hand Ägyptens. »JHWH (aber) zog vor ihnen her, bei Tag in einer Wolkensäule, um ihnen den Weg zu weisen, bei Nacht in einer Feuersäule, um ihnen zu leuchten, damit sie bei Tag und Nacht wandern könnten. Nicht wich die Wolkensäule bei Tag und die Feuersäule bei Nacht – das ist die Shekhinah JHWHs – von der Spitze des Volkes!« (Ex. 13.21-22)

Und wie Noach einst die Heilige Lade im Bug der Arche mit sich genommen hatte, nahm nun Mose den Lichtstein mit, der nach dem endgültigen Sturz des Tempels von Karnak in den Tagen Tut Ench Amuns in unterirdischen Gängen verborgen worden war. Segola, eine Priesterin Ägyptens, hatte Mose dorthin geführt. »Segola«, überliefert die christliche Seherin Anna Katharina Emmerich, »war die natürliche Tochter des Pharao von einer jüdischen Mutter und, wenngleich in der ägyptischen Sternenkunde erzogen, den Juden sehr zugetan. ... Segola war sehr erleuchtet und vermochte sehr viel bei Pharao ... In der Nacht, da in Ägypten der Engel des Herrn die Erstgeburt schlug, ging Segola verhüllt mit Mose, Aaron und drei anderen Israeliten nach zwei Grabhügeln (in der Nähe der Pyramiden). ... Noch in derselben Nacht, da Mose das Heiligtum an sich gebracht hatte, wurde der sargähnliche Kasten hergerichtet, in welchem sie bei dem

Auszug das Heiligtum mit sich führen … In diesen Sargkasten wurde … ein goldenes Kästchen hineingestellt, welches das … aus dem Grabgewölbe getragene Heiligtum enthielt.« (A. K. Emmerich: *Die Geheimnisse des Alten Bundes*, Seiten 141-145) Gleichzeitig »nahm Mose (auch) die Gebeine Josefs mit sich. Denn dieser hatte die Israeliten schwören lassen: ›Wenn Gott euch einst gnädig heimsucht, dann nehmt meine Gebeine von hier mit euch.‹« (Ex. 13.19)

So kam es, daß Mose beim Auszug Israels aus Ägypten sowohl die Gebeine Josefs als auch das Vermächtnis Israels mit sich führte. Mit der Shekhinah aber, die sich über der Heiligen Lade niederließ und dem Volk voranzog, verließ die Herrlichkeit Gottes, die das Allerheiligste des Hauptheiligtums Ägyptens – des Amun-Tempels in Karnak – erfüllt hatte, den Ort ihrer Einwohnung und ging auf die Israeliten über. Das heißt: Kurz nach dem endgültigen Niedergang Ägyptens kann Mose den verborgenen Lichtstein übernehmen, und die Glorie Gottes zieht aus den Tempeln Ägyptens aus und geht auf Israel über.

Indem er Seinem Volk vorausgeht, rettet JHWH die Israeliten vor den sie verfolgenden Kriegsschären des Pharao. Er öffnet die Fluten des Schilfmeeres und führt sie trockenen Fußes hindurch. Die Ägypter aber werden, ähnlich wie das sodomitsche Geschlecht in den Tagen Noachs, samt Roß und Wagen von den sich hinter den Israeliten schließenden Wogen des Meeres hinweggerissen. (Ex. 14 und 15)

»Im dritten Monat nach dem Auszug … aus Ägypten … gelangten sie in die Wüste Sinai … Die Israeliten lagerten … dort dem (Heiligen) Berg gegenüber.« (Ex. 19.1-2) Da besiegelte Gott Seinen Bund, den Er mit Abraham, Isaak und Jakob geschlossen hatte, mit ganz Israel: »Als Mose (auf dem Sinai) zu Gott hinaufstieg, rief ihm JHWH vom Berge herab zu: ›So rede zum Hause Jakob und verkünde den Söhnen Israels: › … Wenn ihr … auf meine Stimme hört und Meinen Bund haltet, dann sollt ihr unter allen Völkern mein besonderes Eigentum sein, denn Mir gehört die ganze Erde. Ihr sollt Mir ein Königreich von Priestern und heiliges Volk sein!‹ Das sind die Worte, die du den Israeliten kundtun sollst.‹« (Ex. 19.3-6) Dort gab Gott Israel Weisung – das Zehn-Wort. Später berief JHWH Mose hinauf in Seine Herrlichkeit, die sich auf dem Berge niederließ. Da machte Mose sich mit seinem Jünger Joshua auf, und sie stiegen auf den Gottesberg. Mose blieb vierzig Tage und vierzig Nächte auf dem Berg und weilte in der Glorie Gottes, die den Israeliten wie ein verzehrendes Feuer auf dem Gipfel des Berges erschien, um von JHWH die Steintafeln des Gottesbundes zu empfangen. (Ex. 24.12-18) »Als Er Seine Worte an Mose auf dem Berge Sinai beendet hatte, übergab Er ihm die beiden Tafeln des Zeugnisses, steinerne Tafeln, die von Gottes Finger beschrieben waren.« (Ex. 31.18) »Die Tafeln waren auf beiden Seiten beschrieben, vorn und hinten waren sie beschrieben. Die Tafeln waren von Gott Selbst gemacht, und die Schrift war Gottes Schrift, in die Tafeln eingegraben.« (Ex. 32.15-16) Während der vierzig Tage, die Mose auf dem Gottesberg weilte, fielen die Israeliten wieder ihrer angeborenen Neigung anheim, fertigten aus dem Gold ihres aus Ägypten mitgebrachten Schmuckes das Götzenbild eines goldenen Kalbes, beteten es an und brachten ihm Brandopfer dar.

Als nun Mose vom Berg herabstieg und das Kalb und die Reigentänze sah, entbrannte sein Zorn. Er warf die Tafeln aus seinen Händen und zerschmetterte sie am Fuße des Berges. (Ex. 32.19) Sie waren aber eine Gabe des Himmels, herabgekommen vom Baum des Lebens.

So wurde die Halsstarrigkeit Israels (Ex. 32.9, 33.3) erneut offenbar, und Gott schlug Israel in einem bitteren Gericht. Später brachte Mose den Überlebenden des Gerichts neue Bundestafeln, die er nun selbst in Stein gehauen hatte. »Er hieb zwei steinerne Tafeln zurecht, wie die ersten waren. Am Morgen … machte sich Mose auf und stieg (erneut) auf den Berg Sinai hinauf, wie ihm JHWH befohlen hatte, und nahm die beiden steinernen Tafeln mit sich. JHWH kam herab in der Wolke, und er stellte sich dort bei Ihm auf.« (Ex. 34.4-5) Da gab Gott ihm erneut Weisung. Sodann sprach JHWH zu Mose: »›Schreibe dir diese Worte auf! Denn auf Grund dieser Worte schließe Ich mit dir und mit Israel einen Bund.‹ Vierzig Tage und vierzig Nächte war er dort bei JHWH. Er aß kein Brot und trank kein Wasser. Und er schrieb auf die Tafeln die Worte des Bundes, die Zehn Worte.« (Ex. 34.27-28)

Anders als die ersten Tafeln, die von Gott Selbst gemacht und beschrieben worden waren, waren diese sowohl von Mose selbst gehauen als auch von ihm beschrieben. Sie enthielten zwar Gottes Weisung, nicht aber Seine Kraft. Während erstere vom Himmel waren, waren letztere von der Erde. Und weil Mose die ersten Tafeln in seinem Zorn zerbrochen hatte, durfte er später nicht mit ins Verheißene Land ziehen. »... Du darfst das Land nur von gegenüber sehen, aber hinein sollst du nicht kommen in das Land, das Ich den Israeliten geben will.« (Dt. 32.52)

Am Ende seiner Tage stieg Mose aus den Steppen Moabs hinauf auf den Berg Nebo, den Gipfel des Pisgagebirges, das gegenüber von Jericho liegt, und JHWH zeigte ihm das ganze Land. ... Und JHWH sprach: »Das ist das Land, welches Ich Abraham, Isaak und Jakob mit den Worten zugeschworen: Deinen Nachkommen will Ich es geben! Ich habe es dich mit eigenen Augen schauen lassen, aber dort hinüber wirst du nicht kommen!« Mose, der Knecht JHWHs, starb nach dem Geheiß JHWHs im Lande Moab, und Er begrub ihn im Tale im Lande Moab gegenüber von Bet-Peor; aber niemand kennt sein Grab bis auf den heutigen Tag. (Dt. 34.1-6)

So verlor Mose seinen Anteil am Verheißenen Land. Und weil die zweite Weisung vom Sinai geringerer Ordnung war als die erste und Gottes Geist und Kraft mit ihr nicht zu Israel kam, konnte Luzifer Anspruch auf den Leib des Mose erheben. Als Michael, der Fürst und Fürsprecher Israels, »wegen des Leichnams des Mose mit dem Teufel in Streit und Wortwechsel geriet« (Jdt. 9), konnte er ihm diesen entreißen. Das bedeutet, daß Israel – obwohl wegen seines verschlossenen Herzens vorerst ganz seiner blinden Deutung des Wortes verfallen – schließlich doch den Heiligen Geist empfangen würde, um dann auch das Licht hinter der Torah Gottes zu schauen. Das wird in den Tagen der Endzeit sein, wenn Michael für sein Volk einstehen wird. (Dn. 10.13-14) Denn: »Das Wort ist tot, der Geist aber macht lebendig.« (Paulus)

Israel aber verbrachte wegen seines Aufbegehrens und wegen seiner Untreue gegen JHWH insgesamt vierzig Jahre in der Wüste. (Nm. 13 und 14) Mose hatte gemäß der Weisung JHWHs ein Zelt für die Lade gefertigt – das Stiftszelt, welches das Heiligtum beherbergen sollte. Er nahm das Zeugnis, legte es in die Lade, steckte die Tragestangen in die Lade und ... brachte die Lade in ihre

Wohnung. Nachdem er alles so eingerichtet hatte, wie JHWH es befohlen hatte, bedeckte die Wolke das Offenbarungszelt, und die Herrlichkeit JHWHs erfüllte die Wohnung. Niemand konnte in das Offenbarungszelt eintreten, weil sich die Wolke dort niedergelassen hatte und die Herrlichkeit JHWHs die Wohnung erfüllte. Sooft sich nun die Wolke von der Wohnung erhob, brachen die Israeliten auf ihrer Wanderung auf. Wenn die Wolke sich aber nicht erhob, brachen sie nicht auf bis zu dem Tag, an dem sie sich erhob. Die Wolke JHWHs war am Tag über der Wohnung, des Nachts aber war Feuer in ihr vor den Augen ganz Israels während der ganzen Wanderung. (Ex. 40.20-21/34-38)

»An dem Tage nun, da man die Wohnung errichtete, bedeckte die Wolke die Wohnung im Zelte des Zeugnisses, und abends war sie über der Wohnung wie ein feuriger Schein bis zum Morgen. So war es immer: die Wolke bedeckte sie (bei Tage) und der feurige Schein des Nachts. Wenn die Wolke sich vom Zelte erhob, brachen darnach die Israeliten auf, und an dem Platze, wo die Wolke sich niederließ, lagerten sich die Israeliten. Auf das Geheiß JHWHs brachen die Israeliten auf, und auf das Geheiß JHWHs lagerten sie sich. Die ganze Zeit, die die Wolke über der Wohnung ruhte, lagerten sie sich. Mochte die Wolke auf lange Zeit über der Wohnung verweilen, die Israeliten erwiesen JHWH ihren Dienst und brachen nicht auf.« (Nm. 9.15-19)

»Sie brachen also vom Berge JHWHs auf, (um) drei Tagmärsche weit (weiterzuziehen); dabei zog die Bundeslade JHWHs ihnen die drei Tagmärsche voran, um für sie einen Lagerplatz zu erkunden. Und die Wolke JHWHs schwebte bei Tage, wenn sie aus dem Lager aufbrachen, über ihnen. Jedesmal, wenn die Lade sich in Bewegung setzte, sprach Mose: ›Erhebe dich, JHWH, daß deine Feinde zerstieben und deine Hasser vor deinem Antlitz fliehen!‹ Und jedesmal, wenn sie haltmachten, sprach er: ›Kehre um, JHWH, zu den Massen der Tausendschaften Israels.‹« (Nm. 10.33-36)

Schließlich – nach dem Tode des Mose – bestellte JHWH Joshua, den Diener und Jünger des Mose, zum Hirten Israels: »Joshua, der Sohn Nuns, war erfüllt vom Geiste der Weisheit, da ihm Mose die Hände aufgelegt hatte, und die Israeliten gehorchten ihm und taten, wie JHWH Mose geboten hatte.« (Dt. 34.9)

»Nach dem Tode des Mose, des Knechtes JHWHs, redete JHWH zu Joshua, dem Sohn Nuns, dem Diener des Mose, und sprach: ›Mose, mein Knecht, ist tot. Nun auf und ziehe über den Jordan da, du und dieses ganze Volk, in das Land, das ich den Israeliten gebe. Jeden Ort, den eure Fußsohle betritt, gebe Ich euch, wie Ich es Mose gesagt habe ... Niemand wird dir alle Zeit deines Lebens standhalten können: Ich werde mit dir sein, wie Ich mit Mose gewesen bin; Ich werde dich nicht verlassen und dich nicht preisgeben‹« (Jos. 1.1-5)

Geführt von der Wolke über dem Heiligtum, durchquerte Joshua endlich den Jordan und drang in das Verheißene Land vor.

»... ›Wenn ihr die Lade des Bundes JHWHs, eures Gottes, seht und die levitischen Priester, die sie tragen, dann sollt ihr von dem Ort, an dem ihr steht, aufbrechen und ihr folgen, damit ihr wißt, welchen Weg ihr nehmen sollt, denn noch nie seid ihr auf diesem Weg gezogen. Nur muß zwischen euch und der Lade ein Abstand von etwa zweitausend Ellen bleiben: Kommt ihr nicht nahe!‹ Joshua sprach zum Volk: ›Heiligt euch für morgen, denn morgen wird JHWH in eurer Mitte Wunder wirken‹, und zu den Priestern sprach Joshua: ›Hebt die Lade des Bundes auf und zieht damit vor dem Volke!‹« (Jos. 3.3-6)

»Seht, die Lade JHWHs, des Herrn der ganzen Erde, wird vor euch durch den Jordan hindurchziehen. Nun wählet zwölf Männer aus den Stämmen Israels, aus jedem Stamm einen. Sobald die Priester, die die Lade JHWHs, des Herrn der ganzen Erde, ihre Fußsohle in die Wasser des Jordan gesetzt haben, werden die Wasser des Jordan gespalten, die Wasser, die von oben herabkommen, und sie werden stehenbleiben wie ein einziger Haufe. Die Priester, die die Lade des Bundes JHWHs trugen, standen im Trockenen still, mitten im Jordan, und ganz Israel zog im Trockenen hindurch, bis das ganze Volk den Durchzug durch den Jordan vollendet hatte.« (Jos. 3.11-13/17)

So gelangte Israel schließlich in das Verheißene Land, um es in Besitz zu nehmen. Jedem Stamm wurde ein Gebiet zugeteilt. Juda erhielt das Gebiet um Jerusalem, die Berge Moriah und Zion mit eingeschlossen. So wurde Kanaan von den zwölf Stämmen besiedelt. Die Lade des Bundes jedoch gelangte nach Schilo

(Jos. 18.1/22.12) und wurde dort aufbewahrt. (1. Sm. 1.3/7 und 1. Sm. 3.3)

Später – während heftiger Auseinandersetzungen der Israeliten mit den Philistern, bei denen mehr als dreißigtausend Israeliten umkamen – wurde die Lade von den Philistern erbeutet, das Heiligtum von Schilo zerstört und die Lade im Dagonstempel der Philister in Ashdod aufgestellt. Die Lade JHWHs verblieb sieben Monate im Gebiet der Philister. (1. Sm. 6.1) »Die Hand JHWHs aber lag schwer auf den Bewohnern von Ashdod, Er jagte ihnen Schrecken ein, indem Er sie mit Beulen heimsuchte.« (1. Sm. 5.6) »Die Leute, die nicht starben, wurden mit Beulen geschlagen.« (1. Sm. 5.12) Wegen ihrer Unreinheit konnten sie die Kraft und Gegenwart JHWHs, die in der Lade verankert war, nicht ertragen, und dazu waren sie auch nicht bestimmt.

Dieser Übergriff der Philister ist ein Symptom, das sowohl auf frühere Zeiten zurückgeht, aber auch auf künftige Geschehnisse in den Tagen des Gerichts verweist. Hinter dem Raub der Lade steht der unrechtmäßige Anspruch jener Seelen auf geistige Herrschaft und Macht, dem immer das Wirken des Widersachers beziehungsweise der Einfluß der Kräfte »Babels« zugrunde liegt, bis diese im Gericht JHWHs endgültig vernichtet werden. Die Plage, die nun durch die Lade JHWHs auf die Philister kommt, veranlaßte sie, das Heiligtum samt Sühnegeschenken an die Israeliten zurückzugeben.

Wenn wir die Berichte über die Lade lesen, wird uns deutlich, daß sie ihrer innewohnenden Kraft wegen mit der Gegenwart JHWHs unter den Menschen gleichgesetzt wurde. Ihr Besitz wurde denen zum Segen, die auf den Wegen Gottes wandelten, denen aber, die auf krummen Wegen gingen, wurde sie zum Verhängnis. Usa, der unvorsichtig mit der Lade umging, starb auf der Stelle (2. Sm. 6.7), »weil er seine Hand nach der Lade ausgestreckt hatte«. (1. Chr. 13.10) Von den Bewohnern Jechonjas, welche die Lade nicht in rechter Weise ehrten, werden siebzig Mann geschlagen. (1. Sm. 6.19) Über das Haus von Obed-Edom aus Gat, dem lauter rechtschaffene Seelen angehörten, brachte die Lade großen Segen. So empfing jeder durch sie, was ihm zugehörte. Die Lade aber verblieb, nachdem sie von den Philistern an die Hebräer zurückgegeben wurde, vorerst in Kirjat-Jearim.

Dann kam die Zeit, da JHWH durch Seine Propheten Könige über Israel bestellte. Nach Sha'ul wurde David, der einfältige Hirtenknabe und Erwählte Gottes, von Nathan zum König über das ganze Haus Israel ernannt und durch die Ältesten zu Hebron gesalbt. Und als König David schließlich Jerusalem zum Thronsitz erwählt, läßt er die Lade JHWHs unter großen Feierlichkeiten und Festgesängen von Kirjat-Jearim hinauf auf den Berg Zion in die Davidsburg bringen. Dort, auf dem Berge Zion, läßt er das Offenbarungszelt errichten, darin die Lade und mit ihr die Shekhinah JHWHs Wohnung nimmt – auf dem höchsten Ort Jerusalems, mitten in Israel.

Dann sprach David zu Nathan, dem Propheten: »Siehe, ich wohne in einem Zedernhaus, die Gotteslade aber wohnt unter einer Zeltdecke.« (2. Sm. 7.2; 1. Chr. 17.1) David fühlte sich inspiriert, JHWH in Jerusalem einen Tempel zu errichten. Gott aber antwortete ihm: »Nicht du sollst Mir das Haus zur Wohnung bauen.« (1. Chr. 17.4) »Denn du bist ein Kriegsmann und hast viel Blut vergossen.« (1. Chr. 22.8; 1. Chr. 28.3) (Wie wir wissen, war König David Zeit seines Lebens in Kriege mit den Philistern verwickelt.) So wurde ihm von Gott verheißen: »Siehe, ein Sohn ist dir geboren. Dieser wird ein Mann des Friedens sein. ... Salomo soll sein Name sein. ... Dieser soll Meinem Namen ein Haus erbauen. Er soll Mir Sohn und Ich will ihm Vater sein. Und den Thron seiner Königsherrschaft will Ich für immer befestigen.« (1. Chr. 22.9-10) » ... wenn er daran festhält, meine Gebote ... zu erfüllen.« (1. Chr. 28.7) David entwarf den Plan für das Heiligtum JHWHs, das Salomo, sein Sohn erbauen sollte, denn er hatte durch seine Rechtschaffenheit das Anrecht auf Tempel und Thronsitz für Israel erworben. Auch kaufte er Baumaterial für das Gotteshaus; bauen aber durfte er es nicht.

Als König David fühlte, daß die Zeit seines Endes nahe war, rief er Salomo, seinen Sohn, segnete ihn und sprach: »Du, mein Sohn Salomo, erkenne den Gott deines Vaters an, und diene Ihm mit ungeteiltem Herzen und willigem Sinn. Denn alle Herzen erforscht JHWH und alles Sinnen der Gedanken kennt Er. Wenn du Ihn suchst, so läßt Er Sich finden. Wenn du Ihn verläßt, verwirft Er dich für immer. Schau nun! JHWH hat dich auserwählt, Ihm ein Haus als Heiligtum zu erbauen.« (1. Chr. 28.9)

Nach seiner Thronbesteigung machte sich Salomo geradewegs daran, mit dem Bau des Tempels zu beginnen. »Nun begann Salomo, das Haus JHWHs in Jerusalem, auf dem Berg Morija zu bauen, wo Er seinem Vater David erschienen war, an der Stelle, die David … bestimmt hatte.« (2. Chr. 3.1) Der Standort des Tempels war David von Gott offenbart, und David hatte den Grund von dem Jebusiter Aurnan für 600 Goldschekel rechtmäßig erworben. (1. Chr. 21.25) Es ist der gleiche Ort, der etwa tausend Jahre vor David von Melkizedek als Thronsitz erwählt worden und an dem Abraham bereit gewesen war, seinen Sohn Isaak zu opfern. Als König David ihn von Aurnan erworben hatte, errichtete er dort einen Altar für JHWH, und Gott erschien ihm als Feuer vom Himmel und in der Gestalt eines starken Engels, der den Platz einnahm. (1. Chr. 21.26-27)

Als Salomo sein Vorhaben bekanntgab, sandte ihm König Hiram aus Tyrus, ein großmütiger Geistesfreund Davids, der sich sehr an Salomos Weisheit erfreute, Hiram Abi, den Sohn einer Frau von den Töchtern Dans (1. Kg. 5.15/21; 2. Chr. 2.2/10-13), einen Seher und Weisen, der ihm berufen schien, das Bauwerk zu errichten. Tatsächlich ist Hiram Abi eine der großen Gestalten des Alten Bundes, dem – ähnlich wie Melkizedek – nur wenige Zeilen in der Schrift gewidmet sind. Und tatsächlich ist es Melkizedek, der ihn aus der geistigen Welt zu diesem Werk erkor. Melkizedek ist Hohepriester JHWHs auf ewig und wurde von seinem Gott zur Grundsäule des Tempels Israels gemacht. Hiram ist dessen Repräsentant in dieser Welt; ein Weiser, Priester und Baumeister – ein Meister im Gefolge Imhoteps. Er ist einer, dessen Ursprung, Weisheit und Wirken in die Zeit Shems, Henochs und Adams zurückreicht. Er leitete den Bau des Tempels und gestaltete ihn nach der Weisung Moses und Davids. Er erbaute den Tempel an jener Stelle, an der David seinen Altar errichtet hatte.

Das Bauwerk bestand aus einem großen Vorhof, einem Innenhof, dem Heiligtum und dem Allerheiligsten. »Bei der Errichtung des Tempels baute man mit Steinen, die beim Steinbruch ganz fertig gemacht worden waren; Hämmer und Meißel oder ein Eisenwerkzeug hörte man nicht, während der Tempel gebaut wurde.« (1. Kg. 6.7) Auch wurden alle Geräte, die zum Gotteshause gehörten, von Hiram angefertigt und im Bauwerk untergebracht. »So vollendete Hiram das Werk, das er für Salomo im Hause Gottes vollendet hatte.« (2. Chr. 4.11)

Während des Baues aber erging Gottes Wort warnend an Salomo: »Was dieses Haus betrifft, das du da baust ... Wenn du in Meinen Rechtssatzungen wandelst und ... all Meine Gebote erfüllst, so daß du darin wandelst, so will Ich Mein Wort an dir wahr machen, das Ich deinem Vater versprochen habe. Ich werde inmitten Israels wohnen und Mein Volk Israel nicht mehr verlassen!« (1. Kg. 12-13) So »wurde der Tempel vollendet in allen seinen Teilen ... Sieben Jahre hatte er daran gebaut.« (1. Kg. 6.38)

Sodann ließ Salomo die Bundeslade JHWHs aus Zion in den Tempel bringen. Die levitischen Priester trugen die Lade und das Zelt der Begegnung samt allen heiligen Geräten hinauf. Sie brachten die Bundeslade JHWHs an ihren Platz im Hinterraum des Tempels, in das Allerheiligste, unter die Flügel der Cherube. Die Cherube hielten die Flügel über die Stätte der Lade ausgebreitet und bedeckten so die Lade ... von oben. In der Lade befanden sich die Tafeln des Bundes, die Mose am Horeb hineingelegt hatte, die Tafeln des Bundes, den JHWH mit den Söhnen Israels bei ihrem Auszug aus Ägypten geschlossen hatte. (1. Kg. 8.1-9; 2. Chr. 5.2-10) Als nun die Priester aus dem Heiligtum heraustraten, da geschah es, daß die Wolke – das ist die Shekhinah Gottes – den Tempel JHWHs erfüllte, so daß die Priester wegen der Wolke nicht imstande waren hineinzutreten, um den Dienst zu verrichten, denn die Herrlichkeit JHWHs erfüllte den Tempel JHWHs! (1. Kg. 8.10-11; 2. Chr. 11a,13b) So kam es, daß JHWH – wie Er es verheißen hatte – in der Fülle Seiner Kraft und Herrlichkeit Wohnung nahm im Tempel Salomos in Jerusalem, inmitten Israels. Von dort aus ergoß sich Sein Segen über das ganze Land und über alle Seelen Israels!

Wenn wir nun die ganze Geschichte Israels – von der Erwählung Abrahams bis hin zur Einwohnung der Glorie JHWHs in den Tempel Salomos – überschauen, sehen wir, wie Gott Sein himmlisches Vermächtnis an die Welt Schritt für Schritt seiner Vollendung näherbrachte. In der Schrift heißt es: »Gott war es, der Sein Volk befreit und allen das Erbland, das Königtum, das Priestertum und das Heiligtum geschenkt hat.« (2. Makk. 2.17) Ihnen gehörten »die Sohnschaft ... und die Herrlichkeit und die Bundesschließungen und die Gesetzgebung und der Gottesdienst und die Verheißungen ...« (Röm. 9.4) Nie zuvor und niemals danach war Israel der Vollendung seines Vermächtnisses und der Verwirklichung seiner Berufung so nah gekommen wie in den Tagen Salomos. Und wäre Israel geradewegs auf den Pfaden JHWHs gewandelt, hätte es seine Berufung durchaus verwirklichen und zu einem Licht für alle Völker werden können. Das Licht des Vermächtnisses JHWHs von Jerusalem in die Welt hinaustragend, wäre es wahrlich zu einem Königtum von Priestern und heiligem Volk (Ex. 19.6) geworden, an dem sich JHWH hätte verherrlichen können.

Salomo aber erwies sich als schwach vor seinem Gott und wankte. Er verfiel nicht nur den Frauen, die er sich aus den verschiedenen Stämmen und Völkern nahm, sondern errichtete deren Götzen, Astarten und Baalen ebenfalls Häuser, Betstätten und Schreine, wie er den Tempel zu Jerusalem errichtet hatte.

»An diesen (Frauen) hing Salomo mit Liebe. Er besaß siebenhundert fürstliche Frauen und dreihundert Nebenfrauen. Es geschah, als Salomo alt wurde, daß seine Frauen sein Herz anderen Göttern zuwandten und sein Herz nicht mehr so ganz und gar JHWH, seinem Gott, ergeben war wie das Herz seines Vaters David. So lief Salomo der Astarte, der Göttin der Sidonier, nach, ebenso dem Milkom, dem Scheusal der Ammoniter. Salomo tat also, was böse ist in den Augen JHWHs ...« (1. Kg. 11.1-6)

Und mit ihm strauchelte das ganze Haus Israel. Durch die unreinen Kulte, die Salomo in den Schreinen seiner Götzen pflegte, zerstreute er den Geist seines Volkes, belebte ihre alte Neigung zum Götzen- und Baalskult neu und wurde zum Fallstrick für das ganze Volk. So wiederholte auch Salomo die Sünde Adams und kam – wie dieser – samt seinem Volk zu Fall.

Es heißt in der Schrift: »Da ergrimmte JHWH über Salomo, weil er sein Herz von JHWH, dem Gott Israels, abgewandt hatte, obgleich Er ihm zweimal erschienen war und ihm gerade das Gebot gegeben hatte, er dürfe keinen anderen Göttern nachlaufen; er aber hielt sich nicht an das, was JHWH ihm geboten hatte. Deshalb sprach JHWH zu Salomo: ›Weil es so mit dir steht, daß du Meinen Bund ... nicht gehalten hast, so werde Ich dir das Königtum ganz sicher entreißen ...‹« (1. Kg. 11.9-11)

Dem Willen JHWHs entsprechend zerbrach das Reich Israel nach Salomos Tod und wurde seinen Feinden preisgegeben. Die Israeliten aber verfielen zunehmend ihren Götzen, bis der Baalskult unter Achab und Isebell als Staatsreligion eingeführt wurde. Dies brachte den Hirten und Propheten Elijah aus Gilead auf den Plan, der vor den Augen Achabs und ganz Israels JHWHs Zeugnis ablegte. Durch ihn fand Israel zu seinem Gott zurück. Elijah aber wurde im feurigen Thronwagen Gottes in den Himmel gehoben.

Der Wandel Israels aber blieb unstet. Um 598 v. Chr., in der Regierungszeit Jojakims, des Königs von Juda, der in Jerusalem seinen Sitz hatte – »Er tat, was böse ist in den Augen JHWHs, ganz wie es seine Väter getan hatten.« (2. Kg. 23.37) – zog Nebukadnezar, der König von Babel, gegen Jerusalem und belagerte die Stadt. (2. Kg. 24.10; 2. Chr. 36.10; Dn. 1.1) In zwei großen Feldzügen eroberte er das ganze Land »vom Bache Ägyptens an bis zum Euphratstrom«. (2. Kg. 24.7) Er überfiel den Tempel, plünderte alle Schätze des Hauses JHWHs und zerbrach die goldenen Gefäße, die Salomo, … im Tempel JHWHs hatte anfertigen lassen, wie JHWH verkündet hatte. (2. Kg. 24.13) Später steckte er den Tempel sowie den Palast des Königs und alle Häuser Jerusalems in Brand. Die ehernen Säulen im Tempel … und das eherne Meer zerschlugen die Chaldäer und brachten das Erz davon nach Babel. (2. Kg. 24.13; 25.9/13) Der Herr gab Jojakim, den König von Juda, und *einen Teil* der Gefäße des Gotteshauses in seine Hand. Er brachte sie in das Land Schinear (Babel), und zwar brachte er die Gefäße ins Schatzhaus seiner Götter. (Dn. 1.2)

Darüber hinaus führte er ganz Jerusalem gefangen fort … von Jerusalem nach Babylon. (2. Kg. 24.14/15; 2. Chr. 36.9-10/17-19) Alles, was vor dem Schwerte übrig geblieben war, führte Nebukadnezar gefangen nach Babel fort. (2. Chr. 36.20) Auch befahl Nebukadnezar Ashpenas, dem Obersten seiner Hofbeamten, er solle israelitische Knaben aus königlichem oder doch adeligem Blute holen lassen, die völlig fehlerfrei, … (und) in aller Weisheit unterwiesen seien. (Dn. 1.3-4) Auf diese Weise kamen Daniel, Hananja, Mishael und Asarja an den Hof des Königs von Babel; diese aber waren Schüler des Tempels und Prophetenjünger. So geriet Israel – weil es sich dem Willen JHWHs ständig widersetzte – in Babylonische Gefangenschaft. Die Bundeslade aber fiel nicht in Nebukadnezars Hand. Sie wurde von den Priesterjüngern – wie vormals in Ägypten – rechtzeitig verborgen. Darauf weisen auch die Worte »einen Teil der Gefäße des Gotteshauses« in Dn. 1.2 hin. Im zweiten Buch der Makkabäer heißt es hierzu, »auf göttliche Weisung hin habe der Prophet Jeremiah angeordnet, ihm Zelt und Bundeslade nachzutragen. Dann sei er auf den Berg (Nebo) hinausgegangen, den Mose bestiegen hatte, um das Erbland Gottes zu sehen. Bei seiner Ankunft fand Jeremiah eine höhlenartige Wohnung, wohin er das Zelt, die Bundeslade und den Rauchopferaltar brachte. Dann verschloß er den Eingang. Einige seiner Begleiter gingen hin, um den Weg zu kennzeichnen, konnten ihn aber nicht mehr finden. Da Jeremiah dies erfuhr, tadelte er sie und sprach: ›Die Stelle soll unbekannt bleiben, bis Gott Sein Volk wieder sammelt ... Dann wird der Herr dies alles offenbar machen.‹« (2. Makk. 2.4-8)

Anna Katharina Emmerich schreibt in ihrem Büchlein *Die Geheimnisse des Alten Bundes*: »Als Jeremiah bei der Babylonischen Gefangenschaft die Bundeslade am Berge Nebo mit anderen heiligen Sachen verbergen ließ, war das Geheimnis (das Mose aus Ägypten mitbrachte) nicht mehr darin; nur die Hüllen desselben wurden mit der Bundeslade durch ihn vergraben. Er (Jeremiah) kannte seinen Inhalt und seine Heiligkeit und wollte davon offen ... zum Volke sprechen, aber Maleachi hielt ihn davon ab und nahm das Geheimnis an sich. Durch ihn kam es nochmals an die Essener ... Am jüngsten Tage wird alles erscheinen, und da wird das Geheimnis offenbar werden zum Schrecken aller, die es mißbraucht haben.« (Seiten 152-154)

Doch zu der Zeit, als der Tempel zu Jerusalem entweiht wurde, verließ die Glorie Gottes das Heiligtum. Ezechiel sieht dies in einer Schau: »Da schaute ich, und siehe ... Da erhoben die Cherube ihre Flügel, und gleichzeitig mit ihnen bewegten sich die Räder, und die Herrlichkeit des Gottes Israels thronte oben über ihnen. Und die Herrlichkeit JHWHs stieg empor aus der Stadt und machte halt auf dem Berge, der im Osten der Stadt liegt (Ölberg).« (Ez. 10.1; 11.22) Da hoben die Cherube ihre Flügel, stiegen auf von der Erde vor meinen Augen und zogen ab, und die Räder zugleich mit ihnen.« (Ez. 10.19) »Das Rauschen der Flügel der Cherube war zu hören bis in den Vorhof wie die Stimme Gottes, des Allmächtigen, wenn Er spricht.« (Ez. 10.5)

So verließ die Glorie Gottes den Tempel zu Jerusalem, wie sie vormals den Tempel zu Karnak verlassen und sich als Rauchwolke an der Spitze der aus Ägypten fliehenden Israeliten niedergelassen hatte, um sie durch das Schilfmeer und die Wüste zu führen. Nun aber erhob sich die Glorie Gottes von der Erde und verbarg sich vor den Augen der Menschen in ihrem Heiligtum im Himmel, bis sie am Ende der Tage mit dem Menschensohn und seiner Braut wieder vom Himmel herabsteigen und sich in Jerusalem manifestieren wird. »Siehe, er kommt mit den Wolken, und schauen wird ihn jedes Auge.« (Offb. 1.7) Die Wolken, das ist die Shekhinah, die vor den Israeliten herzog und dann das Heiligtum in Jerusalem ausfüllte.

So erfüllte sich alles, was JHWH Salomo und später den Propheten (vor allem Jeremiah und Ezechiel) vorausgesagt hatte: »Eure Stätte soll euch verödet überlassen werden.« »Und Er zertrat wie einen Garten Sein Gehege, zerstörte Seinen Ort der Begegnung. Vergessen ließ JHWH auf Zion die Fest- und Sabbattage und verwarf in Seinem Zorngerichte König und Priester. Der Herr hat verworfen Seinen Altar, entweiht Sein Heiligtum, in Feindeshand überliefert die Mauern um ihre Gebäude; laut ward es im Hause JHWHs wie sonst an Tagen nur der Feste.« (Klgl. 2.6-7)

Israel aber blieb siebzig Jahre lang in Babylonischer Gefangenschaft. In dieser Zeit schaute Daniel in Babel, was Gottes Plan mit Israel sei und was in den Tagen der Endzeit geschehen würde, und faßte es in seinen prophetischen Büchern zusammen.

Am Ende der siebzig Jahre, »im ersten Jahr des Cyrus, des Königs von Persien, erweckte JHWH – damit sich das Wort JHWHs durch den Mund Jeremiahs erfüllte – den Geist des Cyrus, des Königs von Persien, daß er folgendes in seinem Reiche ausrufen ließ: › ...Er (JHWH) hat mich beauftragt, Ihm zu Jerusalem in Juda ein Haus zu bauen. Wer immer unter euch zu Seinem Volke gehört, mit dem sei Gott! Er ziehe nach Jerusalem hinauf ... und baue das Haus JHWHs, des Gottes Israels ...!‹« (2. Chr. 36.22-23; Esr. 1.1-3) Bei Jesajah heißt es: »So spricht JHWH zu Cyrus, Seinem Gesalbten, dessen Rechte Er ergriffen hat, um vor ihm die

Völker niederzuwerfen ... Ich gehe vor dir her und ebne die Höhen, Ich sprenge eherne Pforten und zerbreche eiserne Riegel.« (Js. 45.1-2) Hier hat JHWH einen Chaldäer berufen, die Pforten des Heiles für Israel zu öffnen und den Tempel in Jerusalem neu zu errichten. Wegen dieses seines königlichen Dienstes an JHWH und Seinem Volk wurde ihm von Gott sogar der Titel eines »Messias« (Gesalbter) verliehen.

Also sammelten sich die Israeliten unter Esra und Nehemiah, Jeshua und Zerubbabel und zogen hinauf nach Jerusalem, um dort unter Zerubbabel und Jeshua, ihrem Hohepriester, den Tempel JHWHs neu aufzubauen. In Zerubbabel wohnte die Seele Tut Ench Amuns, jenes ägyptischen Prinzen, der gleichzeitig mit dem Sturz des Tempels von Karnak von den Rebellen ermordet worden war. Als König Cyrus die Kinder Israels aus Babylon entließ, gab er ihnen die Geräte aus dem Haus JHWHs mit, die Nebukadnezar aus Jerusalem fortgeschafft hatte. Sie restaurierten ganz Jerusalem, auch seine Mauern und Tore. Als die Restauration des Tempels beendet war, wurde nach dem Vorbild der ursprünglichen Lade eine Kopie angefertigt und in das Allerheiligste gestellt. Das Geheimnis Gottes aber war nicht mehr darin. Dann wurde der neue Tempel von Jeshua und den Leviten feierlich eingeweiht und die Priester verlasen die levitische Ordnung des Mose nach Esra und Nehemiah. Der zweite Tempel war kleiner und weniger prächtig als der erste und damit nur ein Symbol des künftigen – endzeitlichen – Tempels, vom dem gesagt wurde: »Größer als der erste Tempel soll der zweite sein.« (Hag. 2.9)

Der Ruf der Propheten

Die Zeit der Könige Israels, vor allem die Zeit nach Salomo bis über die Gründung des zweiten Tempels hinaus, ist auch die Zeit der Propheten. Von Elijah und Elisha über Jesajah, Hosea, Joel, Amos, Obadja, Mikah, Jeremiah, Baruch, Ezechiel, Daniel bis hin zu Esra, Nehemiah, Haggai und Sacharjah traten sie als Warner und Gesandte Gottes auf. So erging der Ruf JHWHs in folgenden Worten an den Propheten Ezechiel: »Du sollst zu ihnen sagen: ›So spricht der Herr JHWH.‹ Ob sie es hören oder ob sie es lassen, denn ein widerspenstiges Geschlecht sind sie, so sollen sie doch wissen, daß ein Prophet unter ihnen war. ... Und du sollst Meine Worte zu ihnen reden ... Aber das Haus Israel wird dich nicht hören wollen, denn sie wollen auch Mich nicht hören, denn das ganze Haus Israel hat eine harte Stirn und ein verstocktes Herz.« (Ez. 2.4–5/7; 3.7)

Der starre Nacken, die eherne Stirn und das steinerne Herz bleiben unglückliche Kennzeichen des Gottesvolkes. (Ex. 32.9; 33.3; Js. 48.4; Ez. 3.7) Der ständige Rückfall in dunkle Kulte ist nur eine Wiederkehr des finsteren Erbes aus der sodomitischen Epoche vor der Flut. Dieser Fluch zieht sich durch die Zeiten und wird nicht enden, als bis das Maß des Übels voll ist und Gott Sein Gericht hält über diese Erde. So zielt das Wort Gottes im Wirken der Propheten nicht nur auf die Bekehrung der wenigen, die bereit sind, auf Seine Weisung zu hören, sondern vor allem auf die Offenbarung künftiger Verheißungen und Gottesgerichte. Die Propheten zeigen auf, daß alles Gegenwärtige eine Frucht des Vergangenen ist und wie sich Gottes Gesetze und Seine Gerechtigkeit verwirklichen werden.

Nach dem Bau des zweiten Tempels von Jerusalem erlebt Israel den Einfall der Griechen und Römer. Sowohl Alexander der Große als auch Cäsar unterwarfen Palästina, um es in ihre Weltreiche einzugliedern. Diese Zeit ist durch drei Dinge gekennzeichnet: (1) durch die Erstarrung des Sanhedrin und der Synagogen in dogmatische und machtbesessene Körperschaften, die das Volk, das ohnehin schon unter dem Joch der römischen Besatzung leidet, auch noch ideologisch unterdrückt; (2) durch politisch-religiöse Gruppen, die auf militante Weise versuchen, das Joch Roms abzuwerfen, und (3) durch diverse Gemeinschaften, die ihr Leben mehr auf innere Werte zu gründen suchen, teilweise auch, um der Widerwärtigkeit der gegenwärtigen Lebensumstände etwas entgegenzusetzen. Es sind vor allem die Essener und die Nasiräer, die in einem Leben der Abgeschiedenheit und der Entsagung dem Ruf der Propheten folgten, um Gott zu dienen und auf Seinen Wegen zu wandeln.

In diesen Zeiten der Hellenisierung und der Unterjochung Palästinas durch Rom erwachte auch eine tiefere messianische Hoffnung in Israel, die sich an die prophetischen Verheißungen anlehnte. Viele gedachten der Worte Jsajahs und Jeremiahs und nährten ihre hungernden Seelen durch Gebet und im Studium ihrer Schriften. »Seht, JHWH läßt es künden bis an die Grenzen der Erde: ›Saget der Tochter Zion: Siehe, es kommt dein Erretter. Siehe, sein Lohn ist mit ihm.‹« (Js. 62.11-12) »In jenen Tagen und in jener Zeit lasse Ich David einen gerechten Sproß entsprießen; der wird Recht und Gerechtigkeit im Lande üben. In jenen Tagen wird Juda Heil erfahren.« (Jr. 33.15-16) »Aus Isais Stumpf sproßt ein Reis, und ein Schößling bricht hervor aus seinem Wurzelstock.« (Js. 11.1) »Seht, Mein Knecht, den Ich stütze, Mein Erwählter, an dem Ich Mein Wohlgefallen habe! Ich lege Meinen Geist auf ihn, daß er den Völkern die Wahrheit verkünde.« (Js. 42.1) »Der wird als König herrschen und weise walten.« (Jr. 23.6) »An jenem Tag wird der Sproß JHWHs Glanz und Herrlichkeit und die Frucht des Landes Zierde und Ruhm sein für die Geretteten Israels.« (Js. 4.2) Darüber hinaus war es Herodes, der Stadthalter Roms, der den Tempel Zerubbabels und Jeshuas wiederherstellen und ausbauen ließ und somit wider eigenen Willen zum Wegbereiter Gottes werden sollte.

Der Ruf aller Propheten enthält im wesentlichen folgende, immer wiederkehrende Verkündigungen.

1. Da steht als erstes die Erinnerung an die Gnade (bzw. Glorie), aus der wir – ich und ganz Israel – gekommen sind, sowie an den Ruf, der an uns ergangen ist. Der gemeinsame Grundtenor dieses Weckrufes lautet: »Ich, JHWH, habe dich in Gerechtigkeit berufen; Ich habe deine Hand erfaßt und dich gebildet. Ich habe dich zum Bunde für das Volk gemacht und zum Licht für die Heiden, daß du blinde Augen öffnest und Gefangene … befreist, … die im Finstern sitzen.« (Js. 42.6-7) »Als Edelrebe habe Ich dich gepflanzt, als ganz echten Steckling (Jr. 2.21), als Meine Zierde unter den Völkern, als Mein »besonderes Eigentum« (Ex. 19.5) habe Ich dich erschaffen, dich berufen und erwählt als meine Braut, als besondere Liebe in deiner Jugend, als heiligen Besitz, als Erstlingsgabe Meiner Ernte (Js. 54.6; Jr. 2.2-3), als Licht unter den Völkern (Js. 49.6; Ps. 2.8), zum Segen der Welt (Gn. 12.3; 22.18), daß du wandelst vor Mir in Gerechtigkeit (Gn. 17.1) und mir dienest (Ex. 4.23). Mein erstgebore-

ner Sohn bist du (Ex 4.22), durch den Ich Mich verherrlichen will vor den Völkern bis an die Grenzen der Erde.« (Js. 49.3-6) Welch ein Hymnus tönt uns entgegen, welch ein Zeugnis Seiner Liebe! Aber kein Herz regt sich, kein Herz erwacht! Verstockt war und blieb unser Sinn. Und das kommt von der Abkehr, der Sünde. Sie ist die Frucht unseres Falls, die Taubheit des Herzens das Ergebnis von Ungehorsam und Bosheit. Auf diese Taubheit folgt JHWHs Klage über und gegen uns, gegen Israel (und die Völker).

2. Die Klage über Israels Untreue und die Erinnerung an ungetilgte, vergangene Schuld: »Söhne habe Ich aufgezogen und groß gemacht, sie aber sind Mir untreu geworden. … Wo soll man euch schlagen, da ihr den Abfall mehrt.« (Js. 1.2/5) »Seit unvordenklichen Zeiten hast du ja dein Joch zerbrochen und deine Bande verrissen und gesagt: ›Ich will nicht dienen.‹ Dafür legtest du dich … hin, um zu buhlen. … Wenn du dich auch mit Natron wäschst und viel Lauge dazu verwendest, deine Schuld bleibt als schmutziger Flecken vor Meinen Augen stehen, spricht JHWH. Wie kannst du behaupten: ›Ich habe mich gar nicht befleckt. Ich bin nicht hinter den Baalen hergelaufen.‹? *Schau doch*, wie du es treibst im Tal, *sieh ein*, was du getan.« (Jr. 2.20-23) »Ach, wie ist zur Dirne geworden die treue Stadt (Zion), voll des Rechtes – Gerechtigkeit wohnte darin, nun aber Mörder.« (Js. 1.21) »Mögt ihr auch noch so viel beten, Ich höre nicht hin. Eure Hände sind voll Blut. *Waschet und reinigt euch.*« (Js. 1.15-16)
3. In den letzten Worten klingt der dritte Aspekt der prophetischen Verkündigung an, der Aufruf zur Rückkehr und die damit von Gott gegebene Zusage, die Schuld (Israels) zu tilgen und Israel wieder in seinen ursprünglichen, göttlichen Stand und zu seiner ursprünglichen Berufung zurückzuführen: »Darum … spricht JHWH: ›Kehret um und wendet euch ab von euren Götzen, und von all euren Greueln kehrt euer Angesicht.‹« (Ez. 14.6) »Wenn ihr Mich sucht, werdet ihr Mich finden, weil ihr Mich aus ganzem Herzen gesucht habt …« (Jr. 29.13-14)

»Wenn der Herr den Schmutz der Tochter Zion abgewaschen und

die Blutschuld Jerusalems gereinigt hat aus seiner Mitte durch den Hauch des Gerichts und den Hauch der Verwüstung, dann wird JHWH kommen und Sich niederlassen über dem ganzen Raum des Berges Zion und denen, die sich dort versammeln, als Wolke bei Tag und als Rauch und als lohender Feuerglanz bei Nacht. Denn über allem wird die Herrlichkeit JHWHs ein Obdach sein und ein Zelt zum Schatten gegen die Hitze des Tages und zum Schutz und Schirm gegen Unwetter und Regen.« (Js. 4.4-6)

»Wenn du umkehrst, so lasse Ich dich wieder zu mir zurück; dann darfst du (wieder) Mir dienen. Und wenn du Edles äußerst, nichts Niedriges mehr, dann sollst du Mein Mund sein. Jene sollen sich nach dir kehren. Aber du darfst dich nicht nach ihnen kehren. Dann mache Ich dich für dieses Volk zur ehernen, unersteigbaren Mauer.« (Jr. 15.19-20a)

Sieben Dinge sind es, an die Gott durch die Propheten erinnert: Israels Berufung, die Klage über Israels Abfall und Sünde, der Ruf zur Umkehr und das Versprechen der Wiederherstellung (Verheißung) (etwa Jer. 15.19-20, Jer. 3.14 – 18 [*Bundeslade*]), die Androhung des Gerichts (Js. 9.12, Js. 35.4-5, Js. 24.3-6, 24.21-23, 25.6-10), die letztendliche Verwirklichung und Vollendung der Verheißung (Js. 26.1-4), das Kommen des Messias und die Verkündigung des messianischen Königreiches Gottes.

Die geistige Geschichte Ägyptens und Israels

Mit der Abwendung der Menschheit von der göttlichen Ordnung und damit, daß sie den Mächten der Finsternis anheimfiel, haben die Samen des Bösen, der Selbstsucht, des Hasses und der Zerstörung in den Seelen der Menschen Wurzeln geschlagen. Seitdem sind die neugeborenen Seelen nicht mehr rein, sondern tragen die Samen ihres Karma in sich. Mit jeder Inkarnation bringen sie alle in früheren Leben erworbenen Unreinheiten sowie die Samen des Bösen zurück in diese Welt und stehen fortan unter dem Einfluß jener Neigungen und Mächte, denen sie sich in den Tagen ihres Niederganges verschrieben hatten.

In gleicher Weise versuchen rein gebliebene, eingeweihte Seelen immer wieder, den gefallenen Tempel, das Heiligtum, seine Priesterschaft und sein Volk neu zu formieren und das verlorene Vermächtnis im Namen Gottes wiedereinzusetzen. Erinnern wir uns an die wiederholten Rufe der Priester und Propheten. Sie alle verkünden den Willen Gottes, Sein Heiligtum und Seinen Tempel, Sein Vermächtnis und Seine Priester, Sein Volk und Seine Stadt wiederaufzurichten. Sie alle rufen: »Oh, ihr Kinder Gottes, kehret um! Wendet euch ab von all der Bosheit und Torheit weltlichen Lebens und reinigt eure beschmutzten Gewänder (Seelen). Wendet eure Herzen und euren Sinn zu Gott. Kehret um und dienet Ihm als eurem Herrn. Dann will Er euch Gnade erweisen, euch reinigen und wiederaufrichten als Sein Volk. Wenn ihr euch umwendet, dann wird Er euch wieder zu Seinem Volk erheben, wird Er erneut Sein Vermächtnis und Seinen Tempel unter euch errichten und wird Er Selbst in eurer Mitte wohnen! Er wird abwischen all eure Tränen und euch erheben als heiliges Volk und euch hinführen zu den Wassern des ewigen Lebens.« Das ist der Grundtenor in den Rufen sämtlicher Priester und Propheten seit Jesajah. Aber wer hört sie?

Kaum wird ein neuer Anfang gemacht, kommen die Widersacher, um sich den Bemühungen in den Weg zu stellen. Kaum wird eine Saat des Lichts ausgelegt, wird sie von den Sklaven der Ignoranz, Selbstsucht und Macht im Keim erstickt. Kaum hat Gott mit Noach und dessen Erben einen neuen Bund geschlossen und kaum hat Noach im Auftrag Gottes seinen Söhnen und deren Nachkommen eine neue Weltordnung als Fundament für das Zusammenleben der Völker gegeben, kommt es bereits zum ersten Konflikt und zur ersten Spaltung unter ihnen. Indem Cham unerlaubt das Heiligtum der Arche berührt, verliert er seinen Anteil am Segen des Vaters. Später ziehen alle Erben Noachs aus, um sich auf dem Platz niederzulassen, den Gott ihnen zugewiesen hat. Und bald nachdem alle geistigen Erben (Stämme und Völker) Noachs ihren festen Platz auf dieser Erde gefunden hatten, traten die Erben Kains (und Chams) auf den Plan und beschlossen, sich selbst ein Denkmal zu setzen. Das symbolische Zeugnis dieses Werkes der Selbstverherrlichung ist der Turm von Babel, mit dem Menschen erneut versuchten, sich selbst über

Gott zu erheben, Seinen Heiligen Namen zu tilgen und sich selbst als Götter auszurufen.

Es ist wichtig, daß wir den tieferen Sinn dieser Botschaften verstehen, und dazu müssen wir die Gesetze der Inkarnation und der Einweihung verstehen. Noach war ja nicht nur der Stammvater seiner Sippe, sondern auch Priester, Gründer und geistiger Lehrer einer neuen Zivilisation. Seine Erben sind nicht nur seine Söhne, sondern all jene Völker und Nationen, die an seinem *geistigen Erbe* Anteil hatten: das Alte Ägypten, Chaldäa, Phönizien, Israel und viele andere. Und natürlich wurden in der Nachkommenschaft dieser Völker nach und nach auch die Seelen des versunkenen Kontinents mit all ihren lichten und all ihren dunklen Neigungen wiedergeboren. Wie wir wissen, vollzieht sich der Zyklus der Wiedergeburten unter dem Einfluß des karmischen Gesetzes und der kollektiven Verstrickung, so daß sich die Seelen an den zeitlichen Knotenpunkten der Hauptinkarnation immer wieder in jenen kollektiven Gruppen und Verbänden inkarnieren, die durch ihre gemeinsame geistige Wurzel und ihr gemeinsames karmisches Wirken miteinander verbunden sind. Daher kommt es, daß in gewissen Zeiten ganze Völkergemeinschaften gleichzeitig und sogar in annähernd gleichbleibendem Generationenprofil in der ursprünglichen Schicksalskonstellation wiedergeboren werden. Dadurch bedingt kehren vergangene Muster und Probleme nicht nur auf der persönlichen, sondern auch auf der völkischen, nationalen und internationalen Ebene immer wieder zurück. Das gilt auch für den Turmbau in Babel. Er ist nichts anderes als die Wiederkehr des Fluches der mit der Sintflut versunkenen Kultur.

Nachdem Babel gefallen war, baute Nimrod (ein Enkel Chams) aus den Trümmern des Turmes die Stadt Babylon und errichtete das spätere Babylonische Reich auf seinen Fundamenten neu. Das Erbe des vorsintflutlichen Sodom kehrt auf die Erde zurück und findet, von Babylon ausgehend schließlich Eingang in Ägypten, Persien und viele andere Kulturen.

Ägypten, der erste Erbe des Vermächtnisses Henochs und Noachs, wurde nach der Flut zu einer wahren Säule des Lichts, zu einer Hochburg der Einweihung und der Gottesweisheit und zum Hüter der »Flamme des Abendlandes«. In seiner Blütezeit können wir Ägypten durchaus als Gottesstaat bezeichnen. Kaum ein anderes nachsintflutliches Volk hatte eine so tiefe Gottesschau und echte mystische Vision der geistigen Welt wie die Ägypter. Und diese Schau mündete nicht etwa in eine verträumte Weltabkehr, sondern kam in einem entschlossenen und lichtstrahlenden Akt inspirierter Weltgestaltung zum Ausdruck, die alle Lebensbereiche einbezog. Gott war für die Ägypter sowohl transzendent als auch immanent. Sein transzendentes, inneres Wesen steht hoch über allen irdischen und auch himmlischen Dingen, und doch ist Er allem immanent, ist er überall und in allem als Licht und lebensspendende Kraft gegenwärtig. »Seine Herrlichkeit erfüllt Himmel und Erde.« Die Ägypter sahen Sein Wirken in allen Bereichen des Lebens und erkannten die Beseelung der Dinge. Sie sahen und erkannten das Einwirken der geistigen Welt auf das Irdische und wußten, daß allen irdischen Kräften auch Kräfte der geistigen Welt entsprachen.

Aber es dauerte es nicht lange, bis der Fluch Sodoms und Babels auch in Ägypten Einzug hielt und der Kampf zwischen den »Söhnen des Lichts« und den »Söhnen der Finsternis« zur vollen Entfaltung kam.

In weiser Voraussicht hatten große Eingeweihte wie Hermes Trismegistos viele heilige Stätten Ägyptens noch vor der Flut errichtet. Mit der Wiederkehr der gefallenen Seelen Sodoms und seiner Priesterschaft begann nämlich der lange geistige Kampf (der führenden Kräfte) dieses Landes. Immer wieder wurden große Seelen und Meister gesandt, welche die Flamme der Gottesweisheit neu entzündeten. Immer wieder gelang es einzelnen großen Pharaonen und Priestern, ein strahlendes Licht zu entzünden, die göttliche Ordnung wiederherzustellen, Stätten der Einweihung zu errichten und sogar den Staat und all seine Organe auf ein Fundament reinen Gottesdienstes zu stellen. Wie oft war Ägypten kurz davor, das Ideal eines Gottesstaates zu verwirklichen. Aber keiner der Ansätze währte lange, denn schon der nächste Machthaber oder die nächste Generation von Priestern suchte wieder allein weltlichen Ruhm und irdische Ehren. Mit einem Schlag verwarfen sie alle ewigen Werte des geistigen Lebens, ihr ganzes hohes ethisches und spirituelles Erbe und rissen ihr Volk mit ins Verderben.

Die Geschichte Ägyptens war von einem beständigen Auf und Ab gekennzeichnet. Zeiten erhabenen Geisteslebens und verrotteter Liederlichkeit wechselten einander im Laufe weniger Generationen ab. Wie viele große Seelen und Avatare überstrahlten das Land mit ihrem Segen, und wie viele machtsüchtige Tyrannen beherrschten sein Volk mit brutaler Gewalt. Und wie oft hatte eine korrupte Priesterschaft ihre Hand im Spiel! Die Geschichte Ägyptens ist voll von Umstürzen, Tempelrevolten und fataler Demagogie, doch selbst nach dem endgültigen moralischen Verfall der politischen Machthaber erblühte das Licht Gottes immer wieder neu in seinen Stätten und führte die wenigen wahren Adepten geistigen Lebens zum Ziel. Bis in die Tage Moses, Daniels, Platos und Jesu gab es ägyptische Tempel, in der die Flamme des göttlichen Lichtes brannte. Mose war eingeweihter Adept des Tempels von On (Heliopolis); Pythagoras, Epiktet und Plato waren Schüler ägyptischer Weiser, und sogar Jesus verbrachte einige Zeit in ägyptischen Tempeln.

Das geistige Vermächtnis als nationales Erbe war allerdings mit dem Untergang des Mittleren Reiches beendet. Aber bereits einige Jahrhunderte zuvor hatte Gott durch Seinen Hohepriester Melkizedek den Samen eines neuen Gottesstaates ausgelegt. Damit kommt die Geschichte Israels als neues, von Gott erwähltes Volk auf den Plan der Welt des Alten Testaments, das heißt auf den Plan der Heilsgeschichte des Abendlandes.

Natürlich bestand die Seele Israels wie auch die anderer Völker bereits seit »Grundlegung der Welt« und hat damit eine bedeutende Rolle in unserer Vorgeschichte gespielt, nämlich in den Tagen Henochs, Lamechs und Noachs. Der Neubeginn der Geschichte Israels meint also *die geistige Wiedergeburt der Seele Israels* als einheitliches Volk und »besonderes Eigentum Gottes« (Ex. 19.6). Abraham empfing von Melkizedek das Geheimnis des Kelches und der Eucharistie. Mose brachte aus Ägypten die Bundeslade, den Aaronstab erhielt er von Jethro in Midian. Mit Abraham, Josef und Mose geht das Erbe Ägyptens allmählich auf das Nomadenvolk der Hebräer über. Als Kinder Abrahams, Isaaks und Jakobs sind die Hebräer die geistigen Erben der Ägypter. (Unnötig zu erwähnen, daß es dieselben Seelen sind, die nun als Kinder Israels geboren werden. Es handelt sich um einen allmählichen Übergang der Seele Israels aus dem ägyptischen Volk in das Nomadenvolk der Hebräer.)

Mit dem geistigen Vermächtnis Ägyptens übernimmt Israel – nun verstanden als Volk – auch dessen Fluch. Die Seelen werden nun mit den Neigungen ihrer früheren Inkarnationen im Stamme der Hebräer, der Ivris oder »von jenseits Kommenden«, wiedergeboren. Und ihre »Starrnackigkeit« oder Unbeugsamkeit ist das Erbe ihres Ungehorsams wider Gott aus der Zeit der Greuel in den Tagen Noachs.

So ist auch die Geschichte Israels ein beständiger Kreislauf zwischen göttlicher Berufung und widerspenstiger Auflehnung. Schon kurz nach dem Auszug aus Ägypten und genau zu der Zeit, da Mose auf dem Berge Sinai Gottes Vermächtnis und Weisung für Sein Volk erneut empfängt, scharen sich die Israeliten unter Aaron zusammen, machen sich aus ihren mitgebrachten Habseligkeiten ein Götzenbild – das goldene Kalb – und verehren es als ihren Gott.

All dies ist nichts anderes als das erneute Aufbrechen der in früheren Leben erworbenen Neigung zum Götzenkult und zur schwarzen Magie. Als Mose nach vierzig Tagen mit den »steinernen Tafeln« und der Weisung Gottes vom Berg Sinai herabsteigt, spricht der Herr durch Seinen Engel zu ihm: »Wisse, Mein Volk ist ein halsstarriges Volk.« (Ex. 32.9)

Fortan zieht sich der zyklische Wechsel von göttlicher Berufung und Aufbegehren wider Gott durch die Geschichte der ganzen abendländischen Welt. Während es in Indien zahlreiche ununterbrochene Übertragungslinien gibt, in denen das geistige Erbe über Jahrtausende von Lehrer zu Schüler weitergeben wird, kennen wir im Abendland nur das immer wieder kurz auflebende Licht, das meist unerkannt verlischt. Während die Meister Indiens oft Tausende und Abertausende von Anhängern finden, hatten nur wenige Lehrer und Heilige des Abendlandes eine größere Jüngerschaft. Meist ernten sie eher Feindschaft, Spott, Hohn und Haß als wahrhaft ergebene Jünger. So war es in den Tagen Moses und Davids, so war es zur Zeit der Propheten, und so war es auch in den Tagen Jesu und seiner Jünger.

Die Israeliten wandten sich gegen Gott und Mose, sie wandten sich gegen David, und sie wandten sich gegen Jesus. Die Geschichte Israels zeigt den gleichen Rhythmus wie die des Alten Ägypten. Obwohl sie durch göttliche Berufung gesegnet und von Hirten, Priestern, Propheten, Lehrern und Eingeweihten Gottes getragen werden, wollen die Menschen Gottes Ruf nicht hören. Immer wieder verfallen sie magischen Kulten (Götzendiensten) und wenden sich wider Gottes Licht und Seine Gesandten. Die Anbetung des goldenen Kalbes, die Verehrung falscher Götter, die Baalskulte sind nur einige Beispiele, die uns in der Schrift überliefert sind. Immer wieder ist da die Sehnsucht nach dem Tempel und dem Gottesstaat, immer wieder die Verheißung Gottes im scharfen Wechsel mit der Auflehnung und dem Ungehorsam gegenüber Seinem Willen, Seinem Wort und Seinen Propheten.

König David wird der Tempel als Stätte Gottes verheißen, Salomo erbaut ihn, und bereits sein Sohn wird ihn wieder verlieren. Schließlich zieht der babylonische König Nebukadnezar über den Jordan und führt Israel und seine Söhne in die »babylonische Gefangenschaft« und in ein langes Exil. Verbannung und Exil, sprich: innere Vereinsamung und Getrenntsein von Gott sind die Ernte des Ungehorsams und der Unbeugsamkeit. Das ist der Gang des Karma und der göttlichen Gerechtigkeit.

Die Geschichte Ägyptens und Israels spiegelt uns in tragischer Weise das Gesetz von der Wiederholung des Schicksals. Wir können den Kräften des Schicksals, die wir entfesselt haben, nicht entgehen, es sei denn, wir kehren unseren Sinn zu Gott und suchen das Übel in unserer Seele an seiner Wurzel zu erkennen, offenzulegen, zu überwinden und durch festes Vertrauen in die erlösende Gnade Gottes zu tilgen.

Der bittere Verlust der Gnade, der Einheit mit Gott und des Paradieses ist Gegenstand aller Klagen – von der Klage der Isis bis hin zu den Klageliedern der Propheten und den sehnsüchtigen Gebeten der Heiligen. Seit dem Untergang des »sodomitischen« Geschlechts und beginnend mit dem Turmbau zu Babel kennzeichnet ein jahrtausendelanger Kampf zwischen den Kräften des Lichts und der Finsternis unseren Weg, auf dem nur wenige Menschen zurück zu ihrem göttlichen Ursprung und zur Einheit mit Gott fanden. Immer wieder gelang es den Kräften der Finsternis, ihre Vorherrschaft auf Erden zu behaupten und die Werke der Diener Gottes zu zerstören. Hier zeigt sich das von Gautama

Buddha Sakyamuni erläuterte Gesetz des »Samsara« oder »ewigen Kreislaufs der Geburten« ganz konkret. Durch ihre Neigungen (*vasanas*) und Begierden (*kama*) sind die Seelen an das Rad der Wiedergeburten gefesselt, das sie von einer Inkarnation in die andere zwingt. Durch die Macht ihrer weltlichen Neigungen und Begierden an diese physische Welt gebunden, gehen sie durch die Agonie unzähliger Geburten, Leiden und Tode, bis sie soweit geläutert sind, daß sie endlich umkehren und sich zurückwenden zu Gott. Das Gesetz des Samsara ist also nichts anderes als die Konsequenz aus dem Karma, das wir uns mit der uranfänglichen Abwendung von Gott geschaffen haben. Und dieses Gesetz spiegelt sich in den ewigen Kreisläufen unseres abendländischen Schicksals.

Wie ein roter Faden ziehen sich Sturz und Neuanfang, Priestermord und Tempelraub, Berufung und Ungehorsam durch die Geschichte des Abendlandes. Immer wieder kommen die Kräfte Luzifers in den Seelen zum Durchbruch und erheben sich sowohl gegen Gott und als auch gegen die Söhne und Töchter des Lichts. Und so laufen alle Fäden in Golgatha zusammen, und alle Dornen negativer Neigungen verbinden sich zu dem Speer, der schließlich das Herz Jesu durchbohren soll. Jesus selbst faßt diese unsere Geschichte mit wenigen Worten zusammen: »Wehe euch, Schriftgelehrte und Pharisäer, ihr Heuchler! Ihr gleicht getünchten Gräbern, die von außen schön aussehen, innen aber voll sind von Totengebeinen und aller Unreinheit. So erscheint auch ihr äußerlich den Menschen als Gerechte, innerlich aber seid ihr voll von Heuchelei und Gesetzlosigkeit.« (Mt. 23.27-28) »Darum siehe, ich sende zu euch Propheten und Weise und Schriftgelehrte. Etliche von ihnen werdet ihr töten und kreuzigen, andere werdet ihr in euren Synagogen geißeln und von Stadt zu Stadt verfolgen, damit über euch alles gerechte Blut komme, das auf die Erde ausgegossen wurde, vom Blute Abels, des Gerechten, an bis zum Blute des Zacharias, des Sohnes des Barachias, den ihr zwischen Tempel und Altar ermordet habt.« (Mt. 23.34-35) Ferner heißt es in Mt. 22.2-6: »Mit dem Himmelreich ist es wie mit einem König, der seinem Sohn die Hochzeit bereitete. Und er sandte seine Knechte aus, die Eingeladenen zur Hochzeit zu rufen. Aber die wollten nicht kommen. Da sandte er nochmals andere Knechte aus und sprach: ›Saget den Eingeladenen: Siehe, mein Mahl habe ich bereitet, meine Ochsen und das Mastvieh sind geschlachtet und alles ist bereit. Kommt zur Hochzeit!‹ Sie jedoch achteten nicht darauf und gingen ihrer Wege, der eine auf seinen Acker, der andere an sein Geschäft. Die übrigen aber ergriffen seine Knechte, mißhandelten und töteten sie.«

Wir erkennen, daß alles Leben nur eine Wiederholung der Geschichte ist – solange wir nicht auf Gott und unsere transzendente Bestimmung als Kinder Gottes ausgerichtet sind und Erlösung aus dem endlosen Kreislauf der Wiedergeburten suchen. Alles wiederholt sich in immer neuem Gewand. Das gilt für Einzelschicksale ebenso wie für das kollektive Schicksal der Völker und Nationen. Die Muster der Vergangenheit werden in der Gegenwart erneut offenbar, und die Gegenwart ist nichts als die verdeckte Spiegelung unserer eigenen Geschichte. Erst die kommende Zäsur der Endzeit und des Jüngsten Gerichtes wird diesen ewigen Kreislauf der Geschichte und der in ihm gebundenen Seelen beenden und ein neues Kapitel der Evolution eröffnen.

VI. Leben und Mission Jesu auf Erden

Das Leben Jesu

In jenen Tagen aber bedeckten Ignoranz und geistige Blindheit die Seele Israels. Obwohl die Worte Moses und der Propheten den Buchstaben nach weithin bekannt waren, fehlte der lebendige Geist, der erst sehend macht. Die einen litten unter dem Joch Roms, die anderen (zum Beispiel die Zeloten) suchten sich bewaffnet gegen die Unterdrücker zu organisieren, die dritten, die eigentlichen geistigen Hirten Israels – Sanhedrin, Pharisäer, Saduzäer, levitische Priester – suchten, ihrer geheimen Herrschsucht nachgehend, aus der zerrissenen Lage des Landes Gewinn zu schlagen und das Volk unter dem Joch ihrer öden Lehre zu halten. Einige wenige, insbesondere die Essener, die in verschiedenen Teilen des Landes (wie Karmel, Qumran, K'far Nachum, Ein Kerem) verstreut waren und den Geist Gottes in ihren Herzen lebendig hielten, fühlten intuitiv, daß die messianische Verheißung, wie sie von den Propheten verkündet worden war, kurz vor der Erfüllung stand. Da war Hanna, die Prophetin, Tochter Penuels aus dem Stamme Asher. Sie war hochbetagt, »wich nicht vom Tempel und diente Gott in Fasten und Beten Tag und Nacht«. (Lk. 2.36-37) Oder Simeon, von dem es hieß: »Er war gerecht und gottesfürchtig und wartete auf den Trost Israels und heiliger Geist war über ihm.« (Lk. 2.25-35). Da waren Zachariah, Priester aus dem Hause Abija, Elisabeth von den Töchtern Aarons, Josef aus dem Hause Davids und Mirjam, dessen Verlobte. Darüber hinaus gab es etliche einfache Seelen und solche aus der Gemeinschaft der Essener, die untadelig und gerecht waren vor Gott – und der Geist JHWHs ruhte auf ihnen. Ansonsten aber war ganz Israel vom Dunkel geistiger Ignoranz bedeckt.

Mitten in diese Finsternis stieg vom himmlischen Vater ein strahlendes Licht herab auf die Erde. Wie Isis, die Mutter des Horus, und Devaki, die Mutter Krishnas, empfing Maria in unbefleckter, jungfräulicher Reinheit den geistigen Samen des Sprosses Davids aus dem Heiligen Geist. In einem Stall zu Bethlehem gebar sie Jesus, der zu jenem gewaltigen Licht heranwachsen sollte, das die ganze Erde erleuchtet.

Gott offenbarte Maria und Josef im Heiligen Geiste die himmlische Herkunft ihres Sohnes. Aber auch den Hirten auf dem Feld ward seine Geburt durch Engel verkündet, und später bezeugten Simeon und Hanna im Tempel von Jerusalem, daß er der verheißene Trost und Retter Israels sei. (Lk. 2.34-35) So setzte Gott Zeichen, die schon bei der Geburt Jesu zu erkennen gaben, daß sich die erste messianische Verheißung der Propheten in ihm erfüllen sollte.

Ergriffen vom Heiligen Geist rief Simeon im Tempel zu Jerusalem: »Meine Augen haben Dein (JHWHs) Heil geschaut, das Du bereitet hast im Angesicht aller Völker, ein Licht zur Offenbarung für die Heiden und zur Verherrlichung Deines Volkes Israel.« (Lk. 2.30-32, Js. 52.10/42.6/46.13/49.6) Und Hanna »lobte Gott und sprach von ihm allen, die auf die Erlösung Jerusalems harrten«. (Lk. 2.38) Auf diese Weise sollten Gottes Worte an die Propheten in Erfüllung gehen: »Siehe, die Jungfrau wird empfangen und einen Sohn gebären und man wird ihm den Namen ›Immanuel‹ geben.« (Js. 7.14) »Und du Bethlehem im Land Judas, bist keineswegs die geringste unter den Städten Judas, denn aus dir wird der Herrscher hervorgehen, der Mein Volk Israel weiden wird.« (Mich. 5.1)

Mit Jesus aber kam wie eine Zwillingsseele die Seele Elijahs, des Propheten, der in den Himmel aufgefahren war, herab auf die Erde. Im Haus des Zachariah und der Elisabeth erblickte er sechs Monate vor Jesus in Ein Kerem bei Jerusalem, wenige Stunden Fußmarsch von Bethlehem entfernt, das Licht der Welt. Auch seine Geburt war den erwählten Eltern durch einen Engel verkündet worden, und zwar zu einer Stunde, da Zachariah sich anschickte, im Tempel des Herrn das Rauchopfer darzubringen. Als das Kind geboren wurde, nannte man es »Johannes«. Und er war vom Mutterschoß an erfüllt vom Heiligen Geist. (Lk .1.15).

Kurz nach der Geburt Jesu kamen drei erleuchtete Meister aus dem Orient ins Heilige Land, um dem Kind ihre Verehrung darzubringen: ein zoroastrischer Weiser aus Persien, ein Mahatma aus

Indien und eine erleuchtete Seele aus Äthiopien. Sie wurden vom Geist Gottes in Gestalt eines Lichtzeichens geleitet, das wie ein Stern über den Himmel fuhr.

Als sie aber vor das Kind kamen, um es anzubeten, brachten sie nicht nur Gold, Weihrauch und Myrrhe, sondern auch geistige Gaben und Schriften aus ihren Ländern als Geschenke dar. Diese wurden von Maria und Josef für den heranwachsenden Sohn aufbewahrt. So sollte er bereits in jungen Jahren Kunde von der östlichen Weisheit und dem Vermächtnis der Königin von Saba erhalten.

Herodes aber, der Stadthalter Cäsars in Jerusalem, der erfahren hatte, daß die Weisen gekommen waren, um dem künftigen »König der Juden« zu huldigen, beschloß in seinem Herzen, ihn zu töten. Da die Kunde der Propheten, der Heiland würde in Bethlehem geboren werden (Mich. 5.1), bis an seine Ohren drang, ließ er – wie der Pharao bei der Geburt Moses – »in Bethlehem und seiner ganzen Umgebung alle Knaben im Alter von zwei Jahren und darunter töten«. (Mt. 2.16) So sollte sich das Schriftwort: »Rachel weint um ihre Kinder, und es ist niemand der Trost ihr weiß« (Jr. 31.15) erfüllen.

Maria und Josef aber waren auf Weisung eines Engels hin mit dem Neugeborenen nach Ägypten geflohen. Sie ließen sich in Heliopolis, in der Umgebung des früheren Tempels von On nieder, wo auch eine kleine Essener-Gemeinde lebte. Maria wurde dort auch in die Mysterien Ägyptens eingewiesen. Jesus aber wuchs in dem Bewußtsein auf, daß um seiner Geburt willen Tausende von Kindern hatten sterben müssen.

Als Maria und Josef nach Ägypten geflohen waren, ging Elisabeth, die Mutter des Johannes, mit ihrem Söhnchen ins Gebirge. Zacharias, sein Vater, blieb in Jerusalem, um seinen Dienst im Tempel zu versehen. »Herodes sandte seine Leute zu Zacharias in den Tempel, und sie sprachen zu ihm: ›Wo ist dein Kind?‹ Und er antwortete: ›Ich bin ein Diener Gottes und bin im Tempel immerfort. Ich weiß nicht, wo es ist … Gott ist Zeuge, wenn du mein Blut vergießest, wird Gott meinen Geist empfangen; denn du vergießest das Blut eines Unschuldigen.‹ Und sie erschlugen Zacharias im Tempel zwischen dem Allerheiligsten und dem Altar.« (Evangelium des vollkommenen Lebens 5.14–17)

Nach dem Tod des Herodes kehrten Maria und Josef aufgrund eines Traumgesichtes mit ihrem Sohn ins Land Israel zurück. Matthäus fügt hinzu: »So sollte das Wort in Erfüllung gehen, das der Herr durch den Propheten (Hosea) gesprochen hat: ›Aus Ägypten habe ich meinen Sohn gerufen.‹« (Mt. 2.15, Hos. 11.1) Im Lande Israel angekommen, ließen sie sich in Nazaret nieder. Und Matthäus kommentiert: »So sollte sich das Wort der Propheten erfüllen: ›Er wird Nazoräer heißen.‹« (Mt. 2.23)

In Nazaret wuchs Jesus heran und nahm regen Anteil an den Lehren und Disputen in den Synagogen. Und wie wir alle aus der Schrift wissen, betrachtete er den Tempel zu Jerusalem als seine wahre Heimat: »Wisset ihr nicht, daß ich in dem sein muß, was meines Vaters ist?«

Über die Zeit zwischen seinem zwölften und seinem dreißigsten Lebensjahr gibt uns die Schrift keine Auskunft. Sie verschweigt diese achtzehn Jahre in dem Bewußtsein, daß diese Zeit für das Verständnis der Mission Jesu während des etwa mit seiner Geburt beginnenden Zeitalters der Fische nicht von Belang ist. In den kommenden Jahren des beginnenden Wassermannzeitalters wird der Schleier über diesem Geheimnis jedoch allmählich gelüftet werden. Es gibt heute allerlei Spekulationen über diese verborgenen Jahre Jesu. Tatsache ist, daß er geraume Zeit in innerer Einkehr und Meditation verbrachte. Es waren Jahre der Wanderschaft, die ihn vor allem nach Ägypten (nach Theben, Luxor, On und zu den großen Pyramiden), aber auch nach Indien führten. Im *Evangelium des vollkommenen Lebens* schreibt der vom Geist Gottes inspirierte Seher Ousley: »*Und Jesus, da er das Studium des Gesetzes vollendet hatte, ging wieder nach Ägypten, auf daß er die Weisheit der Ägypter erlerne, ebenso wie es Moses getan hatte.* Und er ging in die Wüste, allwo er betete und fastete, *und er erhielt die Kraft des göttlichen Namens, durch welche er viele Wunder wirkte.* Und durch sieben Jahre hindurch redete er mit Gott von Angesicht zu Angesicht, und er erlernte alle verborgenen Dinge des Lebens. Von dort kehrte er zurück nach Nazareth, allwo er seine Eltern besuchte. Nach einiger Zeit ging er nach *Assyrien und Indien* und nach *Persien und in das Land der Chaldäer.* Und er besuchte ihre Tempel und sprach mit den Priestern und den Weisen viele Jahre hindurch, und er tat viele wunderbare Werke und heilte die Kranken, während er durch die Länder zog.« (6.11-13) Überall setzte er sich mit den spirituellen Lehren, ihrer Umsetzung und mit der Situation seiner Zeit auseinander. In allem schöpfte er aus einer tiefen inneren Schau und wandte sich gegen die Verunstaltungen religiöser Überlieferung. Vorwiegend aber bereitete er sich in Phasen großer Abgeschiedenheit und tiefer Meditation auf seine kommende Mission in Israel vor. Natürlich erwog er die Schriften Israels in all ihren Aspekten und kommunizierte mit den höchsten Kräften des Himmels. Der himmlische Vater Selbst war es, der ihn in allem belehrte.

So führte ihn der Geist Gottes gegen Ende seines zwanzigsten Lebensjahres wieder zurück in seine Heimat. In Kf'ar Nachum am See Genezaret offenbarte er sich Eliud, einem weisen Älteren aus einer nahegelegenen Essenergemeinde, der von den Essenern als ihr geistiges Oberhaupt verehrt wurde. Bei ihm kamen sie regelmäßig zum Gebet zusammen oder um Rat und Trost zu empfangen. Eliud pflegte einen sehr natürlichen Umgang mit Jesus, und Jesus sprach mit ihm über verschiedene Fragen betreffend Gottes Plan mit Israel. Jesus offenbarte Eliud auch, daß er der Messias sei, und deutete ihm die Geheimnisse der Bundeslade.

Als seine Zeit gekommen war, ging Jesus von Galiläa zu Johannes an den Jordan, um sich von ihm taufen zu lassen. (Mt. 3.13) Johannes, der ein Nasiräer war (Nm. 6.1-21), predigte zu dieser Zeit in Adam, einem Ort in den Niederungen des Jordantales. Ganz Jerusalem zog in diesen Tagen hinauf zu Johannes, um von ihm die reinigende Taufe der Umkehr zu empfangen. Als Johannes Jesus kommen sah, rief er: »Siehe das Lamm Gottes, das die Sünde der Welt hinweg nehmen wird.« (Joh. 1.29) Jesus, dessen Ursprung bis auf Adam zurückgeht, stieg zum tiefsten Ort der Erde hinab, um sich dort unter das Joch der gefallenen Menschheit zu beugen. »Als aber Jesus getauft war, stieg er sogleich aus dem Wasser und siehe, die Himmel taten sich auf und er sah den Geist Gottes herabschweben wie eine Taube und auf ihn kommen. Und eine Stimme aus den Himmeln sprach: ›Dieser ist Mein geliebter Sohn, an dem Ich Wohlgefallen habe.‹« (Mt. 3.16-17)

Hier stellt sich die Frage, warum Jesus der Taufe durch Johannes bedurfte. Wir hören doch, daß Johannes selbst diesen Wunsch Jesu abwehren wollte. Jesus aber antwortete ihm sanft: »Laß es jetzt zu, denn so geziemt es sich für uns, alle Gerechtigkeit zu erfüllen.« Erst in dem Moment, in dem Johannes ihn zur Taufe annahm, kam der Heilige Geist in seiner Fülle über Jesus.

Es gibt ein geistiges Gesetz, das beinhaltet, daß jeder Seele ein Meister gegeben ist, durch den allein diese Seele den Geist der Verwirklichung empfangen kann. Und wenn Jesus sagt »niemand kommt zum Vater, denn durch mich«, dann heißt das, »denn durch den, der ihm vom Vater gesandt und bestimmt ist«. Ein solcher gottgesandter Meister ist das Medium oder der Agent Gottes. Durch ihn verwirklicht sich Sein Wille.

Jesus wußte, daß Johannes die Verkörperung des verkündeten Propheten Elijah war. Auch hatte er – wie die meisten verwirklichten Seelen – Kenntnis seiner früheren Geburten und wußte, daß er als Elisha der erste Jünger und geistige Erbe Elijahs war. Wenn es uns gelingt, einen Blick für das Wesen einer Seele zu entwickeln, werden wir in Elisha die Seele Jesu wiederfinden. Als Elijah, der ihm von Gott gesandte Meister, an Elishas Acker vorbeikam, erkannte dieser in ihm seinen Herrn und übergab den Pflug in seinen Händen samt seinem Besitz seinem Knecht, um Elijah nachzufolgen. Später, als Jesus seinerseits Jünger berief, sagte er: »Wer die Hand an den Pflug legt und sich umwendet (nach dem Seinen), der ist meiner nicht wert.« Damit lehrte er jene Wahrheit, die er selbst zuvor verwirklicht hatte.

Elisha folgte Elijah bis an die Schwelle des Todes. Als JHWH den Elijah im Sturmwind in den Himmel auffahren lassen wollte, sprach Elijah zu seinem geliebten Jünger: »Bleib doch hier, denn JHWH schickt mich voraus.« Elisha aber rief immer wieder: »So wahr JHWH lebt und so wahr du lebst, ich verlasse dich nicht.« So gelangten beide – gefolgt von weiteren fünfzig Prophetenjüngern – schließlich vom Gilgal über Betel und Jericho bis an den Jordan, die spätere Taufstelle Jesu.

Dort nahm Elijah seinen Mantel und schlug auf das Wasser, das sich teilte wie sich einst das Schilfmeer unter Moses geteilt hatte, und beide gingen trockenen Fußes durch den Jordan. Am anderen Ufer sagte Elijah zu Elisha: »Erbitte dir etwas, bevor ich von dir hinweggenommen werde!« Und Elisha antwortete, ohne zu zögern: »So möge denn ein doppelter Anteil von deinem Geiste mir zufallen.« Und Gott gewährte, daß da, wo Elijah auf feurigem

Thronwagen im Sturmwind gen Himmel fuhr, ein doppelter Anteil seines Geistes auf Elisha herabkam und ihn erfüllte.

Als die Prophetenjünger Elijahs dies sahen, warfen sie sich vor Elisha zu Boden und folgten ihm, denn sie sahen: »Der Geist des Elijah hat sich auf Elisha niedergelassen.« Und so, wie es damals geschehen war, sollte es sich nun auch in den Tagen Jesu und Johannes vollziehen. So wie damals der Geist Elijahs über Elisha gekommen war, kam der Geist Gottes durch den Taufakt des Johannes an der gleichen Stelle des Jordan auf Jesus. Es ist, als würde das Zepter der spirituellen Vollmacht vom Meister an den Jünger weitergegeben, und mehr noch: Es ist die Übertragung aller Charismen des Alten Bundes auf den künftigen messianischen König Israels. Deshalb erscheinen während der Verklärung Jesu auf dem Berg Tabor Mose und Elijah in seiner Lichtaura. Bei Matthäus heißt es: »Da wurde er vor ihren Augen verwandelt, und sein Angesicht strahlte wie die Sonne, seine Gewänder aber wurden leuchtend wie das Licht.« (Mt. 17.2) Sie sahen Mose und Elijah mit ihm im Gespräch über den Ausgang seiner Mission in Jerusalem. (Lk. 9.30-31) Als die Jünger Jesu (Petrus, Johannes und Jakobus) dies sahen, wollten sie ihm, Mose und Elijah zum Gedächtnis drei Hütten bauen. Da aber erklang – wie zuvor während der Taufe am Jordan – eine Stimme aus dem Himmel und sprach: »Dies ist Mein geliebter Sohn, an dem Ich Wohlgefallen habe, ihm folget nach.« Mit diesem Zeugnis hatte Gott selbst die Übergabe des Zepters des Bundes JHWH an Seinen Gesalbten besiegelt.

Und wie die Jünger Elijahs sahen, daß die Vollmacht Gottes von Elijah auf Elisha übertragen wurde, und fortan ihm als ihrem Meister folgten, so rief Johannes der Täufer später seinen Jüngern zu: »Ich habe mit Wasser getauft, er aber wird mit dem Heiligen Geiste taufen. Ich bin nicht der Messias, sondern nur vor ihm her gesandt. Wer die Braut hat, der ist der Bräutigam … Jener muß wachsen, ich aber abnehmen.« So geht mit dem Charisma auch die Jüngerschaft, ja der ganze Bund Gottes von dem einen auf den anderen über. So ist es Gottes Wille und Plan. Und das wird in der Taufe Jesu am Jordan offenbar und in der Verklärung am Tabor letztendlich besiegelt.

Überhaupt wird in diesem Geschehen das Gesetz der zyklischen Wiederkehr von Ereignissen deutlich, das in Kraft bleibt, bis Gottes Absicht erfüllt ist. Nicht nur Konstellationen und Zusammenhänge, sondern auch Orte und Ereignisse bleiben in der Wiederholung oft die gleichen. Die Stelle am Jordan, wo Jesus getauft wird, ist die Stelle, wo Elijah entrückt wurde und seine geistige Kraft auf Elisha überging. Im fortschreitenden Wirken Elishas finden wir eine Fülle von Entsprechungen zum späteren Wirken Jesu, in denen die geistige Identität der beiden deutlich wird. Erinnern möchte ich vor allem an die Brotvermehrung von Gilgal und Tabgha oder die Krankenheilungen, die sowohl Elisha als auch Jesu vollbrachten. (2. Kg. 4.42-44; Joh. 6.1-15; 2. Kg. 5.1-19; Mt. 8.1-4) Die Heilung Naamans durch Elisha ist ein Geschehen, das Jesus in einer Parallele gleichnishaft auf sich bezieht. (Lk. 4.27)

Aber nicht nur in Johannes und Jesus sehen wir die Wiederkehr der sich vollendenden Beziehung zwischen Elijah und Elisha, sondern auch in Herodes und Herodia, den Wiederverkörperungen von König Achab und Isebel. Achab und Isebel waren es, deren Baalskulten Elijah entgegentrat, als sich die Herrlichkeit JHWHs vor dem versammelten Haus Israel durch ihn offenbarte. Dann machte Elijah den entscheidenden Fehler, die Baalspriester durch das Schwert hinrichten zu lassen. (1. Kg. 18.40; 19.1) Als Isebel das hörte, sandte sie einen Boten zu Elijah und ließ ihm sagen: »Die Götter sollen mich strafen, wenn ich nicht morgen um diese Zeit dein Leben dem Leben eines jeden von ihnen gleichgemacht habe.« So wurde das Rad der göttlichen Gerechtigkeit in Gang gesetzt. Damals floh Elijah nach Beersheba und rettete sein Leben.

Als Elijah jedoch als Johannes der Täufer wiedergekommen war und Herodes wegen seines unsittlichen Lebenswandels zu rügen wagte, erweckte er damit den Zorn seiner früheren Feinde, so daß sie nach dem Leben trachteten. Angestoßen durch Salomes Verlangen nach dem Haupte des Johannes, ließen Herodes und Herodia ihn ergreifen und durch das Schwert richten. Und obwohl ihnen nicht bewußt war, daß sie ihren »Feind« wiedergetroffen hatten, wurden sie zu Vollstreckern der göttlichen Gerechtigkeit. Denn: »Wer mit dem Schwerte richtet, der wird durch das Schwert umkommen.« (Mt. 26.52)

Jesus, der um diese Zusammenhänge wußte, setzte sich nicht

für Johannes ein. Er wußte, daß das Gesetz erfüllt werden mußte. Hiermit ist die Balance des Gefüges

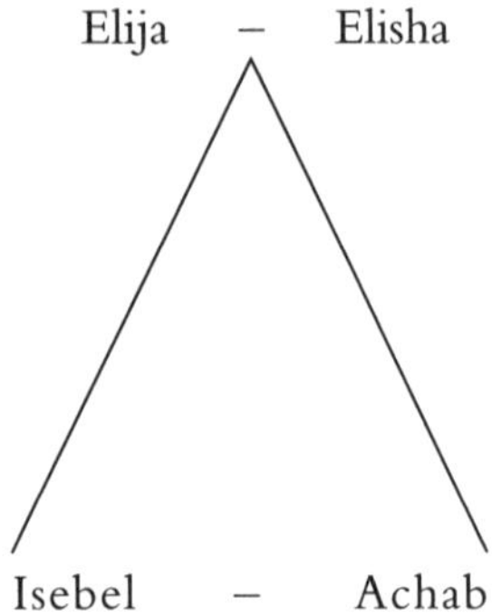

und

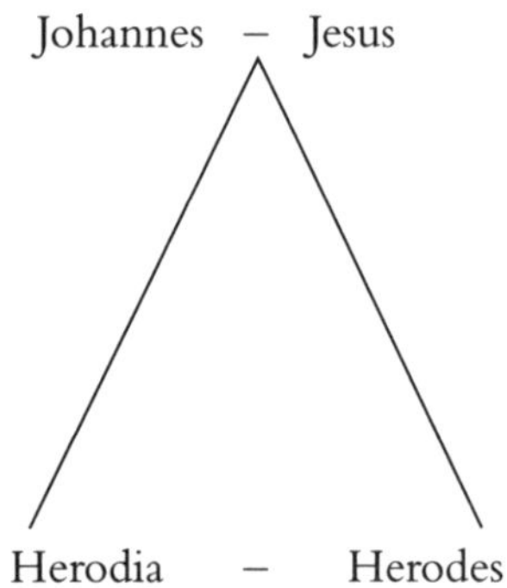

vollkommen umrissen und wir haben gesehen: Wenn eine Schicksalsverflechtung einmal in Gang gekommen ist, setzt sie sich solange fort, bis die gerechte Balance wiederhergestellt ist. Nun, nach seiner Taufe beginnt die eigentliche Mission Jesu, sein eigentliches öffentliches Wirken. Mit der Bergpredigt, in der er das Gesetz des Mose aus einem lebenden Geist heraus deutet, legt er ein geistig-ethisches Fundament für den Weg des Menschen zu Heil und Verwirklichung und schließt in seiner Verkündigung an den vorbereitenden Ruf des Johannes an. In der Schrift heißt es: »Von da an begann Jesus auszurufen: ›Kehret um! Denn das Reich Gottes ist nahe.‹« (Mt. 4.17)

Die Mission Jesu auf Erden hat im wesentlichen zwei Aspekte. Einer davon ist universeller Natur, was bedeutet, daß sein Wirken und seine Lehre unterschiedslos allen Menschen und Völkern der Erde zugedacht ist. Der andere aber ist insofern von recht spezifischer Natur und ganz entscheidend, als Jesus mit einem besonderen Auftrag an Israel in diese Welt kam. Da die Rolle Israels im Heilsplan Gottes jedoch fest mit dem Schicksal der übrigen Völker und Nationen verknüpft ist, ist dieser Auftrag auch für den Heilsweg der übrigen Völker von grundlegender Bedeutung. Diese Zusammenhänge sind auch in den Worten angedeutet, die Gott dem Simeon eingab, als dieser in dem Kind auf Marias Armen den verheißenen Erlöser erkannte: »Meine Augen haben Dein (JHWHs) Heil (= Yeshua) geschaut, das Du bereitet hast im Angesicht der Völker, ein Licht zur Offenbarung für die Heiden und zur Verherrlichung deines Volkes Israel.« (Lk. 2.30-32, Js. 42.6/46.13/49.6) Schon beim Propheten Isajah heißt es: So spricht JHWH, der Herr: » ... Zu wenig ist es, daß du Mein Knecht nur seist, um die Stämme Jakobs wieder aufzurichten und zurückzuführen, was aus Israel übrigbleibt. Ich mache dich zum Licht der Heiden, daß Mein Heil bis an die Grenzen der Erde reiche.« (Js. 49.6)

Jesus selbst bezeugte vor dem Volk Israels im Tempel seine universelle Rolle auf Erden, als er sprach: »Ich bin das Licht der Welt. Wer mir nachfolgt, der soll nimmermehr in der Finsternis wandeln, sondern das Licht des Lebens haben.« (Joh. 8.12) Und in all den Gleichnissen von der nahen Ankunft des Himmelreiches deutete er an, daß dieses Himmelreich in und durch ihn in diese Welt kommt beziehungsweise gekommen ist – oder besser: daß er das lebendige Fundament dieses (künftigen) Himmelreiches ist. Besser noch: Jesus ist das Samenkorn des Reiches Gottes auf Erden. Wo dieses Samenkorn in die Erde fällt (und stirbt), wird Sein Reich aufgehen. Mit und in ihm sind Erlösung und Gericht. Denn er ist gesandt zur Vollendung des Willens Gottes.

Wie Jesus selbst sagte, war er gekommen, um die Schrift zu erfüllen und die Propheten. Und wenn er sich als »Menschensohn« bezeichnete, so knüpfte er mit diesem Ausdruck an Ezechiel an, der ihn in seinen Visionen als »Mann, der in Linnen gekleidet war« (Ez. 9.2/10.2) schaute. König David nannte ihn seinen

Herrn (Ps. 110). Denn er und Melkizedek waren die beiden Lichter, die ihn führten.

Der wesentlichste Aspekt seiner Mission bestand jedoch in seiner Rolle gegenüber Israel. Er war der verheißene Erlöser, aber auch der messianische König des Volkes JHWHs. Zu der Phönizierin, die ihn bat, ihre Tochter zu heilen, sagte er: »Ich bin nur zu den verlorenen Schafen des Hauses Israels gesandt.« (Mt. 15.24) Mit diesen Worten offenbarte sich Jesus weder als Lehrer oder Erlöser der Welt noch als der verheißene König Israels, sondern vielmehr als Retter der »verlorenen Schafe«, also der vor Zeiten gefallenen Seelen des Hauses Israel. Das ist entscheidend. Vor allem zu ihnen und um ihretwillen war gesandt worden. Sie aber wollten nicht auf ihn hören, wie sie auch auf die Propheten vor ihm nicht hören wollten. Jesus selbst hatte es kommen sehen, daß diejenigen, die zu erlösen er gekommen war, ihn zurückweisen und am Ende sogar kreuzigen würden (Joh. 7.15- .../5.45-47). Das wird im folgenden Gleichnis deutlich: »Es war ein Hausherr, der pflanzte einen Weinberg, machte einen Zaun darum, grub eine Kelter darin und baute einen Turm, verpachtete ihn an Winzer und reiste in die Fremde. Als aber die Zeit der Früchte genaht war, sandte er seine Knechte zu den Winzern, um seine Früchte in Empfang zu nehmen. Die Winzer aber ergriffen seine Knechte, schlugen den einen, töteten den anderen und steinigten den dritten. Nochmals sandte er andere Knechte, mehr als zuvor, und ihnen taten sie ebenso. Zuletzt aber sandte er zu ihnen seinen Sohn, wobei er (sich) sagte: ›Vor meinem Sohn werden sie doch Achtung haben.‹ Als aber die Winzer den Sohn sahen, sagten sie zueinander: ›Das ist der Erbe. Kommt, wir wollen ihn töten und uns sein Erbe aneignen.‹ Und sie ergriffen ihn, warfen ihn aus dem Weinberg hinaus und töteten ihn.« (Mt. 21.33-39) Auch Plato hatte in seinem Höhlengleichnis diesen Ausgang seiner Mission vorhergesehen. Und in der Schrift heißt es: »Obwohl er ... viele Zeichen gewirkt hatte, glaubten sie nicht an ihn, so daß das Wort des Propheten Isajah erfüllt wurde, das er gesprochen hat: ›Er hat ihre Augen blind und ihr Herz hart gemacht, damit sie nicht mit ihren Augen sehen und mit ihren Herzen verstehen und sich bekehren und ich sie heile.‹ (Js. 6.9-10) Das hat Jesajah gesagt! ... von ihm hat er gesprochen.« (Joh. 12.37-41)

Johannes, der Jünger seines Herzens, bringt die geheimnisvolle Tragik der Beziehung zwischen Israel und seinem ersehnten König und Erretter und umgekehrt zwischen Jesus und dem geliebten Erbe seines Vaters in den ersten Sätzen seines Evangeliums zum Ausdruck: »Er kam in sein Eigentum, aber die Seinen haben ihn nicht angenommen.« (Joh. 1.11) Der Evangelist knüpft hier an das zweite Buch Mose und seinen Bericht von der Berufung Israels an: » … ihr sollt unter allen Völkern mein besonderes Eigentum sein …« (Ex. 19.5) Die unbegrenzte Liebe Jesu zu den Seinen war es, die ihn kurz vor dem jähen Ende seiner irdischen Mission Tränen über das tragische Los und die Verstockung der Seinen vergießen ließ. In seiner letzten Rede im Tempel zu Jerusalem rief er aus: »Jerusalem! Jerusalem! Du tötest die Propheten und steinigst die, die zu dir gesandt sind. Wie oft habe ich deine Kinder sammeln wollen, wie eine Henne ihre Küchlein unter ihre Flügel sammelt, und ihr habt nicht gewollt!« (Mt. 23.37)

Anschließend verläßt er mit seinen Jüngern den Tempel und offenbart ihnen in prophetischer Schau die Zeichen seiner Wiederkunft. Daraufhin zieht sich Jesus mit seinen Jüngern zurück, um schließlich – vor den Augen der ganzen Welt – seinen letzten Weg zur Schlachtbank von Golgatha anzutreten. Denn: »Wie Moses die Schlange in der Wüste erhöhte, so muß auch der Menschensohn erhöht werden.« (Joh. 3.14) Darin, daß er am Kreuz über diese Erde erhöht werden wird, soll er vom Vater verherrlicht werden. Und darin, daß er verherrlicht wird in JHWH, wirkt der Vater Erlösung und Gericht.

»Die Stunde ist gekommen, wo der Menschensohn soll verherrlicht werden. Wahrlich, wahrlich ich sage euch: Wenn das Weizenkorn nicht in die Erde fällt und stirbt, bleibt es allein; wenn es aber stirbt, bringt es reiche Frucht. … Jetzt ergeht Gericht über diese Welt. Jetzt wird hinausgeworfen der Fürst über diese Welt. Denn wenn ich erhöht sein werde von der Erde, werde ich alle an mich ziehen.« (Joh. 12.23-34)

Das Geheimnis von Golgatha sowie seine Bedeutung für Israel und die Welt, für Erlösung und Gericht verständlich zu machen, ist nun nicht nur das Anliegen des nächsten Kapitels, sondern des ganzen daran knüpfenden Zusammenhanges mit der glorreichen

Wiederkunft Jesu, aber auch mit den Ereignissen der Vorzeit, der noch erläutert werden wird.

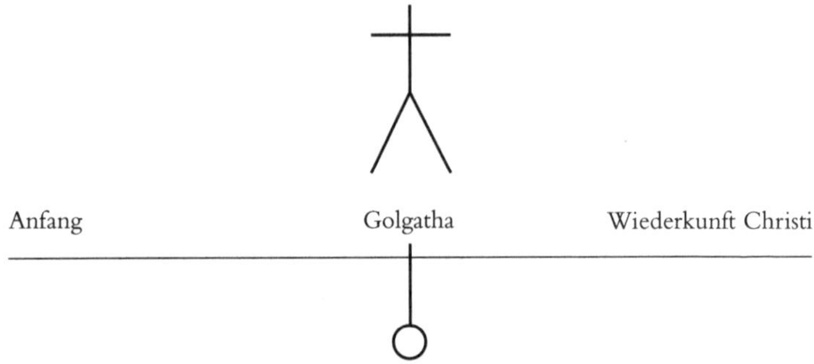

Die Passion Jesu und das Mysterium von Golgatha

Wie Gott Sein Schöpfungswerk in sechs Tagen vollendet hat, so dauerte auch Jesu Passion vom Einzug in Jerusalem bis zur Passah-Feier sechs Tage. »Sechs Tage vor dem Osterfest kam Jesus nach Bethanien. … Dort bereiteten sie ihm ein Gastmahl.« (Joh. 12.1-2) Da »kam, während er zu Tische lag, eine Frau mit einem Alabastergefäß voll Salböls aus echter, kostbarer Narde, zerbrach das Gefäß und goß es über sein Haupt.« (Mk. 14.3, Mt. 26.7) Als einige seiner Jünger sich daran stießen, sagte er: »Laßt sie! Warum kränkt ihr sie? Sie hat eine gute Tat an mir getan. … Was sie vermochte, das hat sie getan: Sie hat im voraus meinen Leib zum Begräbnis gesalbt. Wahrlich, ich sage euch: Wo immer auf der Welt die Heilsbotschaft verkündet wird, da wird auch zu ihrem Gedächtnis erzählt werden, was sie getan hat.« (Mk. 14.6-9) So salbte sie ihn zum König Israels.

Am folgenden Tag, als das viele Volk, das zum Fest gekommen war, hörte, Jesus komme nach Jerusalem, da nahmen sie Palmzweige und zogen ihm entgegen. (Joh. 12.12-13) Zwei Jünger, die vorausgesandt worden waren, fanden – wie Jesus ihnen verkündet hatte – ein Eselsfüllen am Wege angebunden, auf dem noch kein Mensch gesessen hatte. Dieses brachten sie ihrem Meister. Und Jesus setzte sich darauf und zog auf ihm reitend ein nach Jerusalem. So sollte sich das Wort der Propheten erfüllen, das da lautet: »Saget der Tochter Zion: Siehe, dein König kommt zu dir, sanftmütig und reitend auf einem Eselsjungen, dem Füllen einer Eselin.« (Js. 62.11, Sach. 9.9, Mt. 21.2-5, Mk. 11.2, Joh. 12.14-16, Lk. 19.30)

Als er sich ... dem Abhang des Ölberges näherte, begann die ganze Schar der Jünger, Gott voll Freude mit lauter Stimme zu loben. (Lk. 19.37) Die übergroße Volksschar breitete ihre Kleider auf den Weg aus (Mt. 21.8), andere aber grüne Zweige (Mk. 11.8). Mit Palmzweigen in den Händen riefen sie aus: »Hosanna; baruch haba be-Shem Adonai – gepriesen, der da kommt im Namen des Herrn, des Königs Israels. (Joh. 12.13) Gepriesen das Reich unseres Vaters ... das da kommt. Hosanna in der Höhe.« (Mk. 11.10)

Einige der Pharisäer riefen ihm aus der Menge entgegen: »Meister, verweise es deinen Jüngern.« Da antwortete er und sprach: »Ich sage euch: Wenn diese schweigen, werden die Steine schreien.« (Lk 11.39-40) Und er zog in den Tempel von Jerusalem ein. (Mk. 11.11)

Da kam die ganze Stadt in Bewegung und fragte: »Wer ist dieser?« Die Scharen antworteten: »Das ist der Prophet, Jesus aus Nazaret in Galiläa.« (Mt. 21.10-11)

Dies war der messianische Einzug Jesu in seiner Stadt. Welch ein verheißungsvoller und glorreicher Augenblick. Und tatsächlich dachten die, die ihn erkannt hatten und an ihn glaubten, daß nun die Zeit der Erfüllung und der Errichtung des Reiches Gottes gekommen sei. Diejenigen aber, die ihn haßten und denen er ein Stein des Anstoßes war (Js. 8.14, 1. Petr. 2.8), hatten längst beschlossen, ihn zu töten. Sie standen im Hintergrund, um ihm aufzulauern. Doch noch war seine Stunde nicht gekommen.

Nach seinem letzten öffentlichen Aufruf im Tempel und der prophetischen Verkündigung der Zeichen und Geschehnisse der Endzeit an seine Jünger, schickte er sich an, die ersten Vorbereitungen für das Passah-Mahl zu treffen. Er sprach zu seinen Jüngern: »Ihr wißt, daß in zwei Tagen Ostern ist. Dann wird der Menschensohn zur Kreuzigung überliefert werden.« (Mt. 26.2) Damals versammelten sich die Hohenpriester und Ältesten im Palast des Hohenpriesters, der Kaiphas hieß, und beschlossen, Jesus mit List zu ergreifen und zu töten. (Mt. 26.3-4) Es fuhr aber Satan in Judas, der Iskariot heißt, einen aus der Zahl der Zwölf.

(Lk. 22.3) Judas … ging zu den Hohenpriestern hin, um ihn ihnen auszuliefern. Die aber freuten sich, als sie das hörten. (Mk. 14.10-11)

Am ersten Tag der ungesäuerten Brote, an dem man das Passahlamm schlachtete, entsandte Jesus Petrus und Johannes und sprach: »Geht in die Stadt, dort wird euch ein Mann begegnen, der einen Wasserkrug trägt. … Er wird euch ein Obergemach zeigen, das mit Kissen ausgelegt und hergerichtet ist.« (Dieses Obergemach aber war ein Raum über dem Grabe eines der Urkönige Israels am Berge Zion in der Nähe jenes Ortes, wo zur Zeit Davids die Bundeslade gestanden hatte.) » … Da gingen die Jünger … fanden es wie er gesagt hatte, und bereiteten das Ostermahl.« (Mk. 12.13-16) »Und als die Stunde gekommen war, legte er sich mit den Zwölf Jüngern zu Tische.« (Mt. 26.20, Lk. 22.14) Und er sprach zu ihnen: »Sehnlich hat es mich verlangt, dieses Passahmahl mit euch zu essen, bevor ich leide. Denn ich sage euch, von nun an werde ich es nicht mehr essen, *bis es seine Vollendung findet im Reiche Gottes.*« (Lk. 22.15-16)

Sich dem Nahen seines Todes bewußt saß Jesus ein letztes Mal im Kreise seiner Jünger. In seinem Schmerz und seiner Liebe mit ihnen geeint, gab er ihnen nicht nur das tiefste Zeugnis seiner Liebe, sondern auch sein letztes und größtes Vermächtnis. Dann schickte er sich an, seinen Jüngern die Füße zu waschen und sie mit einem linnenen Tuch abzutrocknen, um ihnen ein Beispiel zu geben. Nachdem er dies getan hatte, sprach er in innigen Worten von seinem Abschied, seiner Wiederkunft, der Bereitung des Reiches, der Entsendung seines Zeugen, den er den Geist der Wahrheit nannte, der kommenden Zeit der Bedrängnis, der Bewahrung seines Wortes und seiner Liebe und der künftigen Vollendung der Einheit der Seinen in seinem und seines Vaters Geist. »Wenn einer mich liebt, so wird er mein Wort bewahren, und mein Vater wird ihn lieben, und wir werden kommen und bei ihm Wohnung nehmen. … Bleibet in mir und ich in euch. Wie die Rebe nicht Frucht bringt aus sich, so auch ihr nicht, wenn ihr nicht in mir bleibet. … Dadurch ist mein Vater verherrlicht, daß ihr viel Frucht bringt, und dann werdet ihr meine Jünger sein. Wie mich der Vater geliebt hat, so habe ich euch geliebt. … Das ist mein Gebot, daß ihr einander liebet, wie ich euch geliebt habe.« (Joh. 14.23-15.12) » … Daran wird die Welt erkennen, daß ihr die Meinen seid.« (Joh. 13.34-35)

Gleichzeitig verwandelt Jesus das Passahmahl in einen sakramentalen Akt: Während des Mahles … nahm er Brot, sprach das Segensgebet, brach es und gab es seinen Jüngern mit den Worten: »Nehmt und esset, das ist mein Leib, der für euch hingegeben wird. Tut dies zu meinem Gedächtnis.« Desgleichen nahm er nach dem Mahl einen Kelch, sprach das Dankgebet und gab ihn ihnen mit den Worten: »Das ist der Kelch des Neuen Bundes. Trinket, denn das ist mein Blut, das für viele vergossen wird, zur Vergebung ihrer Sünden. Wahrlich, ich sage euch: Von nun an werde ich nicht mehr von der Frucht des Weinstockes trinken, bis zu jenem Tage, da ich erneut von ihm trinken werde mit euch im Reiche meines Vaters.« (Mt. 6.26-29, Lk. 22.19-20, Mk. 14.22-25)

Indem er die Heilige Eucharistie als göttliches Sakrament einsetzt, weiht Jesus seine Jünger in das gleiche Vermächtnis ein, das Melkizedek Abraham gab und das bis in die Zeit vor Noach zurückgeht. Er stiftet damit einen Bund, der erst mit der Ankunft des Reiches Gottes vollendet und dann nach dem Erbe des Anfangs wiederhergestellt werden soll. Darauf deuten seine Worte »bis es seine Vollendung findet im Reiche Gottes«. (Lk. 22.16)

Zuvor hatte Jesus in Galiläa gesagt: »Ihr sagt: ›Unsere Väter haben das Manna in der Wüste gegessen.‹ … Ich aber sage euch, nicht Mose hat euch das Brot vom Himmel gegeben, sondern mein Vater gibt euch das wahre Brot. Denn das Brot Gottes ist der, welcher vom Himmel herabkommt. *Ich bin das Brot des Lebens.* Eure Väter haben in der Wüste das Manna gegessen, sind aber doch gestorben. … Ich bin das Brot des Lebens, das vom Himmel herabgekommen ist. Wer von diesem Brot ißt, wird in Ewigkeit leben.« (Joh. 6.31-33/48-51) Damit weist Jesus darauf hin, daß das Sakrament der Eucharistie ein Vorzeichen der sakramentalen Frucht vom Baum des Lebens ist.

Das Letzte Abendmahl mit seinen zwölf Jüngern ist ein Bild und Gleichnis für Adam Kadmon, den himmlischen Menschen, im Sternenkreis des Zodiak, ein zeitloses Symbol der künftigen spirituellen Gemeinschaft in Gott. Er, der sowohl der Dreizehnte als auch die Mitte ihres Kreises ist, wird zum geistigen Fundament und Licht ihres Lebens. Er stirbt, um in ihnen aufzugehen. Da, wo der Jünger seinem Ich entstorben ist und er in Heiliger Kommunion den Geist Christi empfangen hat, ist es nicht mehr das »Ich«, das in ihm lebt, sondern Christus, das Licht des Selbst.

So ist das, was die Jünger in der Gemeinschaft eint, nichts Persönliches, sondern das überpersönliche Leben, das sie im Willen des Vaters und seiner Liebe neu empfangen haben. Selbstloser Dienst, brüderliche Liebe und Heilige Kommunion mit dem Höchsten, die alltägliche Ausdrucksformen der Symbole Fußwaschung, Liebesgebot und Eucharistie sein möchten, sind die drei Grundlagen des von Jesus offenbarten Weges, auf dem wir den Segen und die Seligkeit eines geistigen Lebens im Frieden und in der Eintracht einer spirituellen Gemeinschaft erfahren, die auf dem überpersönlichen Licht der kosmischen Sonne Christi gegründet ist. Denn alles Streben der Person ist Selbstsucht und stammt vom Baum der Erkenntnis. Person, Selbstsucht und Ego aber schaffen Spaltung, Feindschaft und Krieg. Und das sind die Früchte der Saat der Schlange. Selbstloser Dienst, göttliche Liebe und geistliche Kommunion führen uns in den überpersönlichen Grund des unteilbaren geistigen Lichtes, das unser aller wahres Selbst ist. In ihm gibt es weder Gegensatz noch Trennung, sondern nur eine – seine – wesenhafte Einheit. Die Verwirklichung dieser Einheit und eines solchen Geistes der vollkommenen Gemeinschaft ist das im Letzten Abendmahl gegebene Vermächtnis Jesu an künftige Geschlechter der Menschheit. Daß dieser Auftrag nicht unmittelbar nach seinem Tod, sondern erst in den Tagen seiner Wiederkunft verwirklicht werden wird, entnehmen wir den Worten des hohepriesterlichen Gebetes, mit dem er sein Liebesmahl mit den Jüngern abschließt: » … Heiliger Vater, bewahre sie in Deinem Namen, die Du mir gegeben hast, damit sie eins seien wie Wir. … Solange ich bei ihnen war, habe ich sie in Deinem Namen bewahrt, die Du mir gegeben hast, und habe sie behütet. … Ich bitte nicht, Du mögest sie hinwegnehmen von der Welt, sondern Du mögest sie bewahren vor dem Bösen. Sie sind nicht von dieser Welt, wie auch ich nicht von dieser Welt bin. … Wie Du mich in die Welt gesandt hast, so habe auch ich sie in die Welt gesandt. … Ich bitte aber nicht allein für diese, sondern auch für die, die durch ihr Wort an mich glauben werden, daß alle eins seien, wie Du, Vater, in mir und ich in Dir; daß sie in uns eins seien. ... Und ich habe die Herrlichkeit, die Du mir gegeben hast, ihnen gegeben, damit sie eins seien, wie wir eins sind. Ich in ihnen und Du in mir, so mögen sie zur vollendeten Einheit gelangen, damit die Welt erkenne, daß Du mich gesandt hast und daß ich sie geliebt habe, wie Du mich geliebt hast.« (Joh. 19.12-23)

Mit den Worten »Folget dem Mann, der einen Wasserkrug trägt« und »Ich werde fortan nicht mehr von ihm (dem Weinstock) trinken, bis zu dem Tage, da ich mit euch wieder von ihm trinken werde im Reiche meines Vaters« offenbart Jesus, daß sowohl die Vollendung seines Sakramentes als auch die Verwirklichung dieses Ideals der Einheit durch eine spirituelle Gemeinschaft des Dienstes, der Liebe und der Kommunion mit dem Allheiligen in die Zeit des mit seiner Wiederkunft kommenden Gottesreiches auf Erden fallen wird. Ferner wird diese Zeit im Symbol des Mannes mit dem Wasserkrug als die Zeit des Einzuges der Sonne in das Haus des Wassermanns offenbart.

Wie dem auch sei, mitten in dieses höchst heilige und glorreiche Mahl fällt der Verrat des Meisters durch einen seiner Jünger. Durch Judas Iskariot, der gleichzeitig mit Jesus die Hand in die Schüssel taucht (Mk. 14.20, Mt. 26.23), sollte der Widersacher noch einmal die heilige Eintracht und Einheit sprengen dürfen. So sollten die Schriftworte »Der mein Brot ißt, hat seine Ferse gegen mich erhoben« (Joh. 3.18, Ps. 41.10) und »Ich werde meinen Hirten schlagen, und die Schafe der Weide werden sich zerstreuen« (Mt. 26.32, Sach. 13.7) in Erfüllung gehen, denn noch war das Maß des Bösen nicht voll. Mit dieser Stunde aber beginnt der große Trauertag auf dieser Erde.

Im Anschluß an dieses letzte Mahl zieht sich Jesus für die Nacht nach Getsemane am Fuße des Ölberges zurück. Hier verbringt er gemeinsam mit einigen seiner Jünger die letzte Nacht vor seiner Gefangennahme. Immer wieder zieht er sich zurück, um in Gebet und heiliger Kommunion mit dem Vater allein zu sein. Die Jünger, die er bittet, wachsam zu sein und ebenfalls in Gebet zu überdauern, verschlafen diese schicksalsschwere Stunde.

Der Ausgang seiner Mission und das Heil und Schicksal Israels bestimmen den Inhalt seines Gebets. Der, der sich eins mit dem Vater weiß, fühlt seine Seele »betrübt bis in den Tod«. Die Sorge um den Ausgang seines Erlösungswerkes und um das Heil der

Seinen überschattet seine Seele so sehr, daß er sich in diesen Stunden ein letztes Mal als Kreatur und Individuum erfährt, das dem Vater bittend gegenübersteht – bis er nach der Auferstehung vollkommen und endgültig in ihm aufgeht.

Die Worte seines Gebets sind etwa folgende: »Oh Vater, Du allein weißt, wie sehr ich sie liebe. Du hast mich gesandt, Erlösung zu bringen, sie aber haben mich nicht angenommen. Habe ich versagt? War meine Liebe zu schwach? Oder kann die Erlösung tatsächlich nur durch meinen Tod kommen? Ist die Zeit ihres Heils nicht da, sondern tatsächlich erst in so ferner Zukunft? Ja, Vater, Du hast mir alles enthüllt, aber mein menschlicher Geist fragt: Müssen sie noch solch ein langes Exil ertragen? Vater nimm diesen Kelch von mir und von ihnen! Wenn es aber Dein Wille ist, so will ich ihn trinken!« Die schweigend lastende Liebe des Vaters und die hinter ihm stehenden Heerscharen des Himmels stärken ihn in seiner Kraft und schwemmen alle Trübsal hinweg.

Als er später zu seinen Jüngern zurückkehrte und sie schlafend fand, sagte er zu ihnen: »Hattet ihr nicht die Kraft, eine Stunde mit mir zu wachen? Ihr solltet wachen und beten, daß ihr nicht in Anfechtung geratet; denn der Geist ist willig, das Fleisch aber ist schwach!« (Mt. 26.40-41)

So ging er mehrmals hin um zu beten, als er aber noch vor Anbruch des Tages abermals zu den Jüngern zurückkehrte, sprach er zu ihnen: »Ihr könnt nun schlafen und zur Ruhe gehen, denn die Stunde ist gekommen, da der Menschensohn in die Hände von Sündern ausgeliefert wird. Steht auf und laßt uns gehen! Denn der, der mich überliefert, ist nah.«

Und seine Worte waren noch nicht verklungen, als seine Jünger Judas mit einer großen Gefolgschaft römischer Soldaten, alle mit Lanzen, Schwertern und Laternen, in der Morgendämmerung nahen sahen. Judas trat an Jesus heran, küßte ihn und sprach: »Sei gegrüßt, Rabbi!« Jesus antwortete: »Tu, wozu du gekommen bist!«

Da ergriffen ihn die Römer und führten ihn zu Kaiaphas dem Hohepriester, der mit den Oberpriestern und dem ganzen Sanhedrin versammelt war, um ihn lügnerisch anzuklagen. Sie suchten Zeugen und Zeugnisse wider ihn, konnten aber nichts finden. Kaiaphas war es, der dem Sanhedrin empfohlen hatte, Jesus zu beseitigen. In der listigen Absicht, Jesus zu töten, auf daß sich nicht alles Volk dem Einfluß der machtbesessenen Priester entzöge, hatte er gesagt: »Es ist besser, daß *ein* Mensch für das Volk sterbe, als daß das ganze Volk verloren gehe.« Indem er dies sagte, hatte er aber ungewollt die Bedeutung des Todes Jesu für die künftige Erlösung Israels und der Völker geweissagt. (Joh. 18.14)

Schließlich, als all die falschen Zeugen nichts gegen ihn vorzubringen vermochten, fragte Kaiaphas Jesus: »Ich beschwöre dich bei dem lebendigen Gott, daß du uns sagst, ob du Christus, der Sohn Gottes bist?« Jesus sprach zu ihm: »Du sagst es, aber ich sage dir ferner: Von nun an wirst du den Menschensohn sehen sitzen zur Rechten der Kraft und kommend auf den Wolken des Himmels.« (Mt. 26.64) Damit deutet Jesus an, daß auch Kaiaphas zur Zeit der Ankunft des Herrn hier auf Erden inkarniert sein wird. Als Jesus dies gesagt hatte, zerriß der Hohepriester seine Kleider und schrie: »Er hat Gott gelästert! Was dünket euch?« Und sie riefen: »Er ist des Todes schuldig!« Sie spieen ihm ins Angesicht und schlugen ihn mit Fäusten und spotteten: »Weissage uns, du Christus, wer es ist, der dich schlug?« (Mt. 26.68)

Am Morgen gaben die Hohepriester und Ältesten des Volkes ihren Urteilsspruch, daß er des Todes schuldig sei, und überantworteten ihn in Fesseln dem Pilatus. Wir kennen die Geschichte. Wir wissen, daß Pilatus keine Schuld an ihm fand und Jesus freilassen wollte. Als Pilatus sich abermals auf den Richtstuhl setzte, sandte sein Weib zu ihm und ließ ihm sagen: »Laß ab von diesem gerechten Manne, denn ich habe heute Nacht im Traume viel gelitten um ihn.« (Mt. 27.19) Aber die Hohepriester und Ältesten riefen: »Wenn du ihn losläßt, dann bist du der Freund des Kaisers nicht!« Das versetzte Pilatus in Angst. Dennoch suchte er ihn freizulassen, und als er das Volk vor die Wahl stellte, ihnen Barnabas, der des Mordes angeklagt war, oder Jesus freizugeben, schrie die versammelte Menge aus voller Kehle: »Wir wollen Barnabas frei!« Und auf die Frage, was er mit Jesus tun solle, schrieen sie einstimmig: »Kreuzige ihn! Kreuzige ihn!« und »Sein Blut komme über uns und unsere Kinder!« (Mt. 27.22-23,25), womit sie sowohl das Gottesgericht und künftige Schicksal über sich ausriefen, als auch die Heilsbedeutung seines Blutes für ihre künftige Erlösung weissagten.

Pilatus aber, der sich aus Angst der Empörung des Volkes unterwarf, rief ihnen entgegen: »Wollt ihr, daß ich euren König kreuzige?« Das empörte das Volk noch mehr, so daß sie ein drittes Mal riefen: »Kreuzige ihn! Wir haben keinen anderen König als Cäsar!« Da übergab Pilatus Jesus den Regierungssoldaten, ihn zu kreuzigen. Er selbst wusch seine Hände »in Unschuld«.

Die Soldaten aber geißelten und verspotteten Jesus, setzten ihm eine Dornenkrone auf und riefen: »Heil dir, du König der Juden.« (Mt. 27.29) Dann luden sie ihm das Kreuz auf und brachten ihn auf seinen letzten Weg. Vom Prätorium ausgehend, trug er das Kreuz langsam durch die Menschenmenge hinauf nach Golgatha. Schweigend und voll der Demut schritt er zwischen den versammelten Menschen hindurch. Und immer wieder traf sein Blick die Blicke der Anwesenden. Tief und unvergeßlich sanken diese Blicke in ihre Seelen: fragend, erkennend und voll vergebender Liebe. Zu denen, die ihn liebten und um ihn weinten, sagte er sanft: »Weinet nicht um mich, sondern um euch selbst.« So zog er an allen vorbei, und sein mildes Auge traf jeden.

Als er auf Golgatha angekommen war, wurde er von den Soldaten niedergeworfen, auf das Kreuz gestreckt und mit einigen harten Schlägen an Händen und Füßen festgenagelt. Dann wurde das Kreuz aufgerichtet, so daß es schrecklich in den Himmel ragte. Dort oben am Kreuz errang er den größten Sieg! Er triumphierte über Tod und Unterwelt und legte den Grundstein für das endgültige Gericht über die Mächte der Finsternis.

Pilatus hatte eine Inschrift geschrieben: »Dies ist Jesus von Nazaret, der König der Juden!« Und er hatte sie oben am Kreuz befestigen lassen, so daß jeder sie sehen konnte.

Mehrere Stunden hing Jesus so zwischen Himmel und Erde, und nur, wer empfänglich war für die unsichtbare Welt, konnte schauen, welch himmlische Glorie ihn dort einhüllte, wie sich die erhabensten Kräfte und Mächte des Himmels über seiner Krone sammelten, um seine Opfertat zu bezeugen. Welch ein Triumph des Lichts wohnte in jener Trauerstunde! Und welch eine göttliche Liebe strömte durch seinen zerbrochenen Leib. Seine Dornenkrone und sein durchbohrtes Herz wurden zum unaufhebbaren Symbol reinster Demut und unbegrenzter, kosmischer Liebe.

Die in ihrem Haß geblendeten Menschen aber sahen nichts als einen geschundenen Leib. Noch spotteten sie seiner und riefen: »Steig doch herab, wenn du der Messias bist! Hilf' dir selbst, wenn du Gottes Sohn bist.«

Er aber schaute in ungetrübter Barmherzigkeit und Liebe zu ihnen hinab und sprach: »Vater, vergib ihnen, denn sie wissen nicht, was sie tun!« Und, zuletzt, da es mit seiner Lebenskraft zu Ende ging, erhob er sein Haupt zum Himmel und sprach: »Vater, in Deine Hände empfehle ich meinen Geist« und »Es ist vollbracht!« Dann neigte er sein Haupt und gab seinen Geist auf. Es war die neunte Stunde.

Und in der gleichen Stunde erbebte die Erde, die Felsen zerbarsten und der Vorhang im Tempel zerriß in zwei Stücke – von oben bis unten. (Mt. 27.51) Der Hauptmann aber und diejenigen, die bei ihm waren, um Jesus zu bewachen, gerieten in großen Schrecken und sprachen: »Wahrlich, dieser ist Gottes Sohn gewesen.«

Golgatha – Spiegel des großen kosmischen Dramas

Wenn wir das Geschehen von Golgatha mit geistiger Erkenntnis betrachten, enthüllt es sich als Spiegel des großen kosmischen Dramas vom endlosen Kampf zwischen den Mächten des Lichtes und denen der Finsternis, in dem letztendlich das Licht den Sieg davonträgt. Sehen wir Jesus als Verkörperung der Mitte und des Ursprunges der Schöpfung, als Inkarnation des göttlichen Lichts, so kommt uns die verblendete Menge jener haßtrunkenen Seelen, die sich gegen ihn richtet, wie ein Schwarm Mücken vor, die – instinktiv angezogen – in die Flammen fliegen und darin den Tod finden. Die dunklen Mächte, die allemal versuchen, Gottes Werk zu zerstören, vermögen nichts gegen das Licht. Sie können bestenfalls die Instrumente Seines Werkes angreifen, die *Gefäße* des Lichts, doch ihre innere Substanz – das Licht selbst – können sie nicht berühren. Nur dem, der sich an das Äußere hängt, können sie schaden; doch denjenigen, der seine Identität im Licht und in der Kraft des Allmächtigen erkennt, vermögen sie nicht anzufechten.

Auf Golgatha sammelten sich alle dunklen Mächte des Himmels und der Erde wider Jesus, um ihn zu vernichten und sein Werk zu zerstören. Die Lanze des Römers, die dieser in seine Seite sticht, wird zum Symbol des Hasses der Welt, der sein Herz durchbohrt. Alles Übel, das mit Adams Fall seinen Anfang nahm und mit dem Geschlecht Sodoms sein Höchstmaß erreichte, mündet hier zu Golgatha im Herzen Jesu.

Da es die gleichen Kräfte waren, die sich zu Noach und in Ägypten gegen den Tempel Gottes gewandt hatten, spricht die Offenbarung von Golgatha, »wo ihr Herr gekreuzigt wurde«, als dem »Ort, der im geistigen Sinne Sodom und Ägypten heißt«. (Offb. 11.8) Es waren die gleichen Kräfte, die den »Eckstein des Tempels« und das »Vermächtnis Israels« verworfen hatten, die Jesus zu Golgatha dem Tod auslieferten. Hier auf Golgatha begegnen sie nun nochmals und unausweichlich der Wahrheit und dem Antlitz Gottes sowie dem endgültigen Richtspruch JHWHs.

Die geblendeten Seelen, die zu Instrumenten »des Bösen« (des Widersachers) geworden sind, schauen seine Liebe und seine Vergebung. Der Urheber des Bösen aber schaut sein Gericht. Ihnen, die ihn kreuzigten und die über ihn spotteten, antwortet er mit Vergebung und Liebe. Den unsichtbaren Geist der Finsternis aber trifft sein übermächtig strahlendes Licht. Denn während die geblendeten Seelen in der Betrachtung seines absterbenden Leibes ihren vermeintlichen Sieg wähnen, triumphiert sein unsterblicher Geist über den Tod, die Unterwelt und jene unsichtbare Macht, an welche die Geblendeten ihre Seelen verkauft haben und die sie fortan von Zerstörung zu Zerstörung treibt.

Golgatha ist der Ort, an dem die Bosheit der Welt offen sichtbar wird. Jesus, das Licht der Welt, das schweigend im Zentrum des Dramas steht, wird zum Spiegel, in dem die Abgründe der Seele offenbar werden. Deshalb sagt Petrus später: »Er kam in die Welt, auf daß ihre Bosheit sichtbar werde.« Und obwohl der Haß und die Zerstörung von Golgatha zum Himmel schreien, ist dort niemand, der die Übeltäter anklagt oder verurteilt. Weder Gott klagt an noch Jesus. Im Gegenteil, vom Kreuz aus ruft Jesus: »Vater vergib ihnen, denn sie wissen nicht, was sie tun.« Obwohl weder die Bosheit noch das Leiden zu Golgatha ein Ende findet, kündigt sich von dort eine Wende an. Golgatha ist zwar zum Schauplatz eines erneuten Falls und zum Ausgangspunkt eines neuen, unermeßlich langen Exils geworden, aber auch zu einer Stätte, an der das Licht gesiegt hat, und damit zu einem Ort der Hoffnung für die unerlöste Welt.

Diejenigen, die Jesus durchbohrt und bereits zuvor das Heiligtum Gottes entweiht haben, können auf seine Vergebung und Gnade hoffen. Und jeder, der umkehrt, sich der Wahrheit stellt und ihn wahren Herzens sucht, wird die durch ihn strömende, erlösende Gnade Gottes finden, die ihn in das Haus des Vaters zurückführen möchte. Mit Jesus ist nicht der Erlösung Vollendung, sondern das Fundament für eine künftig realisierbare Erlösung in die Welt gekommen. Sein Liebesopfer stellt einen Wendepunkt in der Geschichte der Menschheit dar, dessen Potential jedoch erst innerlich und äußerlich verwirklicht werden will. Mit dieser Grundsteinlegung ist die Mission Jesu auf Erden – vorerst – vollendet. »Und doch ist niemand in den Himmel hinaufgestiegen außer dem, der vom Himmel herabgestiegen ist, der Menschensohn, der im Himmel ist. Und wie Mose die Schlange in der Wüste erhöht hat, so muß der Menschensohn erhöht werden, damit jeder, der glaubt, durch ihn ewiges Leben habe. Denn so sehr hat Gott die Welt geliebt, daß er seinen eingeborenen Sohn dahingegeben hat, damit jeder, der an ihn glaubt, nicht verlorengehe, sondern ewiges Leben habe. Denn Gott hat den Sohn nicht in die Welt gesandt, damit er die Welt richte, sondern damit die Welt durch ihn gerettet werde.« (Joh. 3.13-17) »Jetzt ist das Gericht über diese Welt. Jetzt wird der Fürst dieser Welt hinabgeworfen werden. Und ich werde, wenn ich von der Erde erhöht bin, alle an mich ziehen.« (Joh. 12,31-32)

Das Liebesopfer Jesu – Lichtsaat der Umkehr

Als Jesus auf die Erde kam, brachte er Heil, Licht, Leben und Liebe. Mit ihm kam die ganze Fülle des Vaters spürbar und sichtbar auf die Erde. Er weckte das schlafende Bewußtsein der Menschen, heilte, säte Licht und Weisheit in ihre Herzen und rief sie – wie die Propheten vor ihm – zur Umkehr. Und obwohl er durch die Kraft des Vaters volle Autorität hatte, war er sanft, voller Liebe,

Milde und barmherziger Güte. Er liebte die Kinder, wies niemanden zurück, der ihn in Wahrheit suchte, und war das wandelnde Reich Gottes auf Erden. Er hat niemanden je verletzt, und doch wurde er von den meisten seiner Zeitgenossen verschmäht, verachtet, verleugnet, verspottet, gehaßt, verfolgt und schließlich ans Kreuz genagelt. Wie ist das zu erklären?

Jeder gottgesandte Lehrer oder Meister ist als Verkörperung der ewigen Wahrheit ein reiner Spiegel und das wandelnde Gewissen seiner Zeitgenossen und Schüler. Der Suchende spiegelt sich in ihm und erkennt sich selbst mit all seinen Unreinheiten. Der liebende Blick des Meisters schaut bis auf den Grund seiner Seele, berührt sein innerstes Wesen und erweckt all seine Potentiale, Kräfte und Neigungen. Sowohl das in ihm schlummernde göttliche Selbst als auch die Schatten seines Ego werden durch den Blick und die Liebe des Meisters erweckt, sowohl die verborgenen Schätze seines ewigen Wesens als auch die dunklen Neigungen seiner früheren Geburten beginnen aufzusteigen und manifest zu werden. Es ist es die Aufgabe des Schülers, unter der Führung des Meisters in wahrhaftiger Selbsterforschung alle Neigungen seiner niederen Natur zu identifizieren und sie mit Hilfe seiner Liebe (und des von ihm ausgehenden Stromes himmlischer Gnade) zu überwinden. Wahre Selbsterkenntnis, Hingabe und Disziplin sind dafür unentbehrlich. Nur wer in ehrlicher, unbeschönigender Weise um echte Selbsterkenntnis ringt, wird seine Schatten erkennen, und nur ihm wird es gelingen, sich nicht mit ihnen zu identifizieren und sie unter Kontrolle zu halten, damit sie nicht zum Ausdruck kommen.

Wer jedoch voll Eitelkeit und Selbstgerechtigkeit ist, ist sich selbst gegenüber blind. Er erkennt nicht einmal seine eigene Gefühllosigkeit, und gottesfern hält er sich für einen guten Mann. Wer aber seine Schatten nicht erkennt, läuft Gefahr, daß sie Macht über ihn gewinnen. Erinnern wir uns an Petrus. Noch beim Letzten Abendmahl beteuert er Jesus seine Treue bis in den Tod. Jesus aber schaut ihn mild an und sagt: »Wahrlich, in dieser Nacht, ehe der Hahn kräht, wirst du mich dreimal verleugnet haben.« (Mt. 26.34) Und so geschah es. Petrus war sich seiner Schwäche nicht bewußt, aber Jesus kannte ihn besser. Darum dürfen wir uns niemals in unserer Tugend überschätzen, sondern müssen uns unserer Unvollkommenheit bewußt sein. Ein unbekannter Feind ist stets gefährlicher als einer, den ich vor Augen habe.

Allein die Wahrhaftigkeit absolut unerbittlicher Selbsterkenntnis macht den Suchenden zu einem wahren Jünger des inneren Weges. Ohne Selbsterkenntnis, bedingungslose Offenheit und Hingabe gegenüber dem Lehrer gibt es keinen Weg!

Wer sich selbst nicht in Frage stellt, wer sein Ego mit all seinen Schwächen und Neigungen nicht mit unerbittlicher Wahrhaftigkeit untersucht und wer seine Schatten nicht anschaut, läuft leicht Gefahr, mit dem Balken der Selbstgerechtigkeit vor Augen in die Irre zu gehen und schließlich das Opfer seiner Schatten zu werden. Sich selbst nicht erkennen wollend, sucht er alles zu verdrängen, was sein Selbstbild und seine Selbstzufriedenheit stört.

Oft hat Jesus gesagt: »Ich bin nicht gekommen, die Gerechten aufzurichten, sondern die Sünder und die, die auf dem Wege gestrauchelt sind.« Aber wer will ihn hören? Die meisten Menschen sind keine Jünger der Wahrheit und des Weges, sondern Jünger ihres eigenen Stolzes und ihrer Selbstgefälligkeit. Ihr Herz ist kalt, ihr inneres Auge blind, und so werden sie immer wieder zu Sklaven ihrer in vergangenen Leben erworbenen negativen Neigungen und damit zu Handlangern des Übels und der Finsternis.

All die Pharisäer und Schriftgelehrten zeugen von der alten Wahrheit: »Was nützt es, die göttlichen Offenbarungen noch so sehr zu studieren, wenn unser Herz verschlossen bleibt?« Und: »Wer sich selbst nicht kennt, der hat nichts erkannt. Wer aber sich selbst erkennt, der hat alles erkannt.« Und so stehen die Pharisäer, Schriftgelehrten, Tempeldiener und Priester in einer Front mit den Kriegsknechten Roms. Sie alle sehen und hören ihn, aber sie nehmen ihn nicht an. Ihren inneren Neigungen entsprechend ist er ihnen ein Dorn im Auge. Jesus hält ihnen den Spiegel vor: »Nichts als getünchte Gräber seid ihr, voll des Totengebeins« – »Heuchler und Natterngezücht.« Aber sie wollen nicht sehen. All der Haß wider die Wahrheit und das Licht, all die Ignoranz gegenüber echter Reinheit und Liebe, wie sie seit den Tagen Noachs in vielen vergangenen Geburten in der Seele gepflegt wurden, kommen in der Begegnung mit Jesus an die Oberfläche und ergreifen erneut von ihnen Besitz, so daß sie schließlich nach Wegen suchen, um ihm eine Falle zu stellen und ihn loszuwerden.

Wie könnte es anders sein? Wer so verhärtet und unbeugsam ist, kann nicht anders als hassen und sich in den Dienst seines Hasses stellen. Und so kommt es, daß sämtliche Schatten der Urzeit wieder aufleben, bis sie schließlich die ganze Dramaturgie des Geschehens beherrschen. In blindem Zorn schreien die Massen: »Kreuzige ihn, sein Blut komme über uns.«

Das ist das Gesetz, nach dem die Geschichte abläuft (wenn wir die zerstörerischen Kräfte in uns nicht freilegen und überwinden). Die Frage aber bleibt: Ist das eine Niederlage Jesu? Wenn das Übel immer wieder siegt und die alten Muster sich stets wiederholen, wo liegt denn da die Erlösung? Um diese Fragen beantworten zu können, müssen wir etwas tiefer schauen. Tatsache ist: Sie liegt in der Wiederkunft Christi. Jesus ist sich sowohl seiner Mission als auch dessen, was da kommen muß, voll bewußt. Um dieses Werkes willen kam er auf die Erde. Er kam nicht nur als Verkünder ewiger Wahrheit und göttlichen Rechtes, sondern als Verkörperung der Gnade. Er kannte die Vergangenheit und den Ursprung der Verhärtung all der Seelen, und er kannte den Weg und Plan Gottes, sie zu erlösen, denn er selbst war Sein Werkzeug.

Er wußte, daß Mose vierzig Jahre lang versucht hatte, die gleichen Seelen ins verheißene Land zu führen. Doch sie waren ein halsstarriges Volk, das sich nicht beugen wollte. Immer wieder errichteten sie sich Götzen, stellten sich gegen Gott und kamen deshalb auch nicht an. Jesus wußte, daß nur ein übermenschlicher Akt der Liebe den Funken der Umkehr in ihren Herzen zu erwecken oder neu zu entzünden vermochte. Deshalb beschloß er – nach der Weisheit Gottes –, allen Haß der Welt auf sich zu ziehen und sich ihnen in all seiner Liebe auszuliefern wie ein Opferlamm. Allen Haß ganz ohne Widerstand aufzunehmen und allein mit Liebe, Barmherzigkeit und Vergebung zu beantworten, war der einzige Weg, *einen Funken der Umkehr und der Verwandlung* zu entzünden und damit *einen Weg zur Erlösung* der gefangenen Seelen aus dem uralten Bund mit der Finsternis zu eröffnen. Auch wußte er, daß die Erlösung der Seelen mit seinem Tod am Kreuz *noch nicht* vollzogen war, aber nun konnten sie die Erlösung durch *eigenes Ringen* gewinnen.

Die Frage, die sich als nächstes stellt, lautet: »Wie kann der Tod Jesu am Kreuze jenen Seelen, die wider ihn waren oder die ihn gar mit eigenen Händen durchbohrten, zu einem Mittel der Erlösung von ihrer Ursünde wider das Heiligtum Gottes in den Tagen Noachs werden? Die Frage scheint paradox, denn sie klingt, als würde den in den Tagen Noachs schuldig gewordenen Seelen die Erlösung durch eine weitere Gewalttat zukommen, nämlich durch die Wiederholung ihres ursprünglichen Vergehens. Das ist aber nicht so. Vielmehr wurde durch den übermenschlichen Akt göttlicher Liebe und Vergebung, selbstlosen Opfers und unendlicher Barmherzigkeit ein Funke der Verwandlung in ihnen gelegt, der durch die Reifezeit mehrerer Inkarnationen (während der zweitausend Jahre im Zeitalter der Fische) schließlich mit der Wiederkunft Christi eine Bewegung der Reue, der Erkenntnis und der Umkehr in ihnen hervorbringt, die schließlich – nach dem bereitwilligen Durchleben der begleitenden Drangsal – zur Erlösung führen kann.

Darum heißt es in der Schrift: »Und sehen wird ihn jedes Auge, insbesondere die, die ihn durchbohrt haben. Und wehklagen über ihn werden alle Völker der Erde.« (Offb. 1.7) Das Gericht besteht darin, daß er ihnen begegnen und all ihre Schuld aus früheren Existenzen in seinem Licht spiegeln wird. Indem wir uns vor dem Kreuz von Golgatha wiederfinden und in seinem Licht erkennen, wie und wodurch wir ihn durchbohrt haben, finden wir die Wahrheit und die Vergebung durch seine Liebe, die uns in einem Akt der Reue und der Selbstverantwortung von innen her erneuert, unsere ursprüngliche Unschuld wiederherstellt und uns zu unserer ursprünglichen Berufung in Gott zurückführt, die wir verfehlt haben.

Indem Jesus die Erblast unserer Urschuld aufzuheben beginnt, öffnet er ein Tor für alle Menschen, die in irgendeiner Weise in dieser unseligen Urgeschichte beteiligt waren. Und damit wird Golgatha zu einem Wendepunkt in der Schicksals- und Heilsgeschichte der Welt. Auf dieser Grundlage wird es uns möglich, die Ereignisse um die Wiederkunft Christi genauer zu beleuchten und in ihrer umfassenden Bedeutung für unsere Erde und unser geistiges Leben zu verstehen.

Was hat Jesus selbst hierüber zu sagen? »Wenn aber der Menschensohn in seiner Herrlichkeit kommen wird und alle Engel mit ihm, dann wird er sich auf den Thron seiner Herrlichkeit setzen. Und alle Völker werden vor ihm versammelt werden, und er wird sie voneinander scheiden, wie der Hirte die Schafe von den Böcken scheidet. Und er wird die Schafe zu seiner Rechten stellen, die Böcke aber zu seiner Linken. Dann wird der König zu denen auf seiner Rechten sprechen: ›Kommt, ihr Gesegneten meines Vaters, nehmt das Reich in Besitz, das euch seit Grundlegung der Welt bereitet ist. Denn ich war hungrig, und ihr habt mir zu essen gegeben, ich war durstig, und ihr habt mir zu trinken gereicht, ich war fremd, und ihr habt mich aufgenommen, nackt, und ihr habt mich bekleidet, ich war krank, und ihr habt mich besucht, ich war im Gefängnis, und ihr seid zu mir gekommen.‹ Da werden ihm die Gerechten antworten: ›Herr, wann sahen wir dich hungrig und haben dich gespeist, oder durstig und haben dich getränkt? Wann sahen wir dich als Fremdling und haben dich aufgenommen oder nackt und dich bekleidet? Wann sahen wir dich krank oder im Gefängnis und kamen zu dir?‹ Und der König wird ihnen antworten und sprechen: ›Wahrlich, ich sage euch, was immer ihr einem dieser meiner geringsten Brüder getan habt, das habt ihr mir getan.‹ Alsdann wird er auch zu denen auf der Linken sprechen: ›Hinweg von mir, Verfluchte, in das ewige Feuer, das dem Teufel und seinen Engeln bereitet ist. Denn ich war hungrig, und ihr gabt mir nicht zu essen, ich war durstig, und ihr reichtet mir nicht zu trinken. Ich war fremd, und ihr nahmt mich nicht auf, nackt, und ihr habt mich nicht bekleidet, krank und im Gefängnis, und ihr habt mich nicht besucht.‹ Dann werden auch sie antworten und sagen: ›Herr, wann sahen wir dich hungrig oder durstig oder fremd oder nackt oder krank oder im Gefängnis und haben dir nicht gedient?‹« (Mt. 25.32-45)

Vor dem Hintergrund des Sündenfalls und der Urgeschichte der Menschheit erkennen wir in Golgatha und der Passion Jesu die tragische Wiederholung des Dramas aus der Urzeit, sprich: aus den Tagen Noachs. Die Passion Jesu wird uns als kosmisches Drama offenbar, in dem sich die Grundmuster der Dramaturgie »des Alten« widerspiegeln und in dem jede Seele und jeder Mensch die Facetten und Muster, die Rollenbilder und emotionellen Haltungen seines ursprünglichen Verrates und seiner ursprünglichen Feindschaft wider das Licht erkennen kann. All die Emotionen, die in der Meditation und der Betrachtung der Passion Jesu in der

Tiefe der Seele erwachen, offenbaren diese Rollen. All die Emotionen, die latent in uns liegen, sind nichts anderes als das Wiederaufleben jener Rollen, Taten und Gedanken, die wir seinerzeit Christus gegenüber an den Tag gelegt hatten.

So heißt es in der Schrift: »Und wenn der Menschensohn kommt, wird ihn jedes Auge sehen, insbesondere die, die ihn durchbohrt haben.« (Offb. 1.7) Das bezieht sich auf all die Menschen, die ihn vor zweitausend Jahren »persönlich« angefeindet, ausgeliefert oder mit ihren Gedanken, Worten oder Taten ans Kreuz geliefert haben. Darüber hinaus sagt Jesus selbst: »Was ihr den geringsten der Meinen angetan habt, das habt ihr mir getan.« (Mt. 25.40) Das wiederum bezieht sich auf all die Menschen, die sich in irgendeiner Inkarnation in irgendeiner Weise anderen Seelen gegenüber versündigt haben. Jede Verletzung des Lebens ist eine Verletzung Christi als des einen wahren Selbst. Und Jesus ist die Inkarnation dieses Selbst, die von Gott berufen ist, alles inwendige Leben, alle auf den Bildschirm des einen Selbst projizierten Gedanken, Worte und Taten in seiner Passion an seinem Leibe ganz konkret sichtbar werden zu lassen. Somit wird die ganze Passion Jesu zu einem Spiegel des uralten Dramas vom Verrat der individuellen Seelen an Gott, dem Bruder und dem eigenen Selbst. Sein Blut steht für das Blut vieler. Das Blut Christi ist nicht nur das Blut Jesu, sondern das Blut all der Kinder, all der Priester und Propheten sowie all der treuen Diener Gottes, das unschuldig vergossen wurde. Dem Blut all dieser Seelen, das von der Erde zum Himmel schreit, gedenkt Jesus beim Letzten Abendmahl.

All die Rollen, Emotionen, Taten, Worte und Gedanken, die in (der Kontemplation) der Passion Jesu sichtbar werden, sind deshalb nichts anderes als das Heraufdämmern, unbewußte Erinnern und erneute Manifestwerden unserer eigenen Urgeschichte und unseres ursprünglichen Abfalls von Gott und Seinen Wegen. Im tragischen Passionsdrama Christi finden wir gleichsam die ganze Palette menschlichen Vergehens in komprimierter und symbolischer Form wieder. Bis auf den Bund mit den satanischen Kräften der Finsternis, die ja die treibende Kraft hinter dem ganzen Passions- und Kreuzigungsgeschehen ist, finden wir alles Übel darin wiederholt. Jede Figur des Passionsdramas steht gleichsam wie ein Archetyp für die gesamte Palette der Rollen, Individuen und Einzelhandlungen in der Menschheitsgeschichte. Und ihr zentraler Inhalt besteht darin, daß die Menschen in und mit Jesus ihren eigenen Kern göttlichen Lichtes sowie all ihre eingeborenen göttlichen Tugenden wie Treue, Wahrhaftigkeit, Reinheit, Brüderlichkeit und Liebe ihrem Jahrtausende alten Götzenkult von Ignoranz und Selbstherrlichkeit opfern, um ihr Leben im Dienste der Verherrlichung ihrer Person, ihrer Macht, ihres Einflusses, ihrer Stellung, ihrer Habsucht und ihrer Fleischeslust fortführen zu können. In diesem verkehrten Opfer liegt die Wurzel aller Bosheit und allen Leidens.

Exkurs

Es ist ein weitverbreitetes Argument, vor allem unter den Juden, daß Jesus nicht der verheißene Erlöser sein könne, weil mit ihm weder Erlösung noch Frieden auf die Erde kam. Im Gegenteil: die auf den Namen Jesus Getauften haben weltweit eine Herrschaft der Ausbeutung und der Unterdrückung errichtet. Herrscher und Päpste, Inquisitionen, Kreuzzüge, Kriege, ja sogar die Initiatoren des Holocaust im Dritten Reich beriefen sich auf den Namen Jesu und Berichte aus seinen Evangelien. Die Blindheit, die solches vollbringt, ist die gleiche, mit welcher der Sanhedrin, Kaiphas und die Leviten seiner Zeit geschlagen waren und mit der heute Muslime in aller Welt zum *Jihad*, zum Heiligen Krieg, aufrufen.

Nicht nur kam mit Jesus kein Reich des Friedens auf die Erde. Vielmehr kamen in seinem Namen Kriege, welche die Zeugen Mohammeds offenbar noch an Grausamkeit übertrumpfen wollen. Aber Tatsache ist, daß, wer immer auf seinen Namen getauft ist, auch seinem Gericht preisgegeben sein wird. Wie Jesus verkündete: »Nicht jeder, der sagt, Herr, Herr, wird ins Himmelreich eingehen, sondern wer meine Worte hält und den Willen meines Vaters tut, der gehört mir an. … Zu allen anderen werde ich kommen und sagen: ›Ich habe euch nie gekannt.‹« (Mt. 7.21-23) So bringt der Mensch über sich alles Blut, das auf Erden vergossen wurde, vom Blute Abels, des Gerechten, an … bis auf den heutigen Tag. (Mt. 23.35) Keiner kann der Gerechtigkeit Gottes und dem Gericht der Hölle entrinnen, nur wegen der Zugehörigkeit zu irgendeiner Glaubensgemeinschaft oder Religion. Wir alle empfangen nach unseren Werken und nach den Worten (Motiven und Entscheidungen), die wir in unserem Herzen gesprochen haben. (Offb. 22.12/Mt. 12.37) Und der, auf dessen Namen einer »getauft« ist, sei es Mose, Jesus oder Mohammed, wird ihm als sein Richter begegnen. Darin waltet unterschiedslos die unteilbare Gerechtigkeit des Allmächtigen.

Aber wie steht es nun mit der Verheißung, was ist mit Erlösung, Auferstehung und der Ankunft des Reiches Gottes auf Erden? Nun, die Verheißung harrt noch ihrer Erfüllung. Wohl kamen die Segnungen des ewigen Lebens mit und in Jesus auf die Erde, aber nur in keimhafter Form, sozusagen als Möglichkeit, die der Verwirklichung bedarf. Jesus hat ein Fundament, einen Grundstein für dieses Friedensreich gelegt, aber seine Verwirklichung steht noch aus. Deshalb hat er sich selbst mit dem »Grundstein« identifiziert, von dem schon König David (Ps. 118) und der Prophet Isajah (Js. 28.16) sprachen. Petrus verglich die Zurückweisung und Kreuzigung Jesu mit der Entweihung des Tempels der Vorzeit. Er nennt Jesus den Grundstein, der von »den Bauleuten verworfen wurde«. (1. Petr. 2.6)

In Golgatha wird das unwiderrufliche und endgültige Fundament des Jüngsten Gerichts gelegt, das Fundament der Erlösung und des kommenden Reiches Gottes auf Erden. Diesen Zusammenhang zu erschließen und seine Bedeutung für unser Heil und unsere Erlösung klar zu erkennen, ist das Anliegen der nächsten Kapitel.

VII. Die Zeit des Schweigens Gottes und die Verbreitung des Evangeliums

Mit dem Tod Jesu findet eine ganze Epoche unserer Heilsgeschichte ihr jähes Ende. Darüber hinaus nimmt Gottes gestaltender Impuls in dieser Welt wie auch der Schicksalsweg des Abendlandes eine neue Wende. Mit dem Abschluß des Weltenmonats Widder und im Anbruch des »Zeitalters der Fische« kommt der sogenannte Christusimpuls in die Welt und weckt allmählich ein neues Bewußtsein in den abendländischen Völkern.

Das Ende der Widderzeit ist gekennzeichnet durch die Zerstörung des herodianischen Tempels in Jerusalem im Jahre 70 n. Chr. Das junge heidnische Rom übernimmt die Herrschaft über das Abendland, und das römische Imperium wird zur zentralen, die neue Epoche gestaltenden Macht und damit zum Zentrum der abendländischen Bewußtseinsentwicklung. Der aufsteigende Christusimpuls und die von ihm getragene Symbolik beginnt allmählich, sich den Seelen der europäischen Heidenvölker einzuprägen und in die Tiefen ihres Unbewußten zu sinken. Das ist eines der wesentlichen Merkmale dieses neuen Weltenmonats Fische.

Derweil liegt Jerusalem in Schutt und Asche, und der Tempel ist nur noch ein Trümmerberg. So sollte das Schriftwort in Erfüllung gehen: »Zion wird zum Acker umgepflügt, und Jerusalem wird zu einem Trümmerhaufen werden und der Tempelberg zu einer Waldeshöhe.« (Jr. 26.18) Der Bund, den Gott mit Israel geschlossen hat, ruht, und es gibt keine Impulse zur Wiederherstellung Israels, seines Tempels oder seines Vermächtnisses mehr. Die Verheißung auf Erlösung und darauf, als »Königtum von Priestern« und als Träger Seines sakramentalen Erbes zum Licht und Heil der Völker zu werden, rückt in weite Ferne. Im Gegenteil: Israel wird als Nation vernichtet und seinem längsten Exil preisgegeben. Es wird aus dem Land, das Gott ihm zur Heimat geben wollte, verbannt und unter die Völker der Erde zerstreut. Diese Verbannung wurde Israel – für den Fall seiner Untreue gegen Gott – nicht nur von den Propheten (Jr. 9.15, Dn. 9.7,

Hos. 9.17, David Ps. 44.12-13), sondern auch schon von Mose angedroht: » ... herausgerissen werdet ihr aus dem Lande, wohin ihr kamt, um es in Besitz zu nehmen. JHWH zerstreut dich unter alle Völker von einem Ende der Erde zum anderen ... Unter jenen Völkern kannst du nicht ruhig wohnen und keinen Rastplatz finden ...; dort gibt dir JHWH ein angsterfülltes Herz ... und eine verschmachtende Seele. ...« (Dt. 28.63-68) »Sie wollen JHWH nicht erkennen ... und weil sie nicht auf Meine Stimme hören ... deshalb ... will Ich sie unter die Völker zerstreuen ... und das Schwert hinter ihnen her senden. ...« (Jr. 9.5/12/15) Dies ist Gottes Antwort auf die halsstarrige Weigerung der Seinen, Seinem Ruf zu folgen und endlich in Seinen Bund und Dienst zurückzukehren. Bei Gott liegen Recht und Gerechtigkeit für jede Seele und jedes Volk. Israel aber, das besonders erwählt ist, wird – wo es seinem Ruf nicht folgt – mit besonderer Härte gerichtet.

In Ruf und Berufung findet der Mensch seinen Segen, doch wenn er sich verweigert, wird ihm dieser Segen zum Fluch. Und je höher eines Menschen Ursprung und geistiger Stand, desto tiefer sein möglicher Fall. Gott hält besondere Gnade für Sein Volk bereit, doch wo es diese verwirft, wird sie ihm zum Fallstrick. So hat Gott Seinem Volk den Haß seiner Feinde zum Gericht bereitet. Wehe aber der Seele und wehe dem Volke, das sich von seinem Haß zum Richter machen ließ. An ihm wird sich Gottes Spruch erfüllen: »Wer dich segnet, den will Ich segnen, wer dir flucht, dem will Ich fluchen.« (Gn. 12.3, Nm. 24.9, Ps. 72.17) erfüllen.

Es mag sein, daß der eine oder andere, dem der Blick für die hinter den Kulissen des äußeren Geschehens liegende, alles tragende Gnade fehlt, die Vorstellung eines grausamen Gottes hervorbringt. Doch eine solche Vorstellung ist gefährlicher Trug und gründet in der Blindheit gegenüber der Ignoranz unseres unbeugsamen Ego. Es ist nicht Gott, der das Schicksal entfesselt, sondern unser Aufbegehren gegen Ihn und die innere Ordnung des Lebens. Unsere Haltung des Stolzes, der Selbstsucht und des Egoismus ist es, die Gottes Weisheit und Liebe verwirft und der Tyrannei des Eigenwillens und den Mächten des Teufels Tür und Tor öffnet.

Und die Mächte, die wir riefen, kommen über uns. Jeder empfängt nach seinen Werken, die er durch viele Geburten und Zeiten hindurch gewirkt hat. Niemand kann der ausgleichenden Gerechtigkeit entfliehen, sondern muß ernten, was er gesät hat. Einmal in Schwung gekommen, dreht sich das Rad des Schicksals und der Gerechtigkeit so lange, bis das Gleichgewicht der Kräfte wiederhergestellt und die Ordnung der Dinge gemäß ihrem inneren Gesetz vollendet ist.

Denjenigen, die riefen »Sein Blut komme über uns« (Mt. 27.25), soll nach ihrem Willen geschehen. So wird »alles gerechte Blut, das auf Erden vergossen wurde, von Abel, dem Gerechten, bis auf den heutigen Tag, über uns kommen« (Mt. 23.35), bis »alle Schuld gesühnt und die Sünde versiegelt ist«. (Dn. 9.24)

Dennoch sind all die Leiden, die wir erfahren, im tiefsten Sinne Gnadenmittel, die uns Gott gibt, damit wir erkennen, wo Weg, Segen und Heil unseres Lebens in Wahrheit zu finden sind. All diese Dinge geschehen nicht, um uns zu zerstören, sondern um uns zur Besinnung zu rufen, damit wir erkennen mögen, daß Gott der Herr ist, der uns erschaffen und berufen hat, Seine Glorie zu erwerben und unser angeborenes Licht im Dienste und Gehorsam gegenüber Seinem, in uns lebenden Wort zu verwirklichen. Jede Abweichung von diesem heiligen Plan ist nicht nur eine Abweichung vom Leben, von Gott und Seinen Geschöpfen, sondern auch eine Abweichung von uns selbst, von unserem eigenen Wesen, und damit Selbstzerstörung. Davor will uns das Leid bewahren.

Nicht in der Vergänglichkeit unseres Fleisches liegen Sinn und Auftrag unseres Lebens, sondern in der Unsterblichkeit unseres Geistes. Deshalb riefen die Lehrer und Propheten aller Epochen: »Siehe, der Leib des Menschen ist vergänglich wie Gras, und seine Schönheit verwelkt wie die Blumen des Feldes.« (Ps. 103.15-16; Js. 40.6-7; Job. 14.2) »Hänge dich nicht an Dinge, die zeitlich sind, sondern gründe dich in dem, was ewig ist.«

Und Jesus sagte: »Sammle dir nicht Schätze, die vergänglich sind und vom Rost zernagt, vom Wurm zerfressen oder von Dieben geraubt werden, sondern suche die Schätze, die im Himmel sind.« (Mt. 6.19) »Wenn dich die Hand oder dein Auge verführen wollen, so hau die Hand ab und reiß das Auge aus, denn was nützt es, wenn dein Leib zwei Hände und zwei Augen hat, deine Seele aber verloren geht.« (Mt. 5.29-30)

Viele Menschen klagen: »Gott ist ein harter Mann, und Er verschont uns nicht von Seinem Zorn. Er läßt all die Not und all das Schicksal, ja Krankheit, Siechtum, Armut und Tod über uns kommen und hilft uns nicht!« Doch all diese Dinge gehören naturhaft zum Wesen des Leibes und der vergänglichen Welt, und allein Seele und Geist sind von den Gebrechen der Zeitlichkeit unberührt. Während der Sturm der Welt dein vergängliches Werk und irdisches Haus vernichtet, weht in den Wipfeln deines Geistes der gnadenreiche, lebensspendende Hauch deines Herrn.

Sind denn »Welt«, »Leib« und »Ich« nicht Illusion? Sind Geburt und Tod nicht Illusion? Wie kann unser Geist, der ohne Anfang und unsterblich ist, von Geburt und Tod berührt werden? Nein, dein Wesen ist Licht und Bewußtsein und als solches unzerstörbar. Darin besteht ja die Ignoranz, daß wir das Vergängliche und den Tod erwählt haben und nun auch vom Fluch des Vergänglichen befallen sind. Und dies wird solange unser Schicksal sein, bis wir uns aus der falschen Identifikation mit »Ich« und »Mein«, »Welt«, »Leib« und »äußerem Leben« befreit haben und uns mit Herz und Seele an Gott und Seine Wege halten, was bedeutet, daß wir unser Leben und unsere Identität fortan nicht mehr im Leib, sondern in der Einheit des unsterblichen Selbst sehen und die darin verborgenen Gaben, Lichter und Tugenden – auch im Bewußtsein dieser Einheit – im Dienst am Leben zur Entfaltung bringen. Danach möge jeder gemäß seiner Berufung streben. Dann werden wir in der Fülle des Lichtes und der Herrlichkeit Gottes leben und Seine reiche Vorsehung nicht entbehren müssen.

Israel lebt nun in der Verbannung, aber sein göttliches Erbe ist ihm im Himmel aufbewahrt. Und wenn seine Seele beginnt, sich unter dem Joch seines Exils wieder unter den Namen JHWHs zu beugen, wird Er der Kinder Israels gedenken und sie erneut in Seinem Dienst empfangen. Wer sich »wäscht und reinigt im Blute des Lammes«, soll wieder in Seinen Bund aufgenommen werden und zu seiner priesterlichen Berufung zurückkehren dürfen. Gleichzeitig mit dem vorübergehenden Ende der prophetischen Verheißung für Israel und mit seiner Zerstreuung kommt mit Golgatha und mit der Unterwerfung Israels durch die Römer ein neuer Impuls zum Tragen, nämlich die nach dem Pfingstereignis in den Aposteln beginnende Tätigkeit des Heiligen Geistes und die damit beginnende Evangelisierung der Welt. In der Zeit Seines Schweigens gegenüber Israel nimmt sich Gott der jungen barbarischen und heidnischen Völker Europas und Kleinasiens an. Zwar geht das Wüten und die Zerstörung unter den Völkern weiter, aber nun ragt das Kreuz Christi warnend und strahlend in den Himmel, und mitten hinein in den Schmelzofen des Schicksals wirken Christi Wort und Licht.

Wenn wir Gottes weise Vorsehung verstehen, erkennen wir, wie das Römische Reich, das von Palästina und Ägypten bis in die heutigen Länder Spanien, Frankreich, England und Deutschland reichte, den Boden für die Ausbreitung des Evangeliums bereitete. Mit dieser Evangelisierung empfingen die damals noch gesetzlos, weil ohne Gottesbeziehung und Offenbarung lebenden Völker ein ethisches Fundament, das ihnen auch Verantwortung vor Gott und der Ewigkeit gab. Paulus drückte es so aus: Durch das Gesetz wird sich der Mensch seiner Sünde, also seiner Absonderung von der Heiligkeit, Ordnung und Einheit Gottes und des Lebens, bewußt und erlangt damit nicht nur Verantwortlichkeit, sondern auch ein Fundament für die innere Wandlung und Neuausrichtung.

Das Wirken der Apostel über die Grenzen des Imperium Romanum hinaus von Indien über Syrien, Ägypten, die Türkei, Griechenland, Rom und Spanien bis nach England führte zur Bildung christlicher Gemeinden, die sich um die Träger des Wortes scharten. Darüber hinaus erweckte Gott unter den Menschen dieser Völker gereifte Seelen, in denen der Heilige Geist tätig wurde, wie er auch in den Aposteln lebendig war. Es waren Heilige und gottergebene Menschen, die aus eigener Schau und authentischer Erfahrung sowie durch ihr leuchtendes Beispiel Gottes Größe und Herrlichkeit bezeugten. Sie alle standen in der Nachfolge Jesu und der Apostel, und durch ihr lebendes Zeugnis wurden Sein Wort, Seine Gnade sowie Seine Heils- und Liebestaten an Israel, aber auch das Heilswirken Jesu an den Israeliten und Heiden seiner Zeit in aller Welt bekannt. Dies führte schließlich dazu, daß Gesetz, Wort und Weisung Gottes sowie das Zeugnis und die Offenbarung Christi und Israels nicht nur zu allen

Heidenvölkern gelangten, sondern auch zu den hochreligiösen Völkern Indiens, die eine eigene Offenbarung hatten.

Heute, zweitausend Jahre nach Christi Geburt, ist die Botschaft des christlichen Evangeliums – zumindest dem Wortlaut nach – auf der ganzen Welt bekannt. Auch wenn die offiziellen, eher machttrunkenen christlichen Institutionen der Gegenwart, die, ähnlich wie die Synagogen zur Zeit Jesu, in selbstherrlicher Eitelkeit erstarrt sind, den lebenden Geist Christi und das Zeugnis des Heiligen Geistes längst verloren haben, ist Gottes Weisung allen ernsthaft Suchenden jederzeit und allerorts zugänglich. »Wer suchet, der findet; wer (an die Pforten des Himmels) klopft, dem wird aufgetan; wer (den Vater im Namen Christi) bittet, dem wird gegeben werden.« (Mt. 7.8) Darüber hinaus wird der Sinngehalt tradierter Symbole, wie etwa von Abendmahl, Kelch, Kreuz und Krone, in der erwachenden Seele lebendig werden.

Dennoch dürfen wir nicht vergessen, daß das »Christentum«, das bereits in den Konzilien seiner frühen Tage eine eigene offizielle Theologie festgelegt hat, eigentlich aus der Offenbarung Gottes in Israel, aus der Verkündigung der Propheten, aber vor allem aus dem überzeitlichen Wirken Jesu hervorgegangen ist. Daß sich das »Christentum« heute als eigene Religion versteht, ist sicher weniger auf Jesus zurückzuführen, als vielmehr auf das dogmatische Selbstverständnis institutioneller Kirchen, die leider so weit gegangen sind, die Entthronung Israels als Gottes erstgeborenen Sohn zu postulieren und sich in der geistigen Erbfolge und Berufung an seine Stelle zu setzen. Diese Ersatztheologie sollte später in vielen Ländern zum Treibstoff des Judenhasses werden.

In die Jugendjahre dieses sich im Spannungsfeld zwischen authentischer Erfahrung und dogmatischer Theologie entwickelnden »Christentums« fielen Geburt, Leben und Wirken Mohammeds, dessen Ruhm vor allem unter den Söhnen Ismaels und Esaus wie ein Komet aufsteigen sollte. Ebenfalls auf dem geistigen Boden Israels gewachsen, wendet er sich gegen Sittenverfall und Unglauben seiner Zeit. Auch sein Anliegen war es nicht, eine neue Religion zu gründen, sondern die Menschen auf den rechten Weg zu Gott zurückzubringen. Unter einem »Muslim« verstand er einen rechtgläubigen und gottesfürchtigen Menschen, dem die überkommene und lebendige Weisung Gottes, wie sie durch Seine Propheten und Gesandten in die Welt kam, verbindlich ist. Rechtgläubig ist niemals jemand, der einem bestimmten Dogma oder einer Ideologie anhängt, sondern ein Mensch, der sein Herz und Leben Gott geweiht hat und der sich in Seinem Geiste und in Seiner Liebe heiligt. Sein Wollen, Denken, Fühlen und Tun zielen auf Einheit, und alle Spaltung ist ihm fremd.

Mohammed suchte Erneuerung, nicht Abspaltung oder Konflikt. Seine Botschaft gründet in der Torah, in den Propheten und auch im Evangelium Jesu. Jesus ist nach der Verkündigung Mohammeds nicht nur ein Prophet, sondern auch der berufene Richter der Endzeit. »Juden«, »Christen« und »Muslime« werden ihren Richtspruch aus seinem Mund empfangen. Leider haben Mohammeds Anhänger eine eigene Religion aus seiner Botschaft gemacht, die im ohnehin schon schwierigen Feld der »Juden« und »Christen« einen dritten unversöhnlichen Akzent setzen sollte. So hat sich aus der einen Wurzel Abrahams ein dissonantes Trio dogmatischer Glaubensgruppen entfaltet, deren Unversöhnlichkeit das gesamte Panorama der Weltgeschichte prägen und beherrschen sollte. Judentum, Christentum und Islam sollten zum unerlösten Erbe Shems, Japhets und Chams werden.

Wie großherzig und universell ist dagegen der Geist Indiens, in dem so viele verschiedene spirituelle Wege und Glaubensrichtungen vereint sind. Anhänger des Vedanta, Shaivas, Vaishnavas, Shaktas, Yogis und Buddhisten leben und streben in Frieden und Eintracht nebeneinander und können sogar Mose, Christus und Mohammed in ihre universale Schau einschließen. Nur die drei ungleichen Brüder aus Abrahams Wurzel finden nicht zueinander und wollen ihren Alleinanspruch auf Heil und Wahrheit nicht aufgeben. Die Christen haben sich in der Frage der Berufung an die Stelle Israels und die Muslime wiederum an die Stelle beider gesetzt. Israel schließlich verkehrt seine Berufung in Eitelkeit, Unduldsamkeit und Ignoranz. Daher kommt es, daß jeder jeden ausschließt und sich selbst als alleinigen Erben des Allmächtigen hinstellt. Doch niemand möchte Ihm in Demut und Eintracht dienen.

Allein Gott ist es, der beruft. Und wenn Er beruft, so beruft Er in Seine Einheit. Dort gibt es weder Juden noch Christen noch Muslime, weder Mann noch Frau, sondern nur einen einigen neuen Menschen. »Wer Gott erkannt hat, der wird zu einer neuen Schöpfung«, sagte Paulus. Und wenn Israel zu seiner Berufung zurückfindet, wird es berufen sein, nicht nur sich selbst das Heil zu leuchten, sondern allen Völkern der Welt. Und jeder, der JHWH erkannt hat, wird Anteil am Erbe Gottes und Israels erhalten.

Gegen Ende des zweiten Jahrtausends sind noch weitere Faktoren aufgetreten, die das geistige Panorama unserer Lebenslandschaft auf Erden entscheidend beeinflussen, allen voran die wissenschaftlich-technische Revolution des 19. und 20. Jahrhunderts. Diese brachte nicht nur ein neues Weltbild, sondern vor allem eine Revolutionierung der wirtschaftlichen und sozialen Lebensverhältnisse mit sich. Sie bewirkte eine radikale Steigerung der Lebenserwartung (vor allem in der westlichen Welt) sowie eine gewaltige Technisierung der Produktionsverhältnisse und damit verbunden eine Bevölkerungsexplosion, eine deutliche Anhebung des Lebensstandards (wieder vor allem im Westen) und eine gewaltige Verdinglichung und Instabilität der äußeren Lebensverhältnisse.

Zwei Faktoren haben geistig und weltanschaulich einen besonderen Stellenwert: die Bevölkerungsexplosion und das technisch bedingte Zusammenwachsen der Welt. Aufgrund der optimalen Transport- und Kommunikationsmittel sind Völker, Länder und Kulturen einander zumindest physisch nähergerückt. Wissenschaft und Medien haben Fenster in den Kosmos geöffnet und damit den Horizont unseres Denkens und Erlebens radikal erweitert. Während man noch vor hundertfünfzig Jahren Wissen und Kenntnis über ferne Länder ausschließlich aus raren Reiseberichten gewinnen konnte, führen uns die Kameras der Fernsehstationen heute täglich in die fernsten Winkel der Welt. Wir sehen, in welchen Verhältnissen die Menschen in anderen Teilen der Welt leben und welche Probleme sie haben, und wir brauchen nur wenige Stunden, um vom einen zum anderen Ende der Welt zu reisen. Dadurch wurden die Voraussetzungen für die Bildung eines neuen Bewußtseins geschaffen, und dieses Bewußtsein geht in Richtung Erkenntnis und Wahrnehmung der grundlegenden Einheit des Universums und der Welt. Alles ist eins, und das Eine ist und wirkt in allem. Er, der anfanglos Seiende, ist der Ursprung und das Ziel allen Lebens, aller Geschöpfe und aller Universen. Ohne Ihn ist nichts, und nichts hat außerhalb Seiner Bestand.

Auf der anderen Seite sehen wir, daß sich das Gros der Menschheit trotz aller geistigen, medizinischen, technischen, wirtschaftlichen und sozialen Errungenschaften auf einem erschreckend niedrigen ethisch-spirituellen Niveau befindet. Bei all der Entfaltung unserer intellektuellen Fähigkeiten scheinen Herz und Seele des Menschen auf der Strecke geblieben zu sein. Und trotz all des Lichts, das Gott uns geschenkt hat, sind die alten Schatten, das sogenannte Böse und die Finsternis, noch immer deutlich vorhanden. Manchmal haben wir gar den Eindruck, daß der technisch-wissenschaftliche Fortschritt mit einem seelisch-ethischen Rückschritt einhergeht. Leider haben die technologischen Errungenschaften des 20. Jahrhunderts dem innerlich und ethisch kaum gereiften Menschen Mittel an die Hand gegeben, mit denen er das Antlitz dieser Erde in kürzester Zeit völlig entstellen kann. Nach dem unvergleichlichen Schrecken des Dritten Reiches und dem Bombeninferno des Zweiten Weltkrieges schwebte das Damoklesschwert eines nuklearen Holocaust über den Häuptern der Völker, bis Michael Gorbatschow eine Politik der Selbstkritik, des Umdenkens und der Abrüstung ausrief, die sich wie ein Lauffeuer verbreiten und die Regime dieser Erde in wenigen Jahren völlig umgestalten sollte. Diese Umgestaltung, die der Tyrannei der meisten diktatorischen Regime vorerst ein Ende bereiten und dem erneuernden Impuls des Wassermann-Zeitalters zum Durchbruch verhelfen sollte, führte zu einer gewaltigen Öffnung und zu einem umfassenden Umbruch in den politischen und psychologischen Lebensbedingungen vieler Menschen auf der ganzen Welt. Das war die Chance für eine grundsätzliche Neuausrichtung unseres Lebens, die aber rasch vertan werden sollte. Statt dem mancherorts erhofften Heraufdämmern eines neuen, mehr spirituellen Zeitalters sollten überall archaische Muster nationalistischer und fundamentalistischer Prägung auftauchen und das verheißungsvolle Licht einer Ära der Freiheit, Einheit und Brüderlichkeit mit Intoleranz und Gewalttätigkeit überschatten.

Mehr und mehr sollte die Orientierungslosigkeit der Menschen zum Vorschein kommen und im öffentlichen, sozialen, wirtschaftlichen und politischen Leben sichtbar werden. In allen Bereichen wird der Mangel an geistiger Gründung, an transzendentalem, ethischem und humanistischem Bewußtsein deutlich, und die öffentlichen Institutionen machen den Eindruck von Schiffen, die ohne Steuermann ziellos auf offener See treiben. Wir erinnern uns der prophetischen Worte so mancher Seher und können die Zeichen klar erkennen. Im vierten Buch Ezra heißt es beispielsweise: »Die Zeichen der Zeit sind diese: Siehe, Tage kommen, da werden die Erdenbewohner von gewaltigen Schrecken erfaßt, das Gebiet der Wahrheit wird verborgen sein und das Land des Glaubens ohne Frucht ... An vielen Orten tut sich der Abgrund auf. Da verbirgt sich die Vernunft, und die Weisheit flieht in die Kammer; viele suchen sie und finden sie nicht. Der Ungerechtigkeit aber und Zuchtlosigkeit wird viel sein auf Erden. Dann fragt ein Land das andere und spricht: ›Ist etwa die Gerechtigkeit, die das Rechte tut, durch dich gekommen?‹ Und es wird antworten: ›Nein!‹ In jener Zeit werden die Menschen hoffen und nicht zum Ziele kommen.« (4. Esr. 1) »Wenn in der Welt erscheinen werden Empörung in den Ländern, Verwirrung in den Völkern, Anschläge unter den Nationen, Unruhen unter den Fürsten, Gärung unter den Herrschern, dann wirst du erkennen, daß dies die Dinge sind, über die der Höchste seit den Tagen geredet hat, die im Anfange zuvor gewesen sind.« (4. Esr. 3) So wie es im Anfang war, so wird es auch am Ende sein. »Denn wie in den Tagen Noachs, so wird es bei der Ankunft des Menschensohnes sein.« All das alte Übel, das seit den Tagen der Flut in den Seelen schlummert, kommt nun erneut hervor und droht die Oberhand zu gewinnen. Wo immer wir hinsehen, herrscht Leere. Menschen und Nationen sind auf der Suche nach ihrer Identität. Nationalismus und religiöser Fundamentalismus sollen die Leere füllen. Kaum einer sucht aus dem Brunnen spiritueller Erkenntnis zu schöpfen. Die Masse hofft und wartet darauf, daß einer kommt und die Antwort hat. Vakuum und Orientierungslosigkeit sind wie ein unhörbarer Schrei nach – Licht; nein, nicht nach Licht, sondern nach einem Führer. Die Zeit reift dem Ende entgegen. Die Führerfigur wird nicht mehr lange auf sich warten lassen.

Doch bevor Gott der Welt einen Gesandten des Lichts schickt, wird Er, dem dunklen Begehren ihres Herzens entsprechend, einen Herrscher aus dem Abgrund – aus längst vergangenen Tagen – für sie aufsteigen lassen. Der wird der Welt geben, wonach sie verlangt. Er wird sie tränken mit dem Wein ihres eigenen Zornes und nähren mit dem Brot ihrer eigenen Bosheit. Es wird kommen, wie Paulus es vorhergesagt hat: »Zunächst muß der Abfall kommen und der Mensch der Gesetzlosigkeit offenbart werden, der Sohn des Verderbens, ... der sich über alles hinwegsetzt, was Gott heißt ... und schließlich sich selbst in den Tempel setzt und vorgibt, er sei Gott. ... ihn wird der Herr Jesus mit dem Hauch seines Mundes beseitigen und durch das Aufleuchten seiner Ankunft vernichten.« (2. Thess. 2.3-8) Mittlerweile aber bereitet Er, der Himmel und Erde erschaffen hat, alles für den letzten Akt vor.

Allmählich lernen wir die Signatur Gottes erkennen und verstehen: Das Übel und Elend des Dritten Reiches führte zur Neugründung des Staates Israel, der gleichsam aus dem Schlund des Holocaust als eigene Nation wiedergeboren wurde. Hitler, der das Judentum ausrotten wollte, ist ihm zum Geburtshelfer einer neuen existentiellen Identität geworden. Damit wird er zur Vorgestalt des Antichristen; denn so wie Hitler durch sein sieben Jahre währendes Drittes Reich zum Geburtshelfer des Staates Israel wurde, wird die Drangsal des aus dem Abgrund (Offb. 9.1-2 und 13.1) aufsteigenden und sich für dreieinhalb Jahre ausbreitenden Weltreiches, das Daniel das Vierte Reich nennt, zum Geburtshelfer des verheißenen Friedensreiches Gottes auf Erden werden. Wie der Phönix aus der Asche, werden das Neue Jerusalem und die Neue Erde (Offb. 21.1-3) aus den Trümmern der alten Welt und der Drangsal ihres Endes geboren werden. Die Gründung des Staates Israels im Jahre 1948 ist als das erste unverkennbare Vorzeichen der Wiederkunft Christi anzusehen. Israel wird in der Schrift stets als Weinstock oder Feigenbaum Gottes bezeichnet, und Jesus hat das Austreiben dieses Feigenbaumes als Vorzeichen seiner nahenden Wiederkunft verkündet: »Wenn aber der Feigenbaum ausschlägt, so wißt ihr, daß der Sommer nahe ist.« (Mt. 24.32)

Immer deutlicher sehen wir: Alles erfüllt sich nach den Worten der Schrift, die nur offenbaren, was nach den Gesetzen des Geistes und der universellen Ordnung des Lebens kommen muß. Die heutigen Menschen glauben an die Gesetze der Materie und der Physik, aber die Gesetze des Geistes verleugnen sie. Diejenigen aber, die in Gott gegründet und mit der unsichtbaren Ordnung der Dinge in Berührung sind, wissen um Sein Geheimnis, denn dem innerlich Schauenden wird es auf Schritt und Tritt enthüllt. So haben auch Schicksal und Geschichte ihr Gesetz, das überall durch die Zeiten, Seelen und Völker webt. Mit der Neugründung des Staates Israel begann ein Rückstrom der Juden aus aller Welt in ihr gottverheißenes Heimatland. Von überall her kehrten sie aus dem Exil zurück und fingen an, das Land fruchtbar zu machen. Jeder brachte nur sich selbst und seine Fähigkeiten mit, und sie gründeten Kibbuzim und Moshavs und verwandelten die Wüste mit emsiger Arbeit und fröhlichem Singen in einen blühenden Garten. Wieder war es gekommen, wie Gott es verheißen hatte: »Sammeln will Ich euch aus den Völkern von allen Enden der Welt und zurückführen in das Land, das Ich euren Vätern zugesagt habe.«

Doch leider brachten die Israeliten auch ihr altes, ungelöstes Erbe mit: die unversöhnliche Feindschaft zwischen Juden und den anderen semitischen Völkern. Wie schon zu Zeiten Joshuas und Davids lieferten sich Palästinenser und Juden erbitterte Kämpfe, in denen viel Blut vergossen wurde. Unerbittliche Machtansprüche, Haß und Feindseligkeiten auf beiden Seiten vergifteten das Klima zwischen beiden Völkern zunehmend und führten schließlich dazu, daß sich ein unüberbrückbarer Abgrund zwischen ihnen auftat. Und als sich die arabischen Nachbarstaaten Israels 1967 zu einer gemeinsamen Blitzaktion gegen Israel aufmachten, war es allein göttlicher Vorsehung und Gnade zu verdanken, daß die kleine, im Kriegshandwerk ungeübte Nation den überlegenen Feind in siebentägigem Kampf besiegte. Darüber hinaus fiel Jerusalem in die Hand Israels, und das Judentum hatte – erstmals nach zweitausend Jahren – wieder freien Zugang zum Tempelberg. Seither sind viele Millionen von Juden und Pilger nach Jerusalem und ins Heilige Land gekommen, um auf den Spuren Jesu und der Patriarchen zu wandeln und am Segen dieses Landes teilzuhaben.

Mit dem Niedergang des Bolschewismus und dem beginnenden Zerfall der Sowjetunion setzte in den frühen neunziger Jahren des 20. Jahrhunderts erneut ein massiver Rückstrom von Juden aus Rußland, Lettland, Polen, Ungarn, der Ukraine und so weiter ein, so daß zwischen 1989 und 1994 über eine halbe Million Juden heimkehrten. Aber auch aus Jemen, Äthiopien, Indien, Südafrika und den USA sollten Tausende in das kleine Land kommen. Und mit der wachsenden Bevölkerung wuchs auch die Spannung zwischen Juden und Palästinensern.

Mit dem von Saddam Hussein angezettelten Golfkrieg sollte ein neues Kapitel in der Weltgeschichte beginnen. Saddam, der sich selbst als Verkörperung Nebukadnezars feiern ließ, hatte auch sämtliche Ambitionen des früheren babylonischen Herrschers. Zuerst ließ er die altbabylonischen Kult- und Palastbauten wiederaufbauen, um sich sodann als Held Babylons feiern zu lassen. Sein erklärtes Ziel war die Wiederherstellung des Babylonischen Weltreiches und die Eroberung und Zerstörung Jerusalems, aber sein törichter Überfall auf den kleinen Ölstaat Kuwait brachte ihm eine schnelle Niederlage.

Durch diesen Konflikt und durch den politischen Umschwung in Gorbatschows Sowjetunion angestoßen, kam die sogenannte Nahost-Friedensinitiative in Gang. Unter dem Vorsitz der Vereinten Nationen soll ein Friedensvertrag zwischen Israel, den Palästinensern und ihren arabischen Nachbarstaaten ausgehandelt werden. Die nun seit mehreren Jahren laufenden Verhandlungen haben bisher nicht zur Aussöhnung geführt und drohen die bestehende Kluft eher zu vertiefen und den schwelenden Konflikt neu anzufachen. Besonders der Streit um Jerusalem ist ein Thema ohne Perspektive. Niemand – weder die Juden noch die Palästinenser oder die arabische Welt – ist bereit, in dieser Frage nachzugeben. Und so beginnt sich das Schicksal der Welt nach zweitausend Jahren erneut um Jerusalem zu entfalten. So geraten Israel und Jerusalem – bevor sie zentraler Angelpunkt in Gottes Heilsplan werden – zunehmend in den Brennpunkt des Interesses. Jeder fühlt und weiß, daß das Schicksal der Welt untrennbar mit der Entwicklung im Nahen Osten verbunden ist. All das führt uns wieder zurück zum Zeugnis der Schrift.

Bringen wir die verschiedenen Punkte unserer Betrachtung zusammen. Die Neugründung des Staates Israel ist ein klares Zeichen für die nahe Wiederkunft des Herrn. »Wenn der Weinstock austreibt, so wisset, daß der Sommer nah ist.« Wir wissen, daß die Verheißung Israels in Erfüllung gehen wird und daß die Babylonische Gefangenschaft das Vorzeichen des großen Exils, das heißt, der mit der Zerstörung des herodianischen Tempels einsetzenden Zerstreuung Israels unter die Völker ist. Saddam Hussein als Inkarnation Nebukadnezars führt uns unfehlbar auf die rechte Spur. Als Nebukadnezar Jerusalem erobert und Israel gefangen nach Babylonien geführt hatte, träumte er etwas, das ihn sehr erschreckte. Als niemand in der Lage war, ihm den Traum zu deuten, erbot sich Daniel, ihm den Traum zu deuten. (Dn. 2.1-49) Gott offenbarte dem Daniel das Traumgesicht, das er dem Nebukadnezar als Vision der Endzeit gegeben hatte. Daß Gott dem Nebukadnezar dieses Gesicht gab, bedeutet, daß es ihn betraf und ihn warnen wollte. Das Gesicht zeigte, daß es in jenen Tagen ein großes, sich über die ganze Welt erstrecktes Reich geben wird, das sich gegen das »Prachtland« (Israel) wenden und gegen es in den Krieg ziehen wird. Aber dieses Reich wird samt seiner Herrscher von Gott – ohne das Zutun eines Menschen (Dn. 2.45) – vernichtet werden.

Daniel, der dem Nebukadnezar Sinn und Inhalt dieses Traumgesichtes gedeutet hatte, wurde später selbst über den Plan Gottes aufgeklärt. Es war Gabriel, der also zu ihm redete: »Siebzig Wochen sind für dein Volk und deine heilige Stadt bestimmt, bis dem Frevel ein Ende gemacht, die Sünde versiegelt und die Schuld gesühnt wird; bis ewige Gerechtigkeit herbeigeführt, Gesicht und Prophet(ie) letztlich besiegelt und das Allerheiligste gesalbt wird.

Nun mußt du wissen und beachten: Von (der Zeit, da) das Wort ergangen ist ›Man soll zurückkehren und Jerusalem wieder aufbauen!‹, bis zu einem Gesalbten, einem Fürsten, sind es sieben Wochen und zweiundsechzig Wochen; wiederhergestellt, wiederaufgebaut sind Plätze und Mauern, aber in angstvollen Zeiten. Am Ende der Zeiten, nach den zweiundsechzig Wochen, wird ein Gesalbter getötet, und ... es ist nicht an ihm. Die Stadt und das Heiligtum werden vernichtet von einem Fürsten, der heranzieht. Eine Flut bereitet ihm das Ende. Und bis zum Ende (dauern) Krieg und die verhängten Verwüstungen. Er schließt mit vielen einen festen Bund eine Woche lang, und in der Mitte der Woche macht er den Schlacht- und Speiseopfern ein Ende. Und über dem Flügel des Tempels wird der Greuel der Verwüstung stehen, bis zur Vollendung, bis zum Ende, das dem Verwüster bestimmt ist.« (Dn. 9.24-27)

Die Schrift spricht von siebzig Wochen, zweiundsechzig Wochen, sieben Wochen und einer Woche, die in zwei Hälften geteilt wird, ferner von zwei, einer und einer halben Zeit, zweiundvierzig Monaten beziehungsweise 1260 Tagen. Was sollen diese Zahlen aussagen?

Dem biblischen Maß zufolge, nach dem ein Tag Gottes einem Lebensjahr des Menschen entspricht, offenbart dieser Spruch JHWHs folgenden Zeitplan für Sein Heil: Eine Woche (hebräisch *shvu'ah* – wörtlich »Siebenheit«) meint sieben Jahre. Hier ist die Rede von siebzig Wochen, die ihrerseits in Abschnitte von sieben plus zweiundsechzig Wochen plus einer Woche gegliedert sind. Das sind 49 plus 434 plus 7 Jahre. Daniel empfing die Gottesweisung im ersten Jahr des Darius, Feldherr und Mitregent des Cyrus. In seinem ersten Regierungsjahr entließ Cyrus das Volk Israel und rief es auf, den Tempel in Jerusalem neu aufzubauen.

Strittig sind nun die Jahre des Regierungsantritts des Cyrus und der Einweihung des zweiten (also nach-babylonischen) Tempels. Während die Exegeten des Alten Testaments und die Verkünder der Wiederkunft den Beginn des Tempelbaues in das Jahr 451 v. Chr. verlegen, datieren die Historiker den Regierungsantritt des Königs Cyrus etwa auf 550 v. Chr. Ferner wird die Bauzeit für die Errichtung des zweiten Tempels mit sieben Jahrwochen, das sind neunundvierzig Jahre, angesetzt. (Vergl. Harold Hoehner: *Cronological Aspects in the Life of Christ*, Grand Rapids: Zondervan Publishing House, 1977 bzw. Ch. H. Dyer: *The Rise of Babylon*, Tyndale House Publishers, Illinois, 1991)

Nun heißt es in der Prophetie: »Von (der Zeit, da) das Wort ergangen ist ›Man soll zurückkehren und Jerusalem wieder aufbauen!‹ bis zu einem Gesalbten … sind es sieben und zweiundsechzig Wochen.«

Das hebräische Wort für »Gesalbter« ist »Messias« und bezieht sich auf Jesus Christus, den König der Juden. Das hieße unter der Annahme des Jahres 451 v. Chr. für den Aufruf, den Tempel in Jerusalem wieder aufzubauen, daß die von da an zu rechnenden sieben plus zweiundsechzig Jahrwochen, das sind 483 Jahre, genau auf den Zeitpunkt der Selbstoffenbarung Jesu als Messias fallen (32 n. Chr.). Von Zerubbabel bis Golgatha sind es wahrlich angstvolle Zeiten. »Am Ende der Zeiten, nach den zweiundsechzig Wochen (also im Jahr 32 A.D.) wird ein Gesalbter getötet.« (Dn. 9.25-26) Das ist unmißverständlich.

Nun finden wir im Text eine Lücke, das ist eine ungemessene Zeit, die für die Zeit des Schweigens und des unbemessenen Exils Israels steht. Nach Ablauf dieser unbemessenen Zeit ist es noch eine Woche, bis dem Frevel ein Ende gemacht, die Sünde versiegelt und die Schuld gesühnt wird; bis ewige Gerechtigkeit herbeigeführt, Gesicht und Prophetie letztlich besiegelt und das Allerheiligste gesalbt wird. (Dn. 9.24)

Diese Woche (= sieben Jahre) wird als Zeit der Verwüstung beschrieben. In dieser Zeit wird ein Tyrann – der Antichrist oder das Tier der Offenbarung – Jerusalem verwüsten. »Er schließt mit vielen einen festen Bund eine Woche (= sieben Jahre) lang, in der Mitte der Woche aber bereitet er den Speiseopfern ein Ende.« Nach der Gleichung zwölfhundertsechzig Tage = zweiundvierzig Monate = dreieinhalb Jahre (Offb. 11.2-3; Offb. 12.6; Offb. 13.5; Dn. 7.25; Dn 12.7) findet der Bruch des falschen Friedensbundes und die Errichtung des »Greuels der Verwüstung« nach Ablauf von dreieinhalb Jahren statt. In diesen Zeitraum fällt die große Drangsal, die Herrschaft des »Tieres«, die Verkündigung der »frohen Botschaft durch die beiden Zeugen« und die Flucht der »Himmelskönigin« in die Wüste.

Der Scheinfriede, den die Palästinenser und viele arabische Länder mit Israel unter dem Dach der Vereinten Nationen schließen, zeichnet den Weg dahin. Gleichzeitig erleben wir überall in der Welt eine zunehmende Polarisierung der Kräfte des Lichtes und der Kräfte der Finsternis, und mitten im Spannungsfeld dieser Kräfte bildet Gott aus den sieben Gemeinden der gefallenen Söhne und Töchter Zions (Offb. 1-3) die messianische Vorhut des Neuen Jerusalem. So bereitet Gott die Bühne für den letzten Akt vor.

Zusammenfassend sind in dieser Fische-Zeit vor allem drei Aspekte von Bedeutung. Erstens ist es eine Zeit der Läuterung, die den Menschen sich selbst ausliefert. Das »Schweigen Gottes« kann als Sein geduldiges Warten darauf gesehen werden, daß der Mensch, seiner eigenen Torheit und Ignoranz überdrüssig, endlich anfängt, von sich aus Gott und Seine Wege zu suchen. Wir möchten, durch die bittere Erfahrung unseres eigenwilligen und gottlosen Lebens geläutert, endlich zu einer spirituellen Verantwortlichkeit unserem Gott und Schöpfer gegenüber gelangen.

Der zweite Aspekt ist die erwähnte Evangelisierung der Welt, und der dritte schließlich ist die Begegnung zwischen Ost und West, in der die ungebrochene Spiritualität des Ostens, das zu reinen Formeln erstarrte religiöse Erbe des Westens erneut zum Leben erwecken möchte. *Ex oriente Lux* – »aus dem Osten scheint das Licht« – und es strahlt als lebensspendende Kraft in die Finsternis, um das ausgehöhlte Erbe des Westens neu zu beleben und den wahrhaft suchenden Seelen als Licht innerer Erkenntnis und Erneuerung den Weg zurück ins Haus des Vaters zu leuchten. Das durch die technologischen Errungenschaften des Westens bedingte Zusammenwachsen der Welt bildete die Voraussetzung für jenen, sich heute mehr und mehr entfaltenden interkulturellen und interreligiösen Austausch zwischen Ost und West, der die Vorbedingung für die Geschehnisse der kommenden Endzeit ist. Gott bringt alle notwendigen Faktoren so auf der Bühne dieser Welt zusammen, wie sie für den letzten Akt zusammenliegen möchten. Und im Brennpunkt der Begegnung zwischen östlicher Spiritualität und westlicher Technologie stehen Israel und seine Offenbarung. In die endzeitliche Verwirklichung dieser Offenbarung sind Ost und West gleichermaßen einbezogen. Sie will und wird zu einer übergreifenden Erneuerung und geistig-kulturellen Einung unserer Erde führen.

VIII. Die innere Dimension der Wiederkunft Christi

Ungefähr seit dem Regierungsantritt Michael Gorbatschows, genauer seit dem Reaktorunfall von Tschernobyl im Jahre 1986, ist ein neuer geistiger Impuls in dieser Welt wirksam. Es ist eine Kraft, die bestimmte Bande löst und gebundene Energien in den Seelen freisetzt. Wir wollen verstehen, daß dieselben Gesetze und Prozesse, welche die Dynamik des Geistes und der Seele eines Menschen bestimmen, auch in Kollektiven, Gruppen und ganzen Völkern wirksam sind. Ein in Gang gekommener Prozeß der inneren Öffnung weckt nicht nur so manches schlummernde Potential in den Seelen, sondern bewirkt auch eine größere Empfänglichkeit für geistige Einflüsse und Kräfte. Alles in allem finden wir heute eine wachsende Menge von Seelen, die verschiedene innere Erfahrungen gemacht haben, die sie veranlaßten, einen spirituellen Weg für sich zu suchen. Es handelt sich hierbei nicht immer nur um beglückende Erfahrungen, sondern auch um Erlebnisse, die sie zum einen mit Jesus, zum anderen aber mit verschiedenen unerlösten Themen und Erinnerungen aus früheren Leben in Berührung bringen. Wenn sie einen aufrichtigen Charakter und genügend innere Bereitschaft haben, werden solche Seelen gemäß der göttlichen Vorsehung und durch höhere Führung einem kompetenten Lehrer oder einer Gruppe zugeführt, mit deren Hilfe sie schließlich ihren Weg und ihre Berufung finden.

Mehr und mehr erfüllt sich Gottes Wort: »Er wird Seine Engel aussenden … und sie werden Seine Auserwählten sammeln von den vier Winden her, von einem Ende des Himmels bis zum anderen.« (Mt. 24.31) Wenn wir obendrein die Zeichen der Zeit zu lesen wissen und sehen, »wie der Zweig des Feigenbaums austreibt« (Mt. 24.32), wird uns unmißverständlich klar werden, daß die Ankunft JHWHs und Seines Gerichts nahe ist. In der Schrift heißt es: »So sollt ihr, wenn ihr all diese Zeichen seht, erkennen: ›Er steht nahe vor der Tür!‹« (Mt. 24.33) Die Ankunft JHWHs geht

Hand in Hand mit der Ankunft des Menschensohnes, also mit der Wiederkunft Christi. Im Buch Daniel heißt es: »Ich war immer noch in der Beschauung meiner nächtlichen Gesichte, da kam auf den Wolken des Himmels eine Gestalt wie ein Menschensohn; er gelangte bis zu dem ›Alten der Tage‹ (*Attika Kadisha*) und wurde vor diesen hingeführt. Ihm wurde Macht und Herrlichkeit und Königsherrschaft gegeben.« (Dn. 7.13-14) Der »Alte der Tage« und der Menschensohn, das sind JHWH und das »Lamm«. Die Offenbarung nennt den »Alten der Tage« auch »den Anfang der Schöpfung« (Offb. 3.14) oder »Den, Der da ist, Der da war und Der da kommt«. (Offb. 1.4; 1.8; 11.17; 16.5) Die Ankunft JHWHs fällt mit dem Kommen des Lammes zusammen und mit ihnen kommen alle Heerscharen des Himmels sowie die verborgenen Kräfte und Gewalten Seiner Herrlichkeit.

Wenn wir über die Fähigkeit verfügen, die Geschehnisse unserer Zeit zu deuten und aus dem Geist Gottes zu schöpfen, werden wir erkennen, daß wir uns bereits mitten in den Geburtswehen der Wiederkunft Christi befinden. Wir sind gerufen, uns innerlich vorzubereiten und dem, was da kommt, mit großer Wachsamkeit und Ernsthaftigkeit entgegenzusehen. Da die Ankunft des Gottesreiches auf Erden ein gewaltiger, wenn auch allmählicher Prozeß ist, der das Angesicht der Erde in wenigen Jahren völlig verändern wird, brauchen wir uneingeschränkte geistige Offenheit und Flexibilität, um dem in diesem Prozeß offenbar werdenden Plan Gottes gerecht zu werden. Er beinhaltet nämlich Veränderungen, die sowohl außen, im Gang der Welt, als auch innen, in der Seele, ansetzen und zum Durchbruch drängen. Und tatsächlich sehen wir einerseits die vielen Umbrüche und die wachsende Orientierungslosigkeit in Politik und Gesellschaft, andererseits aber auch eine zunehmende Zahl von Menschen, die das Erwachen verschiedener innerer Impulse erlebt, die allerlei Erfahrungen hervorrufen und sie nach einem Weg des Heils suchen lassen.

Die äußeren Zeichen sprechen vor allem von einer Neuordnung der Welt: der Zusammenbruch der Sowjetunion und des früheren Ostblocks, der Fall der Berliner Mauer, die ethnischen Konflikte in verschiedenen Teilen der Welt, der Einwandererstrom nach Israel, der Golfkrieg und besonders die zunehmenden Spannungen in und um Palästina, das Heilige Land und Jerusalem. Das

Austreiben des Feigenbaumes, von dem Jesus spricht, versinnbildlicht die landwirtschaftliche, demographische und ökonomische Entfaltung Israels, das in der Sprache der Propheten oft als »Feigenbaum« oder »Weinstock« bezeichnet wurde. (Jr. 8.13, Jr. 24, Mt. 24.32)

Zweitausend Jahre sind vergangen, seit Jesus hier auf Erden wandelte und Gottes Heil unter uns wirkte. Und vor nahezu zweitausend Jahren gab er sein Leben hin. Die Kreuzigung war der letzte Akt Gottes für die gefallene westliche Welt, bevor Er nach langem Schweigen wieder unmittelbar und sichtbar in die Geschichte und das Schicksal der Menschheit eingreifen wird.

Während des Letzten Abendmahles, als Jesus von seinen Jüngern Abschied nahm und sie auf sein bevorstehendes Ende vorbereitete, indem er vorhersagte, er werde von denen, zu denen er gesandt war, verraten, verleumdet, verurteilt, verspottet, verhöhnt und gekreuzigt, da beteuerten seine Jünger, daß sie ihm folgen würden, wohin er auch gehe. Als Jesus das hörte, entgegnete er ihnen: »Wohin ich gehe, dahin könnt ihr mir jetzt noch nicht folgen.« (Joh. 13.33; 13.36) Aber »ich gehe voran, um euch einen Platz zu bereiten. Und wenn ich gegangen bin und euch einen Platz bereitet habe, dann komme ich wieder und werde euch zu mir nehmen, damit, wo ich bin, auch ihr seid.« (Joh. 14.2-3)

Wenn wir Jesus sagen hören: »Ich gehe voran, euch eine Wohnung zu bereiten«, fragen wir vielleicht: »Muß denn erst jemand vorausgehen, um uns im Himmel eine Wohnstatt zu bereiten? Ist denn dort – im unendlichen Lichtreich des Vaters – kein Platz? Muß dort erst Raum geschaffen werden?« Gewiß hat dieses Wort einen weitaus tieferen Sinn. Aber verweilen wir zunächst bei dem Satz: »Ich gehe voran.« Dieses Vorangehen beinhaltet die Frage unserer Nachfolge und daß wir ihm, der von Gott gesandt ist, folgen möchten, wohin er uns führt und worin er uns vorangeht. Dafür hat Er uns große Seelen als Seine »Knechte« bereitet, daß wir durch sie zu Seinem Licht und Heil geführt werden mögen.

Jesus sagte: »Ich bin der Weg, die Wahrheit und das Leben.« Und das gilt für jeden, der von Gott zum Heil der Welt entsandt ist. Deshalb hat Jesus im gleichen Zusammenhang, in dem er seine Wiederkunft andeutet, vom Kommen des »Helfers« gesprochen. Da heißt es: »Ich werde euch nicht als Waisen zurücklassen.«

(Joh. 14.19) »Ich werde den Vater bitten, und Er wird euch einen anderen Helfer senden« (Joh. 14.16) » … der wird euch alles lehren und euch an alles erinnern, was ich euch gesagt habe.« (Joh. 14.26) »Und wenn er kommt, wird er die Welt überführen über Sünde und über Gerechtigkeit und über Gericht.« (Joh. 16.8) Dieses Kommen des »Helfers« geht Hand in Hand mit der Ankunft JHWHs und der geistigen Wiederkunft Christi. Und mit dieser Ankunft Gottes wird unsere Sünde im Spiegel Seiner Gerechtigkeit offenbar werden. Sein auf uns einwirkender Geist wird die in uns schlummernde Finsternis ans Licht bringen. Damit wird der Helfer – der Geist der Wahrheit – nicht nur der Wegbereiter Seiner Ankunft, sondern auch der Agent Seines Gerichts und Erlösungswerkes und der »Grundstein« des künftigen Gottesreiches auf Erden sein.

Was aber bedeuten die Worte Jesu, daß er vorausgehe, *um uns eine Wohnung zu bereiten?* Sie bedeuten gewiß nicht, daß Jesus uns erst eine Wohnstatt im Hause des Vaters einrichten muß, sondern vielmehr, daß er für die, die gefallen sind und sich verunreinigt haben, *eine Voraussetzung schaffen muß, damit sie in* Sein Licht *gelangen können.* Und diese *Voraussetzung* ist sein *mystisches Opfer* von *Golgatha,* wo er sich als Lamm Gottes ganz in die Hand der Welt gab und sein Leben opferte für seine Nächsten (Joh. 15.13), für Sie und mich und all die, die innerlich zerrüttet sind, die im Widerspruch zu Gottes Vorsehung und Ordnung lebten, nun aber in Sein Leben und Seinen Willen zurückkehren möchten. Damit, daß er sein Leben in die Hand der Sünder gab und ihren Haß vom Kreuz herab mit Gottes vergebender Barmherzigkeit beantwortete, hat er ein Fundament für deren künftige Erlösung gelegt. Wie es heißt: »Er hat uns freigekauft von allen Völkern, Sprachen und Nationen durch sein Blut, das er hingegeben hat als Lösegeld für viele.« »Er hat uns gemacht zu einem Königtum von Priestern und einem heiligen Volk.« (Offb. 1.6) Der Vollzug dieser Erlösung ist jedoch ein Geheimnis seiner Wiederkunft! Deshalb setzt Jesus seinen Hinweis auf die »Platzbereitung« mit den Worten fort: »Wenn ich gegangen bin und euch einen Platz bereitet habe (das heißt, am Kreuz mein Leben hingegeben habe als Lösegeld für die Sünden der Welt), komme ich wieder und werde euch zu mir nehmen, damit, wo ich bin, auch ihr seid.« (Joh. 14.3) Das bedeutet, daß Jesus die gefallenen Seelen erst in den Tagen seiner Wiederkunft sammeln und ins Haus des Vaters zurückbringen wird.

Desgleichen hat der Meister auch in den früheren Verkündigungen seines Endes offenbart, als er sagte: »So wie Mose die Schlangen in der Wüste aufgerichtet hat, so muß auch der Menschensohn aufgerichtet werden.« (Joh. 3.15) »Wenn ihr den Menschensohn (am Kreuz) erhöht habt, dann werdet ihr erkennen, daß ich es bin.« (Joh. 8.21) Und: *»Wenn ich erhöht sein werde über die Erde, dann werde ich alle mit mir emporziehen zum Vater.«* (Joh. 12.34)

Seine Wiederkunft hat Jesus nicht nur selbst verkündigt, sie wurde am Tage seiner Himmelfahrt auch von den Engeln bezeugt. In der Apostelgeschichte, wo uns berichtet wird, wie Jesus nach seiner glorreichen Auferstehung vor den Augen seiner Jünger zum Himmel auffuhr, heißt es, daß ihnen zwei Engel in weißen Gewändern erschienen, die zu ihnen sprachen: »Ihr Männer von Galiläa, was steht ihr da und schaut gen Himmel? Dieser Jesus, der von euch weg hinaufgenommen worden ist, wird ebenso kommen, wie ihr ihn habt zum Himmel auffahren sehen.« (Apg. 1.10-11)

Nun stellt sich die Frage, wie sich diese Verheißung seiner Wiederkunft und seines Erlösungswerkes verwirklichen würde. Den Schlüssel zur Antwort auf diese Frage finden wir im Buch der Offenbarung, wo es heißt: »Gnade sei mit euch und Friede von Dem, Der da ist und Der da war und Der da kommt ... und von Jesus Christus, dem getreuen Zeugen. ... Ihm, der uns liebt und durch sein Blut uns gewaschen hat, ... ihm gebührt die Herrlichkeit und die Macht in Ewigkeit. Amen.«

»Siehe, *er kommt mit den Wolken, und sehen wird ihn jedes Auge, insbesondere die, die ihn durchbohrt haben,* und wehklagen werden über ihn alle Geschlechter (Völker) der Erde. Ja. Amen.« (Offb. 1.4-7) Das Wort »er kommt mit den Wolken« steht für die Shekhinah, Gottes Glorie, die den Israeliten in der Wüste als Rauchsäule vorausging. Sein Kommen in den Wolken bedeutet ein geistiges Kommen, ein Kommen, in dem er den Seelen in einer inneren Schau offenbar werden wird.

Und wenn es heißt: »Schauen wird ihn jedes Auge ... und

wehklagen werden über ihn alle Völker der Erde«, so bedeutet dies, daß tatsächlich alle Seelen und Völker durch innere Gesichte und spirituelle Erfahrungen an seiner Ankunft Anteil nehmen werden. Das Beiwort »insbesondere die, die ihn durchbohrt haben« stellt eine unmittelbare Verbindung zwischen der Wiederkunft Christi und dem Mysterium von Golgatha her. Es besagt erstens, daß alle Seelen, die Jesus damals – vor zweitausend Jahren – mit ihren Gedanken, Worten oder Taten auf Golgatha durchbohrt haben, auch in den Tagen seiner Wiederkunft wieder hier auf Erden inkarniert sein werden. Zweitens besagt es, daß uns die innere Erweckung und Erhebung, die uns mit seiner Ankunft zuteil werden will, nicht nur in sein Licht, sondern insbesondere (vor sein Kreuz) auf Golgatha entrücken wird, wo all unser Übel, all unsere Finsternis aufgedeckt und offenbart werden wird. Hier, im Spiegel des Lichtes Christi wird das Verborgene in uns offenbar werden. »Dazu hat der Vater den Sohn in die Welt gesandt, daß die Wahrheit offenbar werde durch ihn.« »Auch hat der Vater dem Sohn übergeben alles Gericht. ... Vollmacht hat Er ihm gegeben, Gericht zu halten, weil er der Menschensohn ist.« (Joh. 5.22/27)

Der geistige Ort dieses Gerichts, dieser inneren Offenbarung, ist Golgatha. Dort hat er den Thron seiner Herrlichkeit, den Richtstuhl Gottes aufgestellt, und dorthin – vor sein Kreuz – sind alle gerufen, dorthin werden sie entrückt, um sich zu rechtfertigen für alles, was sie getan und gelassen haben. So wie der Geist Christi über Saul kam, als er von Damaskus nach Jerusalem ritt, ihn ergriff und zur Erkenntnis brachte, so wird er am Tage Seiner Wiederkunft über all die Seelen kommen, die Ihm seit Grundlegung der Welt zugehören und deren Namen im Buch des Lebens eingetragen sind.

In dieser geistigen Entrückung wird den Seelen jenes Geschehen widerfahren, das uns bei Matthäus als das »Große Weltgericht«, im Alten Testament aber als der »Große Tag des Herrn« verkündigt ist. Dieses Gericht faßt Jesus in ein Gleichnis: »Wenn der Menschensohn kommt in seiner Herrlichkeit, ... dann wird er sich auf den Thron seiner Herrlichkeit setzen, und alle Völker der Erde werden vor ihm vorbeiziehen, und er wird zu jeder Seele sagen: ›Ich war hungrig, und du hast mich gespeist, ich war durstig, und du hast mich getränkt, ich war fremd, und du hast mich aufgenommen; ich war nackt, und du hast mich gekleidet, ich war krank, und du hast dich meiner angenommen, ich war verlassen, und du hast mir Gemeinschaft gegeben ...‹ Und all die Seelen werden ihn fragen: ›Herr, wann sahen wir dich hungrig und haben dich gespeist oder durstig und haben dich getränkt? Wann sahen wir dich nackt und haben dich gekleidet oder als Fremdling oder krank oder verlassen und haben uns deiner angenommen?‹ Er aber wird ihnen antworten: ›Wahrlich, ich sage euch, was immer ihr einem der Geringsten der Meinen tatet oder nicht tatet, das habt ihr mir getan oder nicht getan.‹« (Vergl. Mt. 25.31-45) Dieses Bild ist ein Gleichnis. Das Geschehen des Gerichtes vollzieht sich nicht in Gesprächen, sondern in Form reiner Selbsterkenntnis im Spiegel des Lichtes und der ewigen Wahrheit, wie sie in Jesus manifest und auf Golgatha offenbar wurde.

Derjenige, der sich ihm öffnet oder den sein Geist erfaßt und der ihm dann dort am Kreuz begegnet, der wird sich in der Wahrheit finden. Und diese Wahrheit wird alles ans Licht bringen, was seit Urzeiten in unserer Seele schlummert – das Reine und das Verwerfliche, alle Verdienste und alle Bosheit. Es heißt: »Denn es wird geschehen, daß des Menschen Sohn komme in der Herrlichkeit seines Vaters mit seinen Engeln; und alsdann wird er einem jeglichen vergelten nach seinen Werken.« (Mt. 16.27) Und in der Offenbarung des Johannes verhieß der Menschensohn: »Siehe, ich komme bald und mein Lohn mit mir, zu geben einem jeglichen nach seinen Werken.« (Offb. 22.12) Er wird alles ans Licht bringen, und wenn wir zur rechten Zeit, also noch vor dem Abschluß des Gerichts am Jüngsten Tag, in diesen Spiegel der Wahrheit schauen und uns der vielleicht schmerzlichen, aber letztlich heilbringenden Erkenntnis stellen, wird all das Unreine in uns gewandelt und letztlich abgewaschen werden. Dieses Offenbarwerden des Verborgenen in uns, in dem auch alles Dunkel und alles Verwerfliche ans Licht kommt, ist – zumindest innerhalb der gesetzten Frist – kein Gericht, das zu »ewigem Leben« oder »ewiger Pein« verurteilt. Vielmehr möchte es zunächst einen Prozeß der Umkehr und inneren Wandlung einleiten, in dem alles noch so Verderbliche, ja sogar die dunkelsten dämonischen Schatten im Strom der Liebe und Barmherzigkeit Gottes verwandelt und ausgetilgt werden sollen. Die Zeit des nahenden Gerichts ist also vor allem eine Zeit der Gnade und der Erlösung, in der *alles*, was gebunden ist, in »seinem Blut« gewaschen und befreit werden möchte. Voraussetzung dafür, daß diese Gnade Gottes wirksam werden kann, ist jedoch, daß wir bereit sind, uns der Wahrheit über uns selbst zu stellen und aufrechten Herzens danach zu streben, unseren Lebenssinn zu wandeln und uns wahrlich dem Willen des Vaters zu unterwerfen.

Im ersten Sendschreiben der Apokalypse des Johannes heißt es: »Ich (Gott) habe gegen dich, daß du deine erste Liebe (die reine Gottesliebe) verlassen hast. Bedenke also, von wo aus du gefallen bist, bekehre dich und tue die ersteren Werke.« (Offb. 2.4-5) Und Jesus hatte gesagt: »Erkennet die Wahrheit, und sie wird euch frei machen.« (Joh. 8.32) Wer sich der Wahrheit stellt und ohne Heuchelei alles, was in ihm ist, zu Füßen des Gekreuzigten niederlegt, wird Vergebung und Gnade finden.

Wer vor dem Kreuz steht, in die Augen Christi schaut und mit Schmerzen erkennt, wie er in all seiner Torheit, seiner Selbstsucht, seiner Ignoranz, seiner Begehrlichkeit und seinem Zorn wiederholt Sein Licht zurückgewiesen und Sein Herz durchbohrt hat, der wird die Liebe Jesu und mit ihr die erlösende Gnade des Vaters empfangen. Er wird entgegen seiner Erwartung auf erschütternde und überwältigende Weise erfahren, daß ihn hier – im Spiegel der Wahrheit – niemand anklagt oder verurteilt. Weder »der Vater« noch »der Sohn« noch irgendein Engel im Himmel klagen uns an, sondern einzig und allein unser Gewissen und unsere Werke, unsere Gefühllosigkeit und unsere Kälte, unser Aufbegehren und unsere Emotionen. Wenn wir uns Jesus in seiner Passion stellen, wird uns im Angesicht seines Wehs unser eigenes Herz zum Kläger. Er selbst hingegen beschämt uns, ob auf der Höhe seiner Kraft oder auf dem Zenit seines Leidens, mit unverwandter Liebe, die von jedem Vorwurf und jeder Anklage frei ist. Zu seinen Füßen kniend hören wir seine sanfte Stimme, die sich zum Himmel erhebt und mit klaren Worten spricht: »Vater, vergib' ihm (ihr), denn er (sie) weiß nicht, was er (sie) tut!« Und dann spüren wir, wie sich der Himmel auftut und wie der Segen und die Gnade JHWHs auf uns herabströmt.

Ja, Golgatha ist nicht nur der Ort der Wahrheit, der Offenbarung (Erkenntnis) und des Gerichts, sondern auch und vor allem der Ort der Gnade und Vergebung. Und derjenige, den seine Verfehlung schmerzt, dem sein Herz bricht und den es reut zu sehen, wie er seinen Nächsten oder gar »den Herrn« selbst verleugnet, zurückgewiesen, verspottet, verletzt, gedemütigt und zu Tode gebracht hat, wird nicht nur Vergebung, sondern auch Erneuerung finden. Für ihn wird Golgatha zum Ort der Umkehr, des Heiles und der Erlösung werden.

Er wird zwar Schmerzen der Reue und der Läuterung erfahren, aber dadurch gereinigt und wiederhergestellt werden. Das bezeugte auch Paulus in Anlehnung an Maleachi. Bei letzterem heißt es: »Siehe, er kommt, spricht JHWH Zebaot. Wer wird den Tag seines Kommens ertragen, und wer wird bestehen bei seinem Erscheinen? Denn er ist wie das Feuer des Schmelzers und wie die Lauge der Walker. Dann wird er sich hinsetzen und schmelzen und läutern ... wie Gold und Silber, daß sie JHWH wieder Opfer darbringen, die Ihm wohlgefällig sind.« (Mal. 3.1b-3) Paulus modifiziert dieses Wort Maleachis: »Denn der Tag des Gerichts wird es ausweisen, weil er sich im Feuer offenbart. Und das Feuer wird erproben, wie das Werk eines jeden beschaffen ist. Wenn jemandes Werk, das er darauf baute, Bestand hat, so wird er Lohn empfangen. Wenn jemandes Werk verbrennen wird, so wird er geläutert werden. Er selbst wird gerettet werden, jedoch wie durch Feuer hindurch.« (1. Kor. 3.14-15) Das Feuer ist das Feuer der Läuterung und der inneren Erkenntnis. Dort, wo sich der Mensch der Wahrheit stellt, wird er eine solche Fülle von Gnade empfangen, daß sie ihn völlig zu überwältigen droht. Sie wird seinen inneren Sinn und schließlich auch sein äußeres Leben verwandeln. Er wird gereinigt und aufgerichtet werden, sich Gott weihen und im Namen Seines Gottes heiligen, wie auch er heilig ist. (Lv. 11.44-45/19.2/22.32-33; Mt. 5.48; 1. Petr. 1.15-16; 1. Joh. 3.3) Wir alle kennen das Gleichnis vom verlorenen Sohn, das Jesus uns hinterlassen hat, das wir aber auch im Talmud und im Koran finden: Unsere Schuld, unser Vergehen mag noch so groß sein, wenn wir reumütig umkehren und unser Leben in den Dienst des weisen und liebenden, alles lenkenden Willens des Vaters stellen, werden wir Vergebung, Verwandlung, Reinigung und schließlich Erlösung, das ist Befreiung von allen Neigungen und Banden der Finsternis und des Eigenwillens, erfahren.

Es ist, wie Jesus gesagt hat: »Siehe, ich komme und mache alles neu.« (Offb. 21.5) »Ich bin nicht gekommen, die Gerechten zu retten, sondern die, die gefallen sind.« (Lk. 19.10; Mt. 18.11) »Nicht dazu hat Gott den Sohn in die Welt gesandt, daß er die Welt richte, sondern daß die Welt gerettet werde durch ihn.« (Joh. 3.17) Und: »Größere Freude ist im Himmel über einen einzigen Sünder, der sich bekehrt hat, als über neunundneunzig Gerechte, die (vermeintlich) der Umkehr nicht bedürfen.« (Lk. 15.7; Mt. 18.12-14)

Die Gnade der Umkehr und der Vergebung betrifft alle. Keiner ist von diesem Angebot des Heils und der Erlösung ausgeschlossen. Selbst ein Judas, ein Kaiaphas oder ein Hitler kann Gnade und Erlösung finden, wenn er umkehrt und unter dem Kreuz Jesu um Vergebung ringt. Kein Übel ist zu groß, als daß der suchende Übeltäter nicht Gnade und Vergebung finden könnte vor Gott. Das Wirken der Menschen ist endlich und begrenzt, doch Gottes Macht ist grenzenlos und seine Barmherzigkeit ist unendlich. Selbst wenn wir alles Übel der Welt aufeinandertürmen, möge es auch noch so sehr zum Himmel schreien, es ist und bleibt nur ein Staubkorn in Seiner Unendlichkeit, das Er mit einem Wink auflösen könnte. Wenn wir aufrecht und wahrhaftig sind, wird uns einleuchten, daß niemand von Verantwortlichkeit und Gericht ausgenommen ist. Einzig, wer den Geist Gottes bekundet, weil er ihn in sich verwirklicht hat, dem bezeugt sein Heiliger Geist, daß er frei von Schuld und Sünde ist. Wer aber nicht in jenem Stand der Einheit lebt, sondern Trennung und individuelles Schicksal erfährt, dem bezeugt der Geist, daß er dem Gericht der Wahrheit preisgegeben wird. Dies bekunden uns die Apostel Paulus und Johannes in der Schrift: »Es gibt keinen Unterschied. Denn alle haben gesündigt und ermangeln der Herrlichkeit Gottes.« Hosea, auf den Paulus sich hier bezieht, hat gesagt: »Alle, soviel sie auch seien, haben gesündigt an Mir; sie haben (zu Adam) vertauscht ihre Glorie gegen Schande.« (Hos. 4.7; 4.18; 6.7) Und Johannes, der Evangelist, ergänzt seinen unbekannten Geistesbruder Paulus mit den Worten: »Wenn wir behaupten, wir hätten keine Sünde, dann täuschen wir uns selbst, und die Wahrheit ist nicht in uns.« (Und dann sind wir heuchlerisch und selbstgerecht wie die Pharisäer, die sich selbst um das Heil betrogen haben.) »Wenn wir jedoch unsere Sünden bekennen, dann ist er treu und gerecht, so daß er uns die Sünden erläßt und von jeglicher Ungerechtigkeit reinigt. Wenn wir behaupten, wir hätten nicht gesündigt, machen wir ihn zum Lügner, und sein Wort ist nicht in uns.« (1. Joh. 1.8-10) Wir alle waren in weiße Gewänder gekleidet und haben sie mit Schmutz und Sünde befleckt.

Im Koran heißt es: »Nein, Ich schwöre beim Tag der Auferstehung. Nein, Ich schwöre bei der Seele, die sich selbst Tadel ausspricht. ... An jenem Tag wird dem Menschen kundgetan, was er vorausgeschickt und was er zurückgestellt hat. Nein, der Mensch bringt einsichtige Beweise gegen sich selbst, auch wenn er seine Entschuldigung vorbringt.« (Sure 75.1-2/13-15) Es wird uns ergehen wie Adam und Jonah, die vor dem Antlitz des Herrn nicht entfliehen konnten.

Wer sich beharrlich in Selbstgerechtigkeit wiegt und nicht unter das Kreuz beugen will, dem wird das Liebesopfer Jesu zum Fallstrick werden. Denn Vergebung, Umkehr und Erlösung setzen immer Erkenntnis der Wahrheit voraus und zuvor die Bereitschaft, die in uns schlummernden Schatten anzunehmen. Ohne die Erkenntnis unserer Verfehlungen und Schwächen können uns weder Einsicht und Sinneswandel noch Gottes Gnade oder eine Befreiung der in den Schatten gebundenen Lebenskraft zuteil werden. Und schon gar nicht können wir zu unserer ursprünglichen Berufung in Gott zurückfinden.

Wir kennen das auch von uns selbst. Wenn wir herausfinden, daß eines unserer Kinder oder ein guter Freund etwas ruiniert oder zerbrochen hat, und der Betreffende das leugnet, wird uns das Herz schwer und wir werden eine Barriere zwischen ihm und uns selbst fühlen. Wenn er oder es jedoch verschämt angelaufen kommt und sagt: »Ach je, ich habe die Scheibe eingeworfen; es tut mir leid«, wird sich unser Herz öffnen und ihm entgegenfliegen.

So ist es auch mit Gott. Wer Schuld und Schatten leugnet, kann Seine Gnade nicht erlangen. Wer aber zur Erkenntnis kommt, weint und vor Ihm bekennt: »Oh gütiger Gott und barmherziger Vater, sieh, was ich getan habe. Sieh, ich habe mein Herz verhärtet und meine Hände verunreinigt, die Du mir gegeben hast, damit ich Deine Werke tue. Ich habe die Lippen, die Du mir gegeben hast, damit ich Deinen Ruhm verkünde und Zeugnis von der Wahrheit ablege, mit Spott und Lüge beladen. Ich habe meinen Bruder betrogen, meinen Vorteil gesucht, meinen Nächsten verraten. Ich habe Dich verleugnet und ausgeliefert, habe veruntreut, was ich in Gnade empfangen habe, habe befleckt, was rein ist, und entweiht, was heilig ist. Siehe, all das habe ich getan, und nun stehe ich vor Dir und kann nicht aufhören zu weinen. Herr, habe Erbarmen mit mir; Vater, verwirf Dein Kind nicht.« Einer solchen Seele wird Er entgegeneilen. Er wird sie an Sein Herz ziehen und sagen: »Mein Sohn, meine Tochter, sei willkommen. So lange habe ich gewartet, daß du dich an meine Liebe erinnerst und zurückkommst.« Er wird nicht sagen: »Schau, was du getan hast. Sieh dir diesen Trümmerhaufen an. Dafür mußt du büßen!«, sondern: »Wie froh bin Ich, daß du hier bist. Laß all die zerbrochenen Dinge vorerst liegen. Zuerst möchte ich sehen, ob du Schaden genommen hast an deiner Seele. Laß dich heilen und wieder aufrichten in Meinem Licht. Dann können wir uns immer noch um die Dinge kümmern, die du ruiniert hast.« Oder: »Bring alles zu mir, was du zerbrochen hast. Ich will es wieder heil machen. Nicht du vermagst, das zerbrochene Leben wiederherzustellen, sondern Ich, denn Ich Bin der Herr, dein Gott.« Nicht du kannst Tote zum Leben erwecken oder die Folgen von Betrug und Zerstörung, Lüge und Totschlag rückgängig machen, sondern allein dein Vater, der Himmel und Erde erschaffen hat und alles, was auf ihr lebt. Aber vor allem ist Er dein Vater und deine Mutter, dein Licht und dein Erlöser, der dich heil macht und dann *mit* dir hinausgeht und gemeinsam *mit* dir Seine Werke vollendet.

König David besingt diese Gnade der Vergebung in Psalm 32: »Selig, wem vergeben seine Missetat, wem getilgt ward seine Sünde. Selig der Mensch, dem JHWH nicht anrechnet seine Schuld und dem Trug nicht wohnt in seinem Geiste. Solange ich schwieg, da ward ich verzehrt bis ins Mark, endlos währte mein Stöhnen. Schwer lag auf mir Deine Hand bei Tag und bei Nacht, mein Herz wurde wie ein Feld in der Sommerglut. Da hab ich Dir meine Sünde bekannt; nicht länger verbarg ich Dir meine Schuld. Ich sprach: ›Bekennen will ich JHWH meine Bosheit!‹ Und Du hast meine Sünde vergeben. So möge denn zu Dir beten jeder Fromme zur Zeit der Bedrängnis. Und brechen herein die Fluten der Wasser, ihn werden sie nicht erreichen.« (Ps. 32.1-6)

Erkenntnis und Bekenntnis des Übels sind ein Schritt, der zweite aber ist die Konsequenz, die wir aus Einsicht und in Übereinstimmung mit der Natur unseres Herzens ziehen und die darin besteht, daß wir unseren Lebenssinn ändern und uns gegen unsere Egozentrik und für ein Leben in Gott entscheiden. Erst wenn wir uns – auch in Bedrängnis – im Glauben bewähren, können wir vollständige Befreiung erlangen. Solange wir wanken und unsere Beteuerungen nicht mit lauterem Wandel und echter Selbstlosigkeit einhergehen, können wir das Erbe des Himmels nicht erlangen.

Wenn wir erkennen, daß nicht nur Gewalt und Bosheit das Herz Jesu durchbohren, sondern auch all unsere Emotionen und Begierden sowie die Forderungen, die wir selbstherrlich an Welt und Menschen stellen, wird uns Golgatha wirklich zum Ort der Umkehr und der Verwandlung werden. Wird uns darüber hinaus klar, daß die egozentrischen Neigungen unseres Herzens nichts anderes sind als die Früchte unserer vergangenen, uns von Gott wegführenden Handlungen, so werden wir in diesen Neigungen die Indizien für solche Handlungen erkennen, die uns ihrerseits zu ähnlichen Handlungen drängen möchten. Damit wird offenbar, daß Ego (Sanskrit: *Ahamkara* – »ich tue«) und Karma zwei Seiten ein und derselben Medaille sind. Die uns von Gott absondernde Handlung führt zur Manifestation des Ego (der selbstsüchtigen Neigung des Herzens, Sanskrit: *Vasana*), und das Ego ist seinerseits Ursprung und Motor für weitere sündhafte und ignorante Taten. Um die Neigung zum Bösen zu tilgen, müssen wir ihre Wurzel tilgen, das Ego. Wie der »Baum der Erkenntnis« zum Ort unseres Falls und damit zum Ursprung der Bosheit und des Ego wurde, so ist Golgatha der Ort unserer Befreiung. Nur in standhafter Selbstüberwindung und durch Gottes Gnade können wir das Ego als die Wurzel von Selbstsucht und Begehren, die zugleich die Frucht unseres Geistfalls (Sündenfalls) ist, allmählich aus unserer Seele tilgen. Daß dies einen festen Stand in Gott voraussetzt, bringt Paulus mit folgenden Worten zum Ausdruck: »Diejenigen, welche Jesus Christus angehören, haben das Fleisch mit seinen Leidenschaften und Gelüsten (das Ego mit seinen Neigungen) mit Jesus ans Kreuz geschlagen.« (Gal. 5.24) »Wer mit Jesus stirbt, der wird in Christus auferstehen.« (Röm. 6.3-6; Kol. 3.5)

Selbsterkenntnis und Umkehr sind das Alpha und das Omega auf dem Weg zur Erlösung. Wahre Selbsterkenntnis führt uns Schritt für Schritt ganz an den Anfang, zum Ursprung allen Übels, zum Sündenfall im Paradies. Wir müssen dorthin zurückkehren, wo wir gefallen sind, denn nur dort können wir uns wieder aufrichten. Wir müssen also gleichsam innerlich an den Tatort zurückkehren, denn dort haben wir unsere Unschuld, unsere Reinheit, unser Herz, unsere Tugend, unsere Glorie und unseren Anteil am Vermächtnis Gottes verloren, und nur dort können wir diese Dinge wiederfinden. Gleich neben oder unter der Wurzel des Übels (in uns) finden wir den Schatz des Lichtes und des ewigen Lebens. Mit anderen Worten: Der Baum der Erkenntnis von Gut und Böse und der Baum des Lebens stehen dicht nebeneinander. Wenn wir zum Baum des Lebens gelangen möchten, müssen wir zunächst zurück zum Baum der Sünde und des Todes, wo wir gefallen sind. Auf dem Weg dorthin finden wir unsere Berufung und durch sie schließlich unseren ursprünglichen göttlichen Auftrag. Seine Erfüllung bedeutet den schlußendlichen Eingang in Gott und das ewige Leben.

Allein durch Selbsterkenntnis, Umkehr, Läuterung und Dienst können wir zu unserer ursprünglichen Berufung und damit zu unserem ursprünglichen göttlichen Erbe im Himmel zurückfinden. Berufung aber ist immer zuerst Berufung zu Gott, zu Buddha, zu Christus etc. und erst dann Berufung zu einem Werk. Berufung ist immer Dienst am Leben und Weg der Verwirklichung zugleich. Im Dienst am Leben verwirklichen wir, was keimhaft in uns angelegt ist, und diese Verwirklichung bedeutet immer Hingabe an das Ganze, an das große kosmische Du, das die Inder als *Purusha* und die Abendländer als kosmischen Christus oder das universelle Ich-Bin-Bewußtsein bezeichnen. Dies ist der Kern und das Selbst aller Wesen und Dinge. Allein aus ihm wollen wir schöpfen, allein sein überweltliches Licht und Leben wollen wir in Gedanken, Worten und Taten kundtun.

Das ist der Weg des Dienstes und der Verwirklichung. Wo wir Gott dienen, helfen wir uns und unserem Nächsten gleichermaßen, das zu verwirklichen, wozu wir erschaffen sind. Denn Gott, unser Selbst und das Selbst unseres Nächsten sind eins. In der Liebe zu Gott und unserem Nächsten verwirklichen wir uns selbst, und echte Selbstverwirklichung ist immer Verwirklichung des universellen Bewußtseins und der überpersönlichen, göttlichen Liebe. Darauf zielten das mosaische Gesetz und die Botschaft Christi ebenso wie die Botschaft aller Gesandten Gottes in Ost und West. Deshalb heißt es: »Höre .... der Herr, unser Gott ist Einer! Liebe Gott, deinen Herrn, von ganzem Herzen, von ganzer Seele und mit all deiner Kraft.« (Dt. 6.4-5) Und: »Liebe Gott über alles und deinen Nächsten wie dich selbst. An diesen beiden Geboten hängt das ganze Gesetz und die Propheten.« (Lv. 19.18; Dt. 6.5; Lk. 10.27; Mt. 22.37-40)

Wir sind geschaffen, um zum Ruhme Gottes und Segen aller aufzublühen; auf daß aus uns herauswachse, was Gott in uns hineingelegt hat; auf daß wir Ihn preisen, auf daß wir zum Besten aller leben, wirken und sind und unser Herz aufgehen möge im Meer Seiner Liebe und Glückseligkeit, die alles umfaßt. Das ist unsere Berufung.

In der schmerzlichen Erkenntnis, daß wir unsere Berufung und ihr Ziel durch Abwendung von Gott und Seinen Wegen gründlich verfehlt haben, wollen wir vor unserem ewigen Herrn und Meister auf die Knie fallen und uns neu ausrichten.

Mit dem »Ich will nicht dienen!«, unserer ersten Verweigerung gegenüber dem Willen des Allmächtigen, haben wir – gleich den gefallenen Engeln – jenes »erhabene« Alleinsein vor Gott dem Gehorsam, dem Dienst und der Glorie in den Sphären des Paradieses vorzogen und uns damit innerlich von Gott, dem Nächsten und unserem eigenen Wesen abgeschnitten. Nun wollen wir unser Leben ganz in den Dienst Gottes und der Menschheit, von Kreatur und Schöpfung stellen und damit zur Einheit zurückkehren, aus der wir gefallen sind. Ernst Fuchs nannte diesen hochmütigen Akt selbstgewählter Einsamkeit »ein Alleinsein vor Gott, der uns kein Gott ist, weil wir es selber sein wollten, und zwar nicht aus dem Erbe und Bewußtsein unserer Gotteskindschaft, sondern aus dem Hochmut, dieses Gotteskind nicht sein zu wollen.« Nun möchten wir aus jenem selbstgewählten Exil der inneren Verödung erlöst werden.

Wo wir unser Leben an die Selbstsucht verschwendet haben, möchte Selbstlosigkeit erblühen. Wo wir niedergerissen haben, möchten wir aufbauen. Wo wir verletzt haben, möchten wir heilen. Wo wir uns selbst vergöttert haben, möchten wir Ihm die Ehre geben. Wir werden erkennen, daß das Talent, etwas niederzureißen, auch genutzt werden kann, um etwas aufzubauen. Wer Zweifel und Mißtrauen säen kann, der weiß auch Glauben und Vertrauen zu schenken. Wer irreführen kann, kann auch den rechten Weg weisen, und wer verletzen kann, weiß auch zu heilen.

Das Geheimnis der Wandlung des Brotes und des Weines in den Leib und das Blut Christi wird in dem Buch *Antwort der Engel* höchst erhellend dargestellt. Hier heißt es:

»Ich spreche über die Wiege der Freude.
Haß, Feuer und Gift sind die Wiege der Freude.
Auch die Galle ist Quelle der Freude,
und dennoch ist sie Gift.
In deinem Körper ist ein Feuer, das nicht zerstört,
ein Gift, das nicht tötet.
Wie ist das möglich?
Alles im großen PLAN ist gut,
wenn du das eine Geheimnis verstehst!
WANDLUNG. Der Mensch ist berufen – ZU WANDELN.
Das Schlechte ist das ›Mehr‹.
Das grausamste Tier ist der Mensch,
und er ist die Wiege der ewigen Freude.

NUR UNGEWANDELTE, UNGEBRAUCHTE KRAFT
VERWÜSTET; VERGIFTET; ZERSTÖRT:
(Geste nach unten:)
Gib gut acht! Was hier unten schlecht ist …
(Hebende Geste:)
… ist hier oben schon gut.
Das ist die Lösung.
Kräfte sind zerstörerisch,
wenn sie nicht auf ihrem angemessenen Platze sind.
Wenn du sie hebst, gibt es keine Zerstörung,
und aus Gift wird Heilung, aus Feuer Licht.

Darum steht der Mensch aufrecht und kriecht nicht mehr.
Aus allem Bösen, was du ersinnen kannst,
entsteht das Neue Jerusalem.

ES GIBT NICHTS BÖSES AN SICH.
ES GIBT NUR DIE NOCH NICHT ERKANNTE,
NICHT ANGENOMMENE AUFGABE:
ERFÜLLST DU SIE NICHT, SO ZERSTÖRT SIE DICH.
Das Böse ist die Wiege der Freude.
Umsonst flieht ihr vor dem Bösen –
Es gibt nichts Böses an sich.
Das Böse – die ewige Frage des Menschen!
Niemand weiß es, aber ich verkünde euch:
DAS BÖSE IST DAS WERDENDE,
ABER NOCH NICHT VERWIRKLICHTE GUTE.

Krankheit.
Jedes einzelne menschliche Organ ist eine Kraft;
alle zusammen mögen Frucht tragen.
Wo ein Fehler ist, dort fließt das ›Mehr‹ aus.
Fließt die Galle über, so ist sie Gift.
Das ›Mehr‹ überschwemmt und zerstört das Ganze.
Hat das ›Mehr‹ keinen Ausweg, so bricht es sich einen Weg,
und was nach oben die Neue Welt wird,
wird nach unten: Gift.
Geheimnis ewiger Freudenquelle.
Hebst du alles empor,
so hältst du die ewige Freude in deiner Hand.
Es gibt nichts Böses.
Emporgehoben wird die verwüstende Kraft des Zornes
zum Halleluja.
Das Feuer zerstört – emporgehoben, ist es flammende Freude.
Achte nur darauf,
und alle Krankheit, alles Üble,
alles Böse, alles Schlechte endet.

Das ist das Zepter, das ich in eure Hand gebe.
Das Zepter ist Verbindung zwischen unten und oben.

Nehmt es und wisset:
Schon nicht mehr zwei – sondern eins.
Nicht mehr Schlechtes *und* Gutes! Nur Gutes!
Euch allen gebe ich es. Nehmt ihr es an?«
(7. Jan. 1944)

Die »nicht angenommene Aufgabe« ist der Ursprung allen Übels. Wenn wir sie annehmen, führt sie uns zur Verwirklichung. Das ist auch der Sinn der siebzigsten Strophe im Thomas-Evangelium. Hier heißt es: »Jesus sprach: ›Wenn ihr das aus euch herausbringt, was in euch ist, so wird dies euch erheben. Wenn ihr es in euch haltet, wird es euch zerstören.‹« Und ebenfalls im Buch *Antwort der Engel* heißt es: »Was dich drückt, ist nicht deine Geschichte, sondern das viele unverteilte Brot.« Alle echte Einsicht möchte uns zurückführen auf den Weg des Dienens. »Ich habe gegen dich, daß du deine erste Liebe verlassen hast. Bedenke also, von wo aus du gefallen bist, bekehre dich und tue die früheren Werke. Sonst komme ich über dich und werde deinen Leuchter von seiner Stelle rücken, wenn du dich nicht bekehrst.« (Offb. 2.4-5)

Wenn wir mit Herz und Seele gefühlt und erkannt haben, wieviel Unheil, Schmerz und Entsetzen wir in die Welt brachten, wird es uns mehr und mehr danach verlangen, Gutes zu tun. Es wird uns danach verlangen, die Wunden des Gekreuzigten zu heilen, seinen Schmerz zu lindern, seinen Durst zu stillen und ihn schließlich vom Kreuz zu nehmen. Auf Golgatha stehend werden wir seinen Ruf vernehmen: »Mich dürstet!« Das heißt: »Mich dürstet im Namen aller leidenden Kreaturen nach deiner Liebe und Barmherzigkeit.«

Unser Herz will aus seiner Verstockung heraus zu reinem Mitgefühl gelangen. »Oh Herr, so lange habe ich nicht gescheut, Tag und Nacht deine Seele und deinen Leib zu schänden, nun aber will ich die Nägel herausziehen, die ich in dein Fleisch getrieben habe, und deine Wunden mit dem Balsam meiner Liebe heilen.« Oder wie Paulus sagt: »Hört ihr nicht den Hilfeschrei der Kreatur? Hört ihr nicht, daß alle Schöpfung in Wehen liegt und untröstlich der Erlösung harrt?«

Wir sehen, daß uns die Umkehr zunächst auf einen Weg des Dienstes und der Barmherzigkeit führt, wo wir Gottes Gnade, nachdem wir sie selbst in Fülle erfahren haben, in tätiger Liebe zu den Notleidenden der Welt bezeugen und damit Liebe, Licht und Hoffnung in ihre Finsternis bringen. So werden wir von Läuterung zu Läuterung schreiten, bis wir schließlich von unserem Bräutigam in das Brautgemach unserer *ersten* Berufung zurückgeführt werden.

Durch Gottes Willen wurde Golgatha zum geistigen Zentrum unseres Lebensdramas auf der Bühne dieser Welt. Der ganze Bogen unseres Schicksals- und Heilsweges – vom Sündenfall bis hin zu Heil, Erlösung und Auferstehung – wird hier sichtbar. Wie Jesus hier zum »Opferlamm«, zu dem einen universellen, alles Leid der Welt tragenden Lebenskern (»dem Lamm, das da trägt das Leid der Welt«) wird, so wird Golgatha zum Tatort allen Übels. Alle Sünden, die je auf der Welt verübt wurden, wurden – im geistigen Sinne – hier an ihm verübt. In der Tat kam der Menschensohn auf die Erde, damit die Bosheit der Welt offenbar werde, und zwar bis zurück in die Urzeit.

Der Tatort ist aber auch der Ort des Gerichts, der Ort, an dem die Wahrheit offengelegt wird. Beide – Gott und Mensch – begegnen einander im Kreuz, und es ist eine unausweichliche Begegnung. Hier, vor Seinem Gericht werden wir genötigt, uns zwischen Licht und Finsternis zu entscheiden, sprich: umzukehren oder endgültig in unserer wahnwitzigen Ignoranz, Selbstsucht und Verdammnis zu verweilen. Wer bereut und umkehrt, erfährt Gottes Gnade, Vergebung und Barmherzigkeit. Er wird erleben, wie das Lamm, »das sein Leben gegeben hat als Losegeld für viele« (Mt. 20.28; Offb. 1.5), ihm vergibt, ihn reinigt und wiederaufrichtet. Dem, der sich reumütig und entschlossen unter das Kreuz Christi beugt, wird sich der Menschensohn als Heiland, Herr und Erlöser offenbaren. Das »Lamm, das da trägt die Sünden der Welt« (Joh. 1.29) wird zum Sinnbild für das Selbst aller Gotteskinder, der Not- und Leidtragenden ebenso wie der Reue und Gnade suchenden Übeltäter. Er ist es, den wir in unseren Nächsten, aber auch in uns selbst ans Kreuz geschlagen haben. Er ist Heiland und Erlöser, das leid- und schuldverwandelnde Agens Gottes. Und er ist es, der uns alle aufrichten möchte.

Wenn wir den Menschensohn als Personifikation unseres wahren göttlichen Kerns sehen, verstehen wir auch, daß Jesus gleichermaßen zur Verkörperung unseres Gewissens, unserer innewohnenden Wahrheit, unserer Erkenntnis, unserer eingeborenen Reinheit und Liebe sowie der uns innewohnenden Kraft unserer Wiederherstellung und Erlösung, unserer Auferstehung und unseres Lebens geworden ist. Wo wir ihm begegnen, begegnen wir unserem Selbst. Wo wir ihn lieben, lieben wir ihn um unserer selbst willen. Er ist das Licht und der wahre Gottmensch in uns allen. Deshalb konnte er sagen: »Ich bin das Licht der Welt!« (Joh. 8.12) Oder: »Ich bin die Auferstehung und das Leben.« Und deshalb ist er uns sowohl zum Opferlamm als auch zum Richter, Offenbarer, höchsten Hirten und Erlöser geworden.

Mit den Worten des Apostels Paulus können wir sagen: »Gott gefiel es, in ihm (Christus) die ganze Fülle (Seiner Herrlichkeit) wohnen zu lassen und durch ihn alles auf ihn hin zu versöhnen, indem er Heil stiftete durch das Blut seines Kreuzes, durch ihn zu versöhnen, was auf Erden, aber auch was im Himmel ist.« (Kol. 1.19-20) Und daß dieses Versöhnungs- und Erlösungswerk von Golgatha von universeller Bedeutung ist, kommt in den Worten der Evangelien und der Offenbarung zum Ausdruck, wo es heißt: »Schauen wird ihn jedes Auge … und wehklagen werden über ihn alle Geschlechter der Erde.« (Offb. 1.7; Mt. 24.30) Dieses Wehklagen wird ein Wehklagen der Reue und der Selbsterkenntnis sein, die einer jeden Seele zuteil wird, wenn ihr in der Stunde Seiner Ankunft im Spiegel seines Lichtes die eigene Finsternis offenbart wird.

IX. Endzeitzeichen

Die Etappen der Wiederkunft Christi nach den prophetischen Schriften

Die Wiederkunft Christi und ihre Vorzeichen sind den zu Ihm und Seinem Werke berufenen Seelen verkündigt worden. Die wesentlichen Schriften, die den Gang der Ereignisse in teilweise stark verschlüsselter Form wiedergeben, sind die von Jesajah, Daniel und Johannes. Aber auch Jesus hat nach seinem Einzug in Jerusalem, also kurz vor Vollendung seines irdischen Erlösungswerkes, etwas offener über seine Wiederkunft gesprochen. Diese »Wiederkunftsreden« sind in den drei synoptischen Evangelien dokumentiert.

Doch zunächst möchte ich der Frage nachgehen, was der Sinn von Prophezeiungen ist und warum Gott sie Seinen Dienern gegeben hat. Grundlegend ist folgendes zu verstehen: Jede echte Prophezeiung hat ihren Ursprung in Gott und in den ehernen Gesetzen von Karma und Dharma, das heißt in den Gesetzen von Ursache und Wirkung und der ihnen zugrundeliegenden göttlichen Ordnung. Diese göttliche Ordnung ist wie ein festes Gewebe aus den Fäden des Schicksals, welche das Leben auf eine bestimmte Weise miteinander verwoben hat. Jede von der göttlichen Ordnung abweichende Handlung einer Seele oder einer Gruppe von Seelen bewirkt eine Gegenkraft, so daß die göttliche Ordnung zwar in der Zeit gestört scheinen mag, in der Ewigkeit jedoch stets in vollkommener Balance ist. Erst wenn das gestörte Gleichgewicht in der Zeit wiederhergestellt ist, sind Schöpfung und Schöpfer, Zeit und Ewigkeit wieder in völligem Einklang, so daß das Zeitliche wieder transparent für das Ewige und das Geschöpf wieder zum Mittler des Schöpfers wird.

Mit anderen Worten: Wenn sich die Impulse von Kraft und Gegenkraft gegenseitig aufheben, versiegt alle Bewegung im Ursprung, und die in der Bewegung gebundene Energie (oder Lebenskraft) kehrt zurück in die Einheit des unerschaffenen Seins. Das ist die Erfüllung aller Dinge und die Vollendung des Weges, den die Geschöpfe gehen.

Daraus folgt, daß der *Anfang eines jeden Geschehens dessen Ende* und *jedes Ende eines Ablaufes dessen Anfang in sich enthält.* Ursprung und Ziel des Lebens sind eins. Alles, was geboren ist, stirbt, und alles, was sterblich ist, wurde aus einem Ursprung geboren. *Jedes Ding und jedes Geschöpf hat seinen Weg in Raum und Zeit, und jeder Punkt seines Weges trägt Ausgang und Ende, Ursprung und Ziel in sich.* Das ist die Grundlage für das Gesetz der Schöpfung, denn alle Zeit, alles Gewesene und alles Künftige ist im zeitlosen Jetzt der Gegenwart enthalten. Wer eine Seele in Kenntnis dieses Gesetzes und im Lichte Gottes betrachtet, weiß um ihren Ursprung und ihr Ziel, kennt ihr Schicksal und ihren Weg. Dieses Gesetz ist die Basis der Prophetie, ihr Ursprung aber ist stets Gott Selbst.

Wenn wir die prophetischen Schriften aufmerksam studieren, werden wir erkennen, daß sie *alle* von Ursprung und Verheißung sprechen, von Fall und Erlösung, und daß sie alle sowohl umfangreiche Aussagen über längst vergangene Zeiten enthalten als auch über weit in die Zukunft weisende Zeichen und Ereignisse.

Wie oft lesen wir von der Schuld Zions und den Vergehen Israels (die alle die unseren sind, denn Israel sind wir) und meinen, hier sei die Rede von den Taten ihrer Tage. Doch die Schuld Israels bezieht sich nur zu einem geringen Teil auf die Werke der jüngeren, dokumentierten Geschichte. Der gesamte entscheidende Anteil der schweren Schuldenlast des Abendlandes liegt weit zurück in den Anfängen unserer Zeit. Doch jeder Mensch ist das Produkt seiner Geschichte, das heißt, wir sind das Produkt der Gedanken, Worte und Taten aus all unseren früheren Leben. Sie sind in uns gegenwärtig und bestimmen unsere gesamte gegenwärtige Haltung gegenüber Gott, der Welt und dem Leben.

Das ist es, was Jesus meint, wenn er zu den Pharisäern spricht, die in diesem Leben vielleicht weder gestohlen noch gemordet und vielleicht sogar ein nach außen hin rechtschaffenes Leben geführt haben: »Wehe euch, Schriftgelehrte und Pharisäer, ihr Heuchler! Ihr reinigt das Äußere von Becher und Schüssel, innen aber sind sie voll von Raub und Unmäßigkeit. Blinder Pharisäer, reinige zuerst, was im Becher ist, damit auch sein Äußeres rein werde.« (Mt. 23.25-26) »Wehe euch, Schriftgelehrte und Pharisäer, ihr Heuchler! Ihr gleicht getünchten Gräbern, die von außen schön aussehen, innen aber voll sind von Totengebein und aller Unreinheit. So erscheint auch ihr äußerlich den Menschen als Gerechte, innerlich aber seid ihr voll von Heuchelei und Gesetzlosigkeit.« (Mt. 23.27-28)

Er spricht von den Schatten ihrer früheren Werke. Er schaut in ihre Seelen und sieht ihre Vergangenheit und ihre Zukunft. Er sieht das Totengebein ihrer Opfer aus früheren Leben, er sieht den versteckten Haß, der sie veranlaßt hat, die Boten Gottes, die Propheten, zu töteten, er sieht ihre gegenwärtige Halsstarrigkeit und Selbstgerechtigkeit und erkennt deren Konsequenz für sein eigenes Leben.

In gleicher Weise bemerkt er den heimlichen Rückzug des Judas Iskariot und erkennt, daß dieser beschlossen hat, ihn zu verraten, und daß nichts auf der Welt ihn davon abhalten kann, seinen Entschluß auszuführen. Die Negativität des Judas Iskariot ist wie eine tickende Zeitbombe, die im entsprechenden Moment zünden muß. Deshalb sagt Jesus zu ihm: »Was du zu tun beschlossen hast, das tue bald.«

Die Propheten sprechen sehr detailliert über die Zukunft, und sie tun dies im Namen Gottes. Manche Menschen meinen, daß die Prophetien nur Möglichkeiten enthalten, die durch unser Bemühen noch abwendbar wären. Das stimmt theoretisch, aber nicht praktisch, denn wir haben das Steuer des Schicksals längst aus der Hand gegeben. Die Kräfte, die wir vor langer Zeit entfesselten, haben wir nicht mehr unter Kontrolle. Jesus sagt: »Erschreckt nicht, denn es muß so kommen.« (Mt. 24.6) Oder: »Das Gesetz muß sich erfüllen.«

Die nächste Frage ist die nach dem Sinn der Prophezeiung. Darauf finden wir die Antwort bei Jesajah selbst: »Weil Ich wußte, daß du harten Sinnes bist, daß dein Nacken ein Eisenband und deine Stirn ehern ist, tat Ich es dir schon lange vorher kund, ließ es dich wissen, ehe es geschah, damit du nicht etwa sagst: ›Mein Götze hat es getan, mein Schnitz- und Gußbild hat es angeordnet.‹ Du hast es damals gehört. Betrachtet nun alles, und ihr, ihr wollt es Mir nicht bezeugen?« (Js. 48.4-6) Das heißt: Wenn die Dinge eintreten, die von Gott verheißen sind, mögen die Menschen erwachen und erkennen: »Das ist Gottes Werk; hier ist Seine Hand im Spiel; jetzt erfüllt sich, was Er uns verheißen hat.« Wir sollen die Dinge nicht »anderen Göttern« zuschreiben, etwa dem sogenannten Zufall oder irgendwelchen Phänomenen der Natur, sondern einzig und allein Gott, unserem Herrn. Darüber hinaus sollen wir zu einer Erkenntnis für unser Leben kommen und die entscheidenden Konsequenzen ziehen. Denn jede Prophezeiung enthält auch eine Verheißung und eine Prüfung für unser Leben und unseren inneren Weg.

Wir können dies in einem einfachen Beispiel erkennen. Während des Letzten Abendmahls kündigt Jesus seinen Tod an und nimmt von seinen Jüngern Abschied. Da ergreift Petrus das Wort und sagt: »Meister, ich will dir folgen bis in den Tod.« Aber Jesus schaut in seine Seele und sagt: »Petrus, noch ehe der Hahn kräht, wirst du mich dreimal verraten haben.« Warum sagt Jesus das voraus? In dem Moment, in dem der Hahn kräht, erschrickt Petrus und ist zutiefst betroffen, denn er erkennt: »Ja, der Meister hat es mir vorausgesagt! Noch vor wenigen Stunden habe ich ihm die Treue geschworen, und schon habe ich ihn dreimal verraten. Oh ja, er kannte mich besser als ich mich selbst.« Und er fällt auf sein Angesicht und weint bitterlich. Dieses Geschehen hat ihn gewandelt, und schließlich ist er zu einem der treuesten Apostel unseres Herrn geworden, der weder Angst noch Stolz noch Treulosigkeit kannte und schließlich selbst am Kreuz starb.

Das ist der Sinn der Prophetie. Wenn die prophezeiten Ereignisse eintreten, erkennen wir: Sie kommen von Gott. Damit mögen wir – wenn nicht schon vorher – endlich den Ernst des göttlichen Willens erkennen und die Verantwortung des göttlichen Lebens übernehmen.

Es gibt zwei Kategorien prophetischer Bücher. Die einen, wie etwa die Schriften Jesajahs, Jeremias und Ezechiels, sind in offener, klar verständlicher Sprache verfaßt, während das Buch Daniel und die Offenbarung des Johannes so geheimnisvoll sind, daß sich ihre Autoren genötigt sahen, die Visionen, die sie von Gott erhalten hatten, von Engel deuten zu lassen. Zum Beispiel: »Als ich, Daniel, das Gesicht noch schaute und nun nach einer Deutung dafür suchte, da sah ich eine Gestalt, wie einen Mann, vor mir stehen. Dazu hörte ich eine Menschenstimme …, die rief: ›Gabriel! Deute diesem da die Schauung!« (Dn. 8.15-16) In Daniel 9.22 lesen wir: »Daniel, nun bin ich erschienen, um dir Aufklärung zu geben!« Und in Daniel 10.21 heißt es: »Nun will ich dir verkünden, was im Buche der Wahrheit aufgeschrieben steht.« Wieder ist es Gabriel, der Daniel, dem Diener Gottes, die Bedeutung seiner Visionen offenbart.

Wir sehen also: Während manche der Schriften offenbar dafür gedacht sind, allen Menschen Gottes Ruf und Willen zu verkünden, enthalten andere ganz konkrete Aufträge und Botschaften, die nur von jenen entschlüsselt werden können, die im Rahmen der offenbarten Geschehnisse und Mysterien eine bestimmte Aufgabe und Berufung haben.

Deshalb heißt es in der Einleitung zur Offenbarung des Johannes: »Dies ist die Offenbarung Jesu Christi, die ihm Gott gab, damit er *seinen Knechten* zeige, was in Bälde geschehen muß.« (Offb. 1.1) Die verschlüsselten Passagen der Offenbarung und der prophetischen Bücher richten sich also allein an Seine berufenen Diener, die bestimmte Aufgaben in Seinem Plan zu erfüllen haben und die Worte demgemäß aus ihrer inneren Schau und der Kraft des Heiligen Geistes aufdecken können. Allein Christus und die Engel des Herrn übermitteln jene Offenbarungen und geben den Knechten und Gesandten Gottes die nötigen Botschaften und Einweihungen. Die Offenbarungen dienen also nicht der klugen Auslegung oder Spekulation, sondern allein der Offenlegung und Erfüllung des göttlichen Auftrages und Willens durch Seine Diener.

Die Offenbarung des Johannes und die Bücher Daniels sprechen von der Wiederkunft Christi. Daniel und Johannes sind die von Gott gesalbten Verkünder dieser Wiederkunft. Sie sind die »beiden Ölbäume« vor Seinem Thron, und ihre Botschaft kreist um die Geschehnisse der Endzeit: um den Niedergang unserer veräußerlichten Welt, die Berufung der wahrhaft gottergebenen Seelen – der Auserwählten Gottes –, den Ruf zur Umkehr, das Endgericht über die Kräfte der Finsternis und die »Auferstehung Zions und Jerusalems« sowie um die letztendliche Errichtung des Gottesreiches und die Regentschaft der Heiligen auf Erden. All diese Geschehnisse sind in den prophetischen Büchern verschlüsselt beschrieben. Und in den Tagen des Endes wird ihre Botschaft der ganzen Welt enthüllt werden. »Selig, wer diese prophetischen Worte liest oder hört und sich an das hält, was darin geschrieben steht.« (Offb. 1.3) »Selig, wer an den prophetischen Worten dieses Buches festhält.« (Offb. 22.7) »Selig, wer ausharrt bis ans Ende, denn er wird gerettet werden.« (Mt. 24.13)

Die Botschaften der Offenbarung haben viele Menschen angezogen und ebenso viele erschreckt. Die einen haben sich in selbstgefälliger Faszination auf sie gestürzt und sie eigenmächtig ausgelegt, die anderen haben sich davon in Angst und Schrecken versetzen lassen. An der Wurzel dieser Angst liegt zum einen das mangelnde Verständnis dieser Botschaften und zum anderen ihr Mißbrauch durch verschiedene kirchliche, sektiererische und esoterische Gruppen. Die zentrale Botschaft der Offenbarung ist eine Botschaft unermeßlichen Heils und unglaublicher Gnade. Es geht um die vollkommene Erneuerung und Erlösung unserer Erde, der Menschheit und des Lebens. Doch das Neue hat seinen Preis. Jede Etappe dieser Erneuerung geht mit gewaltigen Geburtswehen einher. Es sind die Wehen der inneren (oder zweiten Geburt) des Menschen (Joh. 3.3 und 3.5-5) und sie beinhalten das »Entsterben« des Menschen aus seiner veräußerlichten Form. »Die, welche Jesus Christus zugehören, haben das Fleisch mit seinen Leidenschaften und Gelüsten gekreuzigt.« (Gal. 5.24)

Wer mit Jesus stirbt, wird in Christus auferstehen. Auf die Kreuzigung der Erde folgt die kollektive Wiedergeburt der Menschheit aus dem Geist. Der Neue Mensch und die Neue Erde sind deren Früchte. Diese kollektive geistige Wiedergeburt wird auch als erste Auferstehung bezeichnet, die Auferstehung Jerusalems und der Völker Gottes – das sind die Seelen und Völker, die sich zu einem Leben in Gott bekannt haben. Die Früchte dieser gewaltigen geistigen Erneuerung sind der Neue Mensch und die Neue Erde, das Neue Jerusalem und das Reich Gottes in dieser Welt.

Die Botschaft von der Wiederkunft Christi möchte uns aus unserer Lethargie und Gleichgültigkeit reißen und uns den Ernst, die Größe und die Verantwortung unseres Seins bewußt machen. Und die realen Ereignisse, die diese Botschaft begleiten, wollen uns aufrütteln und zur Besinnung bringen, auf daß wir uns endlich vom Bann der Weltlichkeit befreien, die Kurzlebigkeit irdischen Ruhmes, Erfolges und Genusses erkennen und unser Leben statt dessen auf den Fels der Ewigkeit gründen mögen.

Wie lange schon hören wir die Botschaft Christi, und wann werden wir ihr folgen? Wie lange schon beten wir »Dein Wille geschehe«, aber wann lassen wir ihn geschehen? Der Wille Gottes ist die unveränderliche Wirklichkeit unseres Seins. Wer ihm folgt, erfährt Gnade um Gnade. Wer sich wider ihn stellt, erlebt unerbittliche Rückschläge und ehernes Gericht. Wir beten auch »Dein Reich komme«, aber welchen Beitrag leisten wir, wenn es darum geht, Sein Reich in uns und auf dieser Welt zu errichten? Sein Reich ist ein Reich des Friedens und der Liebe. Sind Frieden und Liebe, Selbstlosigkeit und Dienst wahrhaft der innerste Kern all unseres Strebens?

Wir sagen »wie im Himmel so auf Erden«, nach dem Bild und Gleichnis des Oberen sei unser Leben. Doch wo in der Welt spiegelt sich der Geist Gottes und wo der Himmel? Geht es uns nicht nach wie vor zuerst darum, unsere eigene Haut zu retten und unser eigenes Wohl zu festigen? Sind all diese Gebete nicht nur Lippenbekenntnisse, die im Widerspruch zu unserem täglichen Denken, Fühlen und Handeln stehen? Wann werden wir unser Herz und unseren Sinn wenden? Wann werden wir sagen »Nicht ich, Herr, sondern Du, ein Leben lang nur Du« und dies auch leben?

Die Ereignisse wollen uns aufrütteln und unsere innere Haltung in Frage stellen. Wir sind selbstgerecht, träge und lau. Jesus aber lehrt uns: »Wer an *seinem* Leben hängt, der wird es verlieren, wer aber sein Leben verliert um Seines Namens willen, der wird das (innere) Leben empfangen.« Die Zeit, daß sich seine Botschaft an uns und in unserem Leben erfüllt, ist nah. Und wer sein Leben Gott geweiht und all sein Wirken in Seinen Dienst gestellt hat, wird ausharren und in seiner Seele jubilieren. Da gibt es keinen Grund für Angst oder Besorgnis. Paulus sagt: »Ich liebe Gott und Gott liebt mich, und in unserer Liebe ist keine Angst.« Oder: »Denn ich bin gewiß, daß weder Tod noch Leben, weder Engel noch Herrschaften, weder Gegenwärtiges noch Zukünftiges, noch Mächte, weder Höhe noch Tiefe, noch irgendein anderes Geschöpf uns zu scheiden vermag von der Liebe Gottes, die in Christus Jesus ist, unserem Herrn.« (Röm. 8.38-39) »Sein Angesicht vor meinen Augen, Seinen Namen auf meinen Lippen und

Sein Geheimnis in meinem Herzen, so harre ich auf das Kommen meines Herrn.« Wer so fühlt, denkt und lebt, wird jetzt schon zum Geburtshelfer einer neuen Zeit und schmückt seine Seele mit dem Brautgewand göttlicher Tugend.

Viele unbeugsame Seelen sollen ihre Chance bekommen und Belehrung finden. Äußeres Leben und Gotteswort sind die ständigen Lehrmeister unserer Seele. Ein Sprichwort sagt: »Wer nicht hören will, muß fühlen.« Dem, der die Wahrheit verwirft, wird sie zum »Stein des Anstoßes und des Ärgernisses, zum Stolperstein« (1. Petr. 2.8).

Viele Menschen glauben, die Wiederkunft Christi sei ein allmählicher Prozeß der Auflichtung der Menschheit und des Lebens. Wer das glaubt, erkennt weder die Tiefe Gottes noch die Tiefe der Seele und nimmt Seine Offenbarung nicht ernst. Viele, die die Wiederkunft Christi leichtfertig und selbstgerecht als Fest des Lichtes zelebrieren wollen, werden zutiefst belehrt werden. Gar viele von ihnen gehören zu den »falschen Propheten«, von denen die Schrift so ausführlich spricht: »Es gab aber auch falsche Propheten im Volk, wie auch unter euch falsche Lehrer auftreten werden, die da verderbliche Irrlehren einführen werden und den Herrn, der sie erkauft hat, verleugnen, wodurch sie ein jähes Verderben über sich bringen. Und viele werden ihren Ausschweifungen folgen, um ihretwillen wird der Weg der Wahrheit gelästert werden. Und aus Habsucht werden sie mit trügerischen Worten an euch ein Geschäft zu machen suchen. Aber das Gericht für sie von alters her säumt nicht, und ihr Verderben schläft nicht.« (2. Petr. 2.1-3)

»Wenn dann jemand zu euch sagt: ›Sieh, hier ist der Messias‹, oder ›dort‹, so glaubt es nicht. Denn es werden falsche Messiasse und falsche Propheten auftreten und werden große Zeichen und Wunder tun, um womöglich auch die Auserwählten irrezuführen.« (Mt. 24.23-24)

»Deine Propheten schauten dir Lug
und Trug und legten deine Schuld nicht klar,
um deine Umkehr einzuleiten,
und schauten die Täuschung,
nur falsch und irreführend.« (2. Klgl. 14)

Bei den falschen Propheten handelt es sich nicht um offenkundige Scharlatane oder lauthals schreiende Befürworter des Bösen, sondern um all jene, welche die Wahrheit und die ewige Weisheit Gottes verflachen und Seine Gebote, Seine Gerechtigkeit und Sein Gericht verharmlosen. Viele rufen »Licht, Licht, Licht«, während sie die Schatten in der Tiefe ihrer Seele ignorieren. Sie sind blind gegenüber sich selbst und halten den Glanz und die Bilder der astralen Welt für das Licht und die Manifestation Gottes. Wer Gott wahrhaft geschaut hat, kennt Seine Größe und weiß um die Geheimnisse der Seele und der Erlösung.

Doch zurück zu unserem Thema. Bevor ein neuer Geist aufgehen und das neue Leben erstehen kann, muß das Alte beseitigt werden. »Man füllt keinen neuen Wein in alte Fässer«, sagt Jesus. Nur ein erneuerter Mensch, ein geläuterter, von allem Ballast und aller Unreinheit befreiter Mensch kann den Geist Christi in seiner Seele gebären. Es bedarf also einer grundlegenden Verwandlung des Menschen. All sein Denken, Fühlen, Sprechen und Tun will auf ein neues Fundament, auf das Fundament der ewigen Wahrheit und der selbstlosen Liebe gestellt werden. Nicht nur unser äußeres Leben, sondern vor allem *unser inneres Leben muß sich grundlegend verwandeln. Wir müssen unser Herz und unseren Sinn umkehren,* auf daß wir unser Herz aus allen Banden der Selbstsucht und den Verhaftungen an die äußere Welt lösen und ganz auf Gott ausrichten können. Er möchte Seinen Geist in uns legen und *Sein Wort* und Seine Weisung auf *die Tafeln unserer Herzen schreiben.*

Ein solchermaßen verwandelter und geläuterter Mensch ist in der Lage, den Geist Christi in sich aufzunehmen. Tatsächlich wird Gott zu Seiner Zeit »den Heiligen Geist ausschütten über alles Fleisch«. In der Offenbarung heißt es: »Und es erschien am Himmel ein großes Zeichen: eine Frau, umkleidet mit der Sonne, der Mond unter ihren Füßen und auf ihrem Haupt ein Kranz von zwölf Sternen: und sie ist schwanger und schreit in Wehen und Geburtsqualen. Und ein anderes Zeichen erschien am Himmel und siehe: ein großer, feuerroter Drache mit sieben Köpfen und zehn Hörnern und auf seinen Köpfen sieben Kronen; und sein Schwanz fegte ein Drittel der Sterne des Himmels hinweg und warf sie auf die Erde. Und der Drache steht vor der Frau, die gebären soll, um gleich nach der Geburt ihr Kind zu verschlingen.« (Offb. 12.1-4) »Und der Drache ergrimmte wider die Frau und ging hin, um Krieg zu führen mit den übrigen ihrer Nachkommenschaft, *mit denen, die Gebote Gottes beobachten* und *am Zeugnis Jesu festhalten.*« (Offb. 12.17)

Die Frau in dieser Vision bedeutet zweierlei: Zum einen verkörpert sie ganz real die Mutter eines göttlichen Kindes, eines Gesalbten Gottes, der in jenen Tagen geboren wird. Zum anderen steht sie für die Seele des ausklingenden Fische-Jungfrau-Zeitalters, die mit der Frucht dieser Epoche schwanger geht und den Geist des neuen Lebens, der Wassermann-Löwe-Epoche gebären möchte. Die Sonne ist die Signatur des Löwen und das Symbol des kosmischen Christus. Die ausklingende Epoche stand unter der Signatur des Fisches in der Gestalt Jesu als des Heilandes der Welt (Jesus Christos Theos Hios Soter = ICHTHYS (griechisch) = der Fisch) und unter der Signatur der gegenüberliegenden Jungfrau in der Gestalt Marias, der Jungfrau, Gottesmutter und Himmelskönigin. Die Signaturen der anbrechenden Zeit sind Wassermann und Sonne. Das »sonnengebärende Weib« verkörpert die verflossene Epoche, die mit einem neuen Geiste schwanger geht. Der Drache ist die Verkörperung des Widersachers und der Mächte Luzifers, die sich in verzweifeltem Todesringen der Geburt des neuen sonnenhaften, durchchristeten Menschen und eines neuen »sprudelnden« Lebensgeistes entgegenwerfen.

Jede Epoche des kosmischen Jahres steht im Kraftfeld der sich jeweils gegenüberliegenden Tierkreiszeichen. Die letzten zweitausend Jahre standen im Kraftfeld Fische (i) – Jungfrau (c). Die kommenden zweitausend Jahre werden im Kraftfeld Wassermann (h) – Löwe (b) stehen. Jeder Übergang ist mit gewaltigen Einstrahlungen kosmischer Kraft und grundlegenden Wandlungen in den Ausdrucksformen des geistigen Lebens verknüpft. Was in einer Epoche als lebendiger Impuls begann, ist an ihrem Ende in lebloser Form erstarrt. Und so geschieht es, daß der neue kommende Impuls all die alten erstarrten Formen aufbricht, um das innere Leben zu befreien und ihm neue Gestaltungs- und Ausdrucksformen zu verleihen. So war es vor zweitausend Jahren, am Ende der Epoche Widder – Krebs, als Jesus kam. Da fand er eine erstarrte Theologie und eine geistlose, allein am »Worte« haftende Priesterschaft vor. Und so ist es heute im Ausklang des Zeitalters Fische – Jungfrau. Der Heilige Geist Christi hat die Kirche Petri verlassen, und an der Stelle des lebendigen, inneren Wortes steht eine öde Ideologie.

»Hier ist die geduldige (standhafte) Ausdauer der Heiligen erforderlich, welche die Gebote Gottes und den unerschütterlichen Glauben an Jesus bewahren« (Offb. 14.12), um all den Anfechtungen standzuhalten, die der Widersacher vor uns bringen wird, um uns von der Nachfolge Christi und der wahren Umkehr zur Christgeburt in unseren Herzen abzuhalten. Möge Gott uns stärken und behüten, daß wir in der Stunde der Anfechtung nicht – wie die Israeliten in der Wüste das goldene Kalb – den »falschen Propheten« und »das Tier« anbeten, sondern bis in den Tod allein Gott und Christus die Treue halten. »Wer getreu ist bis in den Tod, dem will ich die Krone des Lebens schenken.« (Offb. 2.10)

Wo Gold gewonnen werden will, ist die Läuterung des Erzes nötig. Wo die Natur Diamanten erschaffen will, arbeitet sie unter großem Druck und mit hoher Temperatur. So können auch der Neue Mensch und das Neue Jerusalem (die kristallene Stadt) nur unter großen Schmerzen geboren werden.

Gott sät nicht auf taubes Gestein oder unfruchtbares Land. Zuerst wird der Acker gepflügt, dann wird das Neue ausgesät. Zuerst muß Babel fallen, dann kann Jerusalem auferstehen. Wer sich bereitet hat, der wird empfangen. »Der fruchtlose Baum wird ausgerissen« (*Antwort der Engel*). Zur Zeit der Ernte wird die Spreu vom Weizen getrennt. Der Weizen wird gesammelt, das Unkraut verbrannt. Das ist das Gesetz. Aber vor der Ernte wird das Feld bereitet und sorgfältig gepflegt. Somit findet jeder, der ernsthaft strebt, reichlich Zeit und Gelegenheit, das Wort und die Schrift zu erfüllen.

Wir hatten zweitausend Jahre Zeit, die Botschaft Christi aufzunehmen. Nun wird es Zeit, daß wir uns rüsten, damit wir in der Stunde der Prüfung nicht wanken, sondern standhalten. Mögen wir uns schon jetzt mit Entschlossenheit gürten und die Flamme des Glaubens in unserem Herzen entzünden, mögen wir emporschauen in das Firmament des geistigen Lebens, auf daß der Stern von Bethlehem unser Leben leite. Dann werden wir den Bräutigam unserer Seele mit Freude empfangen.

Ein Sprichwort sagt: »Gottes Mühlen mahlen langsam, aber sicher.« Wann immer Er einen neuen Impuls entsendet, läßt Er uns auch genügend Zeit, ihn aufzunehmen und umzusetzen. So auch jetzt. Seine neue Lehre kommt in mehreren Schritten. Wenn die Wirkung des ersten Anstoßes verebbt, kommt der nächste. Wir erleben es täglich. In überraschenden Schritten verändert sich die politische und wirtschaftliche Situation der Welt. Alte Mauern fallen, Diktaturen stürzen, Staaten zerbrechen, Völker ringen um ihre Identität, alte Konflikte brechen neu auf. Und Millionen von Menschen bekommen täglich neue Impulse, endlich aufzuwachen und ihr Leben neu zu überdenken. Und wenn die Ereignisse ihren Zweck noch nicht zur Genüge erfüllen, kommen nach einiger Zeit die nächsten Erschütterungen, vielleicht etwas größeren Ausmaßes, um vielleicht doch noch mehr Seelen wachzurütteln. Der Weg wird immer steiler, und die Bedrängnis der Menschheit wird immer größer. Alles zielt auf eine neue Geburt.

Jeder Mensch wird aufgerufen, sich neu zu entscheiden und zu bekennen – für oder wider den Herrn. »An meinem Namen scheiden sich die Geister«, hat Jesus gesagt, und so wird es sein bis zum Ende. Wer sich zu Gott bekehrt und sein Innerstes zu Ihm wendet, der wird leben in Ewigkeit. Wer aber weiter frevelt, wird untergehen.

Die neue Lehre kommt in mehreren Schritten. Der erste wird zeigen, daß nichts Irdisches beständig ist und daß Sinn und Erfüllung unseres Lebens nicht in den vergänglichen Werten, Dingen und Beziehungen der äußeren materiellen Welt, sondern allein in den ewigen Werten und Beziehungen der geistigen Welt zu finden sind. Es gibt keine Sicherheit und keinen Besitz in dieser Welt. Unsere einzige Sicherheit ist Gott, und unser einziger Besitz ist unser inneres Leben. Im zweiten Schritt wird uns der Charakter und die verblendende Wirkung der Illusion eröffnet. Der dritte wird uns auf uns selbst zurückwerfen und zur Selbsterkenntnis führen. Wir werden gezwungen, endlich in den Spiegel unseres Selbst zu schauen und das Gesicht unseres Ich im nüchternen Licht der ewiger Wahrheit zu betrachten. Bei all dem werden die Seligpreisungen unsere Wegweiser sein. Stufe um Stufe führen sie uns zum höchsten Ziel.

Kommen wir nun zum Inhalt der unsere Zeit betreffenden

Prophetien – zur Verkündigung des Gottesreiches auf Erden. Diese Verkündigung hat eine innere und eine äußere Dimension, und ich möchte mich hier zunächst mit der äußeren beschäftigen, um den Ablauf dieses großen Geschehens zu erhellen.

Betrachten wir zunächst die zusammenfassende Schau, die Jesus seinen Jüngern gab, als er noch auf Erden weilte. Bei Matthäus heißt es: »Als er sich aber auf dem Ölberg niedergesetzt hatte, traten die Jünger allein zu ihm und sprachen: ›Sag uns, wann wird dies geschehen? Und welches wird das Zeichen deiner Ankunft und des Weltendes sein?‹

Und Jesus antwortete und sprach zu ihnen: ›Sehet zu, daß niemand euch irreführe. Denn viele werden unter meinem Namen kommen und sagen: ›Ich bin der Messias‹, und werden viele irreführen. Ihr werdet aber von Kriegen und Kriegsgerüchten hören. Gebt acht, erschreckt nicht. Denn es muß so kommen, aber es ist noch nicht das Ende. Denn Volk wird sich gegen Volk erheben und Reich gegen Reich, und Hungersnöte und Erdbeben werden kommen da und dort. Aber das alles ist (nur) der Anfang der Wehen.

Dann werden sie euch der Drangsal überliefern und euch töten. Und ihr werdet von allen Völkern gehaßt werden um meines Namens willen. Und dann werden viele zu Fall kommen und einander überliefern und einander hassen. Und viele falsche Propheten werden auftreten und viele irreführen. Und weil die Gesetzlosigkeit überhandnimmt, wird die Liebe der Vielen erkalten. Wer aber ausharrt bis zum Ende, der wird gerettet werden.

Diese frohe Botschaft vom Reiche wird in der ganzen Welt verkündet werden zum Zeugnis für alle Völker. Und dann wird das Ende kommen.

Wenn ihr nun den Greuel der Verwüstung, von dem der Prophet Daniel spricht, an heiliger Stätte stehen seht – wer es liest, bedenke es wohl –, dann fliehe auf die Berge, wer in Judäa ist. Wer auf dem Dache ist, steige nicht hinab, seine Sachen aus dem Hause zu holen, und wer auf dem Felde ist, kehre nicht zurück, seinen Mantel zu holen. Wehe aber den Schwangeren und Stillenden in jenen Tagen! Betet aber, daß eure Flucht nicht in den Winter oder auf einen Sabbat falle. Denn dann wird eine große Drangsal sein, wie von Anfang der Welt bis jetzt noch keine gewesen ist und auch nicht mehr sein wird. Und wenn jene Tage nicht verkürzt würden, so würde kein Mensch gerettet werden. Aber um der Auserwählten willen werden jene Tage verkürzt werden.

Wenn dann jemand zu euch sagt: ›Sieh, hier ist der Messias‹, oder ›dort‹, so glaubt es nicht. Denn es werden falsche Messiasse und falsche Propheten auftreten und werden große Zeichen und Wunder tun, um, womöglich, auch die Auserwählten irrezuführen. Siehe, ich habe es euch vorhergesagt.

Wenn man also zu euch sagt: ›Sieh, er ist in der Wüste‹, so geht nicht hinaus, ›sieh, er ist in den Gemächern‹, so glaubt es nicht. Denn wie der Blitz vom Osten ausfährt und bis zum Westen leuchtet, so wird es mit der Ankunft des Menschensohnes sein. Wo das Aas ist, da sammeln sich die Geier.

Sogleich aber nach der Drangsal jener Tage wird die Sonne sich verfinstern, und der Mond wird seinen Schein nicht mehr geben, und die Sterne werden vom Himmel fallen, und die Kräfte des Himmels werden erschüttert werden. Und dann wird das Zeichen des Menschensohnes am Himmel erscheinen. Und dann werden alle Völker der Erde wehklagen, und sie werden den Menschensohn auf den Wolken des Himmels kommen sehen mit großer Macht und Herrlichkeit. Und er wird seine Engel aussenden mit lautem Posaunenschall, und sie werden seine Auserwählten sammeln von den vier Winden her, vom einen Ende des Himmels bis zum andern.

Vom Feigenbaum aber lernt das Gleichnis: Wenn sein Zweig schon saftig wird und die Blätter heraustreibt, dann erkennt ihr, daß der Sommer nahe ist. So sollt auch ihr, wenn ihr alles dies seht, erkennen: Er steht nahe vor der Tür. Wahrlich, ich sage euch: Dieses Geschlecht wird nicht vergehen, bis dies alles geschieht. Der Himmel und die Erde werden vergehen, meine Worte aber werden nicht vergehen. Jenen Tag aber und jene Stunde kennt niemand, auch nicht die Engel des Himmels, auch nicht der Sohn, sondern nur der Vater.

Denn wie die Tage Noachs, so wird die Ankunft des Menschensohnes sein. Denn wie sie in den Tagen vor der Flut aßen und tranken und freiten und sich freien ließen, bis zu dem Tage, da Noach in die Arche ging, und nicht zur Erkenntnis kamen, bis die Flut kam und alle hinwegriß, so wird es auch beim Kommen des Menschensohnes sein. Dann werden zwei auf dem Felde sein: Der eine wird aufgenommen, der andere zurückgelassen. Zwei mahlen an der Mühle: Die eine wird aufgenommen, die andere zurückgelassen.

Wachet also, denn ihr wißt nicht, an welchem Tage euer Herr kommt. Das aber sehet ein: Wenn der Hausherr wüßte, in welcher Stunde der Nacht der Dieb kommt, so würde er wachen und nicht in sein Haus einbrechen lassen. Darum seid auch ihr bereit, denn der Menschensohn kommt zu einer Stunde, wo ihr es nicht vermutet.« (Mt. 24.3-44.)

Bei Lukas heißt es: »Und als einige vom Tempel sagten, daß er mit schönen Steinen und Weihegeschenken geschmückt sei, sprach er: ›Was ihr da anschaut – es werden Tage kommen, da kein Stein auf dem anderen bleiben wird, der nicht weggerissen wird.‹ Sie fragten ihn aber: ›Meister, wann wird dies geschehen, und welches ist das Zeichen dafür, wann dies geschehen wird?‹

Er aber sprach: ›Seht zu, daß ihr nicht irregeführt werdet; denn viele werden unter meinem Namen kommen und sagen: ›Ich bin es!‹ Und: ›Die Stunde ist gekommen!‹ Lauft ihnen nicht nach! Wenn ihr aber von Kriegen und Aufständen hört, ängstigt euch nicht; denn das muß zuerst so kommen, aber es ist noch nicht sogleich das Ende.‹ Dann sprach er zu ihnen: ›Volk wird sich erheben gegen Volk und Reich gegen Reich, und große Erdbeben und Seuchen und Hungersnöte werden sein da und dort, und Schrecknisse und große Zeichen vom Himmel werden kommen.

Aber vor diesem allem wird man Hand an euch legen und euch verfolgen, indem man euch den Synagogen und Gefängnissen übergibt und vor Könige und Statthalter führt um meines Namens willen. Das wird euch Anlaß sein, Zeugnis zu geben. Prägt es darum euren Herzen ein, nicht im voraus auszusinnen, wie ihr antworten sollt; denn ich will euch Rede und Weisheit geben, der alle eure Widersacher nicht werden widerstehen oder widersprechen können. Ihr werdet aber sogar von Eltern und Brüdern, Verwandten und Freunden überliefert werden, und sie werden manche von euch töten, und ihr werdet von allen gehaßt werden um meines Namens willen. Aber nicht ein Haar von eurem Haupte wird verlorengehen. In eurer Ausdauer werdet ihr euer Leben gewinnen.

Wenn ihr aber Jerusalem von Kriegsheeren eingeschlossen seht, dann wisset, daß seine Verwüstung nahe ist. Dann fliehe in die Berge, wer in Judäa ist, und wer in (der Stadt) ist, ziehe hinaus, und wer auf dem Lande ist, gehe nicht hinein in sie; denn das sind die Tage der Rache, damit alles erfüllt werde, was geschrieben steht. Wehe den Schwangeren und Stillenden in jenen Tagen!

Denn es wird große Drangsal über das Land kommen und ein Zorngericht über dieses Volk. Sie werden fallen durch die Schärfe des Schwertes und als Gefangene unter alle Völker weggeführt werden. Jerusalem wird von den Völkern zertreten werden, bis die Zeiten der Völker erfüllt sind.

Und es werden Zeichen sein an Sonne, Mond und Sternen und auf Erden Angst unter den Völkern und Ratlosigkeit wegen des Tosens des Meeres und der Wogen. Und die Menschen werden vergehen vor Furcht und der Erwartung dessen, was über den Erdkreis kommen wird, denn die Kräfte des Himmels werden erschüttert werden. Und dann werden sie den Menschensohn in einer Wolke kommen sehen mit großer Macht und Herrlichkeit. Wenn aber dies zu geschehen beginnt, dann schauet auf und erhebt eure Häupter; denn es naht eure Befreiung.‹

Und er sagte ihnen ein Gleichnis: ›Betrachtet den Feigenbaum und alle Bäume! Sobald sie bereits ausschlagen, so erkennt ihr beim Blick darauf von selbst, daß der Sommer schon nahe ist. So sollt auch ihr, wenn ihr dies geschehen seht, erkennen, daß das Reich Gottes nahe ist. Wahrlich, ich sage euch: Dieses Geschlecht wird nicht vergehen, bis alles geschieht. Der Himmel und die Erde werden vergehen, meine Worte aber werden nicht vergehen.

Habt aber acht auf euch, daß eure Herzen nicht von Rausch und Trunkenheit und irdischen Sorgen belastet werden, damit euch jener Tag nicht unversehens überfalle, wie ein Fallstrick. Denn kommen wird er über alle, die das Antlitz der Erde bewohnen. Wachet also allezeit und betet, damit ihr imstande seid, all dem zu entrinnen, was da kommen wird, und zu bestehen vor dem Menschensohn.‹« (Lk. 21.5-36)

In diesen Texten wird uns das ganze Geschehen in mehreren Etappen nahegebracht, die wir nun einzeln betrachten wollen.

Zeit der Vorzeichen

Als erstes heißt es: »Ihr werdet von Kriegen und Kriegsgerüchten hören … Volk wird sich gegen Volk erheben und Reich gegen Reich.« (Mt. 24.6-7)

Jetzt, da in den meisten Ländern der Welt die Barrieren der totalitären (kommunistischen) Herrschaft gefallen sind (Ostblock, Sowjetunion) und die Völker nach jahrzehntelanger Unterdrückung erstmals wieder soziale Freiheit erleben und um ein neues Selbstverständnis ringen, erleben wir traurigerweise immer mehr nationale und ethnische Konflikte. Es kocht und gärt in den Seelen der Völker. Ethnische Minderheiten in Kroatien, Slowenien, Lettland, Georgien, Aserbaidschan, Bulgarien und vielen anderen Ländern kämpfen gegeneinander. Mit der neu gewonnenen Freiheit kommen die archaischen Schatten, die seit Urzeiten auf den Seelen der Völker liegen, an die Oberfläche. Es scheint, als nähmen die Söhne Kains und Abels und die »Söhne« und »Enkel« Noachs ihre vorsintflutlichen Konflikte wieder auf. Es ist, wie Jesus sagte: »Wie in den Tagen Noachs wird es sein, bevor der Menschensohn kommt.« Die Geschichte wiederholt sich. Die gleichen Konflikte, die gleichen Probleme begleiten uns so lange, bis wir sie an ihrer Wurzel gelöst haben. Das ist das Gesetz. Den Kern des Geschehens bilden umfassende Macht- und Kräfteverschiebungen, welche die ganze Welt betreffen. Die alten Machtstrukturen werden aufgehoben, und andere bilden sich unmerklich neu.

Bei all dem spielt der Konflikt im Vorderen Orient und im »Heiligen Land« eine besondere Rolle. Palästina, der »Judenstaat« und Jerusalem stehen im Brennpunkt der internationalen Spannungen. Israel und die arabische Welt, Bagdad und Jerusalem, aber auch die drei westlichen Konfessionen Judentum, Christentum und Islam liegen in Fehde miteinander. Es ist, als wären das Alte Israel und das Alte Babel auferstanden.

Die Gegensätze zwischen Kain, Abel und Seth, die Unterschiede zwischen Cham, Shem und Japhet, der ungelöste Konflikt zwischen Sarah und Hagar, Isaak und Ismael, Jakob und Esau und deren Erben brechen neu hervor. Hamiten, Shemiten und Japhetiten, Islam, Judentum und Christentum, jeweils drei Erben eines

Ursprungs, bekämpfen sich noch heute und finden nicht zueinander. Das ist das Gesetz von Karma und Reinkarnation, daß mit jeder Wiedergeburt all die alten Strukturen neu erstehen und all die alten Konflikte und Spannungen in den Seelen wiedererwachen, bis sie in ihren Wurzeln gelöst werden. Doch bevor sie gelöst werden können, müssen sie offenbar werden. Denn das Verborgene, das Unterschwellige kann weder erlöst noch verwandelt werden.

In der kommenden Endzeit werden die jahrtausendelangen Kriege und Konflikte zwischen Völkern, Nationen und Konfessionen, die ihren Ursprung in der vorsintflutlichen Zeit Noachs haben, »da die Erde voll war von Gewalttat« (Gn. 6.11), und in den Tagen des Turmbaues zu Babel, von da an die Völker einander fremd wurden, »daß einer die Sprache des anderen nicht mehr verstand« (Gn. 11.7) und sie »von dort (Babel) zerstreut wurden über die ganze Erde« (Gn. 11.9), erneut und mit voller Wucht ausbrechen, bevor sie endgültig gelöst werden.

Die Spannungen zwischen Babel und Jerusalem und die verkündete Schlacht von Harmagedon (bei Meggido) sind mehr als nur Zeichen und Symbole dieser endzeitlichen Turbulenzen. Alle Kriege und Konflikte unserer Zeit münden in sie. Aus Babylon, Jerusalem und Rom kommen jene Fäden, die sich in den Fehden der Völker zum gordischen Knoten verflochten haben.

Aus rein psychologisch-spiritueller Sicht gesehen, leben wir in einer Zeit großer Orientierungslosigkeit. Die alten Werte und Ordnungen zerbrechen, und eine neue Orientierung ist nötig. Doch welche Alternativen gibt es? Die Reserven an irdischer »Weisheit« sind nahezu erschöpft. Wir wissen, daß bisher noch jede auf materiellen Grundlagen beruhende Weltordnung versagt hat. Aber noch hindert ihre Blindheit Menschen und Völker, ihren Blick nach oben zu erheben, zu den Gestirnen des geistigen Lebens, den wahren Fundamenten des Himmels und der Erde.

Alle Welt schreit nach Licht und Erleuchtung, nach neuen Werten und einer starken Führung. Die Welt ist in einer höchst labilen Situation. Wer wird der Menschheit eine neue Ordnung bringen und einen neuen Weg weisen? Und auf wen sind wir bereit zu hören? Auf die Gesandten Gottes oder eher auf die klugen Schlangen, die in jener kritischen Zeit ihre Chance wittern?

Die Kräfte in uns und in den Seelen der Völker, die Mächte des Schicksals und die Gesetze von Ursache und Wirkung bilden die Zukunft. Die »Schrift«, sprich: das Gesetz des Karma, wird sich erfüllen. Im Anfang ist das Ende bereits versiegelt. Der Bogen will sich vollenden. »Erschrecket nicht, denn es muß so kommen.« (M. 24.6) All diese sozialen, politischen und ethnischen Umwälzungen finden vor dem Hintergrund wachsender Umweltschäden (Offb. 4-6) und klimatischer Veränderungen statt, die ihrerseits zu Naturkatastrophen, Mißernten (Offb. 4-6) und Hungersnöten führen. Auch in den Evangelien heißt es: »Hungersnöte und Erdbeben werden kommen da und dort ...« (Mt. 24.7) Und wir erleben sie zu Genüge überall auf der Welt – in Afghanistan, in Bangladesh, in Südamerika und nun auch in Rußland und verschiedenen anderen ehemaligen Sowjetrepubliken; Erdbeben in Aserbaidschan, Griechenland, Pakistan, Kalifornien und Indien.

»Aber all das ist nur der Anfang der Wehen.« (Mt. 24.8) All diese Umweltschäden, Klimaveränderungen, ethnischen Konflikte, Kriege, Hungersnöte und Erdbeben sind nur Einleitungsphasen, die uns wachrütteln möchten, damit wir uns im Geiste und in der Seele endlich besinnen. Wie lange haben wir Natur und Erde, Gott und einander mißachtet und rücksichtslos ausgebeutet! Wie lange haben wir alle Ethik und Ordnung des Lebens mit Füßen getreten! Nun antwortet die Natur. Selbst die Sonne reagiert auf den ethischen Mißstand auf unserer Erde. Leider sehen und verstehen die Menschen noch immer nicht, daß der ganze Kosmos ein lebendes Wesen ist. Jeder Stern, die Sonne und auch unsere Erde sind durch einen Lebensgeist beseelt. Alles ist mit allem verbunden. Jedes Lächeln geht einmal um die Welt. Wer eine Blume berührt, rührt an die Sterne, und wer sie pflückt, verändert das Universum.

Leider fühlen und wissen wir nicht mehr, daß nicht nur die Erde, sondern auch die Sonne auf all unsere Gedanken, Gefühle, Worte und Taten reagiert. Sonnenflecken und Pertuberanzen sind größtenteils durch unser Leben und Handeln hier bedingt. Und – wie wir wissen – sind sie es, die Erdbewegungen und Erdbeben mit auslösen. Was wir säen, das werden wir mit Sicherheit auch ernten. Jahrtausendelang haben wir gesät, und nun kommt die Zeit der Ernte.

»All das ist nur der Anfang der Wehen.« Dieser Satz will uns aufwecken und für das rüsten, was kommt. Gott will uns belehren, damit wir erkennen, wie nichtig all unsere Werke sind, aber auch, daß alles, was wir je gedacht, gesprochen oder getan haben – und sei es in noch so grauer Vorzeit – auf uns zurückfällt. Wir haben all das selbst zu verantworten und sind gerufen, endlich Verantwortung zu übernehmen – für unser Leben, die Erde und unser Tun gegenüber Gott und unserem Nächsten.

Erinnern wir uns: Als Kain seinen Bruder erschlagen hatte, fragte ihn Gott nach seinem Bruder, und Kain antwortete: »Weiß ich, wo mein Bruder ist? Bin ich denn meines Bruders Hüter?« Viele Menschen leben und handeln noch heute mit der gleichen Ignoranz. Aber Gott wird nicht nur das Blut, sondern auch all das Recht und Weh unseres Nächsten von uns fordern. (»Fordern will Ich von nun an das Blut seines Bruders von des Menschen Hand.«)

Alles in allem sehen wir, daß es höchste Zeit ist, uns innerlich zu rüsten, von allen Äußerlichkeiten zu lösen und unser Sein in Gott neu zu gründen. Nur so werden wir in der Lage sein, all die Drangsale und Prüfungen zu meistern, die uns bevorstehen. Die folgenden Gleichnisse Jesu gemahnen uns denn auch zur Wachsamkeit:

»Vom Feigenbaum aber lernt das Gleichnis: Wenn sein Zweig schon saftig wird und die Blätter heraustreibt, dann erkennt ihr, daß der Sommer nah ist. So sollt auch ihr, wenn ihr alles dies seht, erkennen: Er steht nah vor der Tür. Wahrlich, ich sage euch: Dieses Geschlecht wird nicht vergehen, bis dies alles geschieht. Der Himmel und die Erde werden vergehen, meine Worte aber werden nicht vergehen. Jenen Tag aber und jene Stunde kennt niemand, auch nicht die Engel des Himmels, auch nicht der Sohn, sondern nur der Vater.«

»Denn wie die Tage Noachs, so wird die Ankunft des Menschensohnes sein. Denn wie sie in den Tagen vor der Flut aßen und tranken und freiten und sich freien ließen, bis zu dem Tage, da Noach in die Arche ging, und nicht zur Erkenntnis kamen, bis die Flut kam und alle hinwegriß, so wird es auch beim Kommen des Menschensohnes sein. Dann werden zwei auf dem Felde sein: Der eine wird aufgenommen, der andere zurückgelassen. Zwei mahlen an der Mühle: Die eine wird aufgenommen, die andere zurückgelassen. Wachet also, denn ihr wißt nicht, an welchem Tage euer Herr kommt. Das aber sehet ein: Wenn der Hausherr wüßte, in welcher Stunde der Nacht der Dieb kommt, so würde er wachen und nicht in sein Haus einbrechen lassen. Darum seid auch ihr bereit, denn der Menschensohn kommt zu einer Stunde, wo ihr es nicht vermutet.«

»Wer ist also der treue und kluge Knecht, den der Hausherr über sein Gesinde gesetzt hat, um ihnen zur rechten Zeit Nahrung zu geben? Selig jener Knecht, den der Herr bei seinem Kommen so tun findet. Wahrlich, ich sage euch: Er wird ihn über seine ganze Habe setzen. Wenn aber jener schlechte Knecht in seinem Herzen spricht: ›Mein Herr läßt auf sich warten‹, und anfängt, seine Mitknechte zu schlagen und mit Trunkenen zu essen und zu trinken, so wird der Herr jenes Knechtes an einem Tage kommen, da er es nicht erwartet, und zu einer Stunde, die er nicht kennt. Und er wird ihn entzwei hauen und ihm seinen Anteil bei den Heuchlern geben. Dort wird Heulen und Zähneknirschen sein.«

»Dann wird das Himmelreich zehn Jungfrauen gleichen, die ihre Lampen nahmen und dem Bräutigam entgegen zogen. Fünf aber von ihnen waren töricht und fünf klug. Denn die Törichten nahmen zwar ihre Lampen, aber kein Öl mit sich. Die Klugen dagegen nahmen zu ihren Lampen auch Öl in Gefäßen mit. Als aber der Bräutigam auf sich warten ließ, nickten alle ein und schliefen. Um Mitternacht aber erscholl der Ruf: ›Siehe der Bräutigam! Kommt heraus, ihm entgegen!‹ Da standen jene Jungfrauen alle auf und machten ihre Lampen zurecht. Die Törichten aber sprachen zu den Klugen: ›Gebt uns von eurem Öl, denn unsere Lampen gehen aus.‹ Die Klugen aber antworteten: ›Es könnte für uns und euch nicht reichen. Geht lieber zu den Händlern und kauft euch.‹ Während sie aber zum Einkaufen weggingen, kam der Bräutigam; und die bereit waren, gingen mit ihm hinein zur Hochzeit, und die Tür wurde geschlossen. Später kamen auch die übrigen Jungfrauen und sagten: ›Herr, Herr, mach uns auf!‹ Er aber antwortete und sprach: ›Wahrlich, ich sage euch: Ich kenne euch nicht.‹ Wachet also, denn ihr kennt nicht den Tag noch die Stunde.«

»Denn es ist wie bei einem Mann, der, als er verreisen wollte, seine Knechte rief und ihnen sein Vermögen übergab. Dem einen gab er fünf Talente, dem anderen zwei, dem dritten eines, jedem nach seiner Fähigkeit. Dann reiste er ab. Sogleich ging der, der fünf Talente erhalten hatte, hin und arbeitete mit ihnen und gewann fünf andere dazu. Ebenso gewann der mit den zweien zwei andere dazu. Der aber das eine erhalten hatte, ging hin, grub ein Loch in die Erde und verbarg das Geld seines Herrn. Nach langer Zeit nun kam der Herr jener Knechte und rechnete mit ihnen ab. Da trat der, der die fünf Talente erhalten hatte, herzu, brachte fünf weitere Talente und sagte: ›Herr, fünf Talente hast du mir gegeben. Siehe, noch fünf weitere Talente habe ich gewonnen.‹ Da sprach sein Herr zu ihm: ›Recht so, du guter und getreuer Knecht, du bist über weniges treu gewesen, ich will dich über vieles setzen. Geh ein in die Freude deines Herrn!‹ Auch der mit den zwei Talenten trat herzu und sagte: ›Herr, zwei Talente hast du mir übergeben. Siehe, noch zwei weitere Talente habe ich gewonnen.‹ Da sprach sein Herr zu ihm: ›Recht so, du guter und getreuer Knecht, du bist über weniges treu gewesen, ich will dich über vieles setzen. Geh ein in die Freude deines Herrn!‹ Da trat auch der herzu, der das eine Talent erhalten hatte, und sagte: ›Herr, ich wußte, daß du ein harter Mann bist; du erntest, wo du nicht gesät, und sammelst, wo du nicht ausgestreut hast. Und ich fürchtete mich, ging hin und verbarg dein Talent in der Erde. Da hast du, was dir gehört.‹ Sein Herr aber antwortete und sprach zu ihm: ›Du schlechter und fauler Knecht. Du wußtest, daß ich ernte, wo ich nicht gesät, und sammle, wo ich nicht ausgestreut habe? Dann hättest du mein Geld auf der Bank anlegen sollen, und ich hätte bei meinem Kommen das Meine mit Zins zurückerhalten. Nehmt ihm also das Talent und gebt es dem, der die zehn Talente hat. Denn jedem, der hat, wird gegeben werden, und er wird Überfluß haben. Wer aber nicht hat, dem wird auch das, was er hat, genommen werden. Und den unnützen Knecht werft hinaus in die Finsternis draußen; da wird Heulen und Zähneknirschen sein.‹« (Mt. 24.32-36/24.37-44/24.45-51/25.1-13 und 25.14-30.)

Die zweiundvierzig Monate

Wenn aber all dies geschehen ist, kommt eine Zeit größter Bitternis und schwerster Prüfung über die Erde. »Dann werden sie euch der Drangsal überliefern ... Und ihr werdet von allen Völkern gehaßt werden um Meines Namens willen. Und dann werden viele zu Fall kommen und einander überliefern und hassen. Und viele falsche Propheten werden auftreten und viele irreführen. Und weil die Gesetzlosigkeit überhand nimmt, wird die Liebe der Vielen erkalten. Wer aber ausharrt bis zum Ende, der wird gerettet werden.«

Hier wird eine Zeit verkündigt, in der viele Menschen um des Namens Jesu willen gehaßt und verfolgt werden. Es wird eine Zeit der Prüfung sein für alle, die dem Papier oder ihrem inneren Glauben nach Jesus zugehören. Und es heißt: »Dann werden viele zu Fall kommen und einander überliefern.« »Selbst die Heiligen sollen zu Fall gebracht werden.«

Die Zeit, von der Jesus hier spricht, ist die Zeit des »Lügenpropheten« oder »Antichristen«. Daniel nennt sie das »vierte Reich«: »Es wird ein viertes Reich auf Erden erstehen, das von allen Reichen ganz verschieden ist. Es wird die ganze Welt verschlingen und sie zertreten und zermalmen.« (Dn. 7.23) Dieses Reich, das ein Reich wahnwitziger Ideologie, falschen Glaubens und einer skrupellosen Gewaltherrschaft ist, wird einen Führer (»König«) hervorbringen, »der von den früheren ganz verschieden sein« wird. (Dn. 7.24) »Selbst gegen den Höchsten (= Gott) wird er vermessene Reden führen; er wird die Heiligen (= die im Glauben an Gott und Christus festhaltenden Menschen) hart bedrücken und darauf sinnen, Festzeiten und Gesetze zu ändern. Und die Heiligen werden in seine Hand gegeben für eine Zeit, zwei Zeiten und eine halbe Zeit.« (Dn. 7.25) Das bedeutet: Dieses »vierte Reich«, das ein Reich ideologischer Gewaltherrschaft ist, wird versuchen, alle Menschen in seinen Bann zu ziehen. Es wird Menschen zwingen wollen, ihrem Glauben abzuschwören. Es wird einen selbstherrlichen Herrscher hervorbringen, der sich selbst vergöttert und dessen Haß sich vor allem gegen »die Christen« und gegen den »Judenstaat« (Dn. 11.16 und 11.41: das Prachtland) richtet. Dieses Reich wird *dreieinhalb Jahre lang* unsere

Erde beherrschen, und sein »Fürst« wird sich selbst zum Gott erheben.

All das wird in der Offenbarung des Johannes noch mehr verdeutlicht: »Und ich sah aus dem Meere ein Tier aufsteigen ... Und der Drache verlieh ihm seine Macht, einen Thron und große Gewalt ... Und die ganze Welt staunte hinter dem Tier her. ... und sie beteten das Tier an, indem sie sprachen: ›Wer ist dem Tier gleich und wer vermag mit ihm zu kämpfen?‹ Und es ward ihm ein Maul gegeben, um prahlerische und lästerliche Reden zu führen ... und es ward ihm die Vollmacht gegeben, zweiundvierzig Monate lang so zu treiben.« (Offb. 13.1-6)

Auch hier ist die Rede von zweiundvierzig Monaten, das sind dreieinhalb Jahre. So lange währt die Herrschaft des Antichristen (des »Tieres«) und seines (»vierten«) Reiches. Johannes weiß zu berichten: »Und es tat sein Maul auf zu Lästerungen wider Gott, um Seinen Namen zu lästern und Sein Zelt, das heißt diejenigen Menschen (die Kraft ihres Glaubens) im Himmel ihr Wohnzelt haben. Auch wurde ihm Macht gegeben, mit den Heiligen Krieg zu führen und sie zu besiegen. Ja, es wurde ihm Macht gegeben über jeden Stamm, jedes Volk, jede Sprache und jede Nation!« (Offb. 13.6-7)

Dieser Fürst (das »Tier«) hat einen Gehilfen, der ihm dient. Die Offenbarung nennt ihn das »zweite Tier«. Es bringt die Bewohner der Erde dazu, das erste Tier anzubeten ... wirkt große Zeichen und läßt sogar Feuer vom Himmel fallen vor den Augen der Menschen. ... Es beredet die Menschen der Erde, ein Bild des (ersten) Tieres anzufertigen ... Es bringt es fertig, daß alle, die Kleinen und die Großen, die Reichen und die Armen, die Freien und die Sklaven, sich ein Malzeichen auf ihrer rechten Hand oder ihrer Stirn anbringen, und daß niemand kaufen oder verkaufen kann, wenn er nicht das Malzeichen, nämlich den Namen des Tieres oder die Zahl seines Namens trägt.« (Offb. 13.11-17) Und um sämtliche Mißverständnisse auszuschließen, fügt Johannes hinzu: »Wer Verstand hat, rechne die (kabbalistische) Zahl des Tieres aus! Es ist nämlich die Zahl (des Namens) eines Menschen. (Und seine Zahl ist 666).« (Offb. 13.18)

Jeder, der seinen Glauben verleugnet und jeder, der dem Tyrannen, seinem Namen oder seiner Ideologie zuspricht, ob aus Feigheit oder aus Angst, aus Berechnung oder um seines Vorteils willen, bekennt sich damit zu dem Drachen, der des Herrschers Geist und Gebieter ist. Und der Drache, das ist ›die alte Schlange‹, die ›der Teufel‹ und ›der Satan‹ heißt, der die ganze Welt verführt.« (Offb. 12.9)

»Wenn jemand das Tier und sein Bild anbetet und das Malzeichen annimmt auf seiner Stirn oder auf seiner Hand, so soll er auch trinken vom Zornwein Gottes, der ungemischt eingeschenkt ist im Becher seines Zornes, und er soll gepeinigt werden mit Feuer und Schwefel vor den heiligen Engeln und vor dem Lamme ... und keine Ruhe werden sie haben Tag und Nacht, die das Tier anbeten und sein Bild, ebenso jeder, der das Malzeichen seines Namens annimmt.« (Offb. 14.9-11)

Das soll uns eine eindringliche Warnung sein. Das Heil unserer Seele steht auf dem Spiel! Erinnern wir uns deshalb an die Mahnung Jesu: »Wen sein Auge verführt, der reiße es aus; wen seine Hand verführt, der hacke sie ab, denn was nützt es dem Menschen, wenn er zwei Augen und zwei Hände hat, er aber Schaden nimmt an seiner Seele.«

Dreieinhalb Jahre werden auf uns herabkommen, in denen der Herr uns prüfen wird »auf Herz und Nieren«. (Offb. 2.23) »Wer aber standhält bis zum Ende, der wird gerettet werden.« (Mt. 24.13) Und Johannes schließt mit den eindringlichen Worten: »Hier ist die geduldige Ausdauer der Heiligen erforderlich, welche *die Gebote Gottes* halten und *den Glauben an Jesus* bewahren.« (Offb. 14.12). Wenn wir vor allem das erste Gebot: »Ich bin der Herr, dein Gott ... und dulde keine fremden Götter neben Mir« (Ex. 20.2-3) und die letzte Seligpreisung Jesu: »Selig, die verschmäht und verfolgt werden und denen alles Böse lügnerisch nachgesagt wird, um Meines Namens willen. Freut euch und frohlocket, denn euer Lohn ist groß im Himmel. Denn so haben sie auch die Propheten vor euch verfolgt« (Mt. 5.11-12) bedenken, wird uns reichlich Gelegenheit gegeben, uns im Glauben und in der Standhaftigkeit zu bewähren und obendrein unsere alte Schuld abzutragen.

Was hat Daniel uns über das Wirken des Tyrannen und seines Lügenpropheten zu sagen? Er weist vor allem auf zwei entscheidende Punkte hin: die Entweihung des Heiligtums und des »täglichen Opfers« sowie die Verwüstung Jerusalems. »Ja, es reckte sich empor bis zum Heer des Himmels (den Heiligen) und warf manche von dem Heere … auf die Erde und zertrat sie. Sogar bis zum Fürsten des Himmelsheeres erhob er sich. *Das tägliche Opfer* schaffte er ab und verwüstete die Stätte seines Heiligtums. … Ein Frevel wird an die Stelle des täglichen Opfers gesetzt. Die Wahrheit wird zu Boden gerissen. Und was es unternimmt, das gelingt ihm.« (Dn. 8.10-12)

»Siebzig Wochen sind für dein Volk (das Volk Daniels = Israel) und deine heilige Stadt bestimmt, bis dem Frevel ein Ende gemacht, die Sünde versiegelt und die Schuld gesühnt wird.« (Dn. 9.24) Später lesen wir: Nach allerlei Kriegen und Tyranneien »richtet er seine Absichten gegen den Heiligen Bund und verwirklicht sie auch«. (Dn. 11.28)

»… wieder wendet er seine Aufmerksamkeit denen zu, die bereit sind, den Heiligen Bund zu verlassen. Streitkräfte, die von ihm gesandt sind, treten auf, entweihen die Burg des Heiligtums, unterbinden das tägliche Opfer und errichten den Greuel der Verwüstung. Jene, die geneigt sind, am Bunde zu freveln, bringt er durch Schmeicheleien zum Abfall.« (Dn. 11.30-32) »Der König handelt nach seiner Willkür; er überhebt sich gegen jeden Gott und gegen den Gott der Götter redet er Vermessenes. Er achtet nicht einmal den Gott seiner Väter und den Liebling der Frauen.« (Dn. 11.36-37)

Wir müssen verstehen: Sowohl Rom und die Kirche als auch Jerusalem werden von den Heeren der Völker überrollt werden. Die Heidenvölker »werden die heilige Stadt (Jerusalem) zertreten zweiundvierzig Monate (= dreieinhalb Jahre lang)«. (Offb. 11.2) Aber auch Rom wird vernichtet werden. »Komm, ich will dir das Gericht der großen Hure zeigen, die an vielen Wassern sitzt. Die Könige der Erde haben mit ihr Unzucht getrieben … ich sah ein Weib auf einem scharlachroten Tier sitzen; das Tier … hatte sieben Köpfe … das Weib war in Purpur und Scharlach gehüllt und überladen mit Schmuck aus Gold und Edelgestein … ich sah das Weib trunken vom Blut der Heiligen und vom Blute der Zeugen Jesu. Und mein Staunen war groß bei seinem Anblick. Die sieben Köpfe sind sieben Berge, auf denen das Weib sitzt. Die Wasser, die du sahst, wo die Hure sitzt, sind Völker und Horden und Nationen und Sprachen. ... das »Tier« wird die Hure hassen und ausplündern bis zur Nacktheit ... Und das Weib, das du sahst, ist die große Stadt, die über die Könige der Erde die Herrschaft hat.« (Offb. 17.1-18)

Doch schließlich findet »das Weib« sein Gericht. »In einer einzigen Stunde ist das Gericht über dich gekommen.« (Offb. 18.10) »An einem einzigen Tag sollen (seine) Plagen kommen, Tod und Hunger und Trauer ... denn stark ist der Herr, Gott, der ihm das Urteil gesprochen hat.« (Offb. 18.8)

Jerusalem, Rom und Babylon werden ihr Gericht empfangen, aber Babylon soll vollends vernichtet werden. »Zuvor wird aber all dies erfüllt werden.«

»Das tägliche Opfer wird abgeschafft und an dessen Stelle ein Frevel errichtet werden.« Das tägliche Opfer, von dem hier die Rede ist, ist die heilige Eucharistie. Der »Frevel« der Unzucht soll siebzig Wochen dauern, dann kommt das Ende.

»Und ich sah ... Dämonengeister (aus dem Maul des Lügenpropheten), die ausziehen zu den Königen (Herrschern) der ganzen Welt, um sie zum Krieg zu sammeln für den großen Tag Gottes, des Allherrschers. ... Und er sammelte sie an dem Ort, der auf hebräisch Harmagedon heißt.« (Offb. 16.14-16)

Wenn sich die Heerscharen der Völker bei Harmagedon zum letzten Sturm auf das Prachtland und »gegen den Süden« sammeln, beendet Gott, der Herr, das Wüten des »Tieres«, »ohne daß eine Hand sich regt«. (Dn. 8.25, 9.27, 11.45) Zur gleichen Zeit wird Gott zwei Zeugen (Propheten) berufen, die während dieser zweiundvierzig Monate weltweiter Bedrängnis vor aller Welt die Geheimnisse Gottes verkünden. Sie werden alle Welt zur Umkehr rufen, die Menschen vor dem Fluch des »Tieres« warnen sowie die Ankunft des »Weltenendes« im »Gericht Gottes«, die Auferstehung der Erde und Jerusalems und die damit verbundene Ankunft des Menschensohnes und die Wiederherstellung des Reiches Gottes auf Erden verkünden. Bei Matthäus heißt es: »Diese *frohe Botschaft vom Reiche* wird in der ganzen Welt verkündet werden zum Zeugnis für alle Völker.« (Mt. 24.14)

Eine deutlichere Sprache spricht die Offenbarung und das Buch Daniel. » › ... sie werden die heilige Stadt zertreten, zweiundvierzig Monate lang. Und Ich (Gott) werde Meinen zwei

Zeugen Auftrag geben, und sie werden zwölfhundertsechzig Tage (= zweiundvierzig Monate = dreieinhalb Jahre) lang in Sackzeug gehüllt weissagen.‹ Dies sind die beiden Ölbäume und die beiden Leuchter, die vor dem Herrn der Erde stehen.« (Offb. 11.2-4) Beide sind heute schon unter uns und bereiten sich in ihrer Seele auf ihre große Mission vor. Wenn der Ruf an sie ergeht, werden sie aufstehen und ihre Stimmen erheben. Zur Erfüllung ihres Werkes verleiht Gott ihnen große Kraft. »Sie haben die Macht, den Himmel zu verschließen … in den Tagen ihrer Weissagung; auch haben sie Macht über die Wasser … und die Erde, sie mit jeglicher Plage zu schlagen, wann immer sie wollen.« (Offb. 11.6)

Die Botschaft, die sie verkünden, spricht von der Erfüllung des Heils und verschweigt nicht, daß der Weg dorthin durch Schmerz und große Drangsal führt.

Wenn sie aber »ihr Zeugnis vollendet haben, wird das Tier … sie besiegen und töten.« Und ihr Leichnam wird dreieinhalb Tage »auf dem Marktplatz der großen Stadt liegenbleiben, wo auch ihr Herr (Jesus) gekreuzigt worden ist. Aber man wird nicht dulden, ihre Leichname in ein Grab zu legen. Aber nach den dreieinhalb Tagen kam Lebensgeist von Gott in sie, und sie stellten sich auf ihre Füße, und große Furcht befiel die (ihre Feinde), die sie sahen. … (Da ertönte) eine mächtige Stimme aus dem Himmel, die ihnen sagte: ›Steiget hierher empor.‹ Und sie stiegen zum Himmel empor in einer Wolke.« (Offb. 11.7-13) Noch in derselben Stunde, in der das geschieht, kommt das Ende.

Schließlich wird uns sogar die Identität jener beiden Zeugen enthüllt. Und wer Verstand hat, wird sie erkennen. Am Ende der Bücher Daniels heißt es: »Du aber geh und ruhe, und du wirst dich erheben zu deinem Lose am Ende der Tage.« (Dn. 12.13) Und in der Offenbarung: »Du mußt nochmals weissagen über viele Völker, Nationen, Sprachen und Könige.« (Offb. 10.11)

Auch die Erfüllung der »Vision von der Frau mit dem Drachen« liegt in dieser Zeit der zweiundvierzigmonatigen Drangsal. Erneut wird eine »Magd des Herrn« aus Gott empfangen, um ein Kind zu gebären, das in seinen Tagen als Gottessohn offenbar und zum König Gottes auf Erden erhoben werden wird. »… sie gebar ein männliches Kind, das alle Völker (mit Gottes Strenge) weiden soll; und ihr Kind wurde entrückt zu Gott …« (Offb. 13.5) Die

Ankunft dieses Kindes und seine göttliche Mission wird uns auch in den Heiligen Schriften der Inder (Puranas) offenbart.

Doch bevor der Sieg des Lichts errungen sein wird, werden die auf die Erde geworfenen Mächte der Finsternis jener »reinen Magd« nachstellen, um ihr Kind gleich nach der Geburt zu töten – wie es auch bei der Geburt des Mose und Jesu war.

»Die Frau aber floh in die Wüste, wo sie eine von Gott bereitete Stätte hat, damit man sie dort erhalte zwölfhundertsechzig Tage lang.« (Offb. 13.6) »Da wurden der Frau die zwei Flügel ... gegeben, damit sie in die Wüste flöge an ihre Stätte, wo sie eine Zeit und zwei Zeiten und eine halbe Zeit erhalten wird vor der Schlange.« »... der Drache (= Teufel, die alte Schlange) ergrimmte wider die Frau und ging hin, um Krieg zu führen mit den übrigen ihrer Nachkommenschaft, mit denen, die die Gebote Gottes beobachten und am Zeugnis Jesu festhalten.« (Offb. 13.14-17)

Wir sehen: Die zweiundvierzig Monate des »vierten« (= »babylonischen«) Weltreiches und der Willkür des Antichristen (des »Tieres«) werden nicht nur eine Drangsal sein, sondern auch eine Zeit, in der die »Geheimnisse Gottes« offenbart werden und ein für die Weltherrschaft bestimmter Avatar oder Gottessohn geboren werden wird. Auch werden diejenigen, »die am Zeugnis Jesu« festhalten, sich stärker miteinander verbinden und jede Gelegenheit nutzen, vor aller Welt Zeugnis von ihrem Glauben abzulegen. Darüber hinaus wird in jener Zeit der Grundstein des Neuen Jerusalem gelegt und in den zu Christus berufenen Seelen gefestigt werden. Sinn und Zweck dieser Zeit der Drangsal liegen in der Prüfung, der Läuterung, der Reinigung und der Umkehr der Menschen. Für die Ungläubigen wird es eine Zeit des Gerichts werden, für die Gläubigen jedoch eine Zeit der Läuterung und der Bewährung.

»In jener Zeit erhebt sich Michael, der große Fürst, der einsteht für die Söhne deines (Daniels) Volkes (Israel), es ist eine Zeit der Bedrängnis, wie es keine je gab, seit Völker sind; ... zu jener Zeit wird dein Volk gerettet, alle, die sich im Buche des Lebens verzeichnet finden.« »... Viele werden hin und her irren, und der Frevel wird wachsen ...« »Fürwahr, in einer Zeit, zwei Zeiten und einer halben Zeit, dann geht dies alles in Erfüllung, wenn es mit dem zu Ende geht, der die Kraft des heiligen Volkes zerschlägt … Viele werden geläutert, gereinigt und erprobt, doch die Gottlosen freveln weiter, und keiner der Gottlosen kommt zur Erkenntnis; nur die Einsichtigen werden es verstehen. (Sie werden leuchten wie der Glanz des Firmamentes, und die, welche viele zur Gerechtigkeit geführt haben, wie die Sterne in alle Ewigkeit [Dn. 12.3].)« (Dn. 12.1-10)

»Es wird keine Zeit mehr sein, sondern in den Tagen der Stimme des siebten Engels, wenn er sich anschickt, die Posaune zu blasen, dann ist auch das Geheimnis Gottes vollendet, wie er es seinen Knechten, den Propheten, als Frohbotschaft verkündet hat.« (Offb. 10.6-7) »Von der Zeit, wo das tägliche Opfer abgeschafft und der Greuel der Verwüstung aufgestellt wird, sind es zwölfhundertneunzig Tage.« (Dn. 12.11)

Die Vorbereitungszeit und die Epoche der zweiundvierzig Monate ist auch als Zeit der Siegel, der Posaunen und der Zornesschalen bekannt. (Offb. 6-16.) Es ist die Zeit all der Plagen, die zur Prüfung, zur Läuterung, zur Umkehr und zum »Gericht« über diese Erde kommen. In diese Zeit fallen all die Naturkatastrophen, Epidemien, Hungersnöte, Kriege und sonstigen Drangsale, die in der Offenbarung als sieben Siegel-, sieben Posaunen- und sieben Schalengerichte verkündet sind.

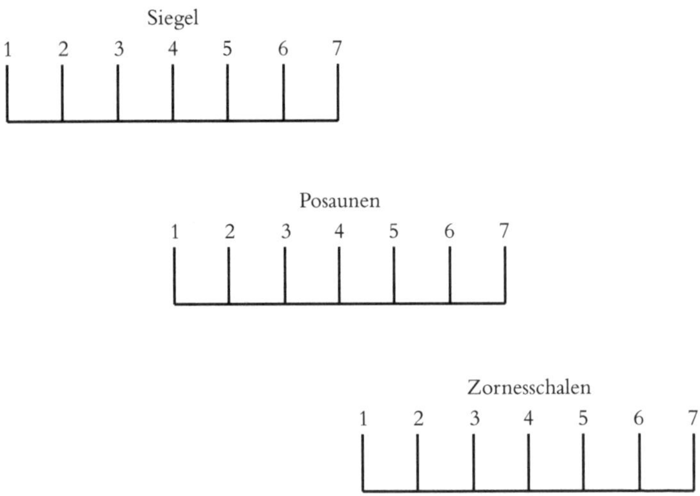

Obwohl die »Gerichte« in der Offenbarung wie eine ineinander geschachtelte Sukzession dargestellt sind, handelt es sich um synchrone Ereignisse. Die gleichen Geschehnisse werden in drei verschiedenen Linien dargestellt, die aber eine einzige Kette beschreiben.

Das Endgericht

Wenn die zweiundvierzig Monate vollendet sind, »wird das Ende kommen«. (Mt. 24.14) So verkündet Jesus es seinen Jüngern: »Wenn ihr nun den Greuel der Verwüstung, von dem der Prophet Daniel spricht (Dn. 9.27, 11.31, 12.11), an heiliger Stätte stehen seht – wer es liest, bedenke es wohl –, dann fliehe auf die Berge, wer in Judäa ist. Wer auf dem Dache ist, der steige nicht hinab, seine Sachen zu holen. ... Denn dann wird eine große Drangsal sein, wie vom Anfang der Welt bis jetzt noch keine gewesen ist und auch nicht mehr sein wird. Und wenn jene Tage nicht verkürzt würden, so würde kein Mensch errettet werden. Aber um der Auserwählten willen werden jene Tage verkürzt werden.« (Mt. 24.15-22) Und Lukas ergänzt: »Wenn aber dies zu geschehen beginnt, dann schauet auf und erhebet eure Häupter; denn es nahet eure Befreiung.« (Lk. 21.28)

Die Verkündigung dieses »Endes« ist der dramatische Abschluß jener dreieinhalbjährigen Drangsal, ein gewaltiger Einbruch des »Gottesgerichts« über unsere Erde, der zum einen die Epoche der Finsternis beendet und zum anderen dem Morgenrot einer neuen Ära des göttlichen Lebens auf Erden vorausgeht. Es ist jenes Geschehen, das in den prophetischen Büchern, im Talmud und auch im Koran als der große und schreckliche Tag des Herrn bezeichnet wird. An diesem Tag erhält die alte Welt den Todesstoß, um im Abgrund der Zeit zu versinken.

Die Vorzeichen, die diesem »Endgericht« unmittelbar vorausgehen, sind: die Entweihung des Heiligtums und die Aufstellung des *Greuels an heiliger Stätte*, der Truppenaufmarsch zu Harmagedon, schließlich das plötzliche Ende des Königs des Nordens (= des »Tieres« = des Antichristen) durch eine Flut (Dn. 9.26, 11.45; Offb. 19.19-21), der dreieinhalbtägige »Scheintod« der beiden Zeugen, deren Himmelfahrt und das gleichzeitige Erdbeben, das Jerusalem und den ganzen Vorderen Orient erschüttern wird. Unmittelbar darauf ertönt die siebente Posaune (Offb. 11.19), und die siebente Zornesschale (Offb. 16.17) wird ausgegossen. Die Heiligen Schriften nahezu aller großen religiösen Traditionen wissen davon zu berichten.

Beginnen wir mit den Worten Jesu: »Sogleich aber nach der Drangsal jener Tage wird die *Sonne* sich verfinstern, und der *Mond* wird seinen Schein nicht mehr geben, und *die Sterne werden vom Himmel fallen*, und *die Kräfte des Himmels werden erschüttert werden.*« (Mt. 24.29)

Die Verdeutlichung dieser Worte finden wir in der Offenbarung: »Und ich sah, als das sechste Siegel geöffnet wurde, da entstand ein großes Erdbeben, und *die Sonne wurde schwarz* wie ein härener Sack, und *der Mond wurde ganz wie Blut* und die *Sterne des Himmels fielen auf die Erde* ... Und *der Himmel schwand dahin wie ein Buch*, das man zusammenrollt. *Jeder Berg* und *jede Insel* wurden von ihren Plätzen weggerückt. ... gekommen ist *der große Tag seines Zornes*; wer kann da bestehen.« (Offb. 6.12-17) »Und als das *siebente Siegel* geöffnet wurde, trat eine Stille im Himmel ein wohl eine halbe Stunde lang ... Und ein anderer Engel kam ... und viel Räucherwerk wurde ihm gegeben, damit er es mit den *Gebeten aller Heiligen* ... vor dem Throne darbringe ... Und der Engel nahm das Rauchfaß, füllte es mit Feuer und schleuderte es auf die Erde. Da gab es *Donnerschläge* und *Stimmen* und *Blitze* und ein *Erdbeben.*« (Offb. 8.1-5) »Und der siebente Engel stieß in die siebente Posaune. Und es ertönten im Himmel mächtige Stimmen und sprachen: ›Nun ist das *Weltkönigreich unseres Herrn* und Seines Gesalbten aufgerichtet, und Er wird herrschen von Ewigkeit zu Ewigkeit.‹« (Offb. 11.15)

»Und es tat der Tempel Gottes im Himmel sich auf, und die *Lade Seines Bundes* wurde sichtbar in Seinem Tempel, und es entstanden *Blitze* und *Stimmen* und *Donnerschläge* und *Erdbeben* und *gewaltiger Hagel.*« (Offb. 11.19) »Und der siebente (Engel) goß seine *Schale* in die Luft aus: da kam eine mächtige Stimme aus dem Tempel und rief: ›Es ist geschehen.‹ Und es entstanden *Blitze* und *Getöse* und *Donner,* und es entstand ein großes *Erdbeben*, derart, wie noch keines entstand, seit es Menschen gibt auf Erden. Und die *große Stadt* fiel auseinander *in drei Stücke,* und die Städte der ›Heiden‹ stürzten ein. Und des großen Babylon wurde vor Gott gedacht (siehe Offb. 17, 18 und 19.1-4), um ihm den Becher des Weines seines grimmen Zornes zu reichen. Und jede Insel verschwand, und keine Berge waren mehr zu finden. Und ein gewaltiger *Hagel*, wie Zentner so schwer, geht vom Himmel auf die Menschen nieder ...« (Offb. 16.17-21)

Bereits Jesajah ruft: »Die Erde ist entweiht unter ihren Bewohnern, denn sie haben die göttliche Ordnung übertreten, das Recht verkehrt und den ewigen Bund gebrochen ... Wehe den Abtrünnigen, die abtrünnig handeln. ... Denn die Schleusen der Höhe öffnen sich, und *die Grundfesten der Erde erbeben.* Es berstet und zerbricht die Erde ... *Wie ein Trunkener taumelt* die Erde.« (Js. 24.5, 16, 18-20)

»An jenem Tage wird JHWH heimsuchen das Heer des Himmels (die gefallenen Engel) und die Könige der Welt auf der Erde. Der *Mond* wird erröten, und die *Sonne* wird sich schämen. Denn JHWH Zebaoth *tritt die Königsherrschaft an auf dem Berge Zion in Jerusalem.*« (Js. 24.21-23) »Der Himmel rollt sich zusammen wie ein Buch, all sein Heer welkt dahin, wie das Laub vom Weinstock fällt.« (Js. 34.4)

Und bei Lukas heißt es: »Und es werden Zeichen sein an *Sonne, Mond und Sternen* und auf Erden Angst unter den Völkern wegen des *Tosens des Meeres und der Wogen.* Und ... die Kräfte des Himmels werden erschüttert werden.« (Lk. 21.25-26) »Die Sonne soll verwandelt werden in Finsternis und der Mond in Blut, ehe denn da kommt der große und schreckliche Tag JHWHs.« (Joel 3.4)

Im Koran lesen wir: »Ich fürchte für euch die Pein eines gewaltigen Tages.« (Sure 7.59, Sure 11.26) »Im Namen Gottes, des Erbarmers, des Barmherzigen. Ich schwöre beim Tag der Auferstehung! Meint denn der Mensch, daß Wir seine Gebeine nicht zusammenfügen werden? Wir sind imstande, seine Fingerspitzen zurechtzubilden. (Vgl. Ezechiel 33) Doch der Mensch will voller Laster sein, sein Leben lang. Er fragt: ›Wann wird schon der Tag der Auferstehung sein?‹ Wenn dann das Augenlicht geblendet ist und der Mond sich verfinstert und *Sonne* und *Mond* miteinander vereinigt werden, an jenem Tag sagt der Mensch: ›Wohin nun fliehen?‹ Nein, es gibt keine Zuflucht. Zu deinem Herrn führt an jenem Tag der Weg ...« (Sure 75.1-12)

»Wenn die Sterne ausgewischt werden und der Himmel Risse aufweist, wenn die Berge zerstreut werden und wenn für die Gesandten (Gottes) die Zeit festgelegt wird ... Wehe denen an jenem Tag, die (die Botschaft Gottes) für Lüge erklären! ... Haben Wir nicht die Erde gemacht, zu sammeln die Lebendigen und die Toten. ... Das ist der Tag der Scheidung.« (Sure 77.8-15, 25, 38)

»Wahrlich, der Tag der Scheidung ist ein festgesetzter Termin. Am Tag, da in die Trompete geblasen wird und ihr in Scharen herbeikommt und da der Himmel geöffnet und zu weiten Toren gemacht wird und da die Berge versetzt und zu einer Luftspiegelung werden. Die Hölle liegt auf der Lauer ... Das ist der *Tag der Wahrheit.* Wer nun will, der *unternimmt die Rückkehr zu seinem Herrn.*« (Sure 78.17-21, 39)

Die indischen Puranas fassen die Ereignisse in höchst prägnanter Form zusammen. In der *Bhashkar Samhita* heißt es: »Das dunkelste aller Zeitalter steht noch bevor. In diesem Zeitalter werden Lügen, Betrug, Eitelkeit, Genußsucht und ähnliche Laster die Welt vollkommen beherrschen, so daß die niederen Begierden überall ausufern werden. Der geistige Halt der Menschen wird zerstört sein, die Frauen werden ihre Reinheit und ihre Tugendhaftigkeit verlieren und die Häuslichkeit zerstören. Und die Männer werden allein um materielle Gewinne streben und ihre Moral verlieren. Wenn die Menschheit auf ihren moralischen Tiefpunkt gefallen ist, dann werden sechs Tage und sechs Nächte Wasserfluten die Erde bedecken. Sodann wird die Kraft der Sonne brennen wie zwölf Sonnen und die Erde trocknen. Dann wird Dharma (die göttliche Ordnung) wiederkehren auf Erden und M ... wird ein Neues Zeitalter göttlicher Ordnung begründen. M ... wird es dann möglich sein, die Menschheit auf der Grundlage ewiger Wahrheit (Satya) und Erkenntnis (Vidya) zu leiten.« Ähnliches finden wir in den Vishnu und Shiva Puranas.

Auch diese Worte erinnern uns an die Verkündigung Jesu: »Wie in den Tagen Noachs, so wird es vor der Ankunft des Menschensohnes sein. Denn wie sie in den Tagen vor der Flut aßen und tranken und freiten und sich freien ließen, bis zu dem Tage, da Noach in die Arche ging, und nicht zur Erkenntnis kamen, bis die

Flut kam und alle hinwegriß, so wird es auch beim Kommen des Menschensohnes sein. Dann werden zwei auf dem Felde sein: Der eine wird aufgenommen, der andere zurückgelassen. Zwei mahlen an der Mühle: Die eine wird aufgenommen, die andere zurückgelassen.« (Mt. 24.37-41) Ja, die Grundfesten der Erde werden erschüttert werden, und ein Riß wird quer durch die Menschheit und mitten durch die Familien gehen. Geschieden werden die Menschen nach dem Maß der Gerechtigkeit.

»Und wenn jene Tage nicht verkürzt würden, so würde kein Mensch gerettet werden. Aber um der Auserwählten willen werden jene Tage verkürzt werden.« (Mt. 24.22) Die Puranas sprechen von einem sechstägigen Gottesgericht: »Sodann wird die Kraft der Sonne brennen wie zwölf Sonnen und die Erde trocknen. Dann wird Dharma (die göttliche Ordnung) wiederkehren auf Erden ...« Bei Jesajah ist es zwar nur die siebenfache Kraft der Sonne, aber das Geschehen um die Wiederherstellung der göttlichen Ordnung ist das gleiche: »Das Licht des Mondes wird dem der Sonne gleichen, und das Licht der Sonne wird siebenmal heller sein, wie das Licht von sieben Tagen, am Tage, da der Herr (JHWH) die Wunden Seines Volkes (Israel) verbindet und die Striemen seiner Schläge (unter dem zweiundvierzigmonatigen Toben der Heidenvölker) heilt.« (Js. 30.26)

Es scheint mir überflüssig, diese Worte zu deuten. Die Summe all dieser Botschaften läßt sich so zusammenfassen: »Die Menschen haben die Erde entweiht, die göttliche Ordnung übertreten und das Recht verkehrt.« (Js. 24.5) Obwohl Gott seit Jahrtausenden Seine Boten auf diese Erde entsendet, wollen die Menschen nicht auf sie hören und auf die Wege Gottes zurückkehren. »Sie wollten nicht darauf achten und zeigten einen störrischen Nacken und machten ihre Ohren taub, daß sie nicht hörten. Und ihre Herzen machten sie hart wie Diamant, daß sie dem Gesetz und den Geboten, die Gott ... ihnen gab, nicht folgten.« (Sach. 7.11-12)

Aber die ewige Weisheit lehrte uns: »Was wir säen, das werden wir ernten. Jede Tat hat ihren Preis. Wer mit dem Schwerte richtet, wird durch das Schwert umkommen. Denn das Gesetz muß sich erfüllen ... Und jeder muß seine Schulden bezahlen – auf Heller und Pfennig.« (Mt. 5.26) Bei Mose hören wir Gottes Wort an Israel: »ICH BIN der Herr, euer Gott; Ich dulde keine fremden Götter neben mir. Ich habe euch in Liebe erschaffen, daß ihr euch in Liebe heiligt (als heiliges Volk) und die Erde bepflanzet. Ihr aber suchet nur euren eigenen Sinn.« (2. Mose 20)

Jahrtausende des Ungehorsams, der Selbstsucht und der Gewalt haben die Erde verwüstet und das Leben entweiht. All unsere Werke aus früheren Leben kleben noch an uns, und unser Hochmut klagt uns ebenso an wie unser liebloses Herz. Das Blut Abels, des Gerechten, schreit zum Himmel, die Hilfe- und Schmerzensrufe der Gottgetreuen und die Gebete der Heiligen erfüllen Seine heiligen Hallen. »Wie lange, Herr, Du Heiliger und Wahrhaftiger Gott, soll es noch dauern, bis Du Gerechtigkeit übst und unser Blut rächst an den Bewohnern der Erde?« (Offb. 6.10) Und wir erinnern uns an das Gotteswort bei Paulus: »Ich bin der Herr und Gott: Die Rache ist Mein.«

Lange währet die Geduld Gottes: Er ruft und mahnt und gibt uns immer neue Chancen. Gott ist kein Tyrann und Sein Weg ist der Weg der Liebe. Aber bevor Er zuläßt, daß wir unsere Erde, unser Leben und unsere Seelen vollends zerstören, setzt Er unserem Treiben ein Ende. Laßt uns aufwachen und Verantwortung übernehmen. Denn die Zeit des Endes und der Tag Gottes sind nah. Dann wird Er Seine Gerechtigkeit ausgießen über die Erde und alle, die auf ihr wohnen, werden ihren Lohn empfangen. »Der Lohn folgt ihren Werken.« (Offb. 22.12) Ein kosmisches Ereignis wird die Erde erschüttern, und »sie wird wie ein Trunkener wanken«. (Js. 24.20) »Die Meere werden tosen und ihre Wogen die Länder überschwemmen.« (Lk. 21.25) »Inseln und Berge werden von ihrer Stelle rücken.« (Offb. 6.15-17) Und es wird scheinen, als fielen die Sterne vom Himmel. Denn die Bahn der Erde wird sich verändern. »Da werden viele vor Angst vergehen und in den Gewalten der Natur ihr Leben verlieren.« Die »sechs Tage völliger Finsternis« (Puranas) sind die Tage des Endes. Das ist das »Jüngste Gericht« oder die »Weinlese« des Herrn. Doch gleichzeitig mit dem Ton der letzten Posaune erklingt der Jubelruf des Heils: »Nun ist das Weltkönigreich unseres Herrn und Seines Gesalbten aufgerichtet, und Er wird herrschen von Ewigkeit zu Ewigkeit.« (Offb. 11.15)

Israels Errettung

Von Megiddo und Jerusalem wird ausgehen Sein Gericht. »Denn siehe, in jenen Tagen und zu jener Zeit, da ich wende das Geschick Judas und Jerusalems, da sammle ich alle Völker und führe sie ins Tal Josaphat (das Tal der Entscheidung = Harmagedon) und rechte dort mit ihnen ob meines Volkes und Erbteils Israel, daß sie es unter die Völker zerstreut, mein Land in Stücke gerissen und über mein Volk das Los geworfen haben.« (Joel 4.1-3)

»Sonne und Mond verfinstern sich und die Sterne verlieren ihren Glanz. Und JHWH läßt von Zion her Seinen Ruf erdröhnen, von Jerusalem her erschallt Seine Stimme, daß Himmel und Erde erbeben.« (Joel 4.15-16a)

»An jenem Tage werde ich darangehen, all die Völker zu vernichten, die gegen Jerusalem herangezogen sind. Aber über das Haus David und die Bewohner Jerusalems werde ich einen Geist der Erbarmung und des Gebetes ausgießen, und sie werden auf den blicken, *den sie durchbohrt haben*; Ihn werden sie betrauern, wie man trauert um den einzigen Sohn und bitter um ihn klagen, wie man klagt um den Erstgeborenen. An jenem Tag wird die Trauer zu Jerusalem groß sein wie die Klage in der Ebene von Megiddo (Harmagedon).« (Sach. 12.9-11)

»In derselben Stunde entstand ein großes Erdbeben, und der zehnte Teil der Stadt (Jerusalem) stürzte ein, und es wurden durch das Erdbeben siebentausend Personen unter den Menschen getötet; die übrigen gerieten in Schrecken und gaben dem Gott des Himmels die Ehre.« (Offb. 11.13)

»Für Sein Volk ist JHWH eine Zuflucht und für die Kinder Israels eine feste Burg.« (»Und ihr werdet erkennen, daß Ich JHWH, euer Gott, Bin, der auf Zion wohnt, Meinem heiligen Berg.«) (Joel 4.16-17)

In dieser Stunde kommt das Gericht Gottes über Israel und alle Völker der Erde. Jerusalem wird erbeben, und Babylon wird vernichtet. Und alle Augen sehen die Ankunft des Herrn. »Siehe, Er kommt mit den Wolken, und sehen wird Ihn jedes Auge, insbesondere die, die Ihn durchbohrt haben ...« (Offb. 1.7)

Da wird der Rest Israels Christus als seinen Erretter erkennen, wird auf sein Angesicht fallen und Ihn preisen als seinen Herrn.

Er wird auf Zion stehen und sammeln Hundertvierundvierzigtausend, von jedem Stamme Zwölftausend. Und sie werden sein »ein Volk und ein Hirte«.

Die Ankunft des Herrn und die Gründung des Reiches Gottes auf Erden

Unmittelbar im Anschluß an das sechstägige Gottesgericht, bei dem »die Grundfesten der Erde« und »die Kräfte des Himmels« erschüttert werden, so daß die alte (menschgemachte) Welt zerbricht, wird der Posaunenton des Gerichtes (*Din*) verstummen, und Friede wird einziehen auf Erden. Nachdem es das Ende der Drangsal durch die »Erschütterung des Himmels« verkündet hat, fährt das Matthäus-Evangelium mit den Worten fort: »Und dann wird das *Zeichen des Menschensohnes* am Himmel erscheinen. Und dann werden alle Völker der Erde wehklagen, und sie werden *den Menschensohn* auf den Wolken des Himmels kommen sehen mit großer Macht und Herrlichkeit. Und Er wird Seine Engel aussenden mit lautem Posaunenschall, und sie werden Seine Auserwählten sammeln von den vier Winden her, vom einen Ende des Himmels bis zum anderen.« (Mt. 24.30-31). Desgleichen heißt es in der Offenbarung: » ... Er kommt mit den Wolken, und schauen wird Ihn jedes Auge, insbesondere auch die, die Ihn durchbohrt haben, und wehklagen werden über Ihn alle Geschlechter der Erde. Ja. Amen.« (Offb. 1.7)

Diese beiden Textstellen verweisen auf zwei Dinge: zum einen auf das Erscheinen des für alle Welt sichtbaren Zeichens Christi (das Kreuz Jesu) am Himmel und zum anderen auf eine darauf folgende kollektive Entrückung der Seelen vor den »Thron Gottes« und »den Richterstuhl des Lammes«. In dieser inneren Entrückung wird allen Seelen offenbar, was sie »vorausgeschickt und was sie unterlassen haben«, wie der Koran sagt. Und mehr noch, sie werden vor das Kreuz von Golgatha entrückt werden, um dort im Licht der ewigen Wahrheit ihre eigene Gottlosigkeit und Ignoranz sowie deren Früchte zu erkennen. Zu Golgatha hat Christus Seinen Richtstuhl aufgestellt. Und hierhin werden alle Seelen und Völker der Erde geführt werden, um im Spiegel Seines Lichtes ihren eigenen Ursprung, ihren Abfall von Gott, ihren weiteren Wandel und dessen Früchte in der eigenen Seele wahrzunehmen. Das ist das eigentliche »Jüngste Gericht«. Bei Matthäus lesen wir: »Wenn aber der Menschensohn kommt in Seiner Herrlichkeit und alle Engel mit Ihm, dann wird Er Sich auf den Thron Seiner Herrlichkeit setzen, und alle Völker werden vor Ihm versammelt werden, und Er wird sie voneinander scheiden, wie der Hirte die Schafe von den Böcken scheidet. Und Er wird die Schafe zu Seiner Rechten stellen, die Böcke aber zu Seiner Linken.« (Mt. 25.31-32)

Der geistige Ort, an den die Seelen entrückt werden, ist Golgatha. Vor dem Kreuz Christi wird jedem offenbar werden, auf welcher Seite er steht (und stand). »Sehen werden Ihn alle Augen, insbesondere die, die Ihn durchbohrt haben.« »Und *wehklagen* werden über Ihn alle Völker« (Mt. 24.30) und »Geschlechter der Erde«. (Offb. 1.7) Denn sie alle werden erkennen, wie sie ihre Ohren vor dem Ruf Gottes verschlossen haben, wie sie in Selbstsucht und Ausschweifung lebten, den Nächsten übersahen, einander in blinder Gier ausbeuteten, wie sie die Liebe verwarfen, die göttliche Ordnung mit Füßen traten und in blinder Selbstgefälligkeit Sein Herz durchbohrten. Ja, Wehklagen wird sein, wenn den Menschen am Tage des Herrn all »die Werke ihrer Hände«, all »die Worte (Gedanken) ihrer Herzen« und all die Masken ihrer Heuchelei offenbar werden. Dann werden die einen weiterhin trotzen, während sich die andern beugen und ihre Herzen bekehren. Dann werden die Einsichtigen umkehren, und die Erwählten werden gesammelt werden »von den vier Winden her, vom einen Ende des Himmels zum anderen«. (Mt. 24.31)

Damit beginnt die Wiederherstellung der göttlichen Ordnung und des Reiches Christi auf Erden. Das ist die Zeit, in der Israel errettet und das Reich Gottes neu begründet werden wird. Viele gefallene Seelen werden in Seinem Licht zur Auferstehung gelangen, und der Herr wird »ausschütten Seinen Heiligen Geist über alles Fleisch … und es werden weissagen eure Söhne und eure Töchter, eure Ältesten werden Träume haben und eure Jünglinge Gesichte«. (Joel 3.1)

Es wird ein großer Sonnenaufgang sein, der Anbruch des Tages Gottes auf Erden, wie ihn die Offenbarung verkündet: »Und eine

Stimme kam vom Throne her und sprach: ›Preiset unseren Gott, ihr, Seine Knechte alle, ihr, die ihr Ihn fürchtet, ihr Kleinen und ihr Großen.‹ Und ich hörte etwas wie die Stimme einer großen Schar ... wie das Rollen starker Donner, die riefen: ›Halleluja. Denn der Herr, unser Gott, der Allherrscher hat die Königsherrschaft angetreten. Laßt uns jubeln und fröhlich sein und Ihm die Ehre geben; denn die Hochzeit des Lammes ist gekommen und Seine Gemahlin hat sich bereit gemacht. Und es ward ihr gegeben, sich zu kleiden in glänzend weißes Linnen.‹ Das Linnen nämlich sind die Rechttaten (guten Werke) der Heiligen. Und er sprach zu mir: ›Schreibe! Selig, die zum Hochzeitsmahl des Lammes geladen sind.‹« (Offb. 19.6-9)

Da werden Zion und Jerusalem auferstehen in ihrem ursprünglichen Glanze, und der Herr wird die Geretteten Israels sammeln auf Seinem heiligen Berg (Zion). (Offb. 14.1-4) Er wird Seinen Getreuen das Zepter der Herrschaft überreichen und ihnen geben als Könige zu herrschen über alle Völker der Erde. Zu jener Zeit wird JHWH Seine ewige Königsherrschaft antreten auf Zion. (Mich. 4.7) Dann »wird das Königtum und die Macht und die Größe aller Reiche unter dem Himmel dem Volk der Heiligen des Höchsten verliehen. Und Sein Königtum wird ewig währen, und alle Mächte werden Ihm dienstbar und ergeben sein.« (Dn. 7.27)

Desgleichen lesen wir in der Offenbarung: »Da ertönten im Himmel mächtige Stimmen und sprachen: ›Nun ist das Weltkönigreich unseres Herrn und Seines Gesalbten aufgerichtet, und Er wird herrschen von Ewigkeit zu Ewigkeit.‹« (Offb. 20.4) Dann wird auch das Geheimnis Gottes vollendet und das verlorene Vermächtnis des Herrn wiederhergestellt und eingesetzt werden auf Erden »zur Heilung und zur Speisung« aller Völker. Und dann wird ein großes Bauen, Werken und Wirken im Geiste Gottes beginnen. Die Klüfte zwischen den Menschen, Völkern und Nationen werden nicht mehr bestehen, sondern das Leben wird ein Leben in Eintracht und in Frieden sein. »Himmel und Erde, Engel und Mensch werden sich in Einheit verbinden. Nationen, Völker und Stämme, heute überall in der Welt zerstreut, werden wieder ein Volk sein, eine Sprache haben, und die Weisheit Gottes wird die Erde bedecken, wie die Wasser den See.« (Sohar)

»Dann werde Ich (Gott) den Völkern die reine Sprache (des Herzens) wiedergeben (die sie bei Babel verloren), daß sie alle den Namen JHWHs anrufen und Schulter an Schulter Ihm dienen.« (Zeph. 3.9) »Und es wird JHWH König sein über die ganze Erde; an jenem Tag wird JHWH einziger Herr sein und Sein Name einer.« (Sach. 14.9)

Dann ist das Alte vergangen, denn der »Fürst der Welt« wird gerichtet sein. Eine »Neue Erde« wird erstehen, und das Neue Jerusalem wird ihre geistige Mitte, ihr geistiges Zentrum sein. Wie Johannes ausrief: »Und siehe, da sah ich einen Neuen Himmel und eine Neue Erde. Denn der erste Himmel und die erste Erde sind vergangen, auch das Meer ist nicht mehr. Und die heilige Stadt, das Neue Jerusalem, sah ich herabsteigen vom Himmel von Gott her, bereitet wie eine Braut, die für ihren Mann bereitet ist.« (Offb. 21.1-2)

Das heißt, alle, die am Alten, an ihrer Abwendung von Gott, an ihrem Bunde mit der Schlange festhalten, werden in den Tagen des Gerichtes mit der alten Welt versinken. Wer nicht umkehrt, sich nicht von seinen früheren Werken, all »dem bösen Trachten seines Herzens« (Gn. 6.5) abkehrt, seinen Nacken nicht erneut unter den Willen Gottes beugt, sein ganzes Herz nicht in wahrer Einsicht und Demut wieder vor die Füße Gottes legt, der wird geistig nicht überleben. Die Einsichtigen aber und alle, die »am Zeugnis Jesu und an den Geboten des Herrn« (Offb. 14.12) festhalten, gelangen »zum geistigen Leben und zur Königsherrschaft mit Christus ... Das ist die erste Auferstehung.« (Offb. 20.4-5) Und alle, die zur Auferstehung gelangen, haben Anteil an der Wiederkunft des Herrn, an der Erstellung der Neuen Erde und am Himmlischen Jerusalem.

Die Vorzeichen erkennen

»Vom Feigenbaum aber lernet das Gleichnis: Wenn sein Zweig schon saftig wird und die Blätter heraustreibt, dann erkennt ihr, daß der Sommer naht. So sollt auch ihr, wenn ihr all dies seht, erkennen: Er steht nah vor der Tür.« (Mt. 24.32-33)

Wir sind also aufgerufen, die Handschrift Gottes an den Ereignissen der Zeit zu erkennen, damit wir uns innerlich für den großen Tag der Wiederkunft Christi rüsten können. Auch mögen wir die Geschehnisse dieser Tage genau betrachten, denn sie spiegeln einerseits die inneren Prozesse und Entscheidungen unserer Seele und erinnern uns andererseits an die trüben Tage unserer Vorzeit. Denn so wie sich die Geschichte der Vorzeit auf der Bühne der Welt wiederholt, wiederholt sie sich auch in unseren Seelen. Das längst Vergangene steigt erneut auf, um sein Gericht im Spiegel des Bewußtseins und im Licht Gottes entgegenzunehmen.

»Wahrlich, ich sage euch: *Dieses Geschlecht wird nicht untergehen, bis dies alles geschehen ist.*« (Mt. 24.34) »Der Himmel und die Erde werden vergehen, meine Worte aber werden niemals vergehen. Jenen Tag aber und jene Stunde kennt niemand, auch nicht die Engel des Himmels, auch nicht der Sohn, sondern nur der Vater.« (Mt. 24.35-36)

Ein christlicher Schriftsteller schreibt: »Wie sind die Bibelworte ›Dies Geschlecht wird nicht untergehen, bis daß dies alles geschehe‹ (Mt. 24.34) zu verstehen? Diese Worte sprach Jesus am Schluß seiner großen Zukunftsrede über das Endgericht. Sie wurden von den damals lebenden Menschen vielfach so aufgefaßt, daß noch ihre Generation das Ende erleben werde. Man glaubte, Jesus hätte sich die Verwirklichung dieser Endzeit und das Kommen des Gottesreiches nicht in weiter Ferne, sondern in unmittelbarer Nähe gedacht. ... Er wollte damit ausdrücken, daß alle zu seinen Lebzeiten im jüdischen (und auch römischen) Volk inkarnierten Menschenseelen, die seine Lehre nicht angenommen hatten oder ihn sogar lästerten, verspotteten und persönlich anfeindeten, heute zur Zeit des Endgerichtes wieder auf der Erde inkarniert sein würden, um sich endgültig für oder gegen die Gottesbotschaft entscheiden zu *müssen.*«

Wenn der Menschensohn wiederkommt, wird jedes Auge ihn sehen, »insbesondere die, *die ihn durchbohrt* haben. Und Wehklagen wird kommen über alle Geschlechter der Erde.« (Offb. 1.7) Das ist die Zeit des Gerichtes, in der allen Menschen und Völkern ihre Werke offenbart werden, damit sie eine Chance zur Umkehr, zur inneren Reinigung und zu einer Neugründung ihres Lebens haben. Jeder wird dann vor eine letzte und endgültige Entscheidung gestellt sein.

»Wie die Tage Noachs, so wird die Ankunft des Menschensohnes sein. Denn wie sie in den Tagen vor der Flut aßen und tranken und freiten und sich freien ließen, bis zu dem Tage, da Noach in die Arche ging und nicht zur Erkenntnis kamen, bis die Flut kam und alle hinwegriß, so wird es auch beim Kommen des Menschensohnes sein.« (Mt. 24.37-39) Diese Textstelle bedeutet zweierlei: Zum einen weist Jesus mit diesen Worten darauf hin, daß das moralische und geistige Elend der Menschen in der Endzeit genau so groß sein wird, wie es in den Tagen vor der Flut war, und daß die Menschen wie damals alle Mahnungen der Gesandten Gottes und der Heiligen aller Völker in den Wind schlagen werden. Jeder wird sich selbst und seinen Gedankenbildern am nächsten, dem Worte Gottes aber fern sein. Die Menschen werden sich hohnlachend über Gott und Seine Weisung hinwegsetzen und in Genußsucht, Sittenlosigkeit und Unmoral leben. So war es zu Zeiten Noachs, und so ist es heute, am Vorabend des Jüngsten Tages!

»Im Namen Gottes, des Erbarmers, des Barmherzigen. Wir haben Noach zu seinem Volk gesandt: ›Warne dein Volk, bevor eine schmerzhafte Pein über sie kommt.‹ Er sagte: ›O mein Volk, ich bin euch ein deutlicher Warner: Dienet Gott und fürchtet Ihn, und gehorchet mir, dann vergibt Er euch etwas von euren Sünden und stellt euch zu einer bestimmten Frist zurück. Die Frist Gottes, wenn sie eintrifft, kann nicht aufgeschoben werden, wenn ihr es nur wüßtet!‹

Er sagte: ›Mein Herr, ich habe mein Volk bei Nacht und bei Tag gerufen. Mein Rufen hat sie aber nur in ihrer Flucht bestärkt. Sooft ich sie rief, damit Du ihnen vergibst, steckten sie ihre Finger in die Ohren, hüllten sich in Gewänder, blieben verstockt und verhielten sich sehr hochmütig. Dann richtete ich an sie den Ruf öffentlich. Dann sprach ich zu ihnen offen und im Geheimen. Ich sagte: Bittet euren Herrn um Vergebung – Er vergibt ja viel –, dann wird Er den Himmel über euch ergiebig regnen lassen und euch mit Vermögen und Söhnen beistehen, für euch Gärten machen und für euch Bäche machen.‹«

»Noach sagte: ›Mein Herr, sie sind gegen mich ungehorsam geworden und sind einem gefolgt, der durch sein Vermögen und seine Kinder nur noch größeren Verlust hat. Und sie haben ungeheure Ränke geschmiedet.« (Koran Sure 71.1-12; 21-22)

Erst kürzlich hörte ich, wie ein Geschäftsmann laut seine Devise verkündete: »Mit Ehrlichkeit kommt man heute nicht weit, das müssen Sie doch einsehen. Die Menschen wollen sündigen, und ich offeriere ihnen, daß sie, wenn sie sündigen, *gut* sündigen mögen, qualitätsbewußt. Das ist meine Philosophie.« Welch ein Mißbrauch dieses erhabenen Wortes. Doch damit nicht genug. Ein paar Wochen zuvor berief ich mich in einem Gespräch mit einem Verkäufer, der offensichtlich log und betrog, auf schlichte Menschlichkeit, woraufhin er zornig ausrief: »Ich bin kein Mensch!« Auf meine Rückfrage, ob er denn ein Teufel oder eine Maschine sei, nahm er letzteres für sich in Anspruch. So viel zynische Blasphemie war mir bis dahin persönlich noch nie begegnet.

Wenn wir die Augen öffnen, erkennen wir genau, in welch schwarze Dunkelheit unsere Erde heute eingehüllt ist. Zum anderen weist Jesus, wenn er über seine Wiederkunft spricht, auf einen inneren Zusammenhang zwischen der Zeit Noachs und der Zeit seines Kommens hin. Wenn Jesus unsere Zeit mit der Zeit vor der Flut vergleicht, so tut er dies nicht nur wegen einer beiläufigen Ähnlichkeit der beiden Weltlagen, sondern im vollen Bewußtsein und mit der Absicht, den Zusammenhang des Heutigen mit dem Damaligen hervorzuheben.

Das Gesetz von Ursache und Wirkung, von Sündenfall und Erlösung, mit anderen Worten: von Karma und Wiedergeburt, impliziert ein weiteres Gesetz, nämlich: »Wie das Ende (des Guten) ist, so wird der Anfang (= die Wiederkehr des Guten) sein. Und wie der Anfang (des Übels) ist, so wird das Ende (= sein Untergang) sein.« Bezogen auf die konkrete Struktur unserer Geschichte heißt dies: »Wie es in den Tagen Noachs war, wird es in der Zeit des Kommens des Menschensohnes sein.« So wie das Reich Gottes unterging und das Übel seinen Aufstieg feierte, wird das Übel enden und das Reich Gottes seine triumphale Wiederkehr erleben! Anfang und Ende sind gesetzmäßig verknüpft.

Und so stehen – wie bereits erwähnt – der Fall der Menschheit vor der Sintflut, das Mysterium von Golgatha und die Wiederkunft Christi in einem kausalen und finalen Zusammenhang miteinander, den wir noch weiter durchleuchten werden. Grundsätzlich aber gilt: Der Untergang der alten Welt ist ebenso in Gott besiegelt wie der Beginn der Neuen Erde.

Mahnung zur Wachsamkeit

»Wachet also, denn ihr wißt nicht, an welchem Tage euer Herr kommt. Das aber sehet ein: Wenn der Hausherr wüßte, in welcher Stunde der Dieb kommt, so würde er wachen und nicht in sein Haus einbrechen lassen. Darum seid auch ihr bereit, denn der Menschensohn kommt zu einer Stunde, wo ihr es nicht vermutet.« (Mt. 24.42-44) Und: »Habt acht auf euch, daß eure Herzen nicht von Rausch und Trunkenheit und *irdischen Sorgen* belastet werden, damit euch jener Tag nicht unversehens überfalle, wie ein Fallstrick. *Denn kommen wird er über alle, die das Antlitz der Erde bewohnen.* Wachet also allezeit und betet, damit ihr imstande seid, all dem zu entrinnen, was da kommen wird, und zu bestehen vor dem Menschensohn.« (Lk. 21.34-36) »Wachet also, denn ihr wißt nicht, wann der Herr des Hauses kommt, ob am Abend oder um Mitternacht oder beim Hahnenschrei oder frühmorgens, damit ihr nicht, wenn Er unvermutet kommt, euch schlafend finde. Was ich aber euch sage, das sage ich allen: ›Wachet!‹« (Mk. 13.35-37)

Innere Wachsamkeit und rechte innere Ausrichtung bilden die Basis der Jüngerschaft und des inneren Weges. Die »Bewachung der Sinne« (Sanskrit: *pratyahara*, griechisch: *phylake, prosoche*), die »Bewahrung der Zunge und der Lippen« (Ps. 39.2) und die »Bewahrung des Herzens«, die uns davor behütet, in Anfechtung zu geraten, sind die beständige Übung aller Jünger, Yogis und Adepten und in den Zeiten der Bedrängnis besonders dringend angezeigt. Denn wer nicht über sein Herz wacht, läuft Gefahr, unbemerkt von den dunklen Regungen seines unbewußten Wesens überfallen und in Besitz genommen zu werden. Wir alle wissen, wie leicht sich der Mensch von seinen Gewohnheiten, Neigungen und Emotionen hinreißen läßt, wenn er nicht beständig ein wachsames Auge darauf hat. Der Schatten, den wir verdrängen, wird uns zum Fallstrick. Deshalb sagt das Sprichwort: »Der Teufel schläft nicht.« Wir können uns vor seinem Zugriff auf unsere Seele nur schützen, indem wir unser Herz und unsere Sinne bewachen.

Diese Wachsamkeit ist eine Grunddisziplin des geistigen Yoga und aller geistigen Traditionen in Ost und West. Wer Meister seiner selbst werden und den Sieg des Lichts erringen will, ist gerufen, sich in jenem wachen Wahrnehmen zu üben, das ihm erlaubt, den Überblick über das innere und äußere Geschehen zu bewahren. Nur wenn wir uns unserer Seelenwirklichkeit mit all ihren Motiven, Regungen, Wünschen, Vorstellungen, Gedanken und Emotionen bewußt sind, können wir unterscheiden und wählen, welche davon wir überwinden und welche wir zum Ausdruck bringen möchten. Nur so werden wir uns vor Anfechtungen bewahren und in der Stunde der Bewährung standhalten können.

Zusammenfassung der Etappen

Der Weg von Golgatha bis zur Errichtung des Gottesreiches auf Erden führt über vier Etappen. Die *erste* und weitaus längste *Etappe* ist die des Weltenmonats Fische. Sie beginnt mit der Aussendung der zwölf Apostel in die verschiedenen Teile der Welt. »Gehet hin und lehret alle Völker«, hatte Jesus ihnen befohlen. Und nachdem sie den Heiligen Geist von ihm empfangen hatten, schickte er sie hinaus in die Welt, auf daß sie nach dem Willen des Vaters die Botschaft Jesu, also sein Evangelium, zu den Menschen brächten. Darüber hinaus brachten sie den Völkern aber auch den Heiligen Geist und lehrten sie den Weg der Liebe und der Verwirklichung, den ihr Meister ihnen gezeigt hatte und den sie auch selbst gegangen waren. *Petrus* ging nach Rom, *Andreas* nach Griechenland, *Thomas* über Ägypten und Persien nach Indien, *Matthäus* nach Ägypten und Äthiopien, *Philip* durchkreuzte Asien, *Nathanael* gründete eine Gemeinde in Äthiopien und starb den Märtyrertod in Armenien. *Jakobus* landete in Spanien, *Johannes* blieb in Kleinasien, *Judas Thaddäus* wirkte in Odessa, Syrien und Phönizien. Auch er starb den Märtyrertod, und zwar in Persien. *Simon Zelotes* blieb zunächst in Palästina, gelangte aber schließlich nach England, wo auch Josef von Arimathäa wirkte. Allein *Jakobus der Gerechte* blieb in Jerusalem und war bis zu seiner Steinigung im Jahre 62 das Oberhaupt der Gemeinde in Jerusalem. Wie Jesus verkündet hatte, starben elf der zwölf Apostel eines gewaltsamen Todes. Sechs wurden gekreuzigt, die übrigen gesteinigt oder auf andere Weise getötet. Nur Johannes starb eines natürlichen Todes!

Mit den Aposteln begann die »Evangelisierung der Welt«. Durch sie wurde die Botschaft Christi in aller Welt bekannt und begann, auch durch die Symbole der Eucharistie, tief in das Unbewußte der Menschenseelen einzudringen. Auch wenn nur wenige Menschen die Verwirklichung des Christusbewußtseins erlangt hatten, war zumindest das geschriebene Wort und damit die Botschaft des Alten und des Neuen Testamentes in aller Welt bekannt geworden. So wie die Botschaft der Veden, des Buddhismus und des Islam, gehört auch die Botschaft Christi zum universellen Geistesgut unserer heutigen Welt, und es gibt wohl kaum ein Volk auf der Erde, das nicht vom Wirken Jesu und von seinem Tod am Kreuz gehört hätte.

Im Zeitalter der Fische formte sich das Tiefenbewußtsein der Menschen und die Saat der Botschaft Christi konnte langsam bis auf den Grund der Seelen sinken. Noch liegt die Saat brach und ruht als latentes Gut in vielen Seelen. Aber es braucht nur des erweckenden Geistimpulses, um die Saat aufbrechen und wachsen zu lassen. Genau das erleben wir seit einigen Jahrzehnten mit der verstärkten Einstrahlung des Christusgeistes auf unsere Erde.

So wie in den revolutionären Bewegungen der letzten beiden Jahrhunderte und vor allem im Ruf der Französischen Revolution nach Freiheit, Gleichheit und Brüderlichkeit der archaisch-uranische Impuls des anbrechenden Wassermannzeitalters zum Durchbruch kam, der nahezu alle weltlichen Monarchien hinwegschwemmte und schließlich ins andere Extrem, nämlich eine Diktatur der Massen, umschlug, erleben wir heute das zunehmende Erwachen einer spirituellen Suche, vor allem in der abendländischen Welt.

Gleichzeitig haben die rasante technologische Entwicklung und das ebenfalls rasante Bevölkerungswachstum zu einem völlig neuen Bewußtsein auf unserer Erde beigetragen. Moderne Transport- und Kommunikationsmittel haben die Völker der Erde immer näher zusammenrücken lassen. Während die Menschen noch vor wenigen Jahrhunderten nur wenig Möglichkeiten hatten, etwas über die Sitten und Gebräuche in fernen Ländern zu erfahren, wissen sie heute binnen weniger Stunden, was in den fernsten Winkeln unserer Erde geschieht, und können es sogar auf den Bildschirmen ihrer Fernsehgeräte beobachten. Auf diese Weise sind sich Völker, Sprachen, Religionen und Kulturen zwar irgendwie nähergekommen, aber die Herzen der Menschen sind immer noch weit voneinander entfernt. Wir leben in einer Zeit, in welcher der Friede unter den Menschen und die »politische« Einheit unserer multinationalen Welt weder ein technisches noch ein technologisches oder wirtschaftliches Problem darstellen. Für die Verwirklichung eines solchen Schritts fehlt nur die seelisch-geistige Grundlage, sonst nichts. So wird uns heute immer wieder schmerzlich bewußt, daß die Menschheit abgrundtief zerstritten ist – und das, obwohl wir deutlicher denn je erkennen, daß wir alle eine große Familie sind. Die Verwirklichung der höheren Vernunft und der verantwortungsbewußten Reife, die dem Signum des Wassermann so wesenhaft zugehören, steht noch aus.

Die zweitausend Jahre im Zeichen der Fische waren der Formung der untergründigen Anlagen und Potenzen unserer Seelen sowie – nun unter dem wachsenden Einfluß des Uranus – der technologischen und strukturellen Vernetzung und Vereinheitlichung unserer multinationalen Welt gewidmet. Erst der universelle Durchbruch des Christusimpulses kann und wird die darin angelegten Möglichkeiten einer brüder- und schwesterlichen Menschheit unter der »einheitlichen Weltregierung Gottes« zur Entfaltung bringen.

Die *zweite* Etappe ist die Zeit der *Vorzeichen* Seiner nahen Wiederkunft. Es ist eine Zeit großer sozialer und politischer Umbrüche und auch der inneren Öffnung. Viele totalitäre Regime kommen zu Fall, viele Menschen erlangen ihre individuelle Freiheit zurück und sind erneut zu Eigenständigkeit und Eigenverantwortung vor Gott gerufen. Mit der zunehmenden Öffnung kommen auch die alten, lang verdrängten Schatten, die Selbstsucht und der Materialismus wieder stärker an die Oberfläche.

Es ist eine Zeit der Vorbereitung. Die Wachsamen kehren um zu Gott, läutern sich und bereiten ihre Seele auf das Gericht und die Ankunft des Herrn vor. Gleichzeitig formieren sich die Kräfte der Endzeit. Alte, noch nicht bewältigte Konflikte brechen auf, und der irrationale Haß zwischen den Völkern und Nationen, der seit dem Turmbau zu Babel in ihren Seelen brennt, keimt neu auf. Das alte Babylon steht neu auf aus dem Abgrund der Zeit, der Konflikt um Israel spitzt sich zu, und auf der Weltenbühne werden alle Akteure wie von unsichtbarer Hand zurechtgerückt. Alles bereitet sich auf den letzten Akt der Weltgeschichte vor.

Dann, ganz unversehens, erscheint der Antichrist auf der Bühne der Geschichte, nutzt das politische und militärische Vakuum sowie die Orientierungslosigkeit vieler Menschen und gewinnt dreieinhalb Jahre lang Macht über die ganze Welt. Das ist die *dritte Etappe*: die Zeit der zweiundvierzigmonatigen Drangsal. Dies ist eine Zeit großer Bedrängnis für alle gläubigen Menschen, vor allem für die Gemeinschaft Jesu und das gläubige Judentum. Es ist auch die Zeit, in der *sich die Geister scheiden* und der *Kampf zwischen den Kräften des Lichts und den Kräften der Finsternis* zuspitzt.

Ein Riß wird sich durch die ganze Menschheit, durch alle Völker, Länder und Nationen, ja sogar mitten durch die Familien ziehen. Diese Polarisierung ist notwendig und spiegelt den Kampf zwischen Michael und Luzifer wider. Alles mündet schließlich in den Aufmarsch der Streitkräfte des Antichristen auf Harmagedon vor den Toren Jerusalems. Kaum aber sammeln sich die Kräfte des »Tieres« zum großen Schlag, da entfesselt Gott die Kräfte des Himmels und führt sie ihrer Vernichtung entgegen.

»Und ich sah den Himmel geöffnet, und siehe: ein weißes Roß, und der darauf reitet, heißt Treu und Wahr, und mit Gerechtigkeit hält er Gericht und führt Krieg. Seine Augen aber sind flammende Feuer, und auf seinem Haupte trägt er viele Diademe und einen Namen geschrieben, den niemand kennt als nur er selbst. Und angetan ist er mit einem blutgetränkten Mantel und sein Name wird genannt: *das Wort Gottes*! Und es folgen ihm die Heerscharen, die im Himmel sind, auf weißen Rossen, angetan mit weißem, reinen Linnen. Und aus seinem Munde geht ein scharfes Schwert hervor, auf daß er mit ihm die Völker schlage. Und er selber wird sie weiden mit einem eisernen Stab, und er selbst tritt die Weinkelter des grimmen Zornes Gottes, des Allherrschers. Und auf seinem Mantel, und zwar auf seinem Schenkel trägt er einen Namen geschrieben: König der Könige und Herr der Herren ...

Und ich sah das Tier und die Könige (Herrscher) der Erde und ihre Heere versammelt, um Krieg zu führen mit dem, der auf dem Rosse sitzt, und mit seinem Heere. Und das Tier ward ergriffen und mit ihm der Lügenprophet, der vor ihm die Wunderzeichen gewirkt hatte, womit er die verführte, die das Malzeichen des Tieres angenommen und sein Bild angebetet hatten. Lebendig wurden sie in den Feuerpfuhl geworfen, der von Schwefel brennt. Und die übrigen wurden mit dem Schwerte getötet, das aus dem Munde dessen hervorging, der auf dem Rosse sitzt.« (Offb. 19.11-21)

Das ist der Auftakt zur *vierten Etappe*, der Auftakt zum Ende. Dieses Ende ist das Endgericht, das über Himmel und Erde kommt und dem sich kein Bewohner der Erde entziehen kann! Das sind die *sechs Tage*, in denen die »Grundfesten der Erde erschüttert« werden, die Erde selbst »beben« und »taumeln wird wie ein Trunkener«, die Meere aber tosen, die Inseln und die Berge von ihren Stellen gerückt und die Kräfte des Himmels erschüttert werden. Da werden alle Völker der Erde gerichtet, Satan und seine Trabanten gebunden und die Erde von all dem Übel der Bosheit, der Unzucht und der Lüge, von Götzendienst, Ausbeutung und Gewalt gereinigt werden. Und alle Relikte der alten Welt werden endgültig beseitigt.

Erst nach dem Untergang der »alten Erde« beginnt der Aufgang des Lichts, und Frieden wird sein auf Erden. Zuerst werden die Auserwählten gesammelt, und dann beginnt der gemeinsame Aufbau einer neuen Welt der Brüderlichkeit und der Liebe unter der Regentschaft und Führung der Heiligen Gottes. Das ist die *fünfte Etappe*: die Gründung des tausendjährigen Reiches.

X. Die Vollendung des Geheimnisses Gottes

Der Grundstein des Neuen Jerusalem

Das Vermächtnis JHWHs an Zion und durch Zion an ganz Israel und durch Israel für alle Völker, der Lichtstein, den Seth, der dritte Sohn Adams, aus dem Paradies mitnahm, dem all die schöpferischen Kräfte Gottes innewohnen und von dem Erlösung, Heil und ewiges Leben ausgehen, ist der Grundstein des Neuen Tempels (des Neuen Jerusalem). Ohne ihn ist jedes Bauwerk totes Gemäuer. Das gilt sowohl im wörtlichen als auch im übertragenen Sinn.

Dieser Lichtstein ist der Sitz von Gottes Kraft und das Fundament Seiner Herrlichkeit, mehr noch: Er ist das Juwel Seiner Krone. Als Geheimnis der Bundeslade ist er der Thronsitz der Shekhinah, der dem Allerheiligsten des Tempels innewohnenden Glorie Gottes. Aller sakramentaler Segen geht von ihm aus. Er ist das leuchtende Zentrum, die Sonne der Welt. Um seinetwillen wurde der Tempel errichtet, und auf diesem Grundstein aufbauend werden alle anderen Steine des Tempels das Bauwerk vollenden. Zuerst folgen die zwölf Fundamente, die im Kreis um ihn herum gelegt werden, und dann alle weiteren Steine. Wenn der letzte Stein gesetzt ist, ist der Bau komplett.

Der Messias, das verkörperte Vermächtnis JHWHs an Zion und Israel, ist der Grundstein des Tempels, das Herz der Gemeinschaft Gottes. Als Hohepriester und geistige Mitte des Tempels und als Hüter und Zeuge des Vermächtnisses ist er selbst die Verkörperung des Heiligen Gral. Er ist Brot, Licht und Wein des Lebens. Wie Isis Trägerin des Heiligen Gral und Gebärerin des Gotteskindes Horus ist, so ist Maria durch ihre unbefleckte Empfängnis zur Bundeslade geworden. Und Jesus, der *Mashiach ben David* ist nicht nur die Inkarnation des Logos, sondern auch die Verkörperung »des Grundsteines« der Welt und des Tempels Israels.

Darum heißt es, der Stein, den die Bauleute verworfen haben

(das heißt, das Vermächtnis, das als »Lichtstein« aus dem Paradies das sakramentale Zentrum im Allerheiligsten des Tempels bildete und von den rebellierenden Schülern und Jüngern der Tempelgemeinde entweiht wurde), sei zum Grundstein geworden. (Ps. 118.22) Er ist zum Eckstein und zum »Stein des Anstoßes« geworden. (Jr. 51.26) »Er ist das Heiligtum und der Stein des Anstoßes und der Fels des Strauchelns für die beiden Häuser Israels« geworden. (Js. 8.14) Das gilt für die Zeit Noachs und Ägyptens; es gilt aber nicht nur für den Lichtstein, den Heiligen Gral und das Geheimnis der Bundeslade im wörtlichen Sinn, sondern vor allem auch für dessen Hüter, die lebendige Verkörperung seiner Kräfte. Deshalb sagt Paulus klar, daß »Christus Jesus selber der Eckstein ist«. (Eph. 2.20) Und: »Einen anderen Grund vermag niemand zu legen als den, der gelegt ist, und das ist Jesus Christus.« (1. Kor. 3.10) Der »Grundstein, den die Bauleute verworfen haben« und der zum Stein des Anstoßes und zum Fels des Strauchelns wurde, meint somit nicht nur den Lichtstein der Heiligen Lade, sondern auch die Zurückweisung, Verwerfung und Tötung Jesu als Messias durch die zu ihm berufenen Kinder Israels.

»Er kam in sein Eigentum (die Gemeinschaft derer, die ihm durch Gottes Vorsehung seit Grundlegung der Welt zugehören), aber die Seinen haben ihn nicht angenommen.« (Joh. 1.11) Bezogen auf die ständige Wiederholung dieses Geschehens sagt Jesus: »Jerusalem! Jerusalem! Du tötest die Propheten und steinigst die, die zu dir gesandt sind. Wie oft bin ich gekommen, euch zu sammeln wie eine Henne sammelt ihre Küchlein unter ihre Fittiche, ihr aber habt nicht gewollt.« (Mt. 23.37)

Er, der selbst die Mitte, das Allerheiligste des Tempels darstellt, schart die ihm vom Vater bestimmten Jünger als die zwölf Grundsteine des Tempels um sich. Jeder der Apostel soll seinerseits zum Grundstein für einen der zwölf Stämme Israels werden und jeder der zwölf Stämme zum geistigen Kern für die letztendlichen Reiche Gottes auf Erden.

Bei Jesajah heißt es: »Seht, Ich lege in Zion einen Grundstein, einen bewährten Stein, einen kostbaren Eckstein.« (Js. 28.16) Dieser Satz bezieht sich – wie bereits des öfteren angesprochen – sowohl auf die Begründung Zions in der geistigen Welt (im Himmel) als auch auf die Zeit vor Grundlegung der Welt bis zur Flut, auf die Fundierung des Tempels der Isis in Ägypten (das in seinem lichten, geistigen Sinn auch Zion heißt), auf die Gründung des Tempels Salomos, auf Jesus Christus und vor allem auf die »Grundsteinlegung« des Neuen Jerusalem.

Daß nun die zur Erkenntnis gelangenden Seelen so um Christus und Seine Jünger geschart werden, wie die Bausteine des Tempels auf dessen Grundstein und Fundament aufgebaut werden, verkünden uns Petrus und Paulus in ihren Briefen und Predigten: »Ihr wißt ja, daß ihr nicht mit vergänglichen Dingen, mit Silber oder Gold losgekauft worden seid von eurem verkehrten, von den Ahnen überkommenen Wandel, sondern mit einem kostbaren Blut, wie von einem Lamm ohne Fehl und Makel, (dem) Christi. Ausersehen war er vor Grundlegung der Welt, offenbart worden aber ist er am Ende der Zeiten um euretwillen.« (1. Petr. 1.18-20) »Da ihr nun eure Seelen im Gehorsam gegen die Wahrheit zu ungeheuchelter Bruderliebe gereinigt habt, so liebt einander beharrlich aus reinem Herzen; seid ihr doch wiedergeboren, nicht aus vergänglichem Samen, sondern aus unvergänglichem, nämlich durch das Wort des lebendigen und bleibenden Gottes. Denn alles Fleisch ist wie Gras und all seine Herrlichkeit wie die Blume des Grases. Das Gras verdorrt, und die Blume fällt ab, aber das Wort des Herrn bleibt in Ewigkeit.« (1. Petr. 1.22-24) »So legt also ab alle Bosheit und alle Arglist, Heuchelei, Neid und üble Nachrede. Wie neugeborene Kindlein verlangt nach der geistigen, truglosen Milch, damit ihr durch sie zum Heil heranwachset. Ihr habt ja schon verkostet, wie gut der Herr ist.« (1. Petr. 2.1-3)

»Tretet heran zu ihm, dem lebendigen Stein, der zwar von Menschen verworfen worden, bei Gott aber auserlesen kostbar ist, und laßt euch selbst als lebendige Steine aufbauen als geistiges Haus zu einer heiligen Priesterschaft, um geistige Opfer darzubringen, die Gott wohlgefällig sind, durch Jesus Christus. Darum steht in der Schrift: ›Siehe, ich lege in Zion einen erlesenen, kostbaren Eckstein. Und wer auf ihn gläubig vertraut, wird sicher nicht zuschanden werden.‹ Euch also, die ihr gläubig vertraut, gilt die Ehre; den Ungläubigen aber ist der Stein, den die Bauleute verworfen haben, gerade der ist zum Eckstein geworden und ein Stein des Anstoßes und ein Fels des Ärgernisses; sie stoßen sich daran, weil sie dem Wort nicht gehorchen; und dazu sind sie auch bestimmt. Ihr aber seid ein auserwähltes Geschlecht, eine königliche Priesterschaft, ein heiliger Stamm, ein zu eigen erworbenes Volk, auf daß ihr die Großtaten dessen verkündet, der euch aus der Finsternis berufen hat in sein wunderbares Licht.« (1. Petr. 2.4-9)

»So seid ihr nun nicht mehr Fremdlinge und Beisassen, sondern Mitbürger der Heiligen und Hausgenossen Gottes, aufgebaut auf der Grundmauer der Apostel und Propheten, während Christus Jesus selber der Eckstein ist. In ihm hat jeder Bau Halt und wächst empor zu einem heiligen Tempel im Herrn. In ihm werdet auch ihr miteingebaut zu einer Wohnung Gottes im Geiste.« (Eph. 2.19-22)

Als lebende Steine wollen wir uns behauen, formen und zuschneiden lassen, daß wir in rechter Weise bereitet sind für den vorgesehenen Ort in Seinem Plan und zu dem Werk, das uns darin zugedacht. Hierdurch gewinnt jeder seinen Anteil am Hochzeitsmahl des Lammes. (Mt. 22.1-10) Das Bauwerk, der Tempel selbst, ist Hochzeitsgemeinde und Braut. Das ist das Neue Jerusalem: »Laßt uns jubeln und fröhlich sein und Ihm die Ehre geben; denn die Hochzeit des Lammes ist gekommen, und seine Gemahlin hat sich bereit gemacht. Und es ward ihr gegeben, sich zu kleiden in glänzend weißes Linnen.« (Offb. 19.7-8)

»Und die heilige Stadt, das Neue Jerusalem, sah ich herabsteigen aus dem Himmel von Gott her, bereitet wie eine Braut, die für ihren Mann geschmückt wird. Und ich hörte eine mächtige Stimme vom Throne her sprechen: ›Siehe, das Zelt Gottes unter den Menschen. Und Er wird bei ihnen Sein Zelt aufschlagen, und sie werden Seine Völker sein, und Er Selbst, Gott mit ihnen, wird ihr Gott sein.‹« (Offb. 21.2-3)

»›Komm her, Ich will dir die Braut, das Weib des Lammes, zeigen.‹ Und er entrückte mich im Geiste auf einen großen und hohen Berg und zeigte mir die heilige Stadt Jerusalem, die aus dem Himmel von Gott herabstieg, im Besitz der Herrlichkeit Gottes. Ihr Lichtglanz ist gleich einem überaus kostbaren Stein, wie ein Jaspisstein, leuchtend wie Kristall. Eine Mauer hat sie, groß und hoch, hat zwölf Tore und über den Toren zwölf Engel, und Namen sind darauf geschrieben; es sind die (Namen) der zwölf Stämme Israels. Von Osten drei Tore, von Norden drei Tore, von Süden drei Tore und von Westen drei Tore. Und die Mauer der Stadt hat zwölf Grundsteine und darauf zwölf Namen, (die Namen) der zwölf Apostel des Lamme.

Und der mit mir sprach, hatte einen Maßstab, ein goldenes Rohr, um die Stadt und ihre Tore und ihre Mauer zu messen. Und die Stadt ist im Viereck angelegt, und zwar ist ihre Länge so groß wie ihre Breite. Und er maß die Stadt mit dem Rohr auf zwölftausend Stadien. Ihre Länge und Breite und Höhe sind gleich. Auch maß er ihre Mauer: hundertvierundvierzig Ellen nach Menschenmaß, das heißt nach Engelsmaß. Und der Baustoff ihrer Mauer ist Jaspis, und die Stadt ist reines Gold, ähnlich reinem Glas. Die Grundsteine der Stadtmauer sind mit Edelsteinen jeder Art geschmückt. Der erste Grundstein ist Jaspis, der zweite Saphir, der dritte Chalzedon, der vierte Smaragd, der fünfte Sardonyx, der sechste Karneol, der siebte Chrysolith, der achte Beryll, der neunte Topas, der zehnte Chrysopas, der elfte Hyazinth, der zwölfte Amethyst. Und die zwölf Tore sind zwölf Perlen, ein jedes der Tore war aus einer einzigen Perle. Und die Straßen der Stadt waren lauteres Gold wie durchsichtiges Glas. Und einen Tempel sah ich nicht in ihr; denn der Herr, Gott, der Allherrscher, ist ihr Tempel und das Lamm. Auch braucht die Stadt keine Sonne und keinen Mond, damit sie ihr leuchten; denn die Herrlichkeit Gottes hat sie erleuchtet, und ihre Leuchte ist das Lamm. In ihrem Lichte werden die Völker wandeln und die Könige der Erde ihre Herrlichkeit in sie hineintragen. Und ihre Tore werden tagsüber niemals geschlossen, Nacht wird es ja dort nicht geben. Und die Schätze und die Kostbarkeiten der Völker wird man zu ihr bringen. Aber nimmer wird irgend etwas Unreines in sie eingehen noch einer, der Abscheuliches treibt und Lüge, sondern nur die, die eingetragen sind im Lebensbuch des Lammes.« (Offb. 21.9-27)

Das Lamm ist der Grundstein und Altar, das Licht und das sakrale, lebensspendende Fundament, Herz und Zentrum der Heiligen Stadt, das ist des Tempels, des Neuen Jerusalem, ja der Neuen Erde und einer Neuen Welt. Die zwölf Grundsteine – vom Jaspis bis zum Amethyst – sind die Apostel; sie sind das Fundament, die zwölf Stämme Israels aber die Tore des Heils für die Völker.

Beim Letzten Abendmahl, wo Jesus sich selbst zum Sakrament

macht, wird all dies offenbar. Indem er sich in Gestalt von Brot und Wein seinen Jüngern gibt, die damit einen ersten Anteil an den Kräften des ursprünglichen und künftigen Vermächtnisses, ja einen Anteil an den Früchten vom Baum des Lebens empfangen, wird er wahrhaft zum lebensspendenden Brunnen des Heiligen Gral. »Wenn du die Gabe Gottes kennen würdest und wer der ist, der zu dir spricht: ... dann hättest du ihn gebeten, und er hätte dir lebendiges Wasser gegeben ... Wer ... von dem Wasser trinkt, das ich ihm reiche, der wird in Ewigkeit nicht mehr dürsten, sondern das Wasser, das ich ihm geben werde, wird in ihm zu einer Quelle von Wasser werden, das ins ewige Leben sprudelt.« (Joh. 4.10-14)

Die zwölf Jünger, die bei Letzten Abendmahl um Jesus versammelt und in ihm geeint sind, erhalten Anteil an Seinem Licht und Leben und damit am Licht und Leben JHWHs. Erst dadurch werden sie wahrlich zu den zwölf lebenden Grundsteinen des Neuen Jerusalem. So wird das Abendmahl zur Vorgestalt des Neuen Jerusalem, und die Eucharistie weist auf die Erfüllung des (von Isis und Osiris gestifteten) Vermächtnisses Israels hin, das sich im Zugang zum Baum des Lebens vollendet, der die Lebensachse des Neuen Israel und der Neuen Erde darstellt.

»Und er zeigte mir einen Strom von Lebenswasser, glänzend wie Kristall; der geht vom Throne Gottes und des Lammes aus. Inmitten ihres Platzes und zu beiden Seiten des Stromes steht der Baum des Lebens, der zwölf Früchte trägt. Jeden Monat spendet er seine Frucht, und die Blätter des Baumes dienen zur Heilung der Völker.

Und nichts vom Fluch Getroffenes wird es fürder geben. Und der Thron Gottes und des Lammes wird in ihr sein, und seine Knechte werden ihm dienen. Und sie werden sein Angesicht schauen, und sein Name wird auf ihren Stirnen sein. Und Nacht wird nicht mehr sein, und sie brauchen weder Lampenlicht noch Sonnenlicht; denn Gott der Herr wird leuchten über ihnen, und sie werden herrschen von Ewigkeit zu Ewigkeit.« (Offb. 22.1-5)

»Heil denen, die ihre Kleider waschen, damit ihnen das Anrecht auf den Baum des Lebens zuteil werde und sie durch die Tore eingehen in die Stadt. Draußen (bleiben) die Hunde und die Zauberer, die Unzüchtigen und die Mörder, die Götzendiener und jeder, der die Lüge liebt und übt.« (Offb. 22.14-15)

Diese Verheißung wird sich in den Tagen des Gerichts verwirklichen. »Wahrlich, ich sage euch, ihr, die ihr mir nachgefolgt seid, werdet bei der Welterneuerung, wenn der Menschensohn auf dem Throne seiner Herrlichkeit sitzen wird, ebenfalls auf zwölf Thronen sitzen und die zwölf Stämme Israels richten.« (Mt. 19.28) Erst wenn Israel zu seinem, von ihm verworfenen Grundstein zurückfindet, werden die zwölf Apostel tatsächlich zu den zwölf Fundamenten des letzten und wahren Tempels Israels werden. Die zwölf Tore aber sind die zwölf Stämme Israels, die als »Licht der Welt«, als »Königtum von Priestern und Heiliges Volk« (Ex. 19.6; Offb. 5.10) ihrer ursprünglichen Berufung gerecht werden und dem Rest der Völker den Zugang zum Baum des Lebens ermöglichen. Paulus sagt: Schon »durch ihren (der Israeliten) Fall ist das Heil zu den Heiden gekommen, um jene eifersüchtig zu machen. Wenn aber ihr Fall Reichtum für die Welt bedeutet und ihr Versagen Reichtum für die Heiden, um wieviel mehr dann ihre Vollzahl ... Wenn schon ihre Verwerfung Versöhnung für die Welt bedeutet hat, was wird dann ihre Aufnahme anderes sein als Auferstehung von den Toten?« (Röm. 11.11-15) Sie sind das Tor für die Heiden, wie Jeshua das Tor ist für Israel.

Es heißt: »Und siehe, ein Lamm stand auf dem Berge Zion und mit ihm einhundertvierundvierzigtausend, die seinen Namen und den Namen seines Vaters auf ihren Stirnen geschrieben trugen.« (Offb. 14.1)

»Und ich hörte die Zahl der Gesiegelten: hundertvierundvierzigtausend Gesiegelte aus allen Stämmen der Söhne Israels. Aus dem Stamme Juda zwölftausend Gesiegelte, aus dem Stamme Ruben zwölftausend, aus dem Stamme Gad zwölftausend, aus dem Stamme Aser zwölftausend, aus dem Stamme Naphtali zwölftausend, aus dem Stamme Manasse zwölftausend, aus dem Stamme Simeon zwölftausend, aus dem Stamme Levi zwölftausend, aus dem Stamme Issachar zwölftausend, aus dem Stamme Sebulun zwölftausend, aus dem Stamme Josef zwölftausend, aus dem Stamme Benjamin zwölftausend Gesiegelte.

Darauf sah ich ... eine große Schar, die niemand zählen konnte, aus allen Nationen und Stämmen und Völkern und Sprachen; die standen vor dem Throne und vor dem Lamme, in weiße Gewänder gehüllt und mit Palmen in ihren Händen.« (Offb. 7.4-9)

Diese Vision zeigt die kristalline Anordnung der Seelen im Lichtreich der Heiligen Stadt. Die Seelen ordnen sich so um den Grundstein herum an wie Salzmoleküle um den Faden in einer Salzlösung oder wie die Kohlenstoffatome im Kristallgitter eines Diamanten. Das »Salz der Erde«, zu dem jeder Gläubige werden soll, ist das Symbol dieses Kristallisationsprozesses. Bei Johannes ist all dies die Vision eines künftigen Geschehens. Mit dem Messias der Endzeit und seinen Jüngern aber wird diese Vision des Neuen Jerusalem sichtbare Gestalt annehmen. Er ist der von Jeshua ben Miriam verkündete, von ihm gesandte und von ihm ausgehende Geist der Wahrheit, der die Welt überführen wird in »Sünde«, »Gerechtigkeit« und »Gericht«. (Joh. 16.9) »Sein Ursprung geht zurück bis in die Vorzeit, bis in längst entschwundene Tage.« (Mich. 5.1) Er kommt direkt vom Vater, aber sein Werk gründet auf Jeshua und denen, die vor ihm waren. In und mit ihm empfängt er alle Vollmacht des Vaters – und wird in Ewigkeit bleiben.

»Wenn der Paraklet (Zeuge und Anwalt) kommt, den ich euch vom Vater senden werde, den Geist der Wahrheit, der vom Vater ausgeht, der wird von mir Zeugnis ablegen. Aber auch ihr (die zwölf Apostel) werdet Zeugnis ablegen, denn ihr seid von Anfang bei mir.« (Joh. 15.26) »Wenn jener aber kommt, der Geist der Wahrheit, wird er euch zur vollen Wahrheit führen. Denn er wird nicht von sich aus reden, sondern er wird reden, was er hört, und das Zukünftige wird er euch verkünden. Er wird mich verherrlichen, weil er von dem Meinigen nehmen und euch verkündigen wird. Alles, was der Vater hat, ist mein. Deshalb habe ich gesagt: ›Er nimmt von dem Meinigen und wird euch verkünden.‹« (Joh. 16.13-15)

Das heißt, der Geist der Wahrheit, der vom Lamm Gottes ausgeht, wird – auf dem Fundament von Golgatha gründend – »die Welt überführen in Sünde, Gerechtigkeit und Gericht«. Er wird aus, mit und durch Christus wirken, und Christus wirkt mit ihm und durch ihn. Er wird Jesus bezeugen und verherrlichen. Jeshua, der Löwe Davids und der Paraklet, werden eins sein und in ungeteilter Weise wirken, so wie der Sohn in ungeteilter Einheit wirkt mit dem Vater. So heißt es in der Schrift: »Nimm dir einen Stab und schreibe darauf: ›Stab Judas und die Söhne Israels – seine Verbündeten.‹ Dann nimm einen Stab und schreibe darauf: ›Josef, Stab Ephraims und das *ganze Haus* Israel – seine Verbündeten.‹ (Verbinde sie miteinander zu einem Stabe, damit sie in deiner Hand zu einem Stabe werden. … So spricht JHWH: ›Siehe, Ich nehme den Stab Josefs, der in der Hand Ephraims ist (und die Stämme Israels – seiner Verbündeten) und lege *zu* ihnen den Stab Judas und mache sie zu einem Stab, daß sie in Meiner Hand eins seien.‹« (Ez. 37.16-19)

Mit eisernem Stab wird er die Völker zur Wahrheit führen, wird sie überführen in »Sünde«, »Gerechtigkeit« und »Gericht«. Die Sünde der Welt aber ist Ungehorsam wider Gott, der im Fall seinen Ursprung hat. Er wird »die Fülle des Geheimnisses Jesu« offenbaren. Er wird das Werk Jesu vollenden, das heißt Israel wiederherstellen und das Reich Gottes auf Erden begründen.

»Mit Gerechtigkeit werde Ich Zion aufrichten und zum Heil führen, seine Bekehrten durch Gericht.« (Js. 1.27) Mit und durch ihn wird »das Geheimnis Gottes vollendet, wie er es seinen Knechten, den Propheten, als Frohbotschaft verkündet hat«. (Offb. 10.7) Mit und durch ihn wird die »volle Wahrheit«, das ganze »Geheimnis« (von Fall und Erlösung und der Herrlichkeit Gottes), »das einige Zeiten verschwiegen war … enthüllt«. (Röm. 16.25) Und bei Daniel heißt es: »Verschlossen und versiegelt aber bleiben die Worte bis zur Zeit des Endes.« (Dn. 12.9)

Das Geheimnis Gottes aber ist das Geheimnis des Anfangs und des Endes, des Bundes Gottes, der Erwählung Israels, von Fall und Erlösung und von der letztendlichen Verherrlichung Gottes. Dann aber wird sich die Prophetie verwirklichen: »Von Zion wird ausgehen die Lehre und das Wort JHWHs von Jerusalem.« (Js. 2.3; Mich. 4.2) Der Geist wird die Zerstreuten Israels sammeln und zu einem Leib bereiten für seinen Gott. Auf dem Fundament Christi wird er den Tempel Zions, das Neue Jerusalem, errichten. Christus wird sein Grundstein sein, und die Kinder Israels wird er als lebende Steine aufbauen und zu Säulen machen in seines Vaters Haus.

So wird zu Seiner Zeit und nach Seinem Wirken der gesamte Ratschluß Gottes verwirklicht, wie es da heißt bei Daniel: Es wird »dem Frevel ein Ende gesetzt, die Sünde versiegelt, die Schuld gesühnt, ewige Gerechtigkeit herbeigeführt, Gesicht und Prophetie letztlich besiegelt und das Allerheiligste gesalbt werden«. (Dn. 9.24)

Es werden aber nicht nur die Versprengten Israels gesammelt, sondern mit ihnen auch alle Gerechten und die, die sich im Blut des Lammes gewaschen haben. JHWH selbst wird regieren »mit eisernem Stab« und ein Friedensreich ausrufen auf Erden für tausend Jahre. (Jesajah 61.1-4/10, 62.1-7, 65.16; Joel 3.1-5, 4.15-17; Obadjah 17; Mikah 2.12-13; 4.1-8)

Das Letzte Abendmahl als Vorgestalt des Neuen Jerusalem

Das Letzte Abendmahl ist Symbol und Gleichnis des Zodiak und des universellen Lebens. So wie der Zodiak den Raum des Universums in zwölf Kraftfelder und Sektoren teilt, bilden die zwölf Jünger als Repräsentanten der zwölf Aspekte des kosmischen Menschen einen Kreis um Jesus. Das ganze Universum ist der Leib Gottes oder Adam Kadmons, des kosmischen Menschen, nach dessen Bild und Gleichnis die ganze Menschheit geschaffen ist. Makrokosmos und Mikrokosmos sind eins. Oben und unten, innen und außen sind eins. Jede Seele ist ein Bild des ganzen Universums und ein vollkommener Spiegel Seines Seins.

So wie sich der Kosmos in zwölf Felder gliedert, so haben auch unser Geist und unsere Seele je zwölf Glieder. Und wie der einzelne Mensch, ist die ganze Menschheit nach dem Abbild des kosmischen Menschen gebildet. Wir alle sind ein Leib. Deshalb ruft Paulus: »Wisset ihr nicht, daß ihr alle Glieder Christi seid?« Die Zwölfheit des Zodiak spiegelt sich innen und außen. Auch die zwölf Stämme Israels sind nur ein Spiegel des Himmels. Unser Herz gleicht einem Lotos mit zwölf Blütenblättern oder einem Rad mit zwölf Speichen. Und in seinem Zentrum sitzt das Kleinod unseres Ich, der strahlende Funke des ewigen Lebens, der Keim unserer Christusnatur. Der Sohn Gottes, das Licht des Bewußtseins erleuchtet von dort aus unser ganzes Wesen. Das Herz ist die Mitte der Schöpfung, und die Mitte der Schöpfung liegt in unserem Herzen. Hier ist der Ursprung allen Seins. Hier hat alles seinen Anfang und sein Ende. Die zwölf Blütenblätter des Herzens stehen für die zwölf Geistesgaben und Urtugenden des Menschen. Sie sind das Fundament des geistigen Lebens und der Welt. Alles Geschaffene ist darauf gegründet, und der Zodiak ist ihr äußeres Bild.

Das Herz Gottes und das Herz des Menschen sind eins. So wie die zwölf Stämme Israels in den zwölf Fächern Seines Herzens wohnen, spiegelt sich der Kosmos in unserem Herzen wider. Möge unser Herz so weit werden, daß es die ganze Schöpfung umfaßt. Erst wenn wir unsere Liebe und unser Bewußtsein über die Grenzen der Schöpfung hinaus ausgedehnt haben, werden wir unsere Einheit mit Gott und Seiner Schöpfung erkennen. Nicht unser Leib, sondern der Geist Gottes ist unser wahres Ich. Nicht unsere begrenzte Individualität ist unser Wesen, sondern das eine Licht und Bewußtsein, das alles Geschaffene umfaßt und durchdringt. Leib und Individualität sind nur Zellen und Glieder Seines Leibes.

Beim Abendmahl sitzen die zwölf Jünger Jesu im Kreis um ihren Meister, und dieser verkörpert das eine Licht des Lebens, das alle Welt erhellt. »Ich bin das Licht der Welt.« Oder wie Johannes sagt: »Das Wort ist das Leben, und das Leben ist das Licht der Menschen.« (Joh. 1.4) Jesus repräsentiert die Sonne des kosmischen Christus, und die Jünger verkörpern die zwölf Aspekte des kosmischen Menschen. Er ist das Herz, sie sind seine Glieder. Er ist der Geist, sie sind sein Leib.

Das Abendmahl ist ein Symbol der Einheit. In Christus und durch ihn sind sie geeint. Nicht ihre persönlichen Vorstellungen und Wünsche einen die Menschen, sondern Sein überpersönliches Licht und Leben. Er ist das eine Selbst aller Geschöpfe, Wesen und Dinge. Er ist das wahre Ich unseres Lebens. »Er, nicht Ich, soll in unserer Seele leben.« Und der Weg, der in diese Einheit führt, ist die selbstlose Liebe. »Liebet einander, wie ich euch geliebt habe.« Das ist das neue Gebot, das Jesus seinen Jüngern gibt. »Daran, daß ihr Liebe habt untereinander, wird die Welt erkennen, daß ihr die Meinen seid.« Solange wir die Einheit unserer individuellen Seelen in Gott noch nicht verwirklicht haben, ist die Liebe der Weg dahin. In der Liebe lassen wir alles Persönliche hinter uns, alles Ich und Mein, Du und Dein, alles Trennende, und verschmelzen im Herzen des Lebens, in Gott.

Das Sakrament der Eucharistie, die Einverleibung von Brot und Wein, den Symbolen des kosmischen Lichtleibs Christi (Corpus Christi) und des Heiligen Geistes, des göttlichen Bewußtseins und des Wassers des ewigen Lebens, steht für die magisch-rituelle Vereinigung der individuellen Seele mit Gott. Das Heilige Mahl ist das Symbol der Einverleibung Christi und des Einswerdens der Seele mit Ihm. In Heiliger Kommunion geht Er in uns auf und wir in Ihm. Betend, mit gefalteten Händen, uns öffnend aus der Tiefe unseres Wesens mögen wir die Gegenwart Jesu in unsere Seele aufnehmen. »Siehe, ich stehe vor dem Tor und klopfe an; wer meine Stimme hört und mir auftut, zu dem will ich kommen und mein Liebesmahl halten mit ihm und er mit mir.« (Offb. 3.20)

Die Empfängnis Christi und Seines Heiligen Geistes – versinnbildlicht in Brot und Wein als Sein Leib und Sein Blut – ist die wahre Taufe. Gereinigt und gewaschen im Gnadenstrom Seiner Liebe findet die Seele ihre ursprüngliche Reinheit wieder. Rein wie die Jungfrau und geschmückt wie eine Braut empfängt sie den Herrn und aus Ihm den Heiligen Geist. Der Heilige Geist führt zur Christgeburt in unserer Seele, durch die wir endgültig in und mit ihm geeint sind und so auch die Einheit mit dem Vater erlangen. »Wer an mich glaubt, zu dem will ich kommen, und der Vater und ich werden Wohnung nehmen in ihm.« (Joh. 14.23) »Denn der Vater und ich sind eins.«

Die Einheit in Christus ist auch das Fundament wahrer Nächstenliebe. Wer eins in Christus ist, sieht Ihn in jedem seiner Nächsten. Bruder und Schwester sind ihm nichts anderes als verschiedene Ausdrucksformen Christi und seines eigenen Selbst. Wer in Christus sein Selbst erkannt hat, erkennt es auch in jedem anderen Menschen. Wenn Er unsere gemeinsame Mitte, die Sonne und das Zentrum unseres Lebens ist, sind alle Gegensätze aufgehoben. Im Kreis um *Ihn* sieht jeder nur *Sein* Licht. In Ihm erkennen wir unseren Himmlischen Vater, unseren Bruder und uns selbst. Durch Ihn erkennen wir unseren gemeinsamen Ursprung, unser gemeinsames Ziel und unseren gemeinsamen Weg. Als Kinder Seiner Herrlichkeit sind wir Brüder und Schwestern. So lehrt uns das Bild des Abendmahles die Eintracht der Liebe und die Einheit des Lebens.

In dieser Eintracht finden wir auch zurück zu einer gemeinsamen Sprache. Wenn die Türme und Mauern Babels fallen, bleibt nichts, was uns trennt oder behindert. »Dann werde Ich den Völkern die reine Sprache wiedergeben, daß sie alle den Namen JHWHs anrufen und Schulter an Schulter Ihm dienen.« (Zeph. 3.9) »Und es wird JHWH König sein über die ganze Erde; an jenem Tag wird JHWH einziger Herr sein und Sein Name einer.« (Sach. 14.9) Das ist wahrlich der Beginn des Reiches Gottes auf Erden.

Beim Letzten Abendmahl hinterläßt Jesus Seinen Jüngern Sein Vermächtnis für Israel und die Welt. Es besteht aus drei Elementen. Das erste ist das *Liebesgebot* des Mose in einer neuen Form als Grundlage der künftigen Christusgemeinschaft. Er selbst ist das Herz des Neuen Israel, und Seine Liebe ist das Band, das diese künftige Gemeinschaft Gottes zusammenhält. Durch Sein Vermächtnis und Seine Liebe werden sie zu »einem Volk und einem Hirten«.

Das zweite ist die *Fußwaschung*. Mit diesem Akt macht Jesus deutlich, daß wir den Geist der Gemeinschaft Christi am besten durch Demut und Dienst am Nächsten verwirklichen. Die Demut ist die Wurzel der Liebe, und der Dienst am Nächsten ist ihr konkreter Ausdruck in der Welt. »Liebe zu Gott ist Dienst am Menschen«, lehrte Swami Shivananda, und Jesus sagte: »Der, welcher der Diener aller ist, wird der größte im Reich Gottes sein. Auch der Menschensohn ist nicht gekommen, um sich bedienen zu lassen, sondern um zu dienen.« »Die ersten werden die letzten sein, und die letzten werden die ersten sein.« So möge unsere Liebe zu Gott und den Menschen in unserer Demut und unserem Dienst am Nächsten ihren sichtbaren und spürbaren Ausdruck finden.

Ferner ist der selbstlose Dienst die Grundlage innerer Reinheit. Nichts ist reinigender für unser Herz und unsere Seele als ein Leben in Ergebenheit an Gott und im Dienste des einen Lebens. Und der höchste Dienst ist der in einer inneren Berufung Gottes. Das ist das wahre Apostolat Christi. Es besteht in der vollkommenen Heiligung des Lebens. Apostel ist, wer seinem Ich und Leben entstorben und von Christus in Sein Werk berufen ist. Dann ist unser Dienst vollkommen. »Denn nicht ich tue dann das Werk, sondern Christus in mir.« Deshalb sagt Jesus zu Petrus: »Wie sollst du rein werden, wenn nicht *ich* dich wasche?« So ist es Gott Selbst, der unsere Werke wirken und vollenden möchte, nicht unser kleines Ich. Nur so, durch die Liebe Christi und den selbstlosen Dienst aneinander, werden wir zu Seiner Gemeinschaft und zum Salz der Erde. Das Band, das diese Gemeinschaft zusammenhält, ist Er Selbst. Er Selbst schenkt Sich und Sein Leben, um ganz in uns aufzugehen. Nachdem er Seine Botschaft und Seine Liebe in unsere Herzen versenkt hat, machte Er Sich Selbst zur Aussaat des ewigen Lebens.

Der dritte Aspekt und der Kern Seines Vermächtnisses ist *die heilige Eucharistie.* In den Symbolen von Brot und Wein hat Er Sich Selbst geschenkt. »Ich bin das Brot des Lebens, das vom Himmel herabgestiegen ist.« »Nehmt und esset, denn dies ist mein Leib … nehmt und trinket, denn dies ist mein Blut.« Im Sakrament von Brot und Wein liegt nach dem Willen des Vaters die Kraft der ganzen Dreifaltigkeit. Es ist die Shekhinah selbst, mit der wir uns in der Heiligen Kommunion einen. So hat Jesus beim Letzten Abendmahl das Sakrament Melkizedeks und damit einen Teil des alten Vermächtnisses Israels und Zions wiedereingesetzt. Jesus umfaßt (wie Melkizedek) die Summe der Mysterien Gottes – der alten und der kommenden. Deshalb sagt Jesus zu seinen Jüngern: »Tut dies zu meinem Andenken.« Die Eucharistie ist der Kern des Vermächtnisses Jesu. In ihr empfangen wir seine Gegenwart. Darüber hinaus erinnert sie an das verlorene Vermächtnis des alten Bundes, verweist aber auch auf das Kommende als Wiedereinsetzung des Alten in neuer Form. In der Eucharistie ist die Gnade Gottes also noch nicht vollendet. Die Kirche Petri ist nur der Vorhof zum wahren Tempel Christi. Erst die Kirche des Johannes gelangt wieder in den Vollbesitz der göttlichen Gnade. Erst in ihr werden das Vermächtnis und der »Tempel« Israels wiederhergestellt. Und erst in ihr wird die Einheit Israels und der Völker verwirklicht.

Das Abendmahl ist also die Vorgestalt des Neuen Jerusalem, und Liebesgebot (als Fundament der Gemeinschaft), Fußwaschung (als Symbol der Reinigung und des Dienstes) und Heilige Eucharistie (als innere Kommunion der Seele) sind die Mittel und Wege zu seiner Verwirklichung. Die zwölf Apostel und ihr

Wirken sind die zwölf Grundsteine der Stadt. Sie bilden den Nukleus des neuen Lebens und sind das Fundament, auf dem Gott Sein Reich errichtet. Christus, das Lamm, ist die Leuchte, die dieses Reich Gottes mit dem Licht des Lebens erfüllt, und alle Seelen werden wandeln in Seinem Licht.

»Und es kam einer von den sieben Engeln, die die sieben Schalen hatten, gefüllt mit den letzten sieben Plagen, und redete mit mir also: ›Komm her, ich will dir die Braut, das Weib des Lammes, zeigen.‹ Und er entrückte mich im Geiste auf einen großen und hohen Berg und zeigte mir die heilige Stadt Jerusalem, die aus dem Himmel von Gott herabstieg, im Besitz der Herrlichkeit Gottes. Ihr Lichtglanz ist gleich einem überaus kostbaren Stein, wie ein Jaspisstein, leuchtend wie Kristall … Und einen Tempel sah ich nicht in ihr; denn der Herr, Gott, der Allherrscher, ist ihr Tempel und das Lamm. Auch braucht die Stadt keine Sonne und keinen Mond, damit sie ihr leuchten; denn die Herrlichkeit Gottes hat sie erleuchtet, und ihre Leuchte ist das Lamm. In ihrem Lichte werden die Völker wandeln und die Könige der Erde ihre Herrlichkeit in sie hineintragen.« (Offb. 21.9-12, 22-24)

Alle Seelen, die ihre Gewänder im Blute des Lammes (in Reue) und durch die läuternde Drangsal »des Gerichtes« gewaschen, sich mit Werken selbstloser Liebe und Tugend geschmückt und in Heiliger Kommunion Ihm (als getreue Bräute) anverlobt haben, werden am Tage Seiner Ankunft zur Hochzeit des Lammes geladen sein. (Offb. 19.6-9; 21.2, 21.9-11)

Das Neue Jerusalem ist die Gemeinschaft der Vollendeten, die im Lichtkreis des Vaters leben, wirken und sind. Sie bilden den Tempel, in dessen Mitte Er Selbst wohnt und Seine Herrlichkeit offenbart. *Vereint zu Chören der Preisung* halten sie das Heilige Mahl mit dem Lamm. Das Neue Jerusalem ist das Bild des bis in den Leib vollendeten Menschen, die Auferstehung des völlig transparent gewordenen und vom Licht Gottes durchstrahlten Leibes.

Das Abendmahl, Sinnbild der im Geist, im Licht und in der Liebe Christi geeinten Menschheit, ist die Vorgestalt des Himmlischen Jerusalem. Die zwölf Apostel, Verkörperung der zwölf Aspekte des kosmischen Menschen, bilden das Fundament jener reinen Christusgemeinschaft. Ihre Namen sind in die zwölf Grundsteine der Heiligen Stadt eingraviert.

Mögen die Menschen erkennen, daß sie trotz all ihrer Unterschiede aus einem Ursprung kommen, ein Ziel anstreben und aus einem Quell leben. Es ist der eine Gott, der uns alle trägt, nährt, hegt und in Seiner unergründlichen Liebe beständig zu Sich zieht. In der Erkenntnis unserer Kindschaft zum Vater finden wir zur Verschwisterung untereinander.

XI. Der innere Weg

Von Umkehr und Erlösung (T'shuvah ve-Ge'ulah)

»Meine Seele preiset die Größe des Herrn.
Mit der ganzen Schöpfung singt und jubelt mein Sein
über Gottes Herrlichkeit.
Sein rettender Blick hat mich in der Tiefe berührt.
Verliere ich mich ganz, so bin ich Retter für viele.
Der Allmächtige wirkt Großes an mir, ich finde nicht Worte.
Sein Name ist heilig, Er ist in allen Wesen.
Über Jahrtausende, von Inkarnation zu Inkarnation,
wog Er gütig und gerecht meine Seele.
Beuge ich mich in Demut, so wird Er Sich meiner erbarmen.
Verborgen webt Er mein Schicksal: läßt bitter mich erkennen
Stolz und Hochmut
Und stürzt mit Seinem Feuer den Falschen vom Thron,
damit das Zarte, Feine und Liebe wachsen kann.
Den Hunger und Durst meiner Seele stillt Er,
Wenn das Falsche ich nicht mehr ernähre.
Zum Volke Israel zurück hat Er mich geführet.
Möge die RÜCKKEHR zu Ihm mein einzig Trachten sein,
für Seine Treue von Abraham bis zum heutigen Tag,
meine Hoffnung!«

(Lukas 1.46; nach der Urfassung)

Das Wort Gottes ist Heil und Urgewalt. Durch Sein Wort hat Er die Welt erschaffen, durch Sein Wort erhält Er sie und mit Seinem Wort könnte Er die ganze Schöpfung vernichten. Aber Gott ist kein Tyrann. Er zerstört und vergewaltigt nicht, sondern wirkt Heil und Vollendung für Seine Geschöpfe. Sein Wort ist die schöpferische und ordnende Kraft, die Wurzel und das Fundament des Kosmos und des Lebens. (Joh. 1)

Auch uns hat Er bei unserem Namen ins Sein gerufen und

nach Seinem Bild und Gleichnis erschaffen. Er hat uns als Seine Kinder in einen blühenden Garten gesetzt, in eine Welt des Lichts und der weisen Ordnung, auf daß wir an Seiner Fülle teilhaben und zu Mitverwaltern Seiner Schöpfung werden (Gen. 1- 4). Wir sind berufen, Sein Wort zu bewahren, Seine Werke in Liebe und Eintracht zu hüten und uns in Tugend, Liebe und Weisheit nach Seinem Gleichnis zu vervollkommnen.

Wir aber haben uns seit Grundlegung der Welt in hochmütigem Ungehorsam von Ihm und Seinem weisen Willen abgewandt und stets versucht, Seinen guten Plan mit unserem törichten Eigenwillen zu durchkreuzen. Das tun wir bis auf den heutigen Tag, und die Ernte dieses Handelns bringen wir jetzt ein. Aber Gott hat uns weder verworfen noch aufgegeben. Seit den Tagen der Flut hat Er uns Propheten und Warner geschickt, und schließlich hat Er uns in Seiner grenzenlosen Liebe Seinen eingeborenen Sohn Jesus Christus gesandt, der Sein Leben hingab, um Heil und Erlösung für uns zu erwirken.

Gott hat uns die Freiheit des Willens gelassen, aber Er hat nicht aufgehört, Sich um uns zu sorgen und uns zur Umkehr zu rufen. Er zwingt uns nicht zur Rückkehr, aber Er wirbt um unsere Liebe. Er ruft uns zu: »Ich, der Herr, dein Gott, habe dich in Liebe geschaffen und mit allen Gnadenmitteln ausgestattet, ein reiches und erfülltes Leben zu führen. Ich habe allezeit für dein Wohl gesorgt und um deine Liebe geworben, wie ein Bräutigam um seine Braut wirbt, aber du hast nicht gewollt. Du hast meine Gebote gebrochen und bist die Wege des Unheils gewandelt. Du hast deine Brüder und Schwestern verletzt und sie dir zu Feinden gemacht. Dein Herz hat alle Bosheit der Welt ersonnen und du hast Meinen Heiligen Namen in den Schmutz gezogen. Du hast meinen Langmut auf die Probe gestellt und mit deinen Missetaten Meinen Zorn erweckt. Und obwohl sich Mein Herz umkehrt in Mir, obsiegt Meine Liebe. Denn Gott bin ich und nicht ein Mensch. Ich liebe es nicht zu zerstören (Hosea)! Darum komm und kehre um zu Mir. Dann will Ich dir verzeihen und dich von deinen Sünden reinigen. Ich will ein Lamm für dich schlachten und Mein Liebesmahl halten mit dir, wenn du heimkehrst.« Auch sagt Er: »Ich bin versteckt in deinem Herzen und hinter all den Dingen, die dir die Sinne betören. Zieh denn aus und suche mich!

Suche Mich mit aller deiner Liebe, mit ganzer Seele und all deiner Kraft. (Ex.) Verlange nach Lauterkeit, Rechtschaffenheit, Barmherzigkeit und Liebe. Und dürste nach Tugend. In ihr ist mein Wohnort. Dort wirst du Mich finden. So kehre denn um und lasse dich finden.«

Gott neigte Sich herab und ward Mensch. Er nahm Gestalt an und gab Sich in unsere Hände. Er schenkt uns alles. Er schenkt Sich Selbst und spricht: »Ich bin die Vollendung deines Seins und schenke Mich ganz dir zu eigen. Aber suche Mich! Suche Mich mit lechzendem Herzen! Suche Mich mit deinem ganzen Wesen! Suche Mich in Liebe, und Ich gehöre dir für ewig. Mensch, was bist du für ein Tor! Du jagst her hinter vergänglichen Dingen und verschwendest dein Leben!«

Es gibt eine chassidische Geschichte, die dies in berührender Weise ausdrückt: Als Rabbi David von Miedziborz, ein Enkelkind des Rabbi Baruch, noch ein Knabe war, spielte er für sein Leben gern »Verstecken«. Eines Tages spielte er mit einem Knaben. Er verbarg sich und wartete lange in seinem Versteck, denn er meinte, sein Freund suche ihn und könne ihn nicht finden. Aber er wartete vergebens, denn sein Gefährte suchte ihn gar nicht. Schließlich kam er aus seinem Versteck, fand den Knaben nicht mehr vor und wurde gewahr, daß dieser ihn gar nicht gesucht hatte. Er lief in die Stube zu seinem Großvater und klagte: »Ich habe mich versteckt, und der böse Henoch hat mich nicht gesucht!« Da strömten Tränen aus Rabbi Baruchs Augen und er sagte: »Schau, so klagt Gott auch! Er hat Sein Antlitz von uns abgewendet und Sich vor uns verborgen, daß wir Ihn suchen und Ihn finden – wir aber suchen Ihn nicht.«

Laßt uns Ihn also suchen und beten: »Ach Herr, ich bin nicht würdig, daß Du eingehst unter mein Dach, aber sprich nur ein Wort (Deines Heils), so wird meine Seele gesund!« Das Wort, nach dem wir uns sehnen, ist das Wort, das Gott am Jordan spricht: »Dies ist Mein geliebter Sohn/Meine geliebte Tochter; an ihm/an ihr habe Ich Wohlgefallen!« Es ist das Wort der Liebe, das befreiende und erlösende Wort, das uns die *Gewißheit* Seiner Liebe schenkt. Was sonst sucht unser Herz als die Gewißheit, das geliebte Kind Gottes zu sein?!

»Mein Sohn/Meine Tochter, Ich habe dich beim Namen gerufen, du bist Mein eigen! Gehst du durch Wasser, so bin Ich bei dir, gehst du durch Feuer, du wirst nicht verbrennen. ... Denn Ich Bin JHWH, der Herr, dein Gott, der Heilige Israels ist dein Helfer. Ich gebe Mizrajim für dich hin als Lösegeld, Kush und Saba. Weil du Mir teuer bist und wertgeschätzt und Ich dich liebe, gebe Ich Menschen für dich hin und Völker für dein Leben. Fürchte dich nicht, denn Ich bin mit dir.« (Js. 43. 1-5)

Wie unendlich groß ist die Liebe des himmlischen Vaters zu Seinen törichten Kindern! Wie Posaunenschall tönt es durch den Raum: »Mein Sohn/Meine Tochter, komm, Ich liebe dich!« Es tönt wie die Posaunen von Jericho, welche die Mauern der ehernen Stadt zu Fall brachten. Wenn du Sein Wort hörst, reißt es all die falschen Gebilde in deiner Seele nieder. Die Festung des Ego fällt, wenn du hörst: »Mein Sohn/Meine Tochter, du bist Mein. Ich liebe dich.«

Doch wir stecken die Finger in die Ohren und wollen nicht hören. Wir sagen: »Ich will kein Gotteskind sein; ich will nicht gehorchen. Ich liebe meinen egozentrischen Willen, auch wenn sich seine Torheit längst in seinen Früchten offenbart hat. Auch liebe ich dieses begrenzte Ich über alles, wenn ich ihm nur einen Anstrich von Allmacht verleihe. Ich will Person sein und mich in ihr zum Denkmal verewigen.« Welcher Wahn, welche Verschwendung des Lebens!

Da, wo wir zu innerem Gehorsam heranreifen, zum freiwilligen Gehorsam gegenüber dem Ruf des Lebens und der Wahrheit, gegenüber Gott und Seinem Wort, zieht das Heil hinterher. Wer gehorsam ist, hört und folgt dem Ruf. Jesus sagt: »Wer aus der Wahrheit ist, hört Meine Stimme. Wer aus der Wahrheit ist, folge Mir nach!« Gehorsam besteht darin, dem Ruf des Meisters zu folgen. Wohin ruft er mich? Woher ruft er mich? Ruft nicht die Ewigkeit und ruft sie nicht hinein in meinen eigenen ewigen Seelengrund? Ist es nicht der innere Mensch, der den äußeren ruft? Aber ich will nicht hören – weder auf die Stimme des Gewissens in mir noch auf den Ruf des Lebens um mich herum. Welche Torheit!

Tatsache ist: Gehorsam ist die Wurzel des Heils, und Ungehorsam ist die Wurzel der Verdammnis. Womit beginnt der Sündenfall? Mit dem Ungehorsam gegenüber Gott. Dabei geht es nicht um blinden Gehorsam, nicht um das Hören auf einen Ruf, der von außen kommt, sondern vielmehr um das Hören auf den Ruf im eigenen Innern. Wenn wir mit dem Herzen hören, merken wir: Der da spricht, ist in uns.

Nun läßt sich die Torheit des Ungehorsams nicht einfach abschütteln, sie muß uns bewußt werden. Wir müssen erkennen, *wie wir uns selbst täuschen und wie wir uns innerlich vor Gott und unserem Gewissen rechtfertigen.* Nur wenn wir uns dieser verdrängten Fehlhaltung bewußt werden, können wir sie überwinden.

Die Kunst besteht darin, wirklich mit dem Herzen zu hören. Der Verstand hört und lehnt sich auf. Denn im Verstand wohnt das kleine Ich mit seinem Eigenwillen. Es sagt: »Ich und du – du rufst und ich soll gehorchen? Du aber bist außen, bist mir fremd.« Wo das kleine Ich regiert, ist Trennung. Es ist die Wurzel der Trennung und der Verdammnis. Das kleine Ich ist Lüge und Ungehorsam von Anfang an. Es ist die Gestaltwerdung des Ungehorsams.

Wir können die Wahrheit nicht mit dem Verstand erkennen. Die Schriftgelehrten hören und hören doch nicht. Sie hören nur Worte. Sie sagen: »Was du zu mir sprichst, das soll ich tun? Ich soll tun, was du sagst?« Sie hören nicht, daß der, der spricht, eins ist mit ihrem eigenen Kern.

Gehorsam ist eine große Herausforderung. Die Frage ist: Wer hört auf wen? Und wer ist es, der sich verweigert? Die nächste Frage lautet: Wer bin ich? Wer hört? Wer verweigert? Der hört, ist der, der sich erinnert. Wenn sich das kleine Ich dazwischenschaltet, reiben wir uns auf. Und wann immer einer da ist, der aufgerieben wird, ist es gut. *Der* wird aufgerieben, der zermalmt werden muß, auf daß er verschwinde und die bange Seele endlich freigesetzt werde. Verstehen wir, was Jesus am Kreuze erfährt? Es ist der Tod des kleinen Ich. Kein vergängliches Wesen, sondern Gott allein bewirkt diese Befreiung durch Seine Allmacht in der völlig Seinem Willen ergebenen Seele. Er bewirkt sie durch die Kräfte, die Er innerlich und äußerlich auf Golgatha in Bewegung setzt. Das ist das Drama der Erlösung.

Der Ruf Gottes

»Kehre um, Israel, zu dem Heiligen, deinem Gott!

Zerknirscht in Buße sei der Mensch, lasse ab von seiner Verwilderung; der Mann des Unrechts lasse seine Bosheit! Noch ehe Gott die Welt gegründet, schuf Er die Buße schon, um durch sie den Sünder zurückzuführen; er kehre zum Ewigen zurück, Er wird Sich seiner erbarmen! Denn bis zum Throne Gottes hinauf dringt die Buße durch; sie aufzunehmen ist die Hand ausgestreckt. Wendet euch darum zu unserem Gotte, der gern verzeihet!

Seine Hand ist ausgestreckt; gern nimmt Er die Bußfertigen auf! Wer Einsicht hat, kehre darum zurück und bereue aufrichtig seine Sünden. Denn so sehr der Himmel höher ist als die Erde, so sehr lasse Ich meine Gnade über Euch walten – spricht Gott – so sehr entferne Ich eure Freveltaten! Ja, Meine Wege sind höher als die eurigen! Zu Mir kehret zurück, und Ich bringe euch zurück, verzeichne euch zum ewigen Leben!

Der Ewige wartet darauf, daß der Schuldige Ihm seine Seele weihe, und Er will ihn dann beim Leben erhalten, wie der niederfallende Regen die Welt erhält.

Er spricht: ›Zunehmen sollst du an Stärke, denn Ich reinige dich. Ich stehe dir bei in deiner Bekehrung! Kehre nur zurück zu Mir, Ich erlöse dich, Ich, der Heilige!‹

So du denn wirklich wieder vor Mir wandeln und zurück zu Mir kehren willst, so werde Ich auch dich wieder zurückführen, und du sollst vor Mir bestehen.

In Ewigkeit werde Ich Meine Gnade und Meinen Bund euch nicht entziehen. Kehret um zu Mir, und Ich kehre um zu euch!«

(Sidur Safa Berura)

Die Umkehr des Menschen ist der entscheidende Schlüssel zur »Erlösung« des Menschen, zur Wiederkunft Christi und zum sogenannten Gericht. Dieses Gericht ist eine Begegnung mit der unausweichlichen Wahrheit unseres eigenen Menschseins und unserer eigenen Geschichte. Die Begegnung mit dieser Wahrheit ist zutiefst erschütternd, und es braucht eine Weile, bis wir dieser Erschütterung Stück um Stück standhalten können. Doch wo wir diese Begegnung mit der Wahrheit wagen, werden wir durch sie in Gott wieder aufgerichtet.

Zu allen Zeiten sandte Gott Seine Boten und Propheten zu den Menschen, um sie zur Umkehr von ihrem gottfernen Leben zu mahnen. In der Bibel finden wir oft die Aufforderung »Kehret um!«, etwa bei Jesajah: »Suchet JHWH, solange Er Sich finden läßt; rufet Ihn, solange Er nah ist! Der Gottlose verlasse seinen Weg und der Frevler seine Pläne. Er kehre zu JHWH zurück, daß Er Sich seiner erbarme, und zu seinem Gott, Er ist groß im Verzeihen.« (Js. 55.6-7) Und in den Klageliedern (5.21) lesen wir: »Kehre uns zu Dir, JHWH, auf daß auch wir uns wenden, mach unsere Tage wieder wie einst!«

Alle Propheten riefen uns auf, zum Herrn zurückzukehren: »Kehret also um, ein jeder von seinem bösen Wege, und bessert eure Wege und eure Werke.« (Jr. 18.11) »Auf! Lasset uns zu JHWH zurückkehren!« (Hos. 6.1) »Ich gehe und kehre zurück an Meinen Ort, bis daß sie Buße tun und Mein Antlitz suchen, in ihrer Not sich zu Mir flüchten.« (Hos. 5.15) »Doch hatte JHWH Israel und Juda durch alle Seine Propheten, durch jeden Seher gewarnt und gesagt: ›Kehret um von euren bösen Wegen.‹« (2. Kg. 17.13) »Bekehret euch, wendet euch ab von all euren Sünden; sie seien für euch kein Anstoß der Verschuldung mehr. Werft von euch alle Sünden, die ihr gegen Mich verübt habt, und schafft euch ein neues Herz und einen neuen Geist. ... So kehret um, und ihr sollt leben.« (Ez. 18.30) »Kehret um zu Mir, so kehre Ich um zu euch, spricht JHWH Zebaot.« (Sach. 1.3) »Darum spricht JHWH also: Wenn du umkehrst, so lasse Ich dich wieder zu Mir zurück, dann darfst du (wieder) Mir dienen.« (Jr. 15.19) Aber ihr Ruf blieb wieder und wieder ungehört: »Denn so spricht der Herr JHWH, der Heilige Israels. In Umkehr und Ruhe war das Heil, in Stillsein und Vertrauen war eure Stärke, doch ihr habt nicht gewollt.« (Js. 30.15)

In grenzenloser Geduld und Barmherzigkeit verhieß Gott Seinen Kindern immer wieder die Erlösung und sicherte ihnen die Vergebung aller Missetaten zu – unter der Voraussetzung, daß die Menschen Seinen Ruf hören, ihre Schuld bekennen und sie von Herzen bereuen. »Ich schaue auf den, der demütig und zerknirschten Herzens ist, auf den, der Ehrfurcht vor Meinem Worte hat.« (Js. 66.2) Dann sollten sie umzukehren zu »ihren früheren Werken«. »Bedenke also, von wo aus du gefallen bist, bekehre dich und tu die früheren Werke.« (Offb. 2.5)

Auch Johannes der Täufer rief zur Umkehr: »So trat Johannes der Täufer in der Wüste auf und verkündete eine Taufe der Umkehr zur Vergebung der Sünden.« (Mk. 1.4) Mit eben diesem Ruf zur Umkehr begann Jesus seine eigene Mission: »Kehret um, denn das Himmelreich ist nah.« (Mt. 4.17)

Die Umkehr – Pforte zum Heil

Die Umkehr gilt in verschiedenen Traditionen als Fundament des Heils und Anker des gesamten spirituellen Strebens. Sie ist die entscheidende Wende in unserem Leben und setzt bedingungslose Wahrhaftigkeit und Unparteilichkeit gegen uns selbst voraus. Ein Mensch, der noch mit dem inneren Weg kokettiert, kann sie gewiß nicht vollziehen. Nicht nur im Judentum und im Christentum, sondern auch im Hinduismus und im Islam, kurz, in allen Hochreligionen, gilt sie als Herzstück des geistlichen Lebens und des inneren Weges, wenn auch mit deutlich unterschiedlichen Akzenten. Im Hebräischen als *Teshuvah*, im Arabischen als *Altauba* und im Griechischen als *Metanoia* bekannt, bedeutet *Umkehr* auch »Wandlung, Aufstieg oder Erhebung«. Ihr Ziel ist die Rückkehr zu Gott und das Einswerden mit Ihm. Im indischen Raum spricht man von *Tapas* oder *Tapassia* und meint die Reinigung und Läuterung von Geist, Seele und Leib. Im Griechischen gibt es neben *Metanoia* noch den Begriff *Katharsis*.

Aus spiritueller Sicht kann die gesamte Menschheitsgeschichte als ein Drama von Fall und Erlösung, Abwendung und Umkehr betrachtet werden. Alles geschieht um der Umkehr willen. Um der Umkehr willen tragen wir unser Schicksal, und um der Umkehr willen hat Gott das Drama des Lebens hervorgebracht. Um der Umkehr willen hat Gott Sich Selbst ins Exil geschickt und darin das Drama von Umkehr und Erlösung vollbracht.

Besonders in der chassidischen Tradition ist die heilige Umkehr das zentrale Thema des inneren Weges. Eine kleine Geschichte, in der zwei Jünger des Weges mit ihrem Meister sprechen, verdeutlicht dies. »Meister, wie wäre es denn, wenn wir jetzt schon im Paradies wären?«, fragen die Schüler. Der Meister antwortet: »Dort hätten wir keinen Geschmack von Sünde, aber auch nicht den Geschmack von Umkehr!«

Damit will nicht etwa gesagt werden, daß Umkehr und Sünde gleichwertig wären, oder gar, daß wir sündigen sollen. Nein! Es ist lediglich gemeint, daß wir durch die Umkehr einen Zustand der Gnade erreichen, wie er in den Höhen der ewigen Gerechtigkeit nicht süßer sein kann. Andererseits wird hier aber auch angedeutet, daß derjenige, der ohne Sünde ist, in ungetrübter Gnade lebt und den Geschmack der Umkehr auch entbehren kann. Denn wer die Gegensätze von Lust und Leid überwunden hat, der steht auch über Gut und Böse.

Umkehr kann auf verschiedene Weise beschrieben werden: Das individuelle Ich, das sich von Gott abgewandt hat, versucht in Reue, Erkenntnis und Demut zu Ihm zurückzukehren. Oder: Das eine allumfassende Bewußtsein, das Namen und Gestalt annahm, hat aufgrund seiner fälschlichen Identifikation mit jenen äußeren Attributen seine wahre Natur vergessen und ist deshalb von Sorge und Leid bedeckt. Diese Sorge und dieses Leid treiben es dazu, sich in jener Form wiederzufinden, um sich an das zu erinnern, was es wesenhaft sei.

Wer bin ich? Das ist die Suche nach dem wahren, ewigen Wesen. Es ist die Umkehr des Geschöpfes in den Schöpfer. Das eine göttliche Sein ist Mensch und Individuum geworden. Das eine Sein ist zu Pflanze, Stein, Wasser, Luft und all den geschaffenen Wesen und Dingen geworden, und alles bildet sich darin zurück. Es ist Gottes Geist, der sich in den Geschöpfen den Gesetzen der Evolution unterworfen hat, um sich in ihnen wieder Seines wahren Seins bewußt zu werden. Auch das ist Umkehr.

Der Preis der Umkehr ist die Überwindung von Ego und Eigenwillen und die Loslösung aus der Identifikation mit dem individuellen Ich. Im individuellen Ich bin ich gefangen, eingesperrt, winzig und klein. Doch selbst wenn ich voll der Illusion und des Wahnes bin und riesig aufgeblasen in meinem Stolz, kann ich mich mit Gottes Kraft und Gnade wieder bewußt aus der Identifikation mit Leib, Persönlichkeit, Ruhm und Namen lösen und in das ursprüngliche überpersönliche Sein zurückkehren, das ein Leben und Weben in Gott ist. Ich suche, weder dieses noch jenes zu sein, sondern erkenne, wer ich in Wahrheit bin. In dieser Erkenntnis zu wohnen, ist Verwirklichung.

Sein, Bewußtsein, Glückseligkeit – das ist die wahre Natur des Selbst, das aus sich leuchtet und seinen Wohnsitz im Tempel des Herzens hat. Es ist das Eine Subjekt. Es »gehört« nicht einem Individuum, sondern ist und gehört Sich Selbst. Es ist das Licht des Lebens in uns allen. Alle Wesen und Dinge, du und ich, sind nur Manifestationen dieses Einen Subjekts und Strahlen Seines Lichtes.

Voraussetzungen und Triebkräfte für die Umkehr

Umkehr setzt die Erkenntnis voraus, daß wir uns irgendwann vor Urzeiten in ungestümem Eigenwillen von Gott abgewandt und begonnen haben, ein widergöttliches Leben zu führen. Dadurch sind wir aus Seinem glorreichen Licht in die Finsternis gefallen. Um uns aus dieser Finsternis zu befreien, möchten wir reif werden für einen Weg der inneren Bewußtwerdung dessen, was wir auf uns geladen und wovon wir uns in jenem ersten Ungehorsam abgewandt haben. Mündigkeit und Verantwortungsgefühl beginnen dort, wo wir durch Selbsterforschung erkennen, wie wir in unzähligen Leben all die Barrieren aufgebaut haben, die uns nun Probleme bereiten. Die dicken Mauern, die unser Herz umschließen und es verhärtet haben, trennen uns nicht nur von Gott und Seiner Liebe, sondern auch von unserem eigenen Kern und von unseren Mitmenschen und verhindern, daß wir uns dem Leben hingeben können. Sie sind das Resultat all der Schulden, die wir durch unser eigensüchtiges Tun und unsere Abwendung von Gott auf uns geladen haben. Kein Mensch ist durch das, was ihm andere zugefügt haben, von Gott weggerissen worden. Kein Mensch hat sein Herz je verhärtet, weil ihm Ungerechtigkeit oder Bosheit widerfahren ist, sondern weil er selbst ungerecht und boshaft war. *Was uns trennt, ist nicht das, was wir erlitten, sondern das, was wir getan haben.* Alles, was aus dem Ego kommt, trennt uns von Gott, und sei es auch noch so gut gemeint. Darum heißt es in der Schrift: » … eure Frevel sind zur Scheidewand geworden zwischen euch und eurem Gott; eure Sünden haben Sein Angesicht vor euch verhüllt ...« (Js. 59.2)

Es braucht viel Ehrlichkeit und reife Bereitschaft, sich diesem Thema wirklich offen zu stellen und zu verstehen, daß wir diese Mauern nur überwinden können, indem wir uns frei von aller Selbstgefälligkeit und Selbstgerechtigkeit selbst erforschen und fragen: »Was ist es in mir, das aufsteht wider Gott, wider das Leben, wider das Licht, wider den Willen Gottes, wider die Liebe?«

Wenn einer glaubt, er sei gerecht, sollte er sich diesen schönen Satz vor Augen führen: »Wenn dir scheint, du brauchtest im Gebet keine Tränen um deiner Sünden willen mehr zu vergießen, so bedenke, wie weit du von Gott entfernt bist, obwohl du doch immer in Ihm sein solltest; dann wirst du sicher bitterlich weinen.« (Euvagrios Pontikos)

Umkehr ist für einen Menschen nicht damit vollzogen, daß er von heute an ein braves, anständiges, frommes Leben führt und meint, nun sei er ein guter Christ. Da bleibt die Frage: Ist er schon eins mit Christus geworden? Oder: Ist er zumindest ein Gefäß Seines Lichts geworden? Wenn nicht, fehlt das entscheidende Substrat, das einen Menschen in einen Geistgeborenen verwandelt: der Heilige Geist, das Pneuma, aus dem der in Gott Wiedergeborene schöpft und seine Werke tut. Sagt nicht Johannes, daß wir Ihm gleich sein sollen, wenn wir Ihn erkennen? Sagt nicht Jesus selbst: »Keiner geht ein in das Reich Gottes, es sei denn, er werde von neuem geboren aus Wasser und Geist«? Daher möge sich jeder fragen, ob er wirklich schon aus dem Heiligen Geist wiedergeboren ist und in ihm lebt und wirkt. Wenn nicht, ist Umkehr innerlich noch nicht vollzogen.

Es geht darum zu erkennen: Solange ich das Antlitz Gottes nicht schaue, solange mein Leben nicht ganz in Gottes Geist und Gegenwart gebettet und mein Herz nicht allzeit von Seiner Liebe durchdrungen ist, indiziert dieser Mangel etwas Trennendes in mir, nämlich das Ego. Bevor wir uns von Gott abgewandt haben, gab es kein Ego. Da gab es nur Seinsmitte, die darin bestand, in Ergebenheit die Fülle des Lebens aufzunehmen und das, was in uns angelegt ist, in unseren Dienst am Leben zur Verwirklichung zu bringen. Als Lichtfunken einer großen Sonne waren alle Seelen ausgesät, um in ihrem Lichtkreis aufzublühen.

Umkehr heißt zu erkennen, daß ich nicht mehr auf das Licht, auf meinen Schöpfer, auf die Sonne meines Lebens ausgerichtet bin, sondern mich von ihm abgewandt habe und nach eigenem Gutdünken ein Leben in weltlichen Banden führe. Wenn die Seele vom Licht abgewandt ist, baut sie eine Wand von Dunkelheit auf, welche die Verwirklichung ihres gottgegebenen Auftrags vorerst verhindert. Es ist, als stünde ich mit dem Rücken zur Sonne. Ich sehe den Schatten, den ich werfe. Im Rücken habe ich das Licht, vor mir aber breitet sich ein Schatten aus, der bis in die Unendlichkeit des Raumes reicht. Wenn ich in ihn hinein schaue, bin ich einer Welt der Schatten ausgeliefert. Ich suche Halt in der Dunkelheit der materiellen Welt, weil mir das Licht verborgen ist. Graf Dürckheim hat diesen Sachverhalt in einem einfachen Satz treffend zum Ausdruck gebracht: »Die Persona ist die Gestalt desjenigen, der sich selbst das Licht verstellt.« Es ist das selbstsüchtige Gebilde meiner selbst, das ich zwar nicht bin, aber das sich durch das gottferne Leben in meiner Seele ausgebreitet und mir den Zugang zur Wahrheit und zum Licht verstellt hat. Auch Plato hat das Schattendasein des in seinen Illusionen gebundenen Menschen in seinem Höhlengleichnis so dargestellt.

Wenn ich umkehre, wende ich mich aus dem Schatten hinaus. Und in dem Moment, in dem ich der Welt mit all ihren Verlockungen und Oberflächlichkeiten den Rücken zudrehe, werde ich das Licht erkennen, das alle Schatten durchdringt. Wenn die Persona überwunden ist, bleibt nur die Individualität, und diese ist transparent wie Glas, Luft, Wasser und Diamanten. Deshalb wird das Neue Jerusalem als Stadt der Erlösten von den Propheten als gläserne Stadt geschaut. Umkehr bedeutet also zunächst, daß ich der Schattenwelt den Rücken zuwende, um fortan ins Licht zu schauen. Durch dieses Umwenden löst sich die Persönlichkeit auf, die ja aus den Verhaftungen in der Schattenwelt gebildet ist. Sie schrumpft im Licht und schmilzt dahin. Die Wärme der göttlichen Gnade löst die Vereisung auf und führt von der Eiszeit der Verbannung in den Sommer des ewigen Heils. Das Ende dieser Verbannung, dieses Exils (*Galut*) wird in der hebräischen Tradition das »Große Jubiläum« genannt, »der große Shabbat«, der wirkliche Frieden.

Ich brauche mich also nur um hundertachtzig Grad zu drehen,

und schon bin ich im Licht. Das klingt so leicht und ist dennoch so schwierig, weil es bei diesem Umdrehen um Gewohnheiten geht. Unsere Gewohnheiten sind wie eine Sprungfeder, die uns immer wieder in die alte Position zurückbringen möchte. Und nun sollen wir unser ganzes Leben umstülpen und alles, was bewußt oder unbewußt auf Weltlichkeit und Ego gerichtet war, dem Licht zukehren. Umkehr heißt nicht, das Ego weiterhin mit Materie und Ruhm zu nähren, sondern es aufzulösen und zu opfern und die Seele ganz auf Gott auszurichten. Wer Gott hat, hat alles, und wer Gott nicht hat, hat nichts.

Ist Umkehr ein Thema, das auch den Menschen angeht, der rein ist? Ja! Aber worin besteht die Umkehr des reinen Menschen? Daß er am Morgen des heutigen Tages zurückblickt auf den gestrigen und erkennt, wie unvollkommen und der Erneuerung bedürftig sein gestriges Wirken war. Dazu fragte einst ein Schüler des Berditschewer Rebbe: »Der Talmud lehrt: ›An dem Ort, wo die Umkehrenden stehen, können die vollkommenen Gerechten nicht stehen.‹ So stünde der von seiner Jugend an Makellose einem nach, der sich vielfach gegen Gott vergangen hat, und würde dessen Stufe nicht erreichen?« Der Zaddik antwortete: »Der, dem sich an jedem Tag neue Lichter offenbaren, die er gestern noch nicht kannte, muß, wenn er in der Wahrheit dienen will, den gestrigen mangelhaften Dienst verwerfen, Buße für ihn tun und neu beginnen. Der Makellose aber, der den vollkommenen Dienst zu haben wähnt und auf ihm beharrt, nimmt das Licht nicht an und bleibt hinter dem ewig Umkehrenden zurück.«

Und von Jesus hören wir: »Ich sage euch: So wird Freude im Himmel sein über einen Sünder, der Buße (Umkehr) tut, mehr als über neunundneunzig Gerechte, die glauben, der Buße nicht zu bedürfen.« (Lk. 15.7)

Jede widergöttliche Tat oder Sünde bewirkt eine Trennung vom Licht und damit Einsamkeit und Leid. Andererseits treiben uns Einsamkeit und Leid, wenn sie nicht verdrängt werden, auf die Suche nach Heil und Erlösung. Wenn wir uns der Finsternis einmal bewußt geworden sind, streben wir bangen Herzens zurück zum Licht. Ein chassidisches Wort besagt, daß jeder Tat eines Menschen, ja sogar jeder Sünde und jedem negativen Gedanken, ein göttlicher Funke innewohnt: die Umkehr! Es heißt: »In allem, was in der Welt ist, wohnen heilige Funken, kein Ding ist ihrer ledig. Auch in den Handlungen des Menschen, ja sogar in der Sünde, die ein Mensch tut, wohnen Funken der Herrlichkeit Gottes. Und was sind das für Funken, die in der Sünde wohnen? Es sind die (Funken) der Umkehr. In der Stunde, wo du ob der Sünde Umkehr tust, hebst du die Funken, die in ihr waren, zurück in die obere Welt.«

Wenn wir erkennen, daß wir mit jeder negativen Handlung unser eigenes göttliches Wesen verletzen, begreifen wir auch, daß diese Wunde solange in uns brennt, wie wir uns nicht von der begangenen Bosheit distanzieren und Geist und Seele in der Tugend wiederherstellen. Die Kabbala nennt diesen Prozeß der Wiederherstellung und Erneuerung *Tikkun*. In ihm löst der Mensch den in der Bosheit verbannten Funken der Tugend wieder ein und befreit ihn von den Schalen der Finsternis.

Zum Beispiel ist in der Lüge der Funke der Wahrheit gebunden. Wenn ich also merke, daß Unwahrheit und Lüge mich schmerzen, so bedeutet das, daß mich meine in der Lüge gefangene Tugend zur Umkehr und zum Bekenntnis drängt. Und wenn mich meine durch Selbsterkenntnis entdeckte Unreinheit schmerzt, so ist es die mir innewohnende Reinheit, die mich zur Umkehr in den ursprünglichen Stand der Tugend ruft. Immer und überall werden wir durch solchermaßen empfundene Reue zu Wandlung und Umkehr gerufen. Umkehr ist immer auch eine Umpolung unseres Denkens, Wollens und Handelns. Ein Beispiel: »Ich kämpfe gegen Dich – nein, ich diene Dir, Herr. Ich hasse Dich – nein, ich will Dich lieben.« Eine solche Wandlung vollzieht sich nicht mechanisch, sondern im Rahmen eines Bewußtseinsprozesses. Jede noch so kleine Erfahrung einer neuen Ausrichtung gibt uns ein Gefühl dafür, was Umkehr ist. Entscheidend ist, daß wir etwas neu machen und nicht endlos am Dunklen und Negativen hängenbleiben, das nur Trostlosigkeit hervorbringt.

Es heißt: »Was nützt es, der Finsternis zu fluchen – mach ein Licht an, und sie entweicht.« Und in den Psalmen Davids: »Wer ist der Mensch, der nach dem ewigen Leben sucht – der hüte seine Zunge vor Lüge und sein Herz vor der Bosheit. Er suche den Frieden und jage ihm nach.« (Ps. 34) Oder: »Meide das Übel und vollbringe, was Gott gebührt.« Verherrliche Ihn in Gedanken, Worten und Taten. Das ist der Weg.

Der weise Hillel sagte: »Wenn ich nicht für mich, wer dann? Wenn nicht jetzt, wann dann?« Umkehren heißt, hier und jetzt anfangen! Das Böse ist das noch nicht verwandelte Gute. In jedem bösen Trieb liegt ein Funke der Umkehr. Von Ramana Maharshi stammt der Satz: »In jeder bösen Tat liegt der Keim ihrer eigenen Zerstörung.« Und die chassidische Tradition sagt: »Die einwohnende Herrlichkeit umfaßt alle Welten, alle Kreaturen, Gute und Böse. Und sie ist die wahre Einheit. Wie kann sie denn die Gegensätze des Guten und des Bösen in sich tragen? Aber in Wahrheit ist da kein Gegensatz, denn das Böse ist der Thronsitz des Guten.« Im Buch *Antwort der Engel* lesen wir: »Der Haß ist die Wiege der Liebe, der Freude.«

Stolz, Scham und Selbstverurteilung gehören zu den größten Hindernissen für die echte Umkehr: »Ein Sünder, der Buße tun wollte, kam zu Rabbi Naftali. Er schämte sich, all seine Sünden zu bekennen und mußte sie doch offenbaren, um die sühnende Bußhandlung zu vernehmen. Daher erzählte er dem Zaddik, einer seiner Freunde habe sich solchermaßen vergangen, es aber aus Scham nicht über sich gebracht, selber zu kommen, sondern ihm den Auftrag erteilt, für jede Sünde, die ihr zustehende Reinigung in Erfahrung zu bringen. Rabbi Naftali sah ihm lächelnd ins listig angestrengte Gesicht und sagte: ›Dein Freund ist ein Tor. Er konnte doch getrost selber kommen und mir vorschwatzen, er vertrete einen anderen, der sich zu kommen geschämt hat.‹ Der Mann war nicht bereit, sich durch das Bekenntnis zu demütigen. Sein Stolz hinderte ihn, seine Sünden einzugestehen, und damit war für ihn keine Umkehr möglich. Der Rabbi durchschaute und ermahnte ihn liebevoll.«

Schwerer noch als Stolz wiegt Selbstgerechtigkeit. Der Lubliner Rebbe sprach: »Ich liebe den bösen Menschen, der weiß, daß er böse ist, mehr als den Gerechten, der weiß, daß er gerecht ist. Über die Bösen aber, die sich für gerecht halten, sei gesagt: Noch nicht einmal auf der Schwelle zur Unterwelt kehren sie um, denn sie wähnen, man führe sie zur Hölle, damit sie Seelen von dort erlösen.«

Mit rechter Demut aber gewinnen wir das Herz Gottes. Ein Rabbi pflegte zu sagen: Größer ist die Kraft dessen, der die Rüge empfängt, als die des Rügenden. Denn hat sich einer erniedrigt, die Rüge zu empfangen, gilt Gottes Wort für ihn: »Der Ich in der Höhe und Heiligkeit wohne und bei den Zerschlagnen und im Geiste Niedern.«

Von göttlicher Gnade und eigenem Bemühen

Der Weg der Umkehr steht auf zwei Säulen: Gnade und eigenes Bemühen. Beide gehören zusammen. Wir beten: »Oh Herr, wenn Du mich nicht wendest, kann auch ich mich nicht wenden. Aus eigener Kraft vermag ich es nicht. Du aber verleihst mir die Gnade zur Umkehr, sie ist Dein Plan und Wille. Du machst es mir nicht leicht, aber Du machst es möglich. So laß mich streben mit aller Kraft und vertrauen auf Deinen Segen.« Gottes Gnade ist die Voraussetzung für ein mögliches Gelingen, aber unser Bemühen ist die letzte Bedingung unseres Heils und unserer Erlösung. Wir werden Gottes Gnade gewiß teilhaftig, wenn wir geben, was uns gegeben ist. Wer tut, was er vermag, kann sich gewiß sein: Gott vollbringt den Rest.

Meister Eckhart sagte einmal: »Oh Herr, wenn ich mich bereite zur Buße, so sehe ich, Du bist schon dort. Du bist es, der mich hat bereitet. Wenn ich nach innerer Erkenntnis suche, so sehe ich, Du bist schon dort. Wo immer ich hingelange, Du bist schon vor mir dort.«

Im Talmud gibt es eine schöne Variante des Gleichnisses vom verlorenen Sohn, die ich hier frei wiedergeben möchte: Ein erhabener König hatte einen Sohn, der sich einen Anteil seines Erbes auszahlen ließ, um in die weite Welt hinauszugehen. Es drängte ihn, fremde und unbekannte Länder kennenzulernen. So durchstreifte er Land um Land und verschwendete sein Erbe für allerlei Vergnügungen. Schließlich erinnerte er sich an das Glück seiner Jugend und dachte bei sich: »Ich kann es kaum fassen, daß ich der Sohn eines Königs bin. Wie bin ich heruntergekommen. Man würde mich eher für einen Landstreicher oder Bettler halten als für einen Königssohn. Ach, wie bin ich vereinsamt und mir selbst fremd geworden.« Es schmerzte ihn bitter in der Seele, und in seiner Traurigkeit flüchtete er in seine Träume.

Der liebende Vater aber gedachte indessen täglich seines Sohnes und begleitete ihn mit fürsorglichen Gedanken. »Oh, mein Sohn, wie sehr hoffe ich, daß du den rechten Weg finden mögest, denn ich fühle, daß du dich in der Ferne verirrt und völlig verloren hast. Erinnere dich doch an das liebende Herz deines Vaters und wisse, daß ich ein kostbares Erbe für dich aufbewahrt habe. Mögest du dich des Schatzes erinnern, der bei deinem Vater auf dich wartet, so wie ich mich deiner allezeit in Liebe erinnere.« Ein liebendes Herz weiß stets um das Los des Geliebten – ganz gleich, wie nah oder fern jener sein mag. So fühlte auch dieser König, daß sein Sohn gar trostlos vereinsamt war. »Ich fühle, daß er die Verbindung zu meinem Vaterherzen verloren hat. Das tut mir weh, und weil ich keine Ruhe finde, möchte ich einen Knecht ausschicken, ihn zu suchen.« Und er ruft seinen ersten Knecht und sagt: »Ich schreibe dir eine Botschaft für meinen Sohn, den ich liebe und nicht vergessen habe seit dem Tag, da er von mir Abschied nahm. Geh hinaus und ziehe durch alle Länder, um ihn zu suchen. Kehre nicht wieder, bevor du meinen Sohn gefunden hast.«

Der Knecht nimmt die Botschaft, steckt sie an sein Herz und geht. Er zieht von Land zu Land, fragt und erkundigt sich, bis er Spuren findet, die ihn schließlich zu der trostlosen Herberge führen, in welcher der ehemalige Königssohn wohnt. Scheu klopft er an. Als der Sohn heraustritt und den Boten seines Vaters erkennt, wird ihm warm ums Herz. Er empfängt den Brief des Vaters aus der Hand des Knechtes und liest: »Mein geliebter Sohn, so viele Jahre habe ich die Gemeinschaft unserer Liebe vermißt, und mein Herz ist traurig. Ich weiß dich in Einsamkeit und Trostlosigkeit in der Fremde verloren. Darum sandte ich meinen Knecht und rufe dich. Komm, mein Sohn, kehre zurück in das Haus deines Vaters, auf daß er erneut sein Mahl mit dir teilen kann. Auch habe ich bis auf den heutigen Tag den Rest deines Erbes für dich aufbewahrt!«

Der Sohn ist erschüttert und erinnert sich an die unbeschwerten Tage am Hof seines Vaters. Er denkt an seine Brüder und Schwestern und an die Geborgenheit, das Licht, den Frieden und all die Freuden des Zuhauseseins. »Ach, gewiß käme ich gern nach Hause, aber wenn ich bedenke, wie weit ich mich entfernt habe, erschreckt mich der Gedanke, den ganzen weiten Weg zurückgehen zu müssen. Ich habe weder die Kraft, den weiten Weg zu gehen, noch die Gewißheit, daß ich ihn finde. Und wenn mein Vater wüßte, wie mißraten ich bin.« Während er dies denkt, wird der Sohn tief traurig, weint und sagt dem Boten: »Geh heim und sage meinem Vater, ich danke ihm für die liebenden Worte und dafür, daß er noch an mich denkt. Aber ich bin zu schwach, den ganzen weiten Weg zurückzugehen.«

Als der Knecht seinem Herrn die Botschaft bringt, steigen dem König Tränen in die Augen, und er ruft: »Weißt du nicht, was Vaterliebe ist? Geh so schnell du kannst zu ihm zurück und sage ihm, er möge nur so weit gehen, wie er aus eigener Kraft gehen kann. Den ganzen Rest des Weges will ich ihm entgegengehen!«

Das ist das Geheimnis der Umkehr: Wenn du dich umwendest und zum Vater zurückzufinden versuchst, wird Er Sich nicht verweigern. Er wird dir entgegeneilen und dir all Seine Boten senden. Und wenn du Ihn nicht findest, so erkenne, daß du die Schritte, die dir möglich sind, nicht entschlossen genug tust. Wenn du sie aber ohne Vorbehalt tust, wird du Fülle über Fülle und Gnade über Gnade finden. Denn es ist, wie Jesus sagt: »Wer suchet, der findet. Wer anklopft, dem wird aufgetan, und wer bittet, dem wird gegeben werden.« Sei also weder zu stolz zu bitten noch zu bequem zu suchen oder dein Herz zu öffnen. Denn es heißt: »Siehe, Ich komme an die Pforte deines Herzens. Und so jemand Meine Stimme hört und Mir auftut, will Ich eingehen und das Liebesmahl halten mit ihm.«

Auf dem Wege zurück zu Gott sammeln wir unsere verlorenen Seelenanteile dort wieder ein, wo wir sie verloren haben. Jeder Mensch, der eine Lüge, ein Verbrechen oder ein Unrecht tut, verliert in diesem Augenblick und an diesem Ort einen Funken seines Lichts.

»Als sich Rabbi Jecheskel, des Zansers Sohn, in der ungarischen Stadt Ujhely aufhielt, ließ er ausrufen, er werde im Bethaus predigen. Zur angesetzten Zeit versammelte sich die ganze Gemeinde. Der Rabbi bestieg die Kanzel und sprach: ›Hört, meine Herren! Einst habe ich hier eine Predigt gehalten, und meine Absicht war nicht ungeteilt auf den Himmel gerichtet. Es ist aber eine große Sünde, mit gespaltenem Willen zu predigen. Darum habe ich beschlossen, Buße zu tun. Und weil nach dem Wort unsrer Weisen das Unrecht an dem Ort zu büßen ist, wo es geschah, bin ich wieder auf diese Kanzel gestiegen. Hier bitte ich den heiligen Gott, gepriesen sei Er, Er möge mir vergeben.‹ Da wurde die ganze Gemeinde der Macht des göttlichen Wortes gewahr, die Furcht Gottes bemächtigte sich ihrer Herzen, und alle vollzogen die Umkehr.«

Der Ort der Sünde ist der Ort der Umkehr. Im indischen *Kularnava Tantra* heißt es: »Was den Menschen zu Fall bringt, richtet ihn auch wieder auf. Wer zu Boden fällt, muß sich mit Hilfe des Bodens wieder erheben.« Ich kehre also innerlich an den Ort der Tat zurück und löse dort ein, was ich an Tugend verloren habe. Indem ich durch Selbsterforschung meine Schuld erkenne, ist es mir möglich, mich von den Schalen der Finsternis zu befreien.

Wenn ich meine Schuld dann angenommen habe, bekenne ich sie reuigen Herzens vor Gott, und schmerzend beginnt mein Herz weich zu werden. Reue und Schmerz lösen alle Verhärtungen. Reue besteht darin, schmerzlich zu erkennen, was ich auf mich geladen habe, wie ich mir selber untreu wurde, wie ich andere Menschen betrogen oder verraten und durch meine Treulosigkeit das Herz Jesu durchbohrt habe. In Reue und Schmerz können wir Gottes erlösende Gnade aufnehmen, die uns reinwäscht von aller Schuld. Licht, Liebe und Gnade strömen uns aus dem Herzen des Gekreuzigten zu, machen uns weich und verwandeln uns.

Euvagrios Pontikos, ein griechischer Lehrer und Mystiker des 4. Jahrhunderts, sagte: »Wenn du betest, bitte vor allem um die Gabe der Tränen, um durch die Reue die Härte deiner Seele zu erweichen und durch das Bekenntnis deiner Schuld von Gott Vergebung und Gnade zu erlangen. Wenn du in deinem Gebet viele Tränen vergießest, so überhebe dich aber nicht deswegen in dir, dein Gebet hat nur Hilfe erhalten, damit du bereitwillig dich bekennen und vor Gott Gnade erlangen kannst.«

Meister Eckhart spricht von der »göttlichen Reue«: »Und je gebrechlicher sich einer fühlt und je mehr er übel getan, um so mehr hat er Ursache, in ungeteilter Liebe sich an Gott zu binden, bei dem es keine Sünde gibt. ... Und je schwerer man da die

Sünde selber wägt, um so bereiter ist auch Gott, sie zu vergeben, zur Seele zu kommen und die Sünde zu vertreiben. ... Kaum denn, daß die göttliche Reue sich zu Gott erhebt, sind alle Sünden bälder verschwunden in den Abgrund Gottes, als ich mein Auge zutun könnte, und werden so gänzlich zunichte, als wären sie nie geschehen.«

Von der rechten inneren Haltung

Rabbi Jonah von Gerona sagt in seinem Büchlein über das Wesen der Umkehr: »Wenn du gesündigt hast und trachtest nach Reue und Buße, erlaube mir, dich zu führen: Das erste, das du tun mußt, ist, all deine Sünden abzuwerfen. Betrachte dich als neugeboren, weder von Verdienst noch von Schuld erfüllt. Heute beginnt dein Leben neu! Heute wirst du dein Leben so führen, daß du jede Abweichung von dem Weg vermeidest, den Gott ›gut‹ nennt. Dies wird dich zu wahrer Bußfertigkeit führen. Indem du die Last der Sünden abwirfst, wirst du nicht durch schamvolle Schuldgefühle behindert sein.

Du könntest denken: ›Wie kann ich es wagen, an Reue und Buße zu denken bei so vielen Sünden? Kann ich mich heuchlerisch an Gott wenden wie ein Dieb, der noch versucht, sein Gesicht zu wahren, wenn er schon ertappt wird!?‹ Fühle nicht dergleichen. Solche Gedanken entstammen nur der niederen Seite unserer Natur, die dauernd versucht, uns glauben zu machen, wir könnten nicht zu Anstand gelangen. Erkenne vielmehr, daß es Gottes Wille ist, all jene zu empfangen, die bereuen – ganz gleich, wie weit sie sich verirrt haben mögen.

So wirf deine Vergangenheit ab, erneure deinen Geist und drücke dein Vertrauen auf Gott aus: ›O mein Gott, ich habe mein Leben lang auf verschiedene Arten gesündigt. Nun verlangt es mich, wahrhaftig zu Dir zurückzukehren mit meinem Geist, meiner Seele und allem, was mir eigen ist. Ich bekenne mich zu meiner Vergangenheit und möchte sie aufgeben. Entwickeln möchte ich in mir eine Frische des Geistes und der Zielsetzung, um Dir eifrig und genau zu dienen. Daher, mein Gott, der jene empfängt und unterstützt, die bereuen möchten – nimm meine Bußfertigkeit an und hilf mir, in Deinem Dienst zu bleiben. Hilf mir, jeglichem Widersacher zu trotzen – körperlich oder geistig –, der versuchen mag, mich in meiner Entschlossenheit zu schwächen oder mich von meiner Bußfertigkeit abzubringen. Bezwinge, beuge mein widerspenstiges Wesen und gewähre mir statt dessen ein unterwürfiges, damit ich weiterhin auf Deinen Pfaden wandle. Mein Gott, erhöre das Gebet und Flehen Deines Dieners. Selbst wenn ich es nicht verdiene, wegen meiner Sünden angenommen zu sein, flehe ich Dich an: Nimm meine Bußfertigkeit jedenfalls an. Weise mich nicht zurück.‹

Mach dir dieses Gebet zur Gewohnheit. Gewöhne dich daran, jede Art von Sünde zu vermeiden. ... Eifrig und entschlossen, den Willen unseres Vaters im Himmel zu tun, wirst du dich selbst vor solchen Sünden hüten, die im Moment unbedeutend erscheinen, denn du wirst sorgfältig jede Tat ansehen und beurteilen, bevor du sie tust. ...«

Von der innigen Hingabe in Bezug auf die heilige Umkehr zeugt folgende kleine Erzählung: »Als Rabbi Schmelke von Nicholsburg am Vorabend des Versöhnungstages in seinen Gebetsmantel gehüllt das Gebetshaus betreten hatte, rief er schon auf dem Wege zur Lade mit lauter Stimme die Worte der Schrift: ›Denn an diesem Tage bedeckt man euch, euch zu reinigen. Von all euren Sünden vor Ihm werdet ihr rein.‹ Und danach las der Mischner den Spruch Rabbi Akibas: ›Vor wem reinigt ihr euch, und wer macht euch rein? Euer Vater im Himmel allein.‹ Alles Volk brach in Tränen aus und weinte bitterlich. Vor der Lade stehend, sprach er: ›Wisset, liebe Herzensbrüder, der Kern der Umkehr ist die Darbietung des Lebens.

Sind wir doch vom Samen Abrahams, der sein Leben darbot zur Heiligung des Namens Gottes und sich in den Kalkofen werfen ließ. Sind wir doch vom Samen Isaaks, der sein Leben darbot und den Hals auf dem Altarstein hinstreckte. Gewiß, sie sprechen für uns vor unserem Vater im Himmel an diesem heiligen und furchtbaren Tag des Gerichtes. Aber auch wir wollen in ihre Spuren treten und ihren Werken nachtun und unser Leben darbieten zur Heiligung des Namens des gebenedeiten Gottes. So laßt uns einigen und heiligen Seinen gewaltigen Namen mit großer Liebe, und lasset uns alle zusammen in dieser Absicht sprechen: ›Höre, Israel.‹ Und weinend sprach das Volk, alle zusammen in der Seele geeint: ›Höre, Israel, Er unser, Er, Einer.‹ Sodann redete er weiter: ›Liebe Brüder, nachdem es uns gewährt wurde, Seinen Namen mit großer Liebe zu einigen und zu heiligen und wir unser Leben dargeboten haben und unsere Herzen reingeworden sind zum Dienst und zur Furcht des Gebenedeiten, zur Ehrfurcht, da tut es uns not, nunmehr auch uns aller Seelen zu vereinigen. Alle Seelen sind aus einer Wurzel, alle gehauen von Throngrund Seiner Herrlichkeit, ein Teil der Gottheit oben. So wollen wir alle auch auf Erden eins werden, und die Zweige sollen wieder der Wurzel gleichen. Hier stehen wir alle, rein und lauter, unsere Seelen zu vereinigen und nehmen auf uns das Gebot: Liebe deinen Nächsten gleich dir.‹ Und laut wiederholte alles Volk: ›Liebe deinen Nächsten gleich dir.‹ Alle brachen in Tränen aus. Sodann redete er weiter: ›Nun, da es uns gewährt worden ist, Seinen großen Namen zu einigen und auch unsere Seelen, Teil der Gottheit von oben, zu vereinigen, trete die heilige Torah als Fürsprecher vor unseren Vater im Himmel. Allen Völkern und Sprachen hat Gott sie einst gegeben. Wir allein aber nehmen sie an und rufen, *wir tun es und dann erst, wir hören es.* So geziemt es, daß sie Gnade und Erbarmen für uns erflehen von unserem Vater im Himmel, an diesem heiligen und furchtbaren Tag des Gerichtes.‹ Und so öffnete er die Flügel der Heiligen Lade.«

Das Entscheidende ist die Bedingungslosigkeit, also nicht zu sagen »Zuerst möchte ich wissen, was Du von mir willst, lieber Gott, dann kann ich überlegen, ob ich es tue«, sondern: »Herr, ich weiß nicht, was Du von mir forderst, aber ich will es Dir geben. Nimm mich und mache mit mir, was Du willst. Nach Deinem Willen geschehe es.«

Es ist notwendig, daß wir das Licht des Göttlichen in uns erwecken, in selbstloser Freude aufgehen und diese Freude zum Himmel aufsteigen lassen. Manche werden fragen: »Wie sind Buße und Freude miteinander vereinbar?«

Rabbi Elieser sagte zu seinen Schülern: »Tu Buße einen Tag vor deinem Tod.« Wir können uns vorstellen, wie die oberflächlichen Schüler jubelten und sagten: »Na, da haben wir ja Zeit.« Die ernsten Schüler aber fragten Rabbi Elieser: »Aber weiß denn der

Mensch, an welchem Tage er sterben wird?« Die Augen des Rabbi leuchteten, als er erwiderte: »Um so mehr muß er *heute* Buße tun, vielleicht stirbt er morgen. Es ergibt sich also, daß er alle seine Tage in Buße verbringt.«

Auch Salomo sagte in seiner Weisheit: »Zu jeder Zeit mögen deine Kleider weiß sein, und deinem Haupte mangle es nie an Öl.« Buße heißt Umkehr, heißt auch, den Schmerz der Erkenntnis und die Mühe der Umkehr auf sich zu nehmen. Aber das bedeutet nicht, daß wir der Schwermut anheim fallen müssen. Wahre Umkehr ist Umkehr in Freude. Dazu eine Geschichte: Der Rabbi sprach vor der offenen Lade das Sündenbekenntnis. Und alles Volk sprach ihm Wort für Wort nach. Dann hob er die Rolle hervor, hielt sie hoch in den Händen und redete über die Sünden der Menschen. Zuletzt aber sagte er: »Wisset, alles Weinen an diesem Tag hat keinen Segen, wenn Trübsal darin ist, denn die Shekhinah wohnt nicht in der Schwermut, sondern einzig in der Freude am Gebot. Und seht, keine Freude ist größer als die dieses Tages, da es uns vergönnt wird, alle Ränke des Herzens abzustreifen und die Kraft der Umkehr und unserem Vater im Himmel uns zu nähern, dessen Hand ausgestreckt ist, die Umkehrenden zu empfangen. So soll alles Weinen an diesem Tag ein Freudenweinen sein, wie geschrieben steht: ›Dienet dem Herrn in Furcht und frohlocket mit Zittern.‹«

Aus Liebe und Freude an der Wahrheit und am Gesetz vollzieht sich die Umkehr. Es ist ein Vollzug zum Neuen hin. Uns ist die Gnade gegönnt, einen Neubeginn zu machen. »Herr, von heute an anders! In Dankbarkeit und Demut folge ich Deinem Ruf und will in Freude Dir dienen.«

»Neu will ich werden, Herr. Wie ich am Anfang vor Dir stand, als Du Deinen heiligen Bund mit meiner Seele geschlossen hast, so will ich jetzt wieder vor Dich hintreten und neu beginnen. Ich bin dankbar, daß ich an Deiner Größe, an der Würde des Lebens, am Licht und an der Liebe teilhaben darf.«

Umkehr verlangt Entschlossenheit. Weinen und Bekennen allein genügen nicht. Der Zerstörung muß auch etwas Aufbauendes entgegengesetzt werden. Wer schmerzlich erkennt, wie verlogen er ist, der erkenne auch, daß Wahrhaftigkeit die von ihm ersehnte Tugend ist, und meide die Wahrheit nicht um der Bequemlichkeit willen. Wer ein Kämpfer ist, hat Kampfgeist und möge ihn als Gottes ergebener Diener einsetzen.

So suchen wir in all unseren Schwächen den Funken der Umkehr und stellen unser inneres Vermögen mit aller Kraft und Entschlossenheit in den Dienst Gottes und des Lebens. Denn die Berufung, die der Seele am Anfang gegeben war, bleibt so lange bestehen, bis der Mensch sie erfüllt. Dazu lesen wir in *Antwort der Engel*: »Das sogenannte Böse ist die nicht erkannte Aufgabe. Erfüllst du sie nicht, zerstört sie dich. Erfüllst du sie, so erhebt sie dich.« Deshalb heißt es auch in der Offenbarung: »Ich habe wider dich, daß du deine erste Liebe verlassen hast. Bedenke also, von wo aus du gefallen bist, tue Buße und kehre zurück zu den ersteren Werken.« (Offb. 2.4–5)

Rabbi Bunam sagt zu seinen Chassidim: »Die große Schuld des Menschen sind nicht die Sünden, die er begeht. Die Versuchung ist mächtig, und des Menschen Kraft gering. Die große Schuld des Menschen ist vielmehr, daß er in jedem Augenblick umkehren kann und es nicht tut.« Schmerzlich ist nicht, was geschehen ist, sondern was aufrechterhalten wird, weil die Bereitschaft umzukehren fehlt. Schmerzlich ist, wenn wir noch so in Stolz und Trotz festgefahren sind, daß Umkehr nicht möglich ist.

Einmal wurde Rabbi Bunam gefragt: »Warum nennen die Menschen allenthalben den Vorsänger in der Synagoge einen Narren?« Da sprach er: »Ihr wißt, daß die Welt der Musik an die Welt der Umkehr grenzt. Wenn der Vorsänger singt, ist er in der Welt der Musik und so nah an der anderen Welt. Wie bringt er es nur fertig, nicht hinüber zu springen und wahre Buße zu tun? Gibt es denn eine Narrheit wie diese?«

Wie sind diese Worte zu verstehen? Die Menschen sind im Vorgefilde des Lichts, aber sie springen nicht hinüber. Umkehr ist keine Verwandlung des Äußerlichen, die beispielsweise dadurch vollzogen wird, daß man seinen ganzen Besitz weggibt. Es geht vielmehr darum, die Gier in sich zu besiegen. So manch einer hat zwar seines Besitzes entsagt, aber nicht seiner Gier. Das ist keine Umkehr. Was nützt es, wenn einer vorher Materialist war und dann als Eremit in den Wald geht? Vorher hat er gesagt: »Ich bin Manager.« Nachher sagt er: »Ich bin Sadhu.« Was ist der Unterschied? Ein Bild wird einfach durch ein anderes ersetzt. Doch in

Wahrheit geht es um die Wandlung des Herzens. Wendet euer Herz! Seht zu, daß euer ganzes Wesen gewandelt werde! Und seht, daß Gott Seinen Namen erneut auf die unbeschriebene Seite eures Herzens schreiben möchte.

Wenn Gottes Name in feurigen Buchstaben in uns brennt, wird uns auch Sein Geist erneut beseelen. Denn Gott und Sein Name sind eins. Und durch die Umkehr erfahren wir eine unmittelbare Erhebung unserer Seele in den Stand göttlicher Gnade. Darum heißt es: »Größer ist die Glückseligkeit des Umkehrenden als die des Gerechten.« Oder: »Größer ist die Freude im Himmel über einen einzigen Sünder, der umkehrt, als über neunundneunzig Gerechte, die glauben, der Umkehr nicht zu bedürfen.«

Das Geheimnis der Vergebung

Nehmen wir an, zwei Menschen, die lange Zeit eng befreundet waren, hätten Schwierigkeiten miteinander, weil der eine den anderen hintergangen, betrogen oder in irgendeiner Weise verletzt hat. Diese Verletzung schafft eine trennende Kluft zwischen diesen Menschen. Was ist nun zu tun? Um so etwas zu klären und zu bereinigen, ist zunächst immer Vergebung notwendig. Doch was ist Vergebung, und wie geschieht sie?

Beginnen wir mit dem, der betrogen und verletzt wurde. Er ist vielleicht erschüttert, verschreckt oder sogar erstarrt und zieht sich deswegen zurück. Für ihn besteht der Weg des Vergebens darin, sich zunächst um seine Verletzung und seinen Schmerz zu kümmern. Da, wo er verletzt ist, gibt er sich dem Schmerz hin, nimmt ihn an und versucht, ihn zu heilen – sei es durch Gespräche mit Menschen, in denen er nicht über den anderen schimpft, sondern seinen Schmerz zeigt und zuläßt, sei es im Gebet, wo er immer wieder die heilende Liebe und die Gnade Gottes sucht, die alle Wunden heilt; oder sei es durch menschliche Güte in Begegnungen. Solange wir nicht in der Lage sind, den Schmerz und die Verletzung anzunehmen und einen Weg der Heilung zu finden, können wir nicht vergeben.

Wenn jemand sagt »Ich kann nicht vergeben, weil ich meinen Schmerz nicht ausheilen kann«, stellt sich die Frage, warum er seinen Schmerz nicht heilen kann. Wenn ich nachtragend bin, halte ich an dem Status vor der Verletzung fest und mache dem anderen einen Vorwurf. Genau das aber hindert mich daran, den Schmerz anzunehmen und ausheilen zu lassen. Solange ich festhalte, kann ich nicht heil werden.

Meist sind wir zu stolz zuzugeben, daß wir verletzt sind. Ein Mensch, der frei von Stolz und Eitelkeit ist, kann mit jedem Schmerz umgehen. Was immer ihn auch verletzt, er wird fähig sein, den damit verbundenen Schmerz zuzulassen, zu heilen und seinem Nächsten zu vergeben. Für den Menschen, der verletzt wurde, ist dies der einzige Weg, der zur Erlösung führt, und dann – geradezu als Pflicht – dazu, daß er dem vergibt, der ihn verletzt hat. Das Elend vieler alter Menschen wird dadurch hervorgerufen, daß sie vor lauter Stolz oder Rechthaberei ihr Schicksal nicht annehmen wollen, daß sie ein Leben lang mit ihrem Vorwurf an die Welt durchs Leben gehen und deshalb auch nicht heil und weise werden, sondern schließlich verbittert sterben und ihren Vorwurf mit ins Grab nehmen.

Wie sieht es nun mit demjenigen aus, der das Unrecht begangen und das Unheil angerichtet hat? Nehmen wir an, er würde sich besinnen, des Unrechts bewußt werden, vor den anderen hintreten und sagen: »Es tut mir zutiefst leid, ich bitte dich um Vergebung!« Wenn der andere dann nicht vergeben kann, lädt er gleichermaßen Schuld auf sich. Es ist die Pflicht dessen, der etwas zu vergeben hat, es auch zu tun – nicht um des anderen willen, sondern um seinetwillen und um Gottes willen.

Mit der Vergebung wird die Heilung unserer Wunden vollkommen. Unsere Vergebung sollte voll und ganz sein. Denken wir daran, wieviel Schmerz und Leid wir in unzähligen Inkarnationen in die Welt gebracht oder anderen zugefügt haben. Wenn wir uns all der unrechten Taten bewußt wären, die wir je vollbracht haben, hätten wir sicher keinen Grund, auch nur irgend jemandem einen Vorwurf zu machen. Im Gegenteil: Des aus eigener Ignoranz verursachten Leides bewußt, bleibt uns nur ein Gebet: »Herr, vergib uns unsere Schuld, wie auch wir vergeben unseren Schuldigern.« Wir erinnern uns der Gnade, die Gott für uns gewirkt hat, und gedenken voll Mitgefühl und Barmherzigkeit derer, die uns Unrecht getan haben.

Nun hoffen wir, daß der ursprüngliche Zustand durch Vergebung wiederhergestellt wird. Das stimmt zwar, erfordert aber nicht nur die Bitte um Vergebung, sondern auch, daß derjenige, der die Verletzung begangen hat, zur Einsicht gelangt und seine Haltung grundsätzlich ändert. Es ist nicht möglich, die ursprüngliche Vertrautheit, Freundschaft und gegenseitige Offenheit wiederherzustellen, ohne daß derjenige, durch den die Kluft entstanden ist, seine Schwäche überwindet und auch den Keim des Übels auflöst. Das Bitten um Vergebung ist also nicht genug. Es muß auch der Wille zu einer Korrektur der inneren Haltung sichtbar werden. Derjenige, der vergibt, sollte den guten Willen des anderen jedoch nicht als Beweis verlangen. Vielmehr sollte er ihm entgegenkommen und ihn in seinem Bemühen unterstützen.

In diesem Prozeß ist auch wichtig zu fragen: Warum ist es geschehen? Was ist die eigentliche Ursache des Ganzen? Nur so können wir zerstörerische Neigungen in uns auflösen und verhindern, daß so etwas noch einmal passiert. Erst wenn Verbindlichkeit entsteht, findet eine grundlegende Änderung statt – das, was wir Wiedergutmachung nennen. Genau genommen liegt es jedoch nicht in der Macht des Menschen, sondern allein in der Macht Gottes, eine zugefügte Verletzung wieder gutzumachen. Dazu gibt es eine Sufi-Geschichte: Jemand kommt zu seinem Derwisch und bittet um Rat: »Ich bin zerknirscht, denn ich habe meinen besten Freund durch törichte Spiele so vergrault, daß ich ihn verloren habe. Ich habe Schlechtes über ihn gesagt, und er ist so betroffen, daß er nichts mehr mit mir zu tun haben will.« Der Derwisch sagt: »Nimm eine Handvoll Federn, geh in dein Dorf und lege am Abend eine Feder vor jede Haustür. Geh morgen früh wieder hinaus, sammle alle Federn ein und bring sie zu mir!« Der gute Mann geht und tut, wie ihm der Derwisch aufgetragen hat. Er legt je eine Feder vor jede Haustür. Am nächsten Tag geht er hinaus und findet nicht eine einzige wieder. Sie alle sind vom Wind weggeweht worden. Also kommt er zum Derwisch zurück und sagt: »Derwisch, ich bin bestürzt. Keine einzige Feder habe ich wiedergefunden.« Da antwortet der Derwisch: »Siehst du, so ist es mit jedem deiner Worte. Sind sie einmal draußen, kannst du sie nicht mehr einsammeln.«

So sind auch die Worte Jesu zu verstehen: »Nicht komme ich,

euch zu richten, sondern ihr seid schon gerichtet durch jedes Wort, das ihr in eurem Herzen gesprochen habt.« Mit allem, was wir in unserem Herzen getrachtet und gesponnen haben, setzen wir etwas in die Welt, das seine Bahn durch den Kosmos zieht – sei es ein Wort, eine Tat oder auch nur ein energiegeladener Gedanke. Denn wenn unsere Gedanken mit Leidenschaften, Begehren oder sonstigen Emotionen geladen sind, gehen diese Kräfte mit ihnen hinaus in die Welt. So sind all unsere Worte und Taten hinausgegangen, und wir können sie nicht mehr zurückholen. Es ist wichtig, daß wir uns dessen bewußt sind. Wir können versuchen, dem, was darin angerichtet ist, etwas anderes entgegenzusetzen. Wir können einen Weg suchen, auf dem das aus dem Gleichgewicht Gebrachte wieder dem Heil zugeführt wird.

Aber können wir zerstörtes Leben wiederherstellen? Können wir Tote zum Leben erwecken? Nein, das kann nur Gott. Wir können nur all unsere bösen Gedanken, Worte und Taten zu Seinen Füßen niederlegen und Ihn um Vergebung, Heilung und Wiederherstellung bitten. Er allein vermag uns zu reinigen und das verletzte Heil oder das zerstörte Leben wieder aufzurichten und zu erneuern. Wenn wir dann unser eigenes Heil in Gottes Gnade wieder gefunden haben, mag es sein, daß wir erneut zu Helfern in Seinen Heilsplan berufen werden. Aber es ist allein Sein Segen, der unser Bemühen fruchtbar macht.

Dennoch gilt das Gesetz des Karma, dem keiner entkommen kann. Dieses Gesetz bezeugt Jesus, indem er sagt, daß jeder seine Schuld auf Heller und Pfennig bezahlen müsse. Obwohl wir also nicht in der Lage sind, all die Zerstörung, die wir in die Welt brachten, wieder gutzumachen, liegt es im unermeßlichen Heilsplan und in der grenzenlosen Gnade Gottes, uns auf dem Weg der Umkehr von allem Übel reinzuwaschen und uns in einen so hohen Stand der Reinheit und der Wiederherstellung zurückzuversetzen, daß nicht nur alle Schuld, sondern auch jedes Gedenken an diese Schuld völlig aus Seinem und unserem Geist getilgt wird. Er will uns in einer solchen Reinheit und Verklärung wiederherstellen, als hätten wir niemals gefehlt. Dann wird unsere Seele erneut in ihrer ursprünglichen Unschuld leuchten, und die Glorie, die wir vor unserer Schaffung in Gott hatten, wird uns zurückgegeben werden. Später, wenn wir in Seinen Bund und

Dienst zurückgefunden haben, können wir mitwirken an Seinem Heilsplan für die Welt, worin Er alles Geschaffene aufrichtet und seiner Bestimmung zuführt.

Doch wie es zwischen Menschen ist, ist es auch in unserer Beziehung zu Gott. Ich kann lange zu Gott rufen und beten: »Herr, vergib mir meine Schuld, vergib mir meine Schwäche und mach mich wieder heil. Du siehst doch, wie zerknirscht ich bin.« Aber solange ich meine Haltung nicht ändere, kann ich Gottes Gnade nicht empfangen. Deshalb sagt Jesus: »Man füllt nicht neuen Wein in alte Schläuche.« Niemand empfängt Gottes Geist denn in einem reichen Herzen. Denn so wie mit jeder Sünde ein Funke Seines Lichts aus unserer Seele auszieht, wird es in ganzer Fülle dorthin zurückkehren, wenn wir uns Ihm erneut in Ergebenheit und Treue anverloben. Es heißt: »*Lev tahor b'ra li Elohim ve ruach kodshecha altikach mimeni.*« – »Ein reines Herz erschaffe mir, Gott; in willigem Geiste mache mich stark.«

Wenn wir also einen Menschen verletzt oder ihm Unrecht getan haben, mögen wir nicht nur ihn, sondern auch Gott um Vergebung bitten. Gott ist Vergebung. Und diese Vergebung können wir erlangen, indem wir das Gefäß umwenden, das verkehrt steht, damit es wieder dem Himmel zugewandt ist. Wir treten vor den Thron Gottes und bitten: »Herr, wirke meine Erlösung durch Deine gerechte Kraft. Erschüttere und bringe ins Gleichgewicht, was in mir aus dem Lot geraten ist!«

Menschen, die an Reife gewonnen haben, ahnen, daß unendliche Gnade darin liegt, Gottes Gerechtigkeit zu dienen. Sie empfinden eine tiefe Sehnsucht nach Gerechtigkeit. Wenn Jesus sagt »Selig, die hungern und dürsten nach Gerechtigkeit«, so meint er nicht, daß wir darauf achten sollten, wo ein anderer Ungerechtigkeit übt, sondern daß wir danach dürsten mögen, die Gerechtigkeit Gottes zu erfahren und auch zu wirken. Denn durch sie werden wir ins Lot gebracht. Es heißt: »Zion wird durch Recht erlöst und seine Bekehrten durch Gerechtigkeit.« (Js. 1.27)

Wenn jemand durch Betrügereien um seinen guten Ruf gebracht und so in seiner Ehre verletzt wurde, daß sich Freunde von ihm abwandten, kann er auch das innerlich als Gnade annehmen und seine Verlassenheit zur inneren Verwirklichung nutzen. Derjenige, der ihm das angetan hat, ist jedoch innerlich verpflichtet, seine Ehre wiederherzustellen. Und auch wenn wir die Ehre Gottes in den Schmutz gezogen haben, ist es unsere Pflicht, sie wiederherzustellen. Das ist Umkehr.

In Psalm 32 von König David heißt es: »Selig, wem vergeben die Missetat, wem zugedeckt ward die Sünde. Selig der Mensch, dem JHWH nicht rechnet die Schuld, dem Trug nicht wohnet im Geiste. Solange ich schwieg, da ward ich verzehrt bis ins Mark, endlos währte mein Stöhnen. Schwer lag auf mir Deine Hand bei Tag und bei Nacht, mein Herz wurde wie ein Feld in der Sommerglut. Da habe ich Dir meine Sünde bekannt, nicht länger verbarg ich Dir meine Schuld. Ich sprach: ›Bekennen will ich JHWH meine Bosheit!‹ Und Du hast meine Schuld gelöst, meine Sünde vergeben. So möge denn beten zu Dir jeder Fromme zur Zeit der Bedrängnis. Und brechen herein die Fluten der Wasser, ihn werden sie nicht erreichen. Du bist meine Zuflucht, Du wirst mich bewahren vor Ängsten, mich umgeben mit Liedern der Rettung. Ich verleihe dir Einsicht; den Weg, den du geh'n sollst, will Ich dir weisen; Ich will dir raten, und Mein Auge wird ruhen auf dir … Den Sünder treffen der Leiden gar viele; wer aber hofft auf JHWH, den umfängt Sein Erbarmen. Jubelt über JHWH, ihr Gerechten, und freuet euch! All ihr lauteren Herzen, frohlocket!«

Rabbi Bunam wird eines Tages gefragt: »Warum wird uns, die wir am Jom Kippur – das ist der Versöhnungstag – so viele Male unsere Schuld bekennen, keine Botschaft der Vergebung gebracht? König David aber hatte kaum einmal gesagt ›Ich habe gesündigt‹, und schon erhielt er die Kunde, der Herr habe seine Sünde hinweggenommen.« Rabbi Bunam antwortet: »König David sprach: ›Ich habe gesündigt wider den Herrn‹, und er meinte: ›Tu mit mir, was Du willst. Tu nach Deinem Willen, und ich will es in Liebe empfangen. Denn gerecht bist Du, Herr.‹ Aber wenn wir sagen »Wir haben uns vergangen«, denken wir, es gezieme sich für Gott, uns zu verzeihen. Und wenn wir unmittelbar danach sagen, wir haben Dich verraten, denken wir, es gezieme sich für Gott, uns gleich nachdem Er uns verziehen hat, mit allem Guten zu beschenken.«

Das ist keine reinen Herzens und absichtslos vollzogene Umkehr. Um der Liebe willen mögen wir umkehren, uns selbst, unserer eigenen Innerlichkeit mögen wir gerecht werden. Wir können Vergebung nicht erzwingen. Vielmehr wollen wir sagen: »Es ist mein Streben, mich von allem Alten zu lösen und mich so in Deine Hand zu geben, daß Du verfügen mögest über meinen Leib, meine Seele und meinen Geist, über mich als ganzen Menschen.«

Üblicherweise werden sieben Stufen der Umkehr genannt:

1. Selbsterkenntnis
2. Bekenntnis vor Gott und Gewissen
3. Reue
4. Das Bitten um Vergebung
5. Das Abschwören des Lasters und der Schwäche
6. Das Ausrotten der Neigung und ihrer Ursache mit der Wurzel
7. Die Bereitschaft, dem Mangel etwas Positives entgegenzusetzen.

XII. Vom Ausharren in Liebe, Ethik und Rechtschaffenheit

Nun, nachdem wir den Ausklang des Heilsgeschehens gründlich betrachtet und uns auch den Weg der Umkehr vor Augen geführt haben, sind wir als Suchende aufgerufen, das Unsrige zu tun. Führen wir uns noch einmal die Weisung der Schrift für diese Zeit vor Augen. Was heute mehr zählt als alles andere, ist die Verwirklichung von Liebe und Rechtschaffenheit. In der Offenbarung heißt es: »Wer die Gebote hält und sein Zeugnis bewahrt bis ans Ende, der wird gerettet werden. ... Dort ist die Geduld eines Heiligen notwendig.« Und Jesus sagte zu seinen Jüngern: »Ein neues Gebot gebe ich euch: Liebet einander wie ich euch geliebt habe; und daran, daß ihr Liebe habt untereinander, wird die Welt erkennen, daß ihr die Meinen seid.« Diese Liebe in unserem Alltag zu verwirklichen ist der wichtigste Appell an unsere Zeit. Lieben aber heißt, den Willen des Vaters zu tun und seinen Nächsten zu achten, zu fördern und zu lieben wie sich selbst. »Was du nicht willst, daß man dir tut, das füg auch keinem anderen zu.« Das ist die Mindestvoraussetzung für ein gottgemäßes Leben, und sie wird immer dann selbstverständlich erfüllt, wenn wir unser Herz offen halten, uns als Mensch fühlen und menschgerecht handeln.

Wahrhaftigkeit, Treue und Bescheidenheit seien die ersten Merkmale unseres Charakters. »Werdet vollkommen, wie euer Vater im Himmel vollkommen ist.« Diese Vollkommenheit in unseren Taten und in unserem Charakter zum Ausdruck zu bringen, sei unser ständiges Streben. »Das ewig Weibliche zieht uns hinan.« Das ewig Weibliche aber sind Reinheit, innere Armut (= Nicht-verhaftet-Sein) und die anmutige Bescheidenheit unserer Seele. Franziskus verherrlichte die Frau Armut wie eine göttliche Person. So wie er die geistige Armut zum Ideal seines Lebens machte, möge jeder von uns eine Tugend wählen, die er in besonderer Weise liebt und verehrt, auf daß sie ihn hinanziehe, erhebe und veranlasse, über sich selbst hinauszuwachsen.

Es ist unsere erste Liebes- und Lebenspflicht, um der Freiheit und der Glückseligkeit willen all unsere Schwächen zu überwinden. Viel Zeit haben wir nicht, denn das Leben ist kurz und der größtmögliche Erfolg, den wir erringen können, besteht darin, Herr über uns selbst und unsere unbewußten Neigungen zu werden, die uns unglücklich und hart machen.

Wer glaubt, keinen unmittelbaren Kontakt zu Gott finden zu können, der beginne mit der Reflexion seines Lebens. Das tägliche Leben ist der Prüfstein für all unsere spirituellen Bemühungen. Das Leben ist kurz, und wir wollen unsere kostbare Zeit nicht mit Belanglosigkeiten verschwenden. »Mensch sei wesentlich«, rief Angelius Silesius uns zu. Und zu Wesentlichem wollen wir aufbrechen. Der Weg nach oben ins Licht ist gewiß mühseliger als die rasche Fahrt in den Abgrund, aber der Lohn, den wir uns damit selbst auszahlen, ist unvergleichlich. Denn was nützen uns vergängliche Güter, flüchtige Vergnügungen, wenn unser Inneres leer und unerfüllt bleibt?

Wenn wir uns die Frage nach dem Sinn und Inhalt unseres Lebens zu Herzen gehen lassen und sie in aller Konsequenz durchdenken, werden wir zur Erkenntnis gelangen. Wir sind der Schmied unseres Schicksals und unserer Zukunft, so wie wir uns auch sämtliche Probleme, an denen wir leiden, selbst eingehandelt haben. Werden wir erwachsen. Werden wir Seiner würdig, indem wir Selbstsucht, Ungerechtigkeit und Laschheit überwinden. Laßt uns fühlen und sagen: »Ist es meiner nicht unwürdig, mich in den Niederungen der Gehässigkeit, der Mißgunst, der Lieblosigkeit und der oberflächlichen Vergnügungen zu suhlen?« Mögen wir in froher Erwartung der Ankunft des Herren leben und uns weder von den verantwortungslosen Umtrieben unserer Umwelt mitreißen noch vom wachsenden Elend niederdrücken lassen. Laßt uns nicht trübselig resignieren, sondern einstehen für die Ideale und Werte, die wir uns erkoren haben. Laßt uns Umgang mit ähnlich Gesinnten suchen, und wo das mißlingt, Nahrung im Wort Gottes, in den Schriften der Heiligen, in aufbauender Musik und Literatur. Mögen wir nicht nach dem kurzlebigen Neuen suchen, sondern nach den alten, ewigen Werten.

Und laßt uns bedacht sein in der Gestaltung unserer Zukunft. Weder besorgt noch leichtsinnig oder unüberlegt wollen wir leben, sondern wach und bereit, die Zeichen der Zeit richtig zu deuten. Nicht falscher Optimismus möge uns beflügeln, sondern der Glaube und das Vertrauen in unsere eigene gottgegebene Einsicht und Kraft sowie in die von Ihm kommende Verheißung des Heils und der Errettung.

Wo unsere Einsicht es fordert, wollen wir auch bereit sein, nicht leichtsinnige, aber dennoch unkonventionelle Schritte im Außen zu tun. Unser Gewissen, die Schrift und unsere gottverliehene Vernunft mögen uns auch bei der Gestaltung unseres äußeren Lebens helfen. Laßt uns darauf vertrauen, daß wir bei all dem niemals allein sind. Gott hilft uns, wann immer wir Ihn rufen und Seiner Weisung folgen. Er wird uns nicht vor den Drangsalen bewahren, wohl aber in ihnen. Wie Jesus es vom Vater erbat: »Vater, nicht bitte ich Dich, sie (die Seinen) herauszunehmen aus der Welt, sondern sie zu bewahren in der Welt.«

Laßt uns bedenken: »Er allein kann unsere erste und unsere letzte Zuflucht sein.« Und vertrauen wir auf Seine Zusage: »Ich bin mit euch alle Tage bis ans Ende der Zeit.« Harren wir also in Treue und mit Mut, Zuversicht und Vertrauen aus, bis Er kommt, um all den Bedrängnissen ein Ende zu bereiten und unserer Seele Heil und Erlösung zu schaffen. Dazu gebe Gott uns die Kraft! Amen.

Literaturliste

Aïvanhov, Omraam Mikhaël: *Früchte vom Baum des Lebens.* Rottweil: Prosveta-Verlag o.J.

Bin Gorion, Micha Josef/Bin Gorion, Emanuel (Hrsg.): *Die Sagen der Juden.* Frankfurt a.M.: Insel-Verlag 1962 (Kap. »Vom Anfang und vom Sündenfall« »Zum Gleichnis vom Hochzeitsmahl und zur Erschaffung des Menschen«).

Böhme, Jakob: *Christosophia. Ein christlicher Einweihungsweg.* Hrsg. von Gerhard Wehr. Freiburg i.Br.: Aurum 1979 (Kap. »Von dem Ursprung und Erzeugung des Schwefels«).

Bock, Emil: *Urgeschichte.* Stuttgart: Urachhaus 1934.

Das Buch der Jubiläen oder die kleine Genesis. Hrsg. v. Hermann Rönsch. Amsterdam: Rodopi 1970.

Dyer, Ch. H.: *The Rise of Babylon.* Illinois: Tyndale House Publishers 1991.

Ephraim der Syrer: *Die Schatzhöhle. Me'arath Gazze.* Amsterdam: Philo Press 1981.

Forsboom, Bernhard: *Das Buch Emanuel.* München: Drei-Eichen-Verlag 1980 (Nur die Kap. über den Geistfall).

Haich, Elisabeth: *Einweihung.* München: Drei-Eichen-Verlag, 1972 (Kap. »Der Baum der Erkenntnis des Guten und Bösen« und »Die Weltepochen«).

Hörmann, Werner (Hrsg.): *Die Apokryphen. Verborgene Bücher der Bibel.* München: Pattloch 1989 (Kap. »Das Philipus-Evangelium«, »Das vierte Buch Baruch«).

Hubmer, Fritz: *Der Heilsplan Gottes.* Stuttgart: Hänsler 1968.

Kebra Nagast. *The Glory of Kings.* Translated by Sir E.A. Wallis Budge. London: Oxford University Press 1932 (Kap. »The Glory of Kings«, »The Kingdom of Adam«).

Mallasz, Gitta: *Weltenende – Weltenwende.* Einsiedeln: Daimon-Verlag o.J.

Menachem Nachum Twersky von Tschernobyl: *Me'or Eina'im, s.v. Noah.* Brooklyn/N.Y. 1985.

Schaya, Leo: *Ursprung und Ziel des Menschen im Lichte der Kabbala.* Weilheim: O.W. Barth 1972.

Schmöger, P.K.E. (Hrsg.): *Die Geheimnisse des alten Bundes nach den Gesichten der gottseligen Anna Katharina Emmerich. Aus den Tagebüchern des Clemens Brentano.* Aschaffenburg: Pattloch 1972.

The Zohar. *Vol.* 1–5. New York: Soncino Press 1984.

Vollmann, Herbert: *Ein Tor öffnet sich.* Stuttgart: Verlag der Stiftung Gralsbotschaft 1983.